中国储备棉管理总公司

CNCRC CHINA NATIONAL COTTON RESERVES CORPORATION

中国储备棉管理总公司(简称中储棉总公司)于2003年3月成立。受国务院委托，中储棉总公司具体负责中央储备棉的经营管理。中储棉总公司为国务院国有资产监督管理委员会直接监管的大型国有企业，注册资金10亿元。在国家宏观调控和监督管理下，实行自主经营、统一核算、自负盈亏。中储棉总公司负责对中央储备棉经营管理系统的人、财、物实行垂直管理，公司所属储备库主要分布于全国各主要棉花产销区，初步形成了布局合理、设施先进、管理规范的棉花仓储体系。

自成立以来的13年间，在国家有关部门的支持和指导下，中国储备棉管理总公司发扬艰苦创业的精神，脚踏实地，扎实工作，充分利用国内和国际两个市场、两种资源，卓有成效地完成国家下达的各项棉花市场调控任务。公司改革发展取得长足进步，管理日趋规范，规模稳步扩大，核心竞争力不断增强，已经成为在国内、国际棉花行业具有较强影响力的企业之一。

地址：北京西城区华远街17号　邮编:100032　电话：010-58519398　网址：www.cncrc.com.cn

经营范围
BUSINESS SCOPE

国家储备棉的购销、储存、运输、加工业务；仓储设施的租赁、服务业务；棉花储备库的建设、维修、管理；相关的信息咨询服务；自营和代理各类商品和技术的进出口；棉花国营贸易进出口业务。

经营宗旨
BUSINESS AIM

遵守国家法律法规，执行国家棉花政策，强化管理，搞活经营，不断提高企业经营管理水平和经济效益，确保国家储备棉存储安全、质量良好、调运通畅，促进国有资产的保值增值，完成国家宏观调控任务。

直属库
STOREHOUSE

中国储备棉管理总公司天津直属库

控股公司
HOLDING COMPANY

中储棉库尔勒有限责任公司
中储棉广东有限责任公司
中储棉德州有限责任公司
中储棉青岛有限公司

全资子企业
SUBSIDIARY COMPANY

中储棉徐州有限公司
中储棉盐城有限公司
中储棉阜阳有限公司
中储棉绍兴有限公司
中储棉漯河有限公司
中储棉武汉有限公司
中储棉岳阳有限公司
中储棉九江有限公司
中储棉西安有限公司
中储棉兰州有限公司
中储棉花信息中心
中储棉新疆有限责任公司
中储棉阿克苏有限责任公司
中储棉四川有限责任公司
中储棉菏泽有限责任公司
中储棉襄阳有限责任公司
中储棉物流有限公司
中储棉永安有限公司
中储棉如皋有限公司
中储棉山东诸城有限公司

棉泽天下，富民强国

中储棉物流有限公司

China Cotton Logistics Corporation Limited

中储棉物流有限公司，是中储棉总公司为了适应棉花产业新时代，更好服务国家棉花宏观调控政策，引领中国棉花行业发展采取的新举措，是中储棉总公司继续保持和提升在国内国际棉花市场核心竞争力的新引擎，也是中储棉总公司为广大棉纺企业精心打造高效优质的商流、物流、信息流和资金流的棉花物流综合服务平台。

有朋自远方来，不亦乐乎！我们愿以真诚的态度、专业的知识、热情的服务，与海内外的合作伙伴们携手，互惠共赢，共同谱写美好的胜利篇章。

——中储棉总公司副总经理、中储棉物流有限公司董事长

刘宝平

中储棉物流有限公司全资隶属中国储备棉管理总公司，是集仓单质押、运输、购销、进口等多项业务于一体的全国性棉花物流企业。公司成立以来，充分依托政策和资源优势，利用国际和国内两个市场，积极创新进取，以高效、优质的服务，赢得了广大新老客户的关注和信赖。

一、棉花仓单质押

中储棉物流有限公司依托中储棉总公司遍布全国的仓储网络体系，竭诚为广大涉棉企业提供低成本、高质量、个性化的金融和物流解决方案。截至2015年底，质押总量达到31万吨，提供资金33.5亿元。

仓单质押业务管理办法及相关资料了解请登录中储棉物流有限公司官网: http://www.sinocotton.cn/

业务垂询电话：010-66018089/66010788/66019720

物流运输交易平台登录方式：

1. 登录中储棉物流有限公司官网 http://www.sinocotton.cn/，点击下方“运输平台”链接；
2. 点击“中国棉花网”右上角“棉花运输交易平台”图片链接。

运输业务垂询电话：

010-66016887

010-66013618

二、棉花运输业务

中储棉物流有限公司是国内规模最大、覆盖范围最广、集约化程度最高的棉花公路运输服务商。运输线路覆盖新疆、河北、山东、河南、江苏、湖北、广东等我国主要棉花产销区，2015年总运输量达到70多万吨。

目前，公司建成了棉花物流运输交易平台，实现了运输业务网上招、投标和运输费用的结算，具有信息发布、在线竞标、在线保险、会员管理等功能，并与保险、银行、运输公司、物流需求企业等多种渠道合作，确保客户在享受货物绝对安全、性价比极高的服务同时，享受高效的物流配送。该平台也是一个公平公开高效的“阳光平台”，它将信息平台与管理平台相结合，使信息服务与运输管理服务及增值服务实现三位一体，做到了商流、物流、金流一体化，为涉棉企业和运输公司提供安全、高效、快捷的物流运输服务。

同时，我们已与中铁现代物流、乌鲁木齐铁路局等企业达成了全包服务协议，将为涉棉企业提供全方位的铁路运输服务。

三、棉花代购代销及联合收购

中储棉物流有限公司开展棉花代购代销业务，凭借雄厚的资金和信息资源优势致力于解决客户在棉花购销中资金、货源、信息等各种问题。公司汇集棉花需求，以数量规模为客户争取价格优惠，提供从采购到提货的一站式服务。同时，公司与各知名国际棉商均建立了密切的合作，与海关、商检等均保持了良好的关系。公司与各家银行密切合作，可以开立即期 / 远期信用证，可以采用托收、承兑、电汇等灵活的结算方式。联合收购业务，公司为涉棉企业提供收购资金，并为市场提供价廉质优的加工皮棉。

我们把诚信、安全、效率与共赢作为工作的宗旨，致力于为客户提供最优质的服务。

进出口业务垂询电话：010-66010218

新的棉花年度即将开始，中储棉物流有限公司将秉承**“棉泽天下，富民强国”**的信念，以更加优质高效的服务，与广大新老客户资源共享、价值互补、合作共赢，共同谱写更加美好的未来！

新疆鲁泰丰收棉业有限责任公司

XINJIANGLUTAIFENGSHOUMIANYE CO.,LTD

总经理：李景泉

ABOUT US

企业简介

新疆鲁泰丰收棉业有限责任公司成立于2003年6月，是阿瓦提县委、县人民政府通过招商引资渠道，引进鲁泰纺织股份有限公司参与原阿瓦提县丰收三场的改制，共同组建的一家农、工、贸一体化经营的综合型企业。公司注册总资本25072万元，主要从事棉花育种、种植、皮棉及棉副产品的生产、加工、销售及棉纱的生产销售。公司现有棉花基地面积1.03万公顷，有3座棉花加工厂和12.8万锭精梳纺纱厂，具有年产皮棉2万吨和高支纱5000吨的能力。公司现已被中国特产之乡推荐及评审委员会命名为“中国长绒棉之乡”“中国红提子葡萄之乡”；被国家农业部评为“全国诚信守法乡镇企业”“全国乡镇企业创名牌重点企业”，被国家工商行政管理总局认定为“守合同重信用企业”；被自治区确定为“农业产业化重点龙头企业”“扶贫开发重点龙头企业”“自治区就业先进企业”，连续被阿克苏地委、行署确定为地区“重点扶优扶强企业”。公司生产的“丰海”牌长绒棉已连续五届被评为“新疆农业名牌产品”，并荣获“第十届中国国际农产品交易会金奖”，“丰海”牌长绒棉、精梳纱被新疆自治区名牌战略推进委员会认定为“新疆名牌”产品，“丰海”商标连续五届被评为“新疆著名商标”。目前，公司已加入良好棉花（BCI）组织，进行良好棉花的生产和推广，重视人与自然和谐发展，注重节约资源，减少环境污染，促进棉花产业可持续发展。良好棉花项目的实施，从纺织纤维原料的种植生产中首先倡导“绿色环保”的理念，从源头上提升棉花的内在品质，向广大消费者提供优质、环保、安全的纺织服装产品。我公司1.03万公顷棉花现已通过良好棉花认证，除自用纺纱用棉外，每年有近1万吨皮棉畅销全国各地，深受广大客户好评。

为充分利用长绒棉资源优势，拉长棉花产业链，向棉花深加工、精加工要效益，推动公司经济持续稳步发展，公司累计投资近4亿元，建成了12.8万锭精梳棉纺项目，项目立足高起点、高标准，引进国内外先进的清钢联、精梳机、自动络筒机、HVI棉纤维全自动大容量测试仪等棉纺设备和仪器，可年产80支以上高支纱5000吨。项目的建成投产，进一步拉动了小城镇建设进程，为促进当地经济社会全面发展发挥了积极的推动作用。

棉花新品种

农业全程机械化

棉花滴灌节水技术

高产棉田

皮棉加工车间

优质长绒棉

纺纱车间

优质精梳纱

公司办公区外景

室内游泳馆

业余活动丰富多彩

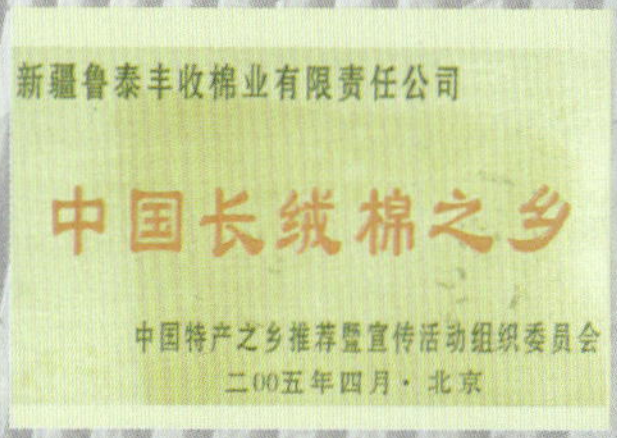

中国长绒棉之乡

全国诚信守法乡镇企业

全国乡镇企业创名牌重点企业

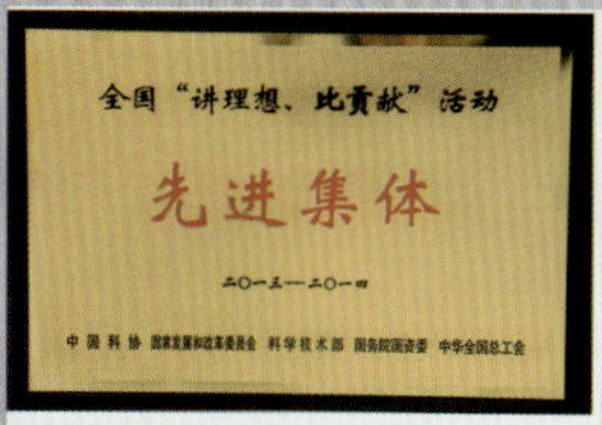

全国"讲理想、比贡献"活动先进集体

新疆著名商标

中国国际农产品交易会金奖奖牌

新疆名牌（棉花）

新疆名牌（棉纱）

新疆农业名牌产品

单位地址：新疆阿克苏地区阿瓦提县丰收三场　　邮政编码：843202
联系电话：0997-5229000/5229006　　传真：0997-5229113

河北星宇纺织原料有限公司

河北星宇纺织原料有限公司成立于2006年3月，注册资金1300万元，位于河北省保定市，地处京、津、石的中心地带。公司目前有固定员工40多人，本科以上学历占40%，均具有多年棉花经营及其相关产品的专业知识和实践经验，人员队伍精干、高效，是一个具有高素质和发展前途的经营团队。

公司是河北省棉花经销商之一，年经营棉花近20万吨，年销售额近30亿元，是一家以棉花生产和贸易为主体的企业，下设冀州恒通棉花仓储有限公司、新疆中纺锦华棉业有限公司、河北恒星科技设备检测有限公司。主营籽棉收购、加工，国产皮棉、进口皮棉的购销及代理，仓储保管、物流运输等业务，并拓展了质押融资、棉检仪器研发等棉花相关业务。业务范围立足全国、面向国际市场，在业界具有良好的信誉和口碑。

公司历经多年拼搏，与国内、国际大型的棉花贸易企业、100多家不同规模的纺织厂和100多家收购加工轧花厂建立了稳定的业务关系，并用三年的时间把冀州恒通棉花仓储有限公司发展成仓储能力40万吨、同时兼营棉花购销、物流运输、质押融资的大型棉花贸易平台，在棉花行业享有良好的声誉。

公司在主营业务不断发展壮大的同时，2014年新增物流运输项目，拥有庞大的运输车队，以将新疆棉汽车运输至内地仓库为主，并与资金服务相结合，即装车同时开始融资服务，还可代购代销。质押融资范围扩大至全国各交割监管仓库，代购代销业务贯通轧花厂至纺织厂，公司以多渠道、灵活机动的融资方式满足客户资金需要，实现合作共赢的经营目的。

河北星宇纺织原料有限公司遵循“以人为本、追求卓越”的原则，以“诚信服务、永续经营”为宗旨，充分满足客户的需要，在适应市场变化中不断发展壮大。

本公司竭诚欢迎棉花、纺织行业的朋友协同合作、共同发展。

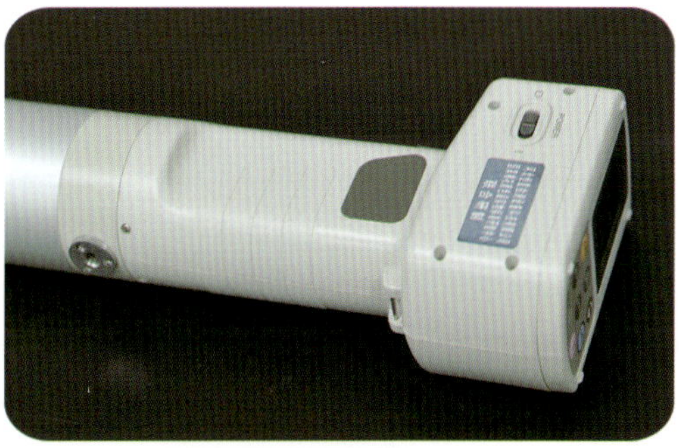

公司地址：河北省保定市向阳南大街859号中诚商务11楼
邮　　编：071051
业 务 部：0312-7515298、0312-7515238
传　　真：0312-7515267
业务经理：王新月 18631216101
　　　　　王安全 18631216108
物流部经理：顾辉 18631802156

冀州恒通棉花仓储有限公司
地　　址：河北省冀州市周村镇北曹村106国道东侧316公里处
邮　　编：053200
业 务 部：0318-8776605、0318-8776610
传　　真：0318-8776610
业务经理：候俊红 15127819958

河北恒星科技设备检测有限公司
地　　址：石家庄市鹿泉区上庄工业园区
邮　　编：050200
业 务 部：0311-69039233
业务经理：刘盼 18631216116

郑州商品交易所
Zhengzhou Commodity Exchange

郑州商品交易所简介

郑州商品交易所（以下简称“郑商所”），是经国务院批准成立的我国首家期货市场试点单位。郑商所隶属中国证券监督管理委员会。

郑商所按照《期货交易管理条例》和《期货交易所管理办法》履行职能，依据《郑州商品交易所章程》《郑州商品交易所交易规则》及其实施细则和办法实行自律性管理。遵循公开、公平、公正和诚实信用的原则，为期货合约集中竞价交易提供场所、设施及相关服务，对期货交易进行市场一线监管，防范市场风险，安全组织交易。

郑商所实行会员制。会员大会是郑商所权力机构，由全体会员组成。理事会是会员大会常设机构，下设战略发展、品种、监察、交易、交割、会员资格审查、调解、财务、技术、结算10个专门委员会。截至2014年6月底，郑商所共有会员202家，分布在全国27个省（市）、自治区，其中期货公司会员161家，占会员总数的80%；非期货公司会员41家，占会员总数的20%。

郑商所总经理为法定代表人。根据工作需要，内设办公室、理事会办公室（监事会办公室）、党委办公室、纪检监察室、农产品部、非农产品部、期货衍生品部、交割部、结算部、市场监察一部、市场监察二部、法律及审计部、新闻信息部、技术规划与开发部、系统运行部、技术服务部、财务部、人力资源部、行政部（安全保卫部）19个职能部门。全资易盛信息技术有限公司、郑州商品交易所期货及衍生品研究所有限公司，以及北京研发中心等5个下属机构。

郑商所目前上市交易期货品种有小麦（包括优质强筋小麦和普通小麦）、早籼稻、粳稻、棉花、油菜籽、菜籽油、菜籽粕、白糖、动力煤、甲醇、精对苯二甲酸、玻璃等，基本形成了综合性品种体系覆盖农业、能源、化工、建材等国民经济重要领域。

郑商所实行保证金制、每日涨跌停板制、每日无负债结算制、实物交割制等期货交易制度。积极适应市场创新发展要求，不断优化制度安排。

郑商所拥有功能完善的交易、交割、结算、风险监控、信息发布和会员服务等电子化系统。会员和投资者也可以通过远程交易系统进行期货交易。期货交易行情信息通过路透社、彭博资讯、世华信息等多条报价系统向国内外同步发布。

郑商所注重加强对外交流与合作。1995年6月加入国际期权（期货）市场协会。2012年10月加入世界交易所联合会。先后与美国芝加哥期权交易所、芝加哥商业交易所、纽约－泛欧交易所集团、印度多种商品交易所、尼日利亚证券与商品交易所、香港交易及结算所有限公司、墨西哥衍生品交易所、泰国农产品期货交易所等多家期货交易所签订了友好合作协议，定期交换市场信息，进一步扩大了郑商所在国际上的影响力。

面向未来，郑商所将始终坚持“公开、公平、公正”原则，牢牢把握服务实体经济根本要求，加强市场一线监管，充分发挥市场功能，切实保护投资者特别是中小投资者合法权益，努力将郑商所建设成为在国内和国际市场上具有重要地位和影响力的期货交易所。

联系方式 contact

- 通讯地址：郑州市未来路69号
- 邮政编码：450008
- 电话：0371-65610069
- 传真：0371-65613068
- E-mail：czce@czce.com.cn

新疆农资集团
北疆农佳乐有限责任公司

新疆农资（集团）有限责任公司所属的新疆农资集团北疆农佳乐有限责任公司是专业从事仓储物流业务的企业，主要经营农资商品、化工产品、棉花等农副产品的铁路发运和进出口贸易，拥有铁路专用线、仓库等储运设施。

公司下设2个专业仓库：奎屯储运公司仓库，占地面积20万平方米，静态存储货物15万吨；北疆农佳乐公司仓库，占地面积147.4万平方米，静态存储货物80万吨，并设有奎屯保税物流中心，库区占地面积67.3万平方米，其中，海关集中监管场所占地33.9万平方米，配套服务区占地33.3万平方米，设立海关、国检等分支机构，可供多家商贸物流企业同时入驻，并与相关企业联合注册成立了亚欧国际物资交易中心有限公司，共同打造中—乌电子商务平台，可在公司直接开展与中亚市场的商品贸易。公司各库区库容整齐，管理规范，消防、监控等设施齐全，是郑州商品交易所指定的棉花期货交割中转库，全国棉花交易市场指定的监管库，渤海商品交易所指定的棉花期货交割库，可为棉花企业提供仓储、中转、质押、监管、销售等全方位服务。

公司在江苏省盐城市建湖县注册成立了“江苏银海农佳乐棉花仓储有限公司”，库区占地面积40万平方米，静态棉花仓储量35万吨，可为新疆涉棉企业在内地沿海棉纺织聚集地移库销售棉花提供平台。

公司地址：新疆奎屯市南环路翠竹园50-A区

电话及传真：0992-3290289

网址：www.xjktnongjiale.com

电子邮箱：zwh@xjktnongjiale.com

中储棉库尔勒有限责任公司

中储棉库尔勒有限责任公司位于新疆库尔勒市火车西站，由中国储备棉管理总公司和新疆农资（集团）有限公司共同出资设立。注册资本1000万元，其中中储棉总公司占55%；新疆农资（集团）占45%。董事长戴民中。

主要经营项目：棉花收购，棉花、化肥、塑料薄膜、其他化工产品、其他农畜产品的批发零售，仓储服务，机械设备租赁，铁路运输代理服务，货物进出口业务，经济贸易咨询。

公司于2011年9月建成并投入运营。占地23.2万平方米，自有4幢共0.8万平方米的钢结构库房，2条铁路专用线，1.5万平方米的钢罩棚站台，9万平方米的混凝土场坪和5万平方米的观察场。可存放露天棉花15万吨，室内棉花1.6万吨，年货物吞吐量近25万吨。

公司下设5个职能部门，现有员工56人。公司仓储设施设备先进，消防监控系统完备，连续多年实现安全无事故，2015年顺利通过安全生产标准化一级达标企业现场评审。公司成立以来，多次受到中储棉总公司、地方政府及有关部门的表彰。

作为中央直属棉花中转储备库，公司连续两年成为自治区棉花目标价格改革试点专业监管仓库，目前已与全国棉花交易市场、巴州农发行及大批涉棉企业合作，开展了储备、中转、质押、监管等多项业务，业务量连年递增。

公司秉承“安全、诚信、高效、协作”的经营管理理念，遵循“客户第一、服务至上”的宗旨，竭诚为社会各界客商提供优质和高效的服务。

联系方式

地址：新疆库尔勒市火车西站大二线原农资二级站院内

电话：0996-6878088、0996-6878078

新疆国泰棉业有限公司

新疆国泰棉业有限公司成立于2010年，位于新疆沙雅县海楼乡（210省道67千米处），企业注册资金2420万元；资产总额1亿元以上；年产值6亿元，棉花经营总量达到5万吨以上，销售额突破6亿元。公司于2015年10月被中国棉花协会认定为“中国棉花”标志挂牌企业。公司名下的基地企业有：新疆国泰棉业有限公司、沙雅国泰棉花有限公司、沙雅银泰棉业有限公司、沙雅新垦棉花有限责任公司、新疆生产建设兵团棉麻沙雅分库、沙雅民安仓储物流有限公司6家公司。

公司于2015年成立现代化农业大型合作社，采取“企业+农户+专业合作社+种植基地”产业化经营模式，始终遵守“内强素质，外树形象”的办厂宗旨，拥有先进的管理经验和技术，争取在企业管理、生产经营方面有新的突破，以求取得更大的经济效益。目前主要生产成包皮棉，年产量5万吨。公司把质量作为企业发展的根基，多方面采取措施提升产品质量，仅2014—2015年就累计投入1500万余元对加工厂实施提升产品质量的一系列技术改造，公司每条生产线均达到国内最高水平，并全部配备自动喂花系统、三丝挑拣机。籽棉收购加工期间，还为每个加工厂配备大量人员专门挑拣三丝。公司皮棉优质品率和质量一直位居同行前列，尤其是异性纤维含量低，品牌被业内广泛认可。

目前公司销售网络已遍及国内各大中纺织城市，与国内100余家企业建立了合作伙伴关系，并与中纺棉、四川棉麻集团、焦作海华、浙江华孚、湖北金安、广东德永佳、宁乡银太纺织、湖南东信纺织、华芳集团等在内30余家大型纺织企业建立了长期稳定的合作关系。

单位地址：新疆沙雅县海楼乡（210省道67千米处）
联系电话：15899323333、0997-8397668

新疆棉花产业集团有限公司

新疆棉花产业集团有限公司(以下简称新棉集团)是新疆供销合作社绝对控股的现代公司制企业，拥有近60年的棉花经营历史，是全国供销系统百强企业、新疆农业产业化重点龙头企业和全国服务业500强企业。新棉集团现为自治区二类企业，注册资本1.76亿元，已形成资产总额79亿元，拥有全资及控股企业38家，年销售收入近80亿元。目前，新棉集团主要从事五大板块的经营业务：

一是棉花收购加工板块：新棉集团现有下属全资及控股轧花厂近100家，年加工皮棉生产能力100万吨。先后在华北、华东、华南等地区建成28个销售网点，年棉花经营量30余万吨。新棉集团拥有覆盖新疆棉花主产区的资源基地、完整配套的收购加工设施、稳定的客户资源和优秀的专业人才队伍等优势，形成了辐射全国，连接国内外市场的销售网络，是国内特大型棉花流通企业之一。

二是棉花仓储物流板块：新棉集团现有6个大型专业化棉花中转储运站，铁路专用线总长度10.66千米，具备年中转发运棉花100万余吨的能力。仓储设备齐全，建有储备库90栋，面积8.8万平方米，库区总面积158万平方米，库容量66万吨，是国家棉花指定监管库及定点储备中转库，是铁道部战略运行大客户，获得中国物流与采购联合会“AAAA物流企业”，能为广大客户提供全方位的棉花购销仓储发运服务。

三是棉纺织板块：新疆具有发展棉纺织业的良好基础和广阔前景。新棉集团积极致力于促进新疆纺织工业的发展，在喀什地区喀什市、莎车县、泽普县、疏附县、疏勒县拥有5家纺织企业，纺锭规模达30万锭。特别是2003年10月，在喀什投资建设的新棉集团喀什纺织有限责任公司，拥有世界先进水平的精梳纺织生产线，投资回报率极高。

四是酒店旅游板块：新棉集团在乌鲁木齐市投资兴建的五星级涉外商务酒店——新疆银星大酒店，美酒飘香，风土悠长，现代设施齐全的银星酒店热忱迎接四海宾客。同时，新棉集团还分别在库尔勒市、巴楚县及布尔津县兴建了四星级银星酒店一家、三星级银星酒店两家，形成了银星品牌的旅游酒店服务网络。

五是棉副产品及深加工板块：新棉集团充分利用区内丰富的棉副产品资源，延伸棉花产业链，大力发展棉副产品深加工业，在南疆、北疆、东疆等棉花主产区投资控股、参股了5家棉籽蛋白加工和油脂加工企业，经营和生产脱酚棉籽蛋白、精炼棉籽油、棉籽高烹油、豆油、豆粕、棉短绒、棉粕等棉副产品，深受广大客户喜爱。

随着中央第二次新疆工作座谈会的顺利召开，国家对新疆棉花产业，特别是纺织工业的可持续发展提出了一揽子支持政策，新疆棉花产业及新棉集团将迎来前所未有的发展机遇。面对新形势、新机遇，新棉集团将以服务“三农”为宗旨，以做强、做大、做优新疆棉花产业为己任，持续深化企业改革，不断提高企业竞争与抗风险能力，早日实现资产总额和销售收入过“双百亿”发展目标，早日建成以棉花流通为主业的国内一流的综合性企业集团。

新棉集团将秉承“专业、专注、诚信、共赢”经营宗旨和“互利共赢、共同发展”的合作理念，热忱欢迎国内外广大客商前来洽谈合作，以诚相待，携手并肩，共创新疆棉花产业和中国棉花产业的美好未来。

地址：新疆乌鲁木齐头屯河区北站四路38号

电话：0991-3876730

传真：0991-3879008

邮箱：xmjt5853284@163.com

新疆锦棉棉业股份有限公司

新疆锦棉棉业股份有限公司隶属于第七师供销合作总公司。由新疆生产建设兵团第七师棉麻公司作为主要发起人，联合 10 家单位于 2002 年 12 月 27 日注册成立，注册资本 15000 万元。公司主要负责第七师棉花、副产品销售，以及公司所属 6 个轧花厂的经营管理工作，年经营皮棉 15 万吨左右。建有占地 18.6 万平方米的棉花储备仓库，设施齐全、运输便利，并代办铁路运输，在国内外建立了稳定的销售网络。产品商标“锦”牌于 1999 年由首个发起人第七师棉麻公司注册成功，于 2001 年申报“新疆著名商标”。“锦”牌棉花出口日本、韩国、中国香港、中国台湾、东南亚等国家和地区。2000—2003 年，“锦”牌棉花连续 4 年荣获“全国十大知名品牌棉花”“全国知名品牌棉花第一名”和“全国知名品牌棉花展示会金奖”；2001 年，经无形资产评估“锦”牌价值 6.18 亿元。2006 年，“锦”牌棉花经中国市场品牌管理联合会审核，获“中国棉花市场驰名品牌”称号。锦牌棉花品牌荣获“2013 年品牌中国商贸流通行业金谱奖”“2013 第二届新疆品牌节雪莲花金奖”“最佳产品质量奖”“2014 年新疆名牌产品”的称号。

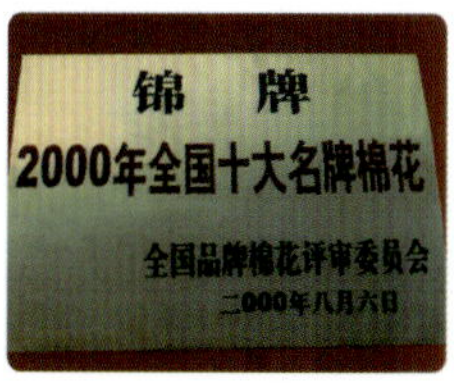

地址：新疆奎屯市乌鲁木齐东路44号锦棉大厦
电话：0992-3223250
传真：0992-3249066

第四师创锦棉业有限公司

总经理：路疆庆

机采棉生产线

皮棉调运

棉花新标准宣贯学习

新疆生产建设兵团第四师创锦棉业有限公司，成立于1991年，前身是新疆生产建设兵团农四师棉麻公司，2013年6月改制为股份制企业，隶属于第四师创锦农业开发有限责任公司，公司目前拥有五个棉花生产加工综合企业（即：六十五团轧花二厂、六十八团棉业、乌苏创锦棉业、奎屯创锦棉业和莎车县三得利棉业）和一个棉籽油生产厂（伊犁创锦油脂有限公司），六条以现代化科技技术领航的生产加工线；分别在乌市、石河子、浙江、山东设立了4个棉花贸易公司（即：乌市创锦伊河棉业、石河子创锦棉业和杭州伊河棉业、济南创锦棉业），同时还在江苏、山东、安徽、河南等地设立了5个销售网点。公司业务和售后服务网点遍及浙江、江苏、江西、山东、福建、广东、河南、安徽、湖北、河北、四川等全国十多个省市。在经过二十多年的市场打拼和努力奋进，公司已成长为一个集棉花收购、加工、储备、调运、销售、服务为一体，年销售皮棉5万吨，年销售超过13亿元，创利税千万元的棉花专业性企业。

多年来，我公司秉承“科学发展、强企富民、回报社会”的核心价值观，以“壮大企业实力、致富职工百姓”为使命，始终以“至真、至诚、至信”为经营理念，以雄厚的资金实力、高素质的专业人才队伍和优质高效的服务在业内树立起了良好的企业形象，受到了社会各界与广大客户的普遍信赖与支持，公司多次荣获兵团、第四师以及伊犁州“重合同、守信用”和“质量信得过单位”称号。自2006年以来，公司着力打造的棉花“创锦”品牌已受到业内外人士充分肯定。2011年荣获“中华全国供销合作总社重点龙头企业”荣誉称号。面向充满机遇、富于挑战的未来，我们热切期待并诚邀有识之士和业内朋友携手共筑美好家园，共铸新的辉煌。

公司地址：新疆伊宁市解放西路351号

联系电话：13899716789

新疆伊犁州陆德棉麻有限责任公司

（原伊犁哈萨克自治州棉麻公司）

新疆伊犁州陆德棉麻有限责任公司（原伊犁哈萨克自治州棉麻公司）是伊犁州供销社下属的大型物流企业。公司以开发完善的铁路、公路、港口海运物流服务链为核心，以“大客户、大项目、大平台”为发展切入点，聚焦商贸物流、增值物流、金融物流、智能物流等板块，重点发展第三方物流和物流增值业务；是全国棉花交易市场和中国农业发展银行指定的第三方监管库、交割库，2008年又被中国储备棉管理总公司指定为北疆储备棉承储库。

公司本部设在奎屯，其中公司库区占地面积31.3万平方米,拥有二条总长2.16千米的铁路专用线，184个货位，150人的专业装卸队伍日可装车52车以上，可完全满足日常货物装卸之用。硬化面积占库区总面积的80%以上。由于公司在铁路仓储物流方面具有灵活的机制、快速响应的速度、完善的管理制度、信息化的管理手段和经验丰富的管理团队，2014年，我公司铁路专用线被乌铁局奎屯货运中心评为奎屯地区唯一一家“标准示范专用线”。

伊犁州陆德棉麻公司以董事会为决策机构，公司下设综合办公室、人力资源部、财务部、业务部、调运部、货管部、消防安全部和重力装卸部八个部门；现有素质较高的工作人员300余人。通过30年的货物储备、中转、发运工作，伊犁州陆德棉麻公司积累了先进的管理工作经验，实行24小时监车制，不压车过夜。根据发运时限和发运量，全面兼顾，均衡调配，想客户所想，急客户所急，以创新的服务准则在客户中树立了良好的口碑。我公司在疆内已形成覆盖面广、转运能力强的货物仓储、中转物流网络，具有充足的货物发运车皮保障和装卸能力，年中转棉花、农副、化工、矿产品、油品、煤炭等各类货物600万吨以上，并以新疆为起点，向天津、青岛、上海、浙江、广东、江西、河南、陕西、山西、四川等沿海及内陆腹地拓展，不断完善国内、国际物流网络。

一份耕耘、一份收获，近几年来，伊犁州陆德棉麻公司先后获得了伊犁州授予的“AAA信用企业”，连续四年被伊犁州供销社授予“年度效益贡献突出奖”，奎屯市人民政府授予的“守合同重信用”和“消防工作先进单位”等22项荣誉称号。我公司将为广大客户提供安全、专业、高效的一站式便捷的物流服务，力争发展成为卓越的智能物流经营商和国内知名的第三方物流服务商，为客户提供完善的物流解决方案和物流服务。

地　址：新疆奎屯市南环路翠竹园38-1

联系电话：0992-3286633 0992-3287398

安徽省棉麻有限责任公司

安徽省棉麻有限责任公司由原安徽省棉麻公司改制后于2004年12月注册成立，是安徽省供销商业总公司控股企业。公司注册资本1800万，实际拥有资产3亿元，是安徽省规模大、实力强的产、购、销一体化的大型综合性棉花企业。

近年来，公司牢固树立“为农服务”的宗旨，不断拓展业务范围，延伸产业链，大力实施“农工贸一体、内外贸并举”战略，积极参与和推动棉花产业化经营，在大力发展棉花基地、巩固棉花资源、探索与棉农结成利益共同体的同时，努力发展战略合作伙伴，努力向棉花生产及纺织业延伸。

公司业务覆盖安徽全省主要产棉区，以所属的轧花厂为依托，以棉花专业合作社为纽带，以“加工厂＋基地＋农户”的形式先后在当涂、宿松、东至、无为、肥西、全椒等地建立了12个棉花产业基地，实行棉花收购、加工、经营“一条龙”服务；在新疆、甘肃、山东等棉花主产省区也开辟了棉花收购、加工网点，积极发展同中央涉棉单位及其他产棉省相关单位之间的联系。

公司经营客户遍及全国300多家企业，购销网络遍布全国各棉花主产和主销区，棉花进口代理的范围拓展到美洲、大洋洲、亚洲及非洲等多个国家，年销售额为10亿元左右，公司拥有的“皖棉”牌棉花品牌在省内外拥有较高的信誉。公司拥有合肥、蚌埠、巢湖、宿州、无为、东至、安庆7个直属棉花库和分库，总仓储量达20万吨。2011/2012年度，公司直属巢湖、宿州、蚌埠、宿松四个仓库先后申报成为国家储备棉代储仓库，其中巢湖库荣获国家储备棉代储库优秀仓库称号。

联系电话：0551-63443210

卓尔（天门）棉花交易中心

基本概况

卓尔（天门）棉花交易中心投资发展有限公司成立于2011年6月，由中国领先的公用物业提供商和服务商卓尔控股有限公司分三期总投资60亿元建设，联合中国储备棉管理总公司共同构建、运营。交易中心位于武汉“1+8”城市圈之一、素有“棉花之乡”之称的湖北省天门市，地处江汉平原腹地、“九省通衢”咽喉，项目规划总建筑面积约150万平方米，由交易中心、仓储区、物流区、加工区、轻纺市场、棉花博物馆、商务区等功能组成，集棉花现货交易、棉花加工、仓储、物流、金融和信息服务等功能为一体，打造中国规模最大的棉花全产业链现货交易服务平台。公司于2014年11月经湖北省政府批准设立棉纺专业金融要素市场，2015年底被湖北省发展和改革委员会评为湖北省重点物流企业，2016年2月被中国物流与采购联合会评为国家3A（仓储型）物流企业。

交易中心通过强强联手、高端对接的方式开展了一系列的高端合作，借2011年9月“湖北省与中央企业深化合同暨项目签约仪式”东风，与中国储备棉管理总公司合资合作成立中储卓尔（天门）棉花电子商务有限公司，打造全国性棉花电子交易系统。

主营业务

交易中心以设施先进的棉花仓储中心为基础，通过“华棉网”（www.cctc.cn）的电商平台为全国的棉花现货交易客户提供安全可靠的第三方交易场所，降低交易成本，不断提高网上交易数量，促进传统棉花贸易方式的变革；为交易客户提供全方位的信息、仓储、挂牌交易、结算、交收、物流等专业服务，同时为有需求的客户提供融资担保等特色金融支持。

服务宗旨

卓尔（天门）棉花交易中心秉承着卓尔“积极、执着、稳健、公信”的企业精神，立足优势，服务三农，辐射全国，助力区域经济加速发展；遵循“客户第一、服务至上”的原则，竭诚为广大客户提供优质高效的服务。

联系电话：0728-5358888　0728-5358999
传　　真：0728-5363555　0728-5330322
公司地址：湖北省天门市天仙大道特1号CCTC产业园
公司网址：www.cctc.cn
邮　　编：431700

天津宏棉股份有限公司

天津宏棉股份有限公司是1999年9月经天津市人民政府批准正式注册成立的股份制企业，办公地点位于天津市和平区大沽路174号。公司由市供销合作总社所属五家企业投资，注册资金4388万元。公司现有棉花流通、仓储物流、房产经营和项目投资四大主业，是一个综合性企业。经过多年潜心经营和整合，公司的资产优势进一步凸显，目前拥有两个直属仓库，占地近29万平方米，库房面积约11万余平方米；两个酒店以及1.4万多平方米商业店铺等优质资产。

- **棉花流通业：**主要从事棉花现货流通，电子撮合棉，期货棉、商品棉、仓单质押等业务，公司以诚信为宗旨，搭建棉花加工企业和棉纺织企业之间沟通和流通的桥梁，为双方提供方便、快捷、优质的咨询和服务。
- **仓储业：**由两家大型现代化专业仓库组成，仓库具备优良的储存、运输、办公条件，具备完善的管理、服务、安全体系，24小时全天候理货，适合大宗物资储存和大型物流经营。公司旗下的杨柳青仓库库房面积6.6万平方米，棉花存储量达12万吨，是中储棉总公司签约的社会承储库、期货棉交割库、电子撮合棉交割库，在历次棉花代储库综合评比中获得业务先进管理单位、安全管理先进单位等荣誉称号，在本市及周边棉花行业中知名度较高。
- **房产经营：**主要从事自有房屋，包括写字间、商业店铺及房屋住宅的租赁、管理、服务业务。公司始终以“创造一流的服务水平，最大限度地满足客户需求”为宗旨，管理严谨、服务优良，企业发展迅速。
- **项目投资：**近年来，公司凭借自身优势，在合资合作、项目开发等方面取得突出进展，公司资产保值增值率不断提高。主要有天津信托有限责任公司、天津市北辰村镇银行、天津银行等对外投资项目。

公司秉承“团结、务实、创新、发展”的企业核心理念，以科学的管理，一流的服务，与社会各界致力于合作事业发展的企业真诚合作，携手共绘企业发展宏图。

卸运棉包

消防演练

文艺汇演

送文化进基层

电话：022-23132184　传真：022-23311241

河南同舟棉业有限公司

河南同舟棉业有限公司成立于2000年，总部设立在河南省郑州市，办公面积2000多平方米，是专业从事棉花收购加工、棉纺织品生产、进出口贸易、国际投融资、房地产开发、矿业开发及仓储物流服务于一体的国际化企业集团。公司是中国棉花协会副会长单位、国际棉花协会ICA会员单位、中国棉花协会、CCA副会长单位、中国棉纺织协会CCTA常务理事单位、河南省棉纺织协会副会长单位及河南省纤维检验协会副会长单位。

同舟棉业主营国产和进口棉花近30万吨，生产、进口和出口各类棉纱及棉布，年销售额达60亿元人民币。企业净资产超过20亿元人民币，在国际棉商的信用签约额度超过40亿元人民币。公司以稳定的供应基地、优质的产品质量、广泛的市场渠道、良好的商业信誉，与全球近千家农场、棉花企业、纺织企业等建立了紧密的合作关系。

公司立足于“专业化、产业化、国际化”的发展战略，依托专业、渠道、规模、资本及合作优势，面向全球，不断延伸棉花、纺纱、织布、服装产业链。公司在中国新疆建立了棉花收购加工基地，在乌兹别克斯坦、印度、美国、巴　西、澳大利亚、越南、孟加拉、巴基斯坦、西非等棉花主产国和地区，以及国内的北京、上海、青岛、张家港、香港等地分别设立了办事处或分支机构，不断整合国内外优质棉花资源和市场信息，提高对市场的掌控和驾驭能力，以实现整个产业的可持续发展。

四川省棉麻集团有限公司

伴随着棉花流通体制改革，四川省棉麻集团有限公司不断发展壮大，到2015年末，企业总资产达10亿元，经营规模达20亿元，位列全国供销合作社企业百强，是四川省农业产业化重点龙头企业，跻身四川省出口企业50强、进出口综合100强行列。公司坚持科学发展观，以“棉花产业”为经营主线，推进“工贸结合、内外贸一体”的发展战略，着力搭建第一、二、三产业互动发展架构，外构网络，内炼管理，形成了以棉花产业、涤纶短纤维、农业产业化、物流配送、外贸进出口为主的五大经营格局。公司年经营棉花5万吨，化纤4万吨，短绒2万吨，营销网络遍及全国20多个省市，是中石化涤纶短纤四川总经销商，是西南地区最大的纺织原料综合供应商，在新疆建立了棉花收购加工基地；仓储物流设施齐备，在成都、德阳、内江、遂宁等地拥有近8万平方米的仓储物流设施，旗下龙泉库是川渝中烟公司醇化样板库，年周转农副产品达20万吨；外贸进出口突破6000万美元，在省内建成了蜡染布和皮革手套两大出口加工生产基地；在四川射洪等地拥有200公顷柠檬种植和生态猪、黑山羊养殖农业产业化基地，拥有蜀珍柠檬电子商务平台，搭建了集农产品收购、精深加工、冷链物流、电商营销等一体化的现代农产品产销对接网络。公司将继续秉承“追求创新，潜心服务，锐意进取，永续发展”的经营理念携手与您共创美好明天。

联系方式

地址：四川省成都市白丝街56号
电话：028-86615356
传真：028-86624791
邮箱：scmmjt@163.com

河南亿丰仓储有限公司

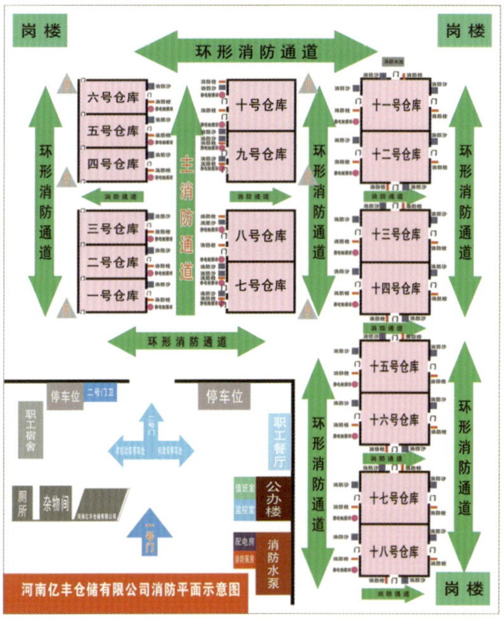

河南亿丰仓储有限公司是中储棉社会承储库，2005年成立，位于河南省滑县瓦岗寨乡，东临大广高速，南临307省道，交通便利。

我公司现有员工36人，目前占地5万平方米，现有标准化仓房18座，库容达5万余吨，交通运输设备充足，消防设施器材齐全，具备双配套供电设施与消防泵设施，监控设施实现库区网络全覆盖，24小时不间断巡控。

我公司仓储设备、仓房建设符合国家棉花承储标准，防汛、防火、防盗、防雷击、防虫蛀鼠咬、防霉变等设施齐全。结构坚固、全库区地面硬化，承载能力强，来往车辆装卸、运输方便；日仓库吞吐能力可达1500吨以上。所有库房均配备温、湿度计，随时掌握气候变化，定时检查、记录库内温、湿度，严格执行标准化。

公司坚持“预防为主、防消结合、突出重点、保障安全”的安全工作方针，实行一岗双责制，树立“隐患险于明火，防范胜于救灾，责任重于泰山”的理念，全面落实各项防范措施，不断提高企业综合防控能力，企业安全状况取得了很好的效果，库区布局合理，是一座现代化的棉花社会承储库。

自2005年成立以来，公司充分利用地理位置优越、交通便利、自有资金雄厚，员工整体素质高、各种设施齐全、规章制度健全等优势，经济效益得到了长足发展。

在公司领导的带领下亿丰仓储正以崭新的精神面貌，务实的工作作风，顽强的开拓创新精神，一如既往开创更加辉煌的新局面。

联系电话：0372-8581208

江苏欧堡利亚华松实业集团
滨杰棉业有限公司

电话：15371230808　传真：0515-89190988

江苏欧堡利亚华松实业集团滨杰棉业有限公司（以下简称滨杰棉业）成立于2002年，隶属于欧堡利亚集团旗下江苏欧堡利亚华松实业集团，注册资本2000万元，位于江苏省滨海县华松工业园内，总投资2.2亿元，占地面积86.7万平方米，建有厂房及仓库24万平米，总资本达4亿元人民币，拥有进出口经营许可证，是中国储备棉管理总公司棉花社会承储库，也是全国棉花交易市场指定的棉花交割点。2015年，顺利通过安全生产二级标准化验收，荣获中储棉管理总公司首批“诚信”企业，中储棉盐城有限公司安全生产先进单位。

公司秉承“客户服务最优，回报社会最大”的经营理念，在供应链管理、全方位物流管理，以及国内仓储、运输、信息系统、增值服务、质押监管、物流信息管理等服务上，为国内外客户提供全程物流解决方案，提升供应链管理品质，实现客户价值最大化。

质量上乘、客户满意是我们的目标，公司将继续秉承“追求卓越、勇创一流”的理念，与广大客户紧密合作，共同成长，用最优的物流服务回报客户、回报企业、回报社会！

湖南富华棉麻油脂有限公司

湖南富华棉麻油脂有限公司成立于2005年，地处美丽富饶物产丰富的洞庭之滨——大通湖区，公司占地总面积约为8万平方米，是一家私营有限责任公司，公司现有员工118个，固定资产为5500多万元，公司主要以棉、麻收购，植物油加工为主，产品销往全国各地。

公司成立之初，条件十分困难，公司是收购前北洲子国营糖厂而成立的，糖厂自倒闭后杂草丛生，一切都需重建。但是公司在蒋建伏董事长的带领下，各股东发扬不怕苦不怕累的工作作风，都亲自上阵，迎难而上，终于在一片荒废的土地上打造出一片新天地。公司不断完善，稳步发展，不断努力建立自己的收购销售网络，坚持“以质量求生存，以诚信求发展”的经营理念，终于在全体人员的努力奋斗下，企业有了属于自己的发展天空。

公司通过股东增资合并，现在注册资本为980万元，其中蒋建伏出资680万元，占股69%；常晓辉出资300万元，占股31%。

2009年是公司的一个重大的发展年，公司领导层认真分析市场变动，深刻洞悉国家政策，在资金运转比较紧张的情况下，审时度势，以极大的决策力和勇气，转变发展思维，花大力气新建四栋钢架结构的大仓库，引进一条国内先进的400T型棉花生产线和一条植物油加工生产线。不断完善公司的基础设施建设，使得公司的竞争力和综合实力不断增强，为公司以后的发展奠定坚实的基础。

后来的实践证明了当年决策的正确性。2010—2011年度棉花行业遭遇了严冬，价格出现了极大地波动，甚至打破了市场规律，许多棉花加工企业破产倒闭。为了稳定行业发展，国家出台了许多措施，根据市场行情和国家政策，只有交国家储备棉才能实现公司经济效益的最大化，而只有满足国家标准才能实现。由于达到国家标准必须使用400T型加工设备，也需要很大的仓库，当年的改造和建设正好满足了需求，当年的努力在该年就获得了回报，这使得公司有了稳定的发展。

目前，公司年加工、销售锯齿棉能力达5000多吨，先进设备的投产使得生产加工能力得到迅猛提升。在地方党委政府的正确领导和大力支持下，公司董事长蒋建伏带领“富华人”抓机遇，上规模，谋发展，求效益，引进人才，实行有效的管理机制，讲求科学技术。公司得到快速发展，一年上一个台阶，规模不断扩大。

辛勤汗水的付出得到了许多肯定和回报。2005年，公司被益阳市评为“安全生产单位”。2007年，公司被湖南省纤维检验局评为“棉花企业质量保证能力单位”，湖南省发展和改革委员会颁发“棉花加工资格认定证书”，被益阳市评为“市级农业产业化龙头企业”，被大通湖区评为“先进文明单位”，被大通湖区工商局评为“消费者信得过先进单位”等荣誉称号。2010年，被大通湖消防大队评为“消防先进单位”。

荣誉只能代表着过去，现在的不断努力和进取才能成就美好的未来。我们坚信，也有理由相信，在公司“稳中求进”的发展方针下，在公司领导的正确决策指导下，在员工辛勤的付出下，我们公司上下团结一致，不断创新，把公司当成我们的大家庭，一步一个脚印，富华的明天一定会是我们所期待的美好明天！

联系电话：0737-5620058

运城市国鑫物流有限公司

董事长任育峰向全国同仁致敬

运城市国鑫物流有限公司从2012年筹建，2013年4月正式成立。公司位于山西省运城市市郊，占地面积10.7万平方米，固定资产1.2亿元，总建筑面积8.3万平方米，其中仓储区建筑面积3.4万平方米，物流区建筑面积2.7万平方米，生产区建筑面积2.2万平方米。

公司所处位置交通便利，环境优美，周边无工矿企业及居民区，有非常优越的自然安全条件。

仓储区

公司拥有专业棉花存储仓库18幢，共计3.3万平方米，库区设计合理，消防通道宽阔且环形成网。公司拥有500立方米水塔一座，700立方米消防水池两座，大型专用消防泵两台，100千瓦备用发电机一台，消防管网遍布全库区，其中室内消火栓144个，室外消火栓8个，各类型灭火器65具，避雷、排水设施完善。公司消防监控室设备先进，技术力量充足，可通过视频监控系统和红外线报警装置全天候、全覆盖掌握库区所有情况。公司机构配置合理高效，各项规章制度健全完善，职工队伍素质高，拥有一支专业消防队和一支义务消防队。

宽阔的敞棚停车区

物流区

公司物流区拥有一座1.8万平方米的敞棚停车区，可停放各型车辆500余台。另外办公室110间，高速光纤宽带已安装到位，办公生活设施完善，竭诚欢迎全国业内精英前来洽谈业务，共铸辉煌事业。

生产区

公司生产区拥有大型生产车间及附属用房共计2.2万平方米，望各界有识之士鼎力加盟。

整齐划一的垛位

现代化的存储仓库

消防控制室

消防演练

地　　址：山西省运城市盐湖区运临路

联系电话：0359-6368682（传真）

荆州市荣盛物流公司

荆州市荣盛物流有限公司成立于2011年1月10日，注册资金6600万元，总投入1.2亿元，是国家4A级物流企业；是中国物流与采购联合会常务理事单位；是国家中储棉管理总公司储备棉承储库；是路易达孚（中国）贸易有限责任公司棉花承储库，公司已被纳入国家交通部“十二五”期间物流建设重点项目，是一家大型的现代物流仓储公司。

公司地处荆州高新经济技术开发区农技路，交通顺畅便捷，东连东方大道与沪蓉高速相通，西接荆州市长江大桥与荆襄、京珠高速相连，南临国家一类水运口岸盐卡港仅5.5千米便可通江达海，距离沙市火车货运南站5千米，北靠地方铁路沙市站仅7.5千米便可辐射全国。以207、318国道和13条省级干道为支架，为众多企业提供棉花销售及公路直达、公铁联运、水路联运、江海联运和多式联运的物流服务。

公司占地21.9万平方米，仓储总面积12万平方米，建有4000平方米的物流信息电子商务大楼；3600平方米的招待所，近80间客房可容纳约200人食住；4.5万平方米停车场、3万平方米集装箱堆场、12万平方米仓库，其中有6万平方米国家储备棉仓库。公司仓库可储存15万吨棉花能力，公司每年可为荆州地方铁路货运带来3600个火车皮的业务，为荆州市地方铁路运输创收带来较好的收益；为荆州进口棉花增加近4000个标准集装箱；为荆州公路运输增加大型平板车5000车次，运输额可达亿元收入。

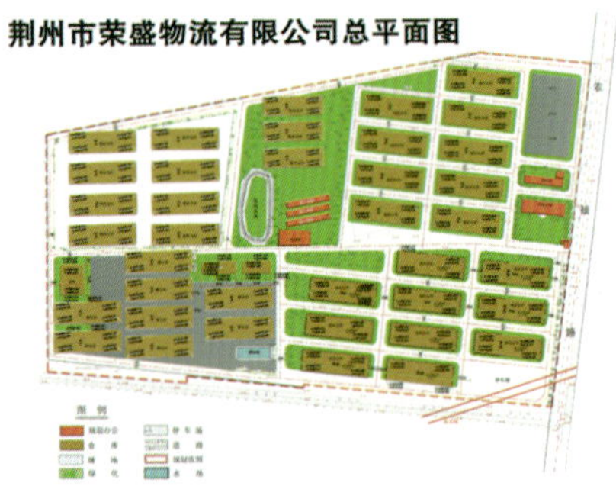

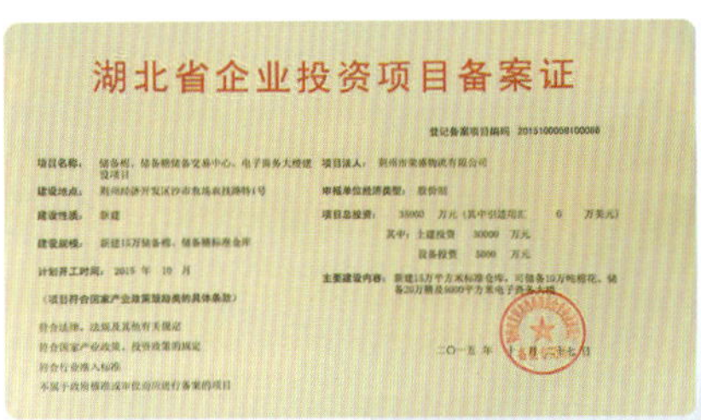

新野县诚德贸发有限公司

新野县诚德贸发有限公司位于河南省南阳市新野县，是新野县棉纺织产业集区的重要龙头企业，是经河南省人民政府批准的集棉花收购、加工、贸易、仓储、物流于一体的民营股份制企业。公司自2001年成立以来，秉承“诚信厚德，和谐繁荣”的经营理念，坚持科学经营，力求创新，不断发展壮大。

公司拥有先进的生产设备、雄厚的技术力量、完善和健全的质保体系,拥有各类生产设备160多套，2006年筹建的棉业储备中心由于设施先进、装备齐全、运作规范被全国棉花交易市场指定为交割仓库,也是中国储备棉管理总公司指定代储库，现已收储近万吨。公司棉业储备交易中心二期工程项目，总投资1.3亿元，占地11.9万平方米，增建了8栋仓库，库容扩大到了15万吨，年流转量50万吨，配有自动喷淋系统、自动报警系统、自动监控系统等，设施设备齐全，有一套科学、完善的管理系统，规模居全国前列。

公司仓储物流项目社会效益显著，可扩大安置就业人员1000余人（含下属轧花厂），另有500余人从事公司的建筑工程，货运装卸、物流等业务，可直接拉动棉花深加工业、棉籽、油料、浆粕加工业以及饲养业、种植业、运输业的发展，可直接吞纳全县2.7万公顷棉花生产量，使近10万户农民种棉而乐业，为社会开辟广阔的就业门路。公司通过全国棉花交易市场、中储棉入储平台，进一步扩大了电子撮合、网上超市交易、商品棉质押融资等业务，更好地为县域及区域经济发展做好服务。

联系电话：0377-66380886
传　　真：0377-66296128

中储棉花信息中心
CHINA NATIONAL COTTON INFORMATION CENTER

ABOUT CNCIC

中储棉花信息中心

专注于提供世界一流的棉花综合信息服务

Devoted to providing world's first-rate integrative cotton information service

中储棉花信息中心是中央直属企业中国储备棉管理总公司的全资子企业，成立于2004年，主要业务是建设和维护国家棉花市场监测系统（该系统是国家“金宏工程”中唯一一个棉花专业监测信息系统），监测和研究国内外棉花市场，为国家有关部门棉花宏观调控决策提供信息参谋服务，同时为国内外涉棉企业提供市场资讯、商务信息、专业咨询等服务。

信息中心全体员工始终坚持“共享价值，创新未来”的企业价值观，秉承“志向高远、脚踏实地，朝气蓬勃、胸怀宽广，勇担责任、务实创新”的企业精神，专注于提供世界一流的棉花综合信息服务。

Founded as a wholly-owned subsidiary of China National Cotton Reserves Corporation in 2004, China National Cotton Information Center (CNCIC) is mainly in charge of the construction and maintenance of National Cotton Market Monitoring System (NCMMS), the only professional cotton market information monitoring system of China's Macroeconomic Management Information System. NCMMS monitors and analyzes the cotton market in and outside of China, assists the Chinese government in macroeconomic regulation decision making, and provides market information, trade information and consulting service for all cotton-related entities around the world.

CNCIC's staff will always adhere to the values of “shared value, creative future” and persist in the corporate spirit of “lofty ideal with down-to-earth efforts, vigor, broad-mindedness, sense of responsibility, practicality and creativity”.

中国棉花网是中储棉花信息中心下属的全球权威的棉花专业信息网站和专业网络媒体之一，秉承“及时、准确、全面、权威”的服务宗旨，与国内外主要涉棉机构、企业建立了长期稳定的合作伙伴关系，在国内外棉花行业颇具影响力。

中国是全球棉花生产和消费大国，生产和消费均占世界总量的三分之一左右。同时，棉花关系着广大棉农收益、纺织就业和经济增长，在我国一直深受政策青睐和呵护。在党的十八届三中全会提出“市场将在资源配置中起决定性作用”精神指导下，中国棉花产业正在步入完全市场化、全球一体化轨道。中国棉花网作为专注于棉花的专业媒体，将亲历产业转型升级的点滴业绩，见证产业蓬勃向上的辉煌成就。

品牌优势：

※ 凝练十余年的行业口碑和品牌影响力

※ 覆盖全国的棉花市场监测网络体系

※ 详实、全面而有效的专业数据库

※ 专业团队打造独一无二的前瞻性报告

※ 遍布上下游快速而有针对性的资讯传播

※ 细致入微的商务服务和个性化企划宣传

※ 不断突破的技术与持久追求的创新力

As a subsidiary platform of CNCIC, CNCOTTON is one of the most authoritative professional cotton information websites and Internet media in the world. With timely, accurate, comprehensive and authoritative service its principle, CNCOTTON has entered into partnership with major cotton-related organizations and entities worldwide and has strong influence in the world's cotton industry.

As the largest cotton producer and consumer in the world, China accounts for one-third of the world's total cotton production and consumption. Meanwhile, cotton is related to the income of growers, the job opportunity of the textile sector, as well as the growth of national economy. The cotton industry has been enjoying the protection from policies in China. The 3rd Plenary Session of 18th CPC Central Committee points out that the market should play the decisive role in resource allocation. In light of the spirit, China's cotton industry will be undergo marketized and globalized. As a professional cotton media, CNCOTTON will undergo the progress of industry transition and upgrading, and witness the great success of China's cotton industry in the future.

e棉仓

扫描进入e棉仓首页

国家棉花资源信息平台 www.emiancang.com

国家棉花资源信息平台（e棉仓）为棉花、纺织买卖双方提供网上购销信息对接的平台，是一个专注于通过线上信息，支撑企业线下自主交易的涉棉企业公共信息服务平台，即中国棉花OTO公共平台。平台是将现代互联网思维及大数据技术应用于棉花流通领域的大胆创新，是中国储备棉管理总公司行使央企社会责任的又一实际举措。

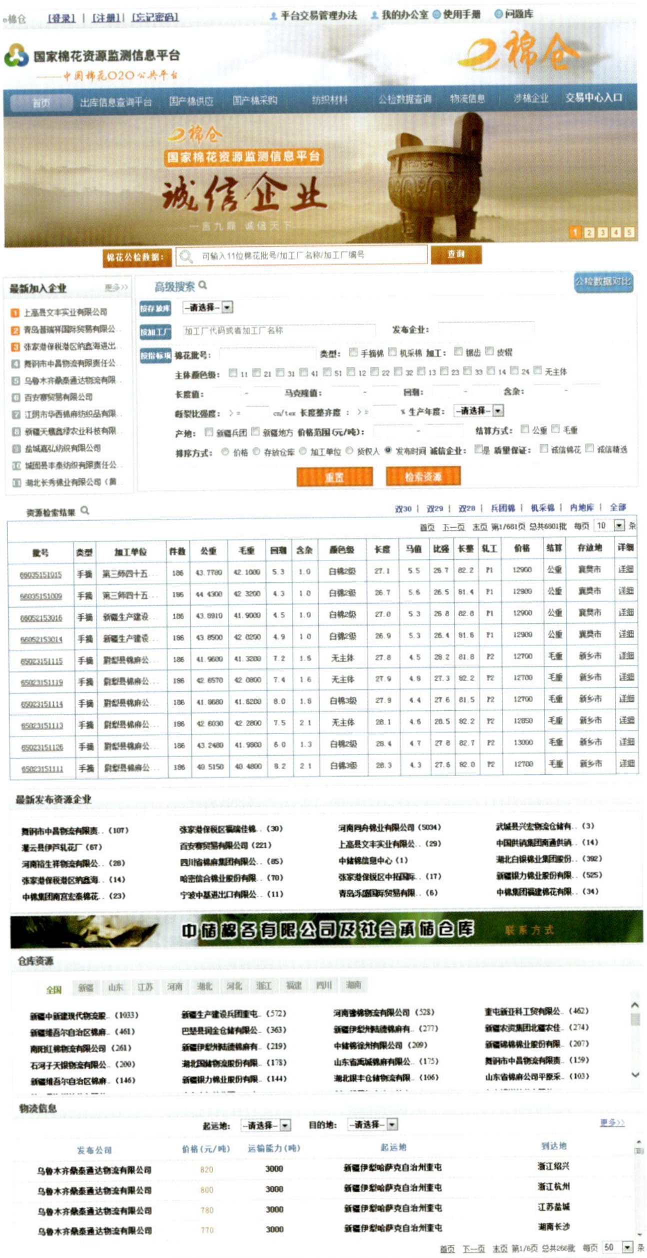

e棉仓找棉花，三步就搞定！

纺织企业自主查询，日均30万吨以上有效资源、最新报价、真实联系方式尽在e棉仓！

e棉仓购棉三步曲

第一步：“用户登录”点击网站首页左上角“登录”，输入用户名和密码，登录e棉仓；

第二步：“资源检索”在【高级搜索】中输入或选择您的购棉需求后，点击“检索资源”；

第三步：“查看资源”在【资源检索列表】中，点击“批号”或者“详细”，进一步查看棉花组批信息汇总表或包公检数据、企业联系方式等信息。

e棉仓特色报价单

多种分类报价单可满足不同纺织企业采购需求

某资源企业销售资源报价单（以长度29MM为例）

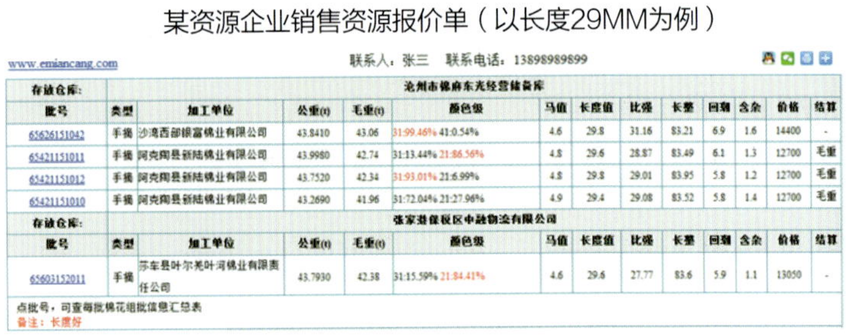

资源销售企业可根据销售资源的指标和特点，针对性生成多种报价单，通过微信、QQ转发，方便货主企业将在售资源报价分享给合作伙伴。

未来e棉仓将与您携手，不断为企业提供更丰富、更便捷的功能和服务，独家“棉花期货仓单查询”即将推出，敬请期待！

e棉仓会员服务：010-58930358　e棉仓资源发布：010-58931136　e棉仓采购热线：010-58931626

2014/2015

中国棉花年鉴

CHINA COTTON ALMANAC

中储棉花信息中心 编

Edited By China National Cotton Information Center

中国出版集团
中译出版社

编写说明

2014/2015年度，全球经济稳步复苏，中国经济进入新常态，全球棉花总体供大于求，中国棉花出现一定程度上的结构性矛盾，纺织行业负重前行。持续三个年度的棉花临时收储政策退出，作为棉花目标价格补贴政策试点的新疆自治区，将棉花定价权重新交回市场，在有效激活棉花市场活力的同时，也增加了棉纺企业的经营风险。《中国棉花年鉴2014/2015》全面系统客观地反映了2014/2015年度中国棉花市场运行情况，主要涵盖行业发展概况、主要产棉省区概况、年度报告、统计资料、大事记、政策文件和附录等七个部分。

《中国棉花年鉴》（以下简称《年鉴》）是至今我国唯一一部集中反映棉花行业年度发展与趋势的工具书，《年鉴》集权威性、史实性、研究性、收藏性为一体，主要面向国内外棉花加工流通企业、纺织企业、金融与投资、贸易与咨询、科研与教育机构以及各级政府管理部门和行业社团组织发行。

本书涉及大量统计数据和史实资料，总体上按照棉花年度计算（2014年9月1日至2015年8月31日）。除国家棉花市场监测系统外，统计数据主要来源于国家统计局、棉花主产省（市、自治区）统计局、中国海关总署、中国纺织品进出口商会、郑州商品交易所、美国农业部（USDA）、国际棉花咨询委员会(ICAC)和美国洲际交易所（ICE）等相关涉棉机构。

为增强可读性，我们在编写过程中对部分数据进行了二次整理，相应部分的原始数据以原出版单位为准，年度报告中所涉及的数据、资料、观点均由文章作者提供，政策文件部分均采用相关部门的政策原文，未标明来稿单位的文章均由《年鉴》编辑部编撰。书中所涉及的计量单位，在使用法定计量单位的原则下，因历史沿革及行业惯用等原因，也采用了部分传统计量单位，如公顷等。

在编写过程中，国家发展改革委等主管部门给予我们大力支持，各相关单位、地方有关机构也给予了热情帮助，我们在此表示诚挚的感谢。

由于编写时间紧迫，书中难免有不足之处，望各位读者不吝赐教，我们将认真改进，把《年鉴》做得更好，为推动中国棉花行业发展贡献微薄之力。

《中国棉花年鉴》编委会

2016年2月

目录

第一部分 行业发展概况

第二部分 主要产棉省区概况

第三部分　年度报告

第四部分　统计资料

第五部分　大事记

第六部分　政策文件

第七部分　附录

行业发展概况

第一部分

行业运行概况

2014/2015 年度（2014 年 9 月 1 日—2015 年 8 月 31 日），全球经济稳步复苏，中国经济进入新常态，国内经济总体仍处于下行通道中。国外消费相对稳定，国内消费有所下降。全球棉花总体仍供大于求，中国棉花出现一定结构性矛盾。中国开始实施新疆目标价格补贴政策，国内棉价进入单方面下跌趋势，国际棉价也因中国棉花政策变更，配额减少导致中国棉花对外需求减少，而进入下行通道，但总体上国际棉价下跌幅度小于国内。

国内棉价下行压力较大，外棉价格紧跟其后　2014/ 2015 年度，由于目标价格补贴政策的实施，国家不再对棉花实行临时收储，国内棉花市场价格基本进入单边下跌态势，仅在储备棉轮出竞拍底价确定后，国内棉价略有企稳迹象。国际棉价与国内棉价价差急剧缩小。2014/2015 年度，中国从严管控棉花进口配额，导致中国对外棉需求受到抑制，国际棉价行情亦呈现单方向下跌趋势。

目标价格补贴政策重新激活市场活力　2014 / 2015 年度，国家执行新疆棉花目标价格补贴政策。目标价格补贴政策有效地激活了市场活力，将棉花定价权重新交回市场，保证了市场各主体正常经营，但同时也加大了一定的市场风险。为保障棉花供应，稳定市场预期，国家决定自 2015 年 7 月 10 日—2015 年 8 月底公开竞价销售国家储备棉，本次储备棉计划轮出 2011 年度国产棉 33 万吨，竞卖底价（折标准级 3128B，下同）为 13200 元 / 吨；2012 年度国产棉 47 万吨，竞卖底价为 14200 元 / 吨；2012 年度进口棉 20 万吨，竞卖底价为 15500 元 / 吨。其他类型和级别按照中国棉花协会 2015 年 7 月公布的有关颜色级、长度级等指标的差价表计算确定起报价。分级分批的报价，一定程度上保障了国内棉价的稳定，实际共轮出储备棉 6.34 万吨。

棉花总体供大于求　2014/2015 年度全球棉花总量依然呈现过剩状态。从总量来说，2014/2015 年度全球棉花产大于需，由于中国执行新政策后，不再进行收储，缓解了一定的储备压力。并且中方收紧了棉花进口配额，也使得国际棉花总体呈现供大于求的局面。美国农业部（USDA）数据显示，全球棉花产量超过消费量 2434.2 万吨，棉花期末库存为 2410.3 万吨，全球棉花库存消费比为 99.0%，创历史最高。

纺织行业负重前行　2014/2015 年度，纺织行业经营形势并不乐观，受国内经济减速影响，导致内需不旺，纺织品终端需求萎缩的状况改观不明显，尤其随着国棉价格下滑，造成产成品积压，不少纺织企业不得不亏本去库存。另外，纺织企业面临资金难，人力成本高，后期市场难以预料等诸多不利因素，导致纺织企业不敢贸然采购皮棉，普遍压缩原材料库存，以求降低市场风险。加之人民币持续升值的压力依然较大，资金紧张造成融资困难，部分中、小纺织企业出现停工甚至破产的情况，整体而言国内纺织行业仍负重前行。

棉 花 生 产

2014/2015年度，全国棉花种植面积和产量继续下降。棉花生长期间，自然、病虫等灾害频繁发生，黄河流域较重。尽管农资价格大部分低于2013/2014年度同期，但由于人工成本居高不下，棉花收购价格大幅下跌，农户植棉收益下降。2014/2015年度农户植棉意向面积同比下降。

棉花种植面积减少 按照国家统计局统计数据，2014/2015年度全国棉花种植面积为4219千公顷，同比下降2.9%。据农业部全国棉花生产监测系统监测分析，2014/2015年度全国棉花监测县种植面积同比减少7.15%。其中长江流域和黄河流域面积减幅均在10%以上，尽管西北内陆棉区播种面积增加，但总体减少。

全国平均单产略增，总产量减少 按照国家统计局统计发布数据，2014/2015年度，全国皮棉平均单产为1461千克/公顷，同比提高0.7%；全国棉花总产量616.1万吨，同比减产2.2%。根据全国棉花生产监测系统2014年10—12月测产分析，预计2014/2015年度籽棉平均单产为3618千克/公顷，同比上涨0.8%。其中黄河流域、长江流域和西北内陆棉区籽棉平均单产分别为3388千克/公顷、3150千克/公顷和5220千克/公顷。参考各棉区平均衣分率以及棉花测产中90%误差系数计算，预计2014/2015年度全国皮棉平均单产为1264.5千克/公顷。

棉 花 收 购

籽棉价格一路向下 2014/2015年度，执行三年的临时收储政策退出市场，国家在新疆实施棉花目标价格改革试点，棉花企业重新回归市场，收购、加工、销售自负盈亏。在全球棉花价格弱势运行的局面下，棉花企业收购价格较2013/2014年度大幅下调。据国家棉花市场监测系统数据显示，2014/2015年度中国棉花收购价格指数从2014年9月的15000元/吨左右跌至2015年1月的12000元/吨左右，随后价格基本稳定在12000元/吨上方，累计下跌3000元/吨；而2013/2014年度中国棉花收购价格指数维持在19200元/吨，可见政策调整对棉花价格的影响之大。与此同时，2014/2015年度籽棉收购价格也由2014年9月的6.88元/千克跌至2015年4月的5.78元/千克，2014/2015年度累计下跌1.1元/千克。

单位：元/吨

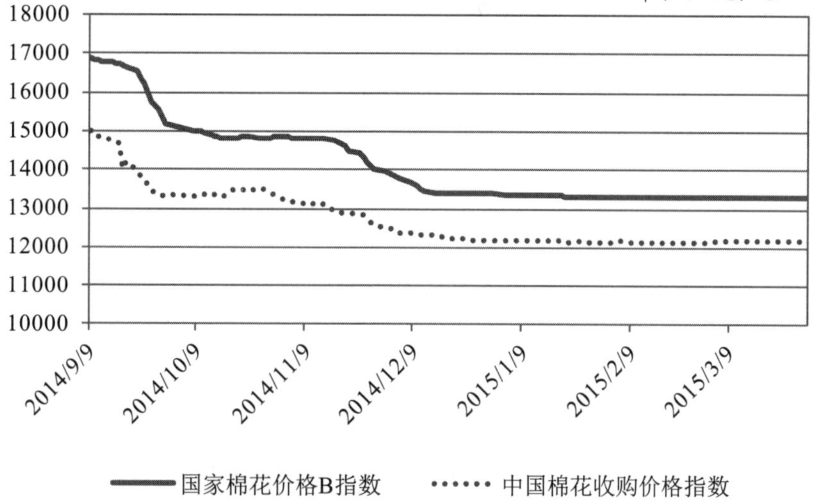

图 1－1　2014/2015 年度国家棉花价格 B 指数、中国棉花收购价格指数走势对比

表 1－1　2014/2015 年度中国棉花收购价格指数同比对比

单位：元／吨、元／千克

棉花年度	中国棉花收购价格指数	白棉 3 级收购价
2012/2013	18419	4.16
2013/2014	18794	4.26
2014/2015	12711	3.00

数据来源：国家棉花市场监测系统

棉花收购进度迟缓　2014/2015 年度，由于政策调整，棉花企业收购价格较 2013/2014 年度大幅下调，棉农出现惜售心理的同时，棉企担心市场风险，不敢贸然开秤收购。2014 年 9 月，开秤收购的企业数量明显下降，收购进度较 2013/2014 年度迟缓接近 20%。据国家棉花市场监测系统数据，截至 2014 年 12 月 31 日，全国籽棉交售率为 85.9%，同比下降 6.4 个百分点，较过去 4 年里的正常年份下降 4.3 个百分点，其中新疆交售率为 99.9%，同比下降 0.1 个百分点。

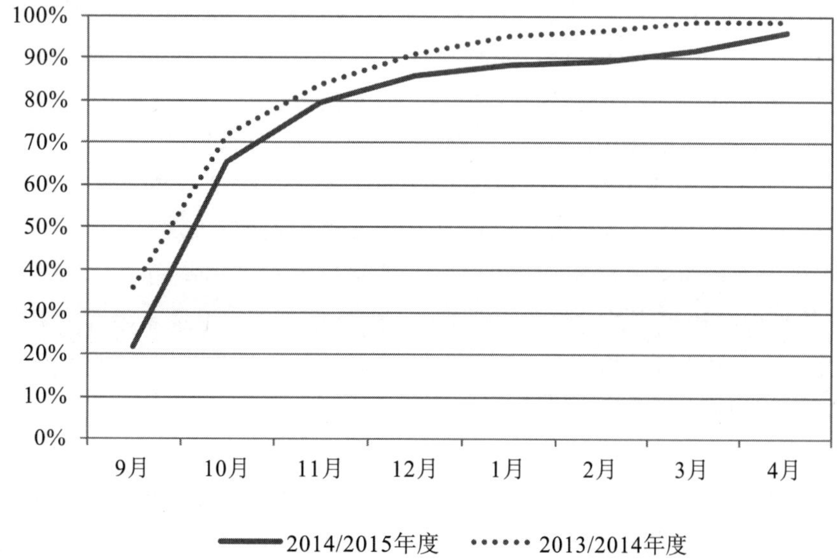

图 1－2　2014/2015 年度与 2013/2014 年度中国棉花收购进度对比图

棉 花 加 工

2014/2015年度，中国棉花加工技术与世界先进水平存在明显差距，但也有其适合中国国情的特点。发达国家棉花加工设备生产效率高，性能稳定可靠，但加工出来的皮棉外观质量较差，作业能耗高、衣亏高，从前些年引进的设备使用情况来看，并不太符合中国棉花加工业需要及中国大多数纺织企业对纺织原棉质量的要求。中国棉花加工设备主要产品的生产率适中、加工出的皮棉外观质量较好，能耗较低、衣亏较小，综合能耗和生产成本低。

手摘棉加工设备技术先进，加工工艺完善，棉花加工质量优良 经过我国广大科技人员多年探索总结、改进，已经形成了适合中国国情的、标准化程度较高的手摘棉加工工艺。目前，生产线上配置的棉花加工设备，不论是籽棉清理机、轧花机、皮棉清理机和打包机等主机，还是籽棉干燥机、异性纤维清理机、除尘装置以及棉包生产信息化管理系统等生产线辅助设备，技术性能先进，工作性能稳定，自动化程度高，加工的棉花质量优良，完全可以满足国内纺织企业的生产需求。

机采棉采收设备仍主要依赖进口，国产采棉机开始小规模推广应用 由于技术的复杂性，目前，新疆棉区的采棉设备仍主要依靠进口。截至2015年9月，新疆棉区拥有各类采棉机2400余台，其中兵团约1800台，绝大部分为原装进口机型。2014/2015年度使用最多的采棉设备，除了较早引进的棉箱式采棉机外，由美国约翰迪尔公司研制的7760型圆模采棉机和美国凯斯公司研制的ME625型籽棉打垛采棉机两种新机型已经开始批量进入中国机采棉市场。

我国近年来在采棉机技术研发方面取得了一定成绩，但与世界先进采棉技术仍存在着显著差距。其中，由贵航公司自主研发的国产大型采棉机不但关键配套部件摘棉指需要依赖进口，而且由于机器整体在适应性、作业效率和工作稳定性方面与国外同类产品存在较大差距，一直没有被国内市场接受。目前只有中国农机化研究院下属北京农装公司研制的3行采棉机开始在国内市场上有一定范围应用，但要实现产业化应用尚需时日。

内地棉区机采棉种植模式进一步扩大试点范围 机采棉技术在新疆棉区的成功推广应用，为我国棉花产业布局的进一步调整优化起到了积极的示范作用，是内地传统植棉区产业结构调整优化、保证植棉综合效益的必由之路。

由中国农科院棉花研究所主导实施的内地机采棉试点工作，2014/2015年度又有新的突破。试验小组在湖北、江苏等内地传统集中植棉区进行的机采棉生产试点取得了大量工程化应用数据，进一步积累了在内地棉区推广应用机采棉技术的工程应用经验，现场评测结果再次验证了在内地棉区实施机械化采收的可行性。

棉花加工的信息化管理水平不断提高 2015年全国大约2500余条“400型”棉花加工生产线全部配置了“棉包条码信息管理系统”，以此为基础构建了全国棉花加工信息资源监测平台。作为国家棉花质量检验信息中心和国家棉花资源监测系统的重要组成部分，目前该平台已实现动态实时提供全国棉花加工生产信息，包括籽棉加工进度、棉包加工总量等数据，为国家进行宏观调控、资源统计、棉花贸易等活动提供了权威准确的信息数据。

为配合国家棉花目标价格改革试点政策的实施，2014/2015年度兵团系统对在用的多种“计算机籽棉收购系统”进行了全面清理规范，最后研究确定了4家技术先进、功能丰富、用户较多的系统提供商，按照兵团统一要求升级了系统软件，并进行了统一的技术培训，为棉花目标价格试点工作提供了基础数据。

在加强棉花加工生产信息化管理的基础上，为进一步提升棉花加工决策的科学化水平，兵团部分植棉师近年来规划实施了团场层面的棉花加工生产信息化管理系统建设工程，为初步建立棉花加工生产信息管理平台积累经验。

棉花加工设备智能化控制技术开始在机采棉加工生产线进行示范应用 在基本实现棉花加工设备自动化控制的基础上，为进一步提高机采棉加工过程的精细化管理水平，切实提升机采棉加工质量，增强棉花产品的市场竞争力，兵团率先在所属棉花团场实施了棉花加工设备智能化控制项目。2014/2015年度在南北疆棉花团场共安排了3个新的试点。

棉 花 质 量

2014/2015年度，全国新体制棉花细绒棉公证检验涉及的产棉省（自治区、直辖市）及新疆生产建设兵团共15个，涉及加工企业1542家，比2013/2014年度减少13.81%，检验量2271万包、514万吨，分别比2013/2014年度减少30.51%、30.61%，检验量为近4年来最低水平。

从新体制企业检验数量级及近5个年度的变化趋势来看，西北内陆棉区的检验量占比在2011/2012年度有所回落之后已稳步回升。新疆地方及新疆兵团棉花检验数量有所回落，但其占全国检验量的比重在逐年上升，达到80.9%，新疆已成为我国棉花最主要产区。内地棉区2014/2015年度棉花检验量大幅下滑，黄河流域棉区同比下降58.04%，长江流域棉区同比下降74.39%。

检验进度方面，2014/2015年度新体制棉花细绒棉公证检验的检验高峰期比2013/2014年度晚21天左右，反映出产业政策调整初期市场的观望情绪较重；市场预期企稳后，延续了2013/2014年度的快收快加、高峰期集中的态势，且高峰期更为集中；春节前合计检验量占到2014/2015年度检验量的97.3%，比2013/2014年度增加5个百分点。

2014/2015年度全国新体制棉花细绒棉综合质量有所提升。从颜色和轧工质量来看，颜色级以白棉和淡点污棉为主，白棉2级和白棉3级占比最多，淡点污棉主要集中在淡点污2级，其中，长江中下游地区受气候影响，棉花颜色呈乳白色，略带棉花本色黄，淡点污棉占比较高。轧工质量主要集中在中档，占比为93.95%；全国各省份轧工质量为中档的棉花比例均占到90%以上，浙江、湖南两省达到100%。从纤维长度来看，平均长度和平均长度整齐度指数两项指标均有所提高，其中，长度指标体现在25—27毫米长度级的棉花显著下降，而30—32毫米长度级的棉花有所增加；长度整齐度指数指标表现在低及以下档的棉花略有下降，而高及以上档的棉花大幅增加。从纤维内在品质来看，马克隆值和断裂比强度两项指标较2013/2014年度均有小幅回升，其中，马克隆值主要表现在A级占比显著增加，C2档过成熟棉占比小幅降低；平均断裂比强度提高的主要原因是新疆棉该项指标略有回升，其他大多数省份棉花的平均断裂比强度有不同程度的下降。对比各省数据来看，新疆棉表现最为突出。新疆2014/2015年度棉花与2013/2014年度相比，长度增加0.3毫米、长度整齐度增加0.3%、马克隆值A+B级占比增加6个百分点、断裂比强度提高0.7 cN/tex，总体质量状况明显好于2013/2014年度。

棉 花 消 费

棉花消费量持续下降 由于全球经济仍处于复苏期，中国经济进入新常态，纺织用棉需求持续低迷，2014/2015 年度我国棉花消费需求继续下降。根据国家棉花市场监测系统测算，全年度棉花消费量 755.3 万吨，同比减少 3.7%。

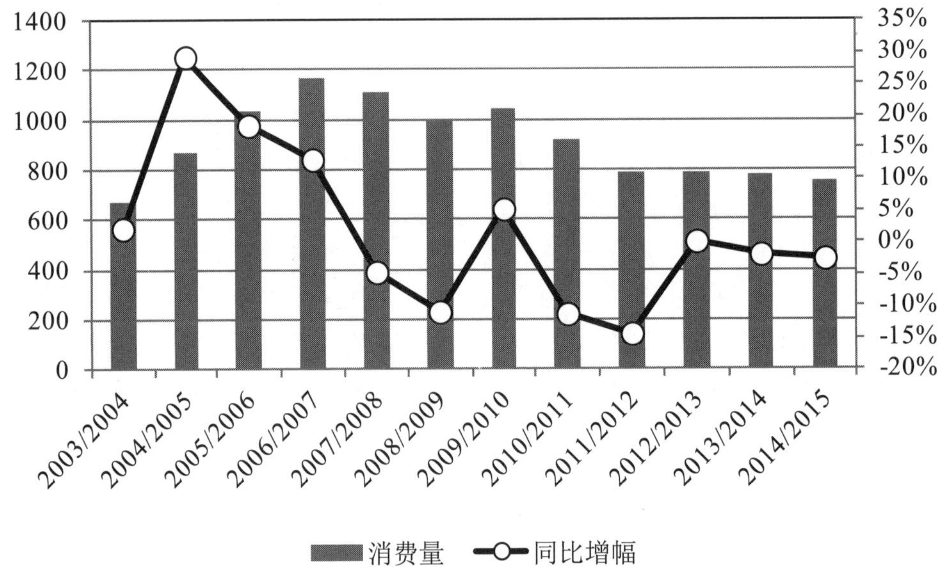

图 1-3　2002/2003 年度以来我国棉花消费量及同比增幅水平

纺纱产量在时间结构上 V 字分布 我国纺纱产量受假期因素影响，产量波动较为明显，通常表现为每年 1—2 月份产量较低，从往年来看 6 月份、12 月份达到高位。2014/2015 年度我国纱产量最高月份为 2014 年 12 月，我国每月纱产量均在 300 万吨以上。

棉花消费在空间分布上相对集中 分省来看，2014/2015 年度，山东、河南、江苏 3 省纱产量位居全国前 3 位，分别为 865.74 万吨、609.4 万吨和 521.45 万吨，占全国总产量的比重分别为 22.8%、16% 和 13.7%。在纱产量全国排名前 15 位的省市中，福建省纱产量同比增速较高，达到 20%，而广东、陕西、浙江出现负增长，山东增速仅为 3%。

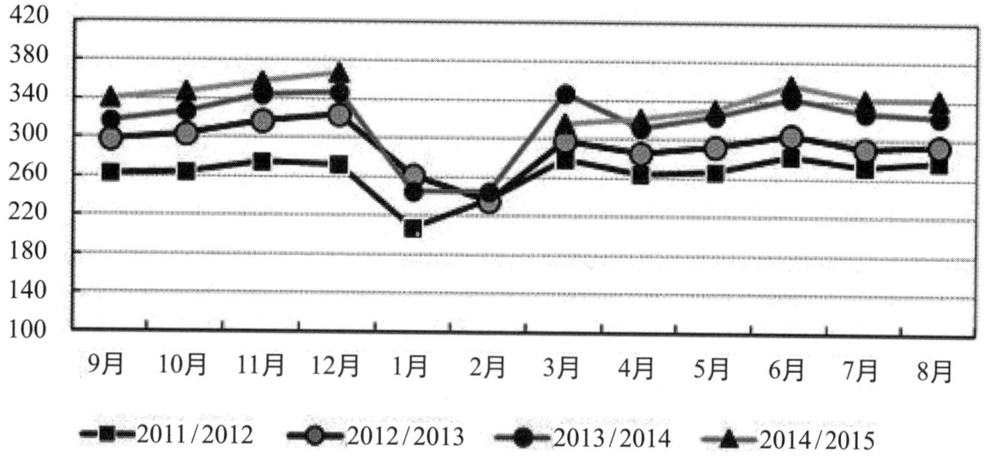

图 1－4　2011/2012 年度以来我国纺纱产量分月对比

表 1－2　2014/2015 年度分省纺纱产量及占比情况

单位：万吨

排名	地区	纱产量	同比（%）	各省区占比（%）
1	山东	865.74	3%	22.8%
2	河南	609.41	15%	16.0%
3	江苏	521.45	10%	13.7%
4	福建	358.35	20%	9.4%
5	湖北	327.16	11%	8.6%
6	浙江	241.55	–1%	6.4%
7	河北	213.72	7%	5.6%
8	江西	168.72	11%	4.4%
9	湖南	110.41	5%	2.9%
10	四川	104.08	12%	2.7%
11	安徽	96.82	12%	2.5%
12	广东	38.26	–10%	1.0%
13	陕西	37.79	–6%	1.0%
14	新疆	37.55	15%	1.0%
15	重庆	19.24	13%	0.5%
合计	全国	3803.7	8.5	**100**

数据来源：国家统计局

纺织品服装出口同比下降 据海关总署统计，2014/2015年度纺织品服装出口额2896亿美元，同比减少2%。分月来看，我国纺织品服装出口同比增速波动较大，其中，2015年3月出口额同比下降。

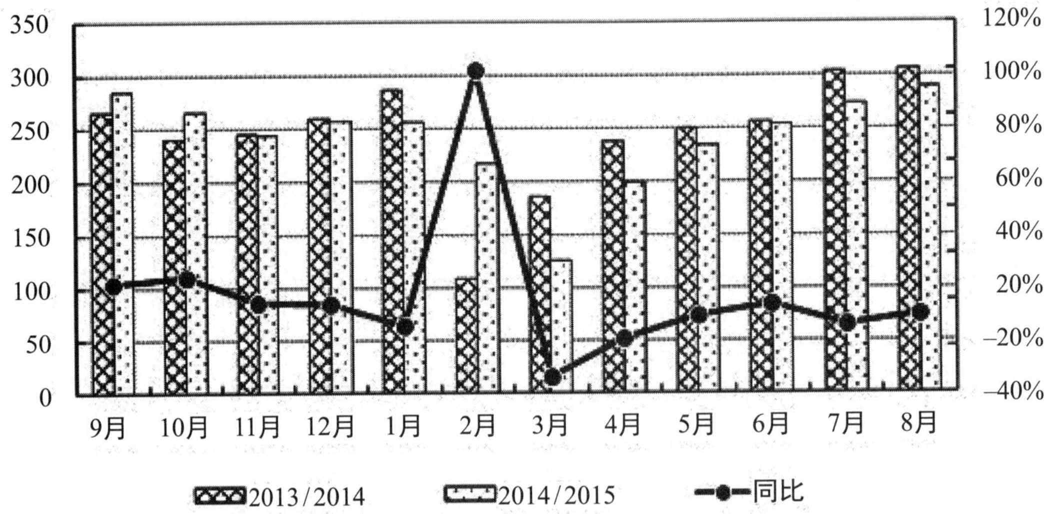

图1–5 2014/2015年度纺织品服装出口额分月统计及同比对比

棉花进出口

2014/2015年度，我国棉花进口量同比减少38.99%，棉花出口量同比增长187.01%。

一、棉花进口量同比减少38.99%

1. 按贸易方式统计

2014/2015年度，我国棉花进口量为183.17万吨，同比减少117.05万吨，减幅38.99%（见表1–3）。

表1–3 2013/2014年度我国棉花进口分贸易方式统计

单位：吨

项目＼年度	2014/2015	2013/2014	同比（±）	幅度（±%）
合计	**1831703**	**3002194**	**–1170491**	**–38.99**
一般贸易	389102	710948	–321846	–45.27
保税仓库进出境货物	267021	480260	–213239	–44.40

续表

保税区仓储转口货物	574866	789100	–214234	–27.15
来料加工装配贸易	6361	23929	–17568	–73.42
进料加工贸易	594353	997957	–403604	–40.44
其他	0	0	0	0.00

数据来源：中国海关总署

2. 按时段统计

2014 年 12 月，我国棉花进口量骤增，从 2014 年 11 月的 9.21 万吨增加至 26.45 万吨；2014 年 9 月—2015 年 8 月，我国棉花平均进口量在 14 万吨左右。

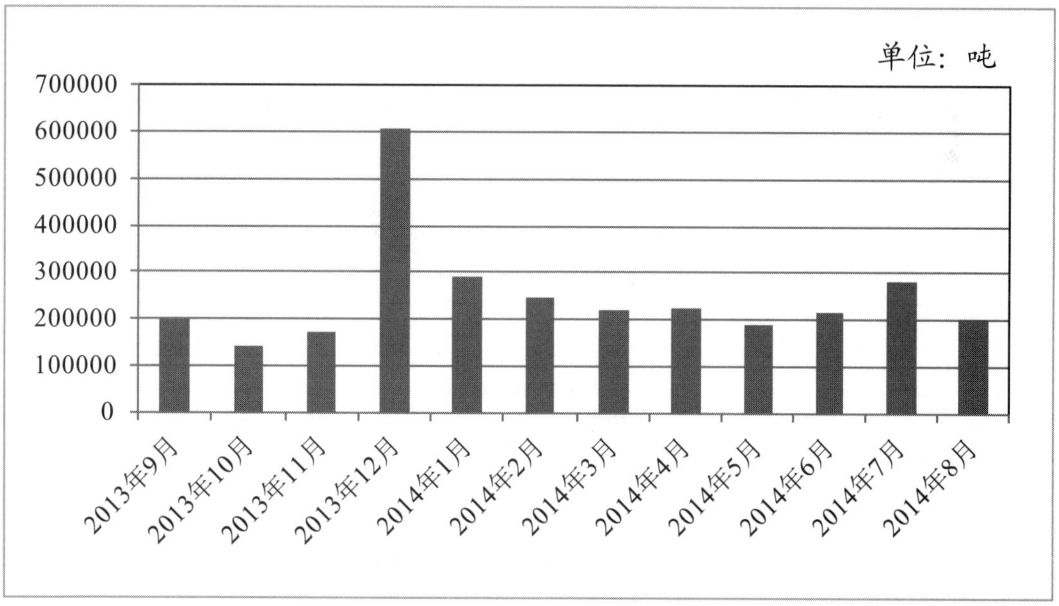

图 1–6 2014/2015 年度我国棉花进口量分月统计

3. 按港别统计

2014/2015 年度，棉花进口的主要港口是青岛、南京、上海和济南，分别进口棉花 73 万吨、40 万吨、36 万吨和 19 万吨，共占全年度我国棉花进口总量的 91.9%。

表 1–4 2014/2015 年度我国棉花进口分港别统计

单位：吨

港别	数量	港别	数量
总计	**1830068**	南昌海关	21166
青岛海关	727921	合肥海关	6580
上海海关	358523	厦门海关	4166
南京海关	402355	汕头海关	0

续表

济南海关	192975	西安海关	4904
黄埔海关	61159	杭州海关	0
天津海关	28192	石家庄海关	2192
武汉海关	14793	福州海关	3020
郑州海关	54302	深圳海关	442
宁波海关	16750	拱北海关	14837
乌鲁木齐海关	22952	重庆海关	3070
湛江海关	13394	南宁海关	5613
江门海关	11637	广州海关	4936
长沙海关	4245	银川海关	0

数据来源：中国海关总署（不含已梳的棉花）

二、棉花出口量同比增长 187.01%

2014/2015 年度，我国棉花累计出口量为 2.68 万吨，同比增加 1.74 万吨，增长 187.01%。

1. 按贸易方式统计

表 1-5　2014/2015 年度我国棉花出口按贸易方式统计

单位：吨

项目＼年度	2014/2015	2013/2014	同比（±）	幅度（±%）
合计	**26758**	**9323**	17435	187.01
一般贸易	0	0	0	0.00
进料加工贸易	84	979	–895	–91.42
边境小额贸易	940	1665	–725	–43.54
保税监管场所进出境货物	3994	2283	1711	74.95
特殊监管区域物流货物	21740	4396	17344	394.54

数据来源：中国海关总署

2. 按港别统计

青岛和上海海关是 2014/2015 年度我国棉花出口的主要港口，其中，青岛海关累计出口 16946 吨，占全年度出口总量的 68.2%；上海海关累计出口 3855 吨，占出口总量的 15.5%。

表 1-6　2014/2015 年度中国棉花出口分港别统计

单位：吨

港别	数量	港别	数量
总计	**24863**	上海海关	3855
青岛海关	16946	南京海关	3121
大连海关	939	天津海关	0

数据来源：中国海关总署（不含已梳的棉花）

3. 按国别和地区统计

2014/2015 年度，越南和孟加拉国是我国棉花出口的主要目的地，分别对其出口 11440 吨和 4421 吨，共占全年度我国棉花出口总量的 68%。

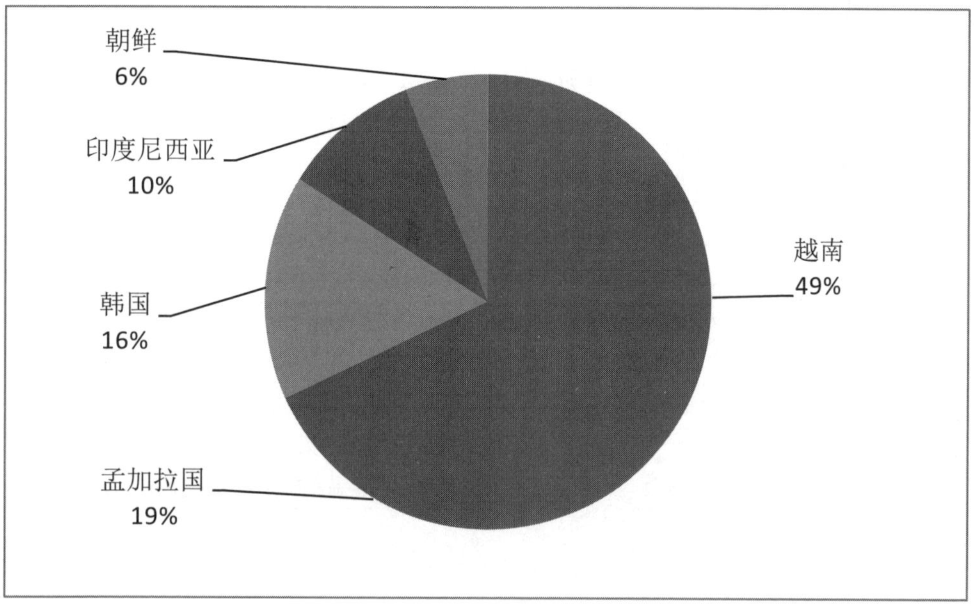

图 1－7　2014/2015 年度我国棉花出口分国别和地区统计

棉　花　库　存

棉花期末库存继续增加　根据国家棉花市场监测系统 2015 年 7 月对中国棉花产销存的预测，2014/2015 年度我国棉花期初库存 1361.9 万吨，同比上升 16.7%；棉花消费量 764.2 万吨，同比下降 1.8%；期末库存 1407.8 万吨，同比上升 3.3%；库存消费比 183.9%，同比上升 9.16 个百分点。

纺织企业棉花库存回升　2014/2015 年度，全球经济缓慢复苏，纺织用棉需求较之 2013/2014 年度有所下降。由于国内执行目标价格补贴政策，国内棉花价格进入下滑通道，国外棉花价格也呈现下跌趋势，内外棉价差急剧缩小。国内纺织企业经营状况惨淡，皮棉采购较为消极。据国家棉花市场监测系统监测，自 2014 年 9 月初以来，棉花工业库存水平远远低于上年同期水平。年度初期国内棉花呈现单边下跌趋势。年度后期，国内棉花呈现相对较稳定的价格水平，纺织企业皮棉采购意愿有所提升。2014 年 9 月初，纺织企业棉花库存折天数为 25.6 天，同比减少 16.8 天，较近 3 年平均水平减少 14.9 天。按照 2014/2015 年度全国棉花消费量 764.1 万吨测算，全国棉花工业库存为 67.7 万吨，同比增加 19.8%，比近 3 年平均库存增加 3.2%。

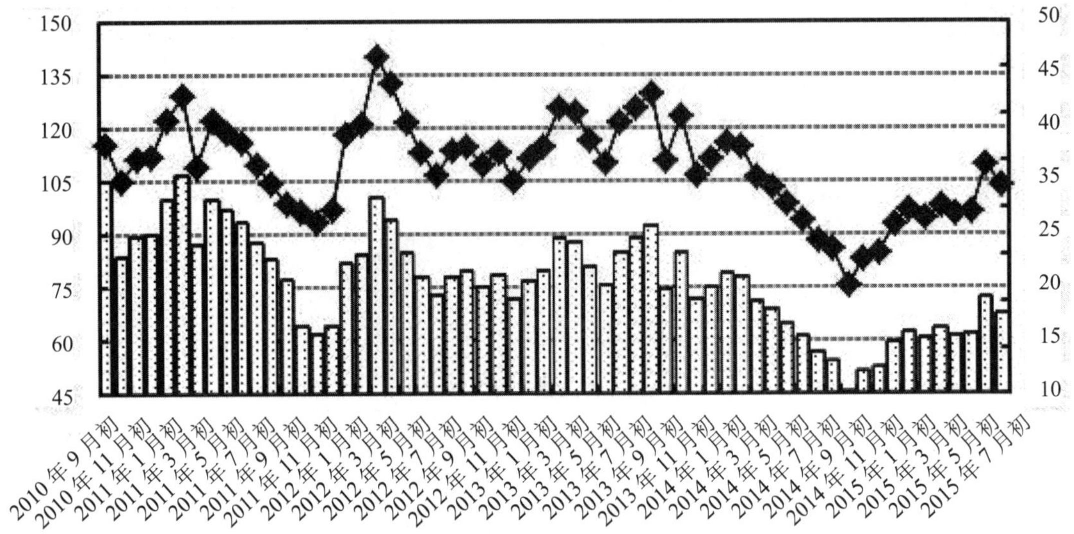

图 1-8　2011/2012—2014/2015 年度国内纺织企业棉花库存变化情况

棉　花　价　格

籽棉收购价格走势乏力　2014/2015 年度棉花上市初期，内地棉区出现持续性阴雨天气，加之棉花目标价格补贴政策的推行，内地补贴标准较低，内地棉花种植面积剧减，棉花产量有较大下滑。即使新疆补贴标准较高，受制于劳动成本高等因素，弃种棉花棉农增多，新疆棉花产量也有所下滑，全国棉花产量总体下滑。另一方面，政策调整重新激活了市场购销市场，棉花质量受到更普遍重视，2014/2015 年度国内棉花整体质量比 2013/2014 年度明显提高。2014/2015 年度初期，国内棉花需求基本稳定，高等级棉花受到追捧，出现了一定结构性矛盾。整年度由于执行新的棉花价格补贴政策，籽棉收购价持续走低。

皮棉销售价格进入下行通道　2014/2015 年度，国内棉价走势由于政策变更，呈现单边下行趋势。据国家棉花市场监测系统数据，2014 年 9 月国家棉花价格 B 指数为 16470 元 / 吨，2014 年 11—12 月平均价格为 14080 元 / 吨，国储棉出库销售价格确定后，价格指数有所企稳，稳定在 13000 元 / 吨左右，但到年度末又进一步下滑，2015 年 8 月为 12954 元 / 吨。

国内棉价略高于外棉折人民币成本，内外棉价差急剧缩小　2014/2015 年度，外棉价格也随着中国棉花政策变化而变化，主要体现在中国棉花进口配额减少，导致中国需求无法释放，国际棉花价格整体呈现下跌趋势。国际棉花指数（M）滑准税折成人民币成本平均 9873 元 / 吨，1% 关税下折进口棉成本平均 11669 元 / 吨，国家棉花价格 B 指数年度均价 13079 元 / 吨。中国国内棉价与外棉棉价均呈现下跌趋势，总体上而言，国内棉价略高于国外棉价，全年度内外棉价差大致保持在 2000 元 / 吨左右。

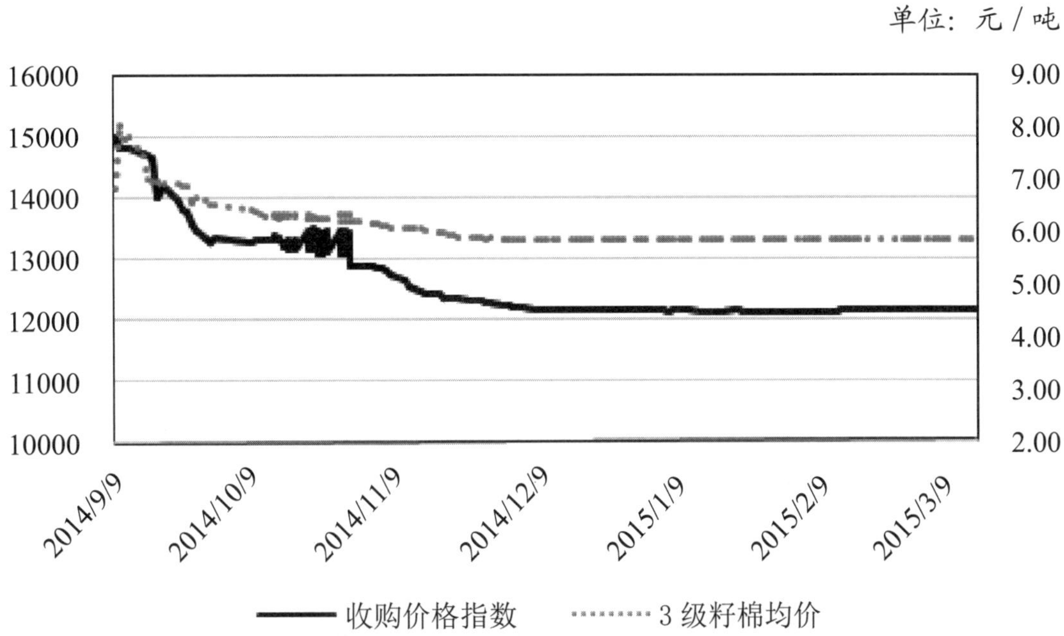

图 1-9　2014/2015 年度中国棉花收购价格指数及籽棉价格对比

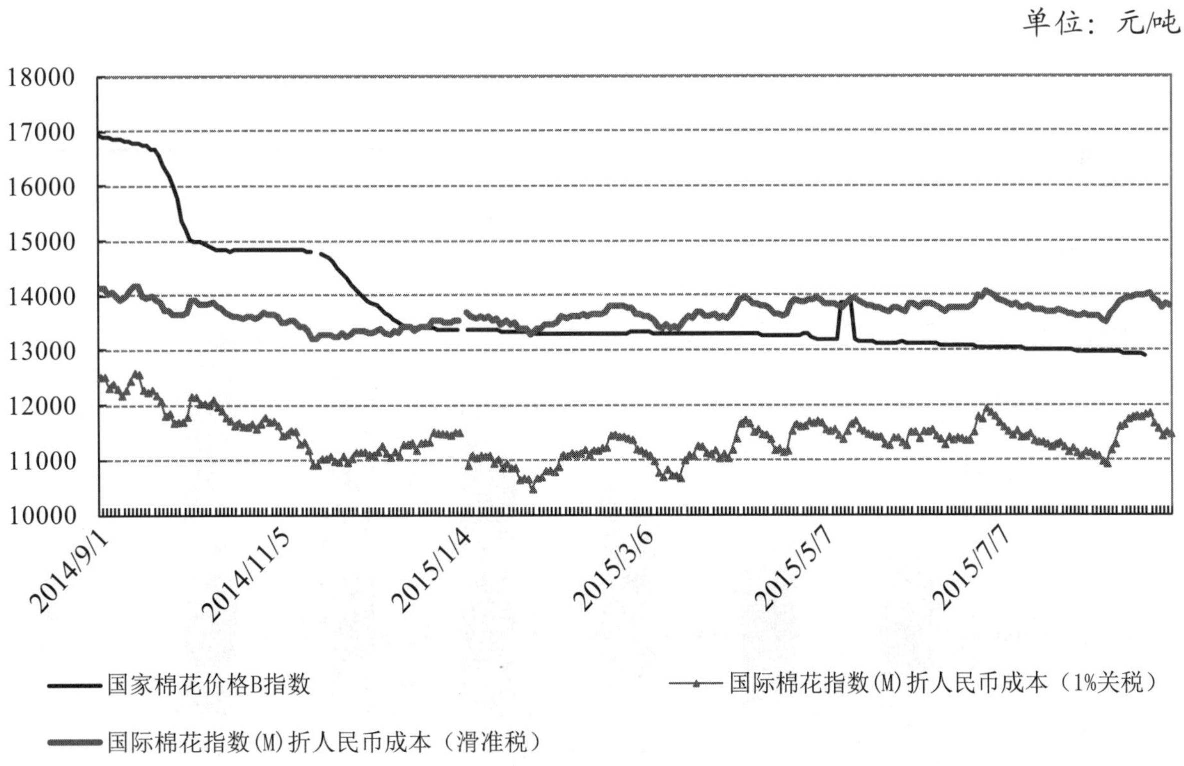

图 1-10　2014/2015 年度国内外棉花现货价格走势对比

国 际 市 场

一、概述

根据美国农业部（USDA）的数据，2014/2015年度全球棉花期初库存增加12.3%，产量减少1.1%，进口量减少13.5%，消费量增长1.1%，出口量减少13.3%，期末库存增加8.7%。总体看，2014/2015年度全球棉花供需平衡，库存连续第5年增加，并再创历史新高。

2014/2015年度，ICE棉花期货近月合约平均价63.55美分/磅，同比下跌20.74美分/磅，跌幅24.60%；国际棉花指数（M）平均价72.03美分/磅，同比下跌20.22美分/磅，跌幅21.92%。2015年8月31日，ICE棉花期货主力合约（2015年12月合约）收盘价为63.00美分/磅，同比下跌3.57美分/磅。

表1－7 2014/2015年度全球产销存预测

单位：万吨

年度	期初库存	产量	进口量	消费量	出口量	期末库存
2014/2015	2243.6	2593.4	777.4	2403.2	770.4	2438.8
2013/2014	1997.5	2621.6	898.8	2393.9	888.6	2243.6
同比（±）	246.1	–28.2	–121.4	9.3	–118.2	195.2

数据来源：美国农业部

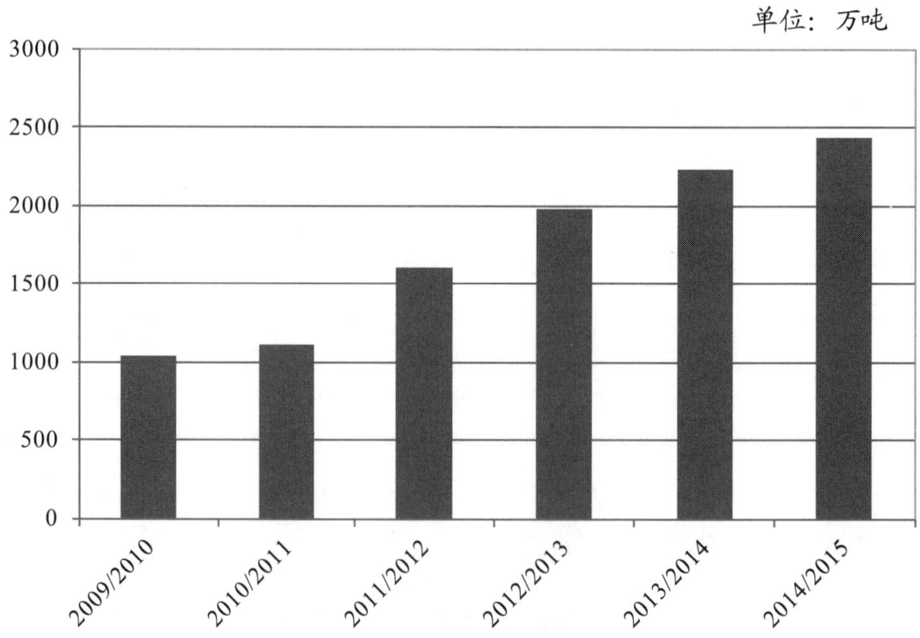

图1－11 2009/2010-2014/2015年度全球棉花库存变化趋势

二、产需状况

1. 产量

2014/2015 年度，中国、印度、乌兹别克斯坦、巴西和澳大利亚的棉花产量减少，其中中国减少 59.9 万吨，为 653.2 万吨；印度减少 32.7 万吨，为 642.3 万吨；乌兹别克斯坦减少 4.4 万吨，为 84.9 万吨；巴西减少 21.8 万吨，为 152.4 万吨；澳大利亚减少 39.2 万吨，为 50.1 万吨。美国、巴基斯坦、土耳其和西非产量增加，其中美国产量增加 74.2 万吨，巴基斯坦增加 24 万吨，土耳其增加 19.6 万吨，西非增加 15.2 万吨。

表 1－8 2014/2015 年度主要国家和地区棉花产量同比对比

单位：万吨

年度	中国	印度	美国	巴基斯坦	乌兹别克斯坦	巴西	土耳其	澳大利亚	西非
2014/2015	653.2	642.3	355.3	230.8	84.9	152.4	69.7	50.1	109.5
2013/2014	713.1	675.0	281.1	206.8	89.3	174.2	50.1	89.3	94.3
同比（±）	–59.9	–32.7	74.2	24	–4.4	–21.8	19.6	–39.2	15.2

数据来源：美国农业部

2. 消费量

2014/2015 年度，主要棉花消费国中，仅巴基斯坦消费量减少 7.6 万吨，其他多数消费国的棉花消费量出现不同程度的增加。印度、孟加拉国、越南和美国分别增加 21.8 万吨、3.3 万吨、11.9 万吨和 2.8 万吨。中国和土耳其消费量没有变化。

表 1－9 2014/2015 年度主要国家棉花消费量同比对比

单位：万吨

年度	中国	印度	巴基斯坦	土耳其	孟加拉国	越南	美国
2014/2015	718.5	555.2	223.2	139.3	123.0	101.2	80.6
2013/2014	718.5	533.4	230.8	139.3	119.7	89.3	77.8
同比（±）	0	21.8	–7.6	0	3.3	11.9	2.8

数据来源：美国农业部

3. 进口量

2014/2015 年度，全球主要棉花进口国中，中国、印度尼西亚和泰国进口量减少，其中中国减少 55.2 万吨，进口量为 125.2 万吨；印度尼西亚减少 5.3 万吨，为 67.5 万吨；泰国减少 0.4 万吨，为 31.6 万吨。孟加拉国、越南、土耳其、巴基斯坦进口量增加，其中，孟加拉国增加 3.2 万吨，为 120.8 万吨；越南增加 12 万吨，为 105.6 万吨；土耳其增加 2.7 万吨，为 82.7 万吨；巴基斯坦增加 10.1 万吨，为 28.3 万吨。

表 1－10　2014/2015 年度主要国家棉花进口量同比对比

单位：万吨

年度	中国	孟加拉国	越南	土耳其	印度尼西亚	泰国	巴基斯坦
2014/2015	125.2	120.8	105.6	82.7	67.5	31.6	28.3
2013/2014	180.4	117.6	93.6	80.0	72.8	32.0	18.2
同比（±）	–55.2	3.2	12	2.7	–5.3	–0.4	10.1

数据来源：美国农业部

4. 出口量

2014/2015 年度，除美国棉花出口量同比大幅减少以外，其他多数国家和地区的出口量同比小幅增加。美棉出口量同比减少 22.8 万吨，为 222.1 万吨，印度、西非、澳大利亚和巴西的出口量分别为 95.8 万吨、102.7 万吨、54.4 万吨和 87.1 万吨，同比分别增加 4.4 万吨、17 万吨、2.3 万吨和 2 万吨。乌兹别克斯坦出口量减少 3.2 万吨，为 50.1 万吨。

表 1－11　2014/2015 年度主要国家和地区棉花出口量同比对比

单位：万吨

年度	美国	印度	乌兹别克斯坦	西非	澳大利亚	巴西
2014/2015	222.1	95.8	50.1	102.7	54.4	87.1
2013/2014	244.9	91.4	53.3	85.7	52.1	85.1
同比（±）	–22.8	4.4	–3.2	17	2.3	2

数据来源：美国农业部

5. 期末库存

2014/2015 年度，除澳大利亚和巴西期末库存下降以外，北半球主产棉国的期末库存普遍增加。其中，中国库存增加 113.5 万吨，达到 1478.8 万吨；印度增加 44.1 万吨，达到 293.6 万吨；美国增加 29.4 万吨，为 80.6 万吨；巴基斯坦增加 7.8 万吨，为 61.7 万吨。澳大利亚和巴西的期末库存分别减少 0.6 万吨和 7.4 万吨。

表 1－12　2014/2015 年度主要国家棉花期末库存同比对比

单位：万吨

年度	中国	印度	巴西	美国	巴基斯坦	澳大利亚
2014/2015	1478.8	293.6	159.6	80.6	61.7	38.7
2013/2014	1365.3	249.5	167	51.2	53.9	39.3
同比（±）	113.5	44.1	–7.4	29.4	7.8	–0.6

数据来源：美国农业部

三、价格走势

与2013/2014年度相比，2014/2015年度ICE棉花期货走势总体平稳，大致分为两个阶段，第一个阶段是2014年9月1日至2015年1月下旬，这段时间ICE期货处于震荡下探寻底过程；第二个阶段是2015年1月下旬至年度结束，这段时间ICE期货价格探底成功后缓慢回升，之后一直在63—66美分的狭窄区间内盘整，几次试探突破67—68美分的区间高点均告失败。

2014/2015年度，ICE期货近月合约最高价是2014年9月11日的70.79美分，最低价是2015年1月23日的57.30美分，年度平均价为63.54美分。2014/2015年度，代表进口棉中国主港到岸均价的国际棉花指数（M）与ICE棉花期货近月合约走势保持一致，但走势比ICE期货价格更加平稳，最高价是2014年9月12日的78.87美分，最低价是1月26日的66.53美分，年度平均价为71.99美分。

图1-12　2014/2015年度ICE棉花期货走势同比对比

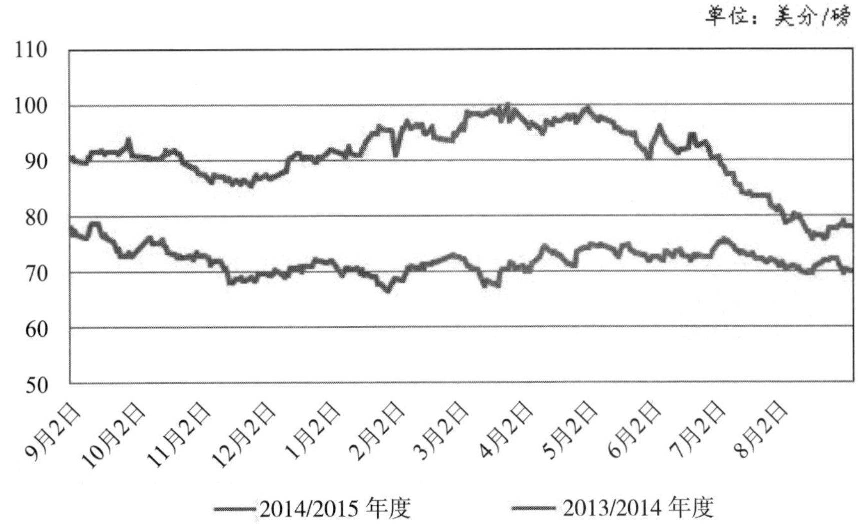

图1-13　2013/2014年度国际棉花指数（M）走势及同比对比

主要产棉省区概况

第二部分

新疆维吾尔自治区

一、棉花生产

1. 棉花面积、总产量和单产

据国家统计局统计数据显示，2014/2015 年度新疆棉花种植面积为 1953 千公顷，总产量 367.7 万吨（含非农用地产量达到 451 万吨），单产 1883 千克 / 公顷，棉花种植进一步向宜棉区集中。原棉产值超过 500 亿元，占全区农业产值的 25%。新疆农民纯收入的 35% 左右来自植棉收入，尤其是南疆地区近 90% 的少数民族从事棉花种植，棉花主产县的棉花收入已占农民人均纯收入的 50%—70%。

2. 种植成本及收益

2014/2015 年度全区棉花生产呈产量增加、成本上升、收购价格和利润双降的特点。据新疆维吾尔自治区发改委成本调查监审局调查，根据全区 37 个棉花调查县（市）、408 户的棉花生产成本收益调查结果显示，2014/2015 年度，籽棉平均单产 1833.5 千克 / 公顷，较 2013/2014 年度增加 113.7 千克 / 公顷，增幅 6.61%。生产成本 1721.53 元，较 2013/2014 年度增加 161.40 元，增幅 10.35%，其中物质与服务费用 875 元，同比增加 82.21 元，增幅 10.37%；人工成本 846.53 元，同比增加 79.19 元，增幅 10.32%。每 50 千克平均出售价格 635.67 元，同比减少 292.86 元，降幅 31.54%。每公顷净利润 –3956.4 元，降幅 148.15%，加上棉花目标价格每公顷补贴 6665.85 元，每公顷净利润 2709.45 元，降幅 67.02%。

3. 种植品种

随着国家棉花良种推广补贴政策深入实施，大大改善了新疆棉花品种“多、乱、杂”的状况。据新疆维吾尔自治区农业厅统计，2014 年新疆地方良种覆盖率达到 93.1%，主要以新陆早、新陆中、中棉等系列品种为主栽品种。其中北疆有新陆早 34、35、41、45、48、50、54 等主栽品种；南疆以新陆中 32、36、37、44、46、47 及中棉 43、49 为主栽品种。

二、棉花收购和加工

1. 棉花收购加工企业构成及变化情况

2014/2015 年度，共争取国家安排新疆地方棉花加工企业 649 家、739 条生产线的更新改造计划，自治区发展和改革委员会对地方 731 条棉花加工生产线进行了资格认定，颁发了《棉花加工资格认定证书》，并已全部实施了 400 型大型打包机、条形码信息系统、回潮率在线测量装置及配套辅助设备的更新改造，形成大包型加工能力 369.5 万吨。为配合自治区棉花目标价格改革工作，截至 2015 年 5 月 30 日，自治区发展和改革委员会已完成了对 642 家棉花加工企业颁发自治区棉花目标价格改革试点加工企业牌匾工作，保证棉农就近售棉。

2. 棉花公证检验为自治区棉花目标价格改革试点工作保驾护航

为贯彻落实十八届三中全会、中共中央一号文件关于完善农产品价格形成机制的精神，国家结束了连续三年棉花临时收储政策，在新疆启动了棉花目标价格改革试点工作。自治区充分利用棉花质量检验体制改革的成果，在新疆棉花目标价格试点工作实施过程中设定了“专业仓储监管 + 在库公证检验”模式，要求专业性机构在仓库内对纳入规范监管的棉花进行重量检验、抽样品质检验等，作为新疆棉花基础数据，形成皮棉与籽棉之间相互核准、相互监督的制约机制，提高补贴发放的准确性，为目标价格改革的有效实施提供技术支撑和保障。2014/2015 年度，全区各纤检机构完成监管棉花公证检验 437 万吨，并为辖区内 40 家纺织企业自用棉进行了公检。

3. 棉花专业仓储蓬勃发展

为确保新疆棉花目标价格改革顺利实施，保证新棉及时顺畅入库，2014/2015 年度新疆棉花实施了入库公检工作，自治区质监局统筹协调各地州纤检机构检验资源，科学严谨地组织实施在库重量检验、逐包抽取品质检验样品，并送仪器化公检实验室进行后续仪器化公证检验。截至 2014 年 11 月 14 日，经自治区发展改革委、自治区纤检局、全国棉花交易市场联合认证，全区已有 44 家棉花专业监管仓库通过认证并投入使用，并授权全国棉花交易市场作为监管仓库的统一管理和组织实施单位，具体负责监管棉的统一规范监管工作。一次性落地库容量超过 720 万吨，基本满足新棉入库需要。

为进一步做好 2015/2016 年度棉花目标价格改革工作，确保棉花加工企业运行正常，加工的棉花及时、就近入库公检。自治区发展改革委下发《关于新建棉花专业监管仓库及临时监管区有关事宜的通知》（新发改经贸〔2015〕840 号），积极引导社会资本投资建设棉花监管仓库和临时监管区。在此项工作的推进下，自治区部分棉花主产区监管仓库优化布局，缓解加工企业入库距离远、公检预约时间长的矛盾。同时在棉花监管库中设立组批区，逐步达到纵向（同一厂家不同批次等级相同的棉花）、横向（不同厂家等级相同的棉花）组批，形成棉花超市，实现优质优价。

三、纺织生产与棉花消费

1. 纺织生产及销售情况

在自治区发展纺织服装产业带动就业政策的支撑和各项政策落实的基础上，2015 年下半年新疆纺织工业经济运行继续呈现逐步回升的向好运行态势。棉纺工业和服装产业的生产更加稳步增长向好，而且产品产量增速远高于全国同期，而化纤行业生产可能仍然保持继续下降的趋势。化纤生产下降将对全年全行业经济运行质量有一定的影响，预计实现全年度经济运行部分目标任务难度大。

2015 年 1—9 月份，自治区棉纺和服装行业生产保持增长，纺织企业经济效益回升，全行业继续保持盈利状况，但受部分化纤企业环保治理停产因素影响，化纤仍处于生产继续下滑、经济效益下降的运行状态。据自治区统计局数据显示，2015 年 1—9 月，自治区规模以上棉纺织企业累计生产纱 35.46 万吨，同比增长 25.3%；累计生产布 3062.4 万米，同比增长 3.1%。同期，全国纱的生产同比增长 4.71 %，布的生产同比增长 3.29%。

2. 纺织行业经济运行的特点

2014/2015 年度，由于原料价格大幅下降，产品销售价格也同步下降，全区统计中规模以上纺织服装企业工业增加值、工业总产值、主营业务收入等主要经济指标中除工业增加值微幅增长外，其他指标均呈现负增长状态，与年度增长目标值差距较大。尽管国内外棉花价差有所缩小，但在传统淡季、进口中低支纱冲击及化纤行业环保减排和治理达标压力作用下，自治区棉纺产品市场竞争力依旧有待提高。

四、2014/2015 年度自治区棉花产业链整体特点

一是以市场供需为基础的价格形成机制初步建立，各个主体的市场意识明显增强；二是棉纺织企业原料成本大幅下降，有力促进了内地纺织企业向新疆转移；三是棉花加工领域资源优化整合初见成效，市场淘汰落后产能的效果显现；四是摸清棉花生产数据，为农业结构调整和水土资源可持续开发利用奠定基础；五是棉花市场环境进一步改善，棉花质量明显提高。

（新疆维吾尔自治区发展和改革委员会）

新疆生产建设兵团

一、棉花生产

2014/2015年度，新疆生产建设兵团棉花呈现产量增加、购销顺畅、质量提高、价格下降的态势。

2014/2015年度兵团棉花种植面积700.6千公顷，比2013/2014年度增加109.7千公顷，增长18.6%；总产量163.61万吨，同比增加17.1万吨，增长11.7%；籽棉单产2335.5千克/公顷，同比减少144千克/公顷，同比下降5.8%。

兵团采取积极措施促进棉花销售，一方面搭建了兵师棉麻统一销售平台，定期制定统一销售价格，稳定棉花市场，提升棉花销售的话语权；另一方面，在全国棉花交易市场开设兵团棉花竞卖专场，线上线下并行销售，减少棉花销售成本，提高棉花销售效率。2014/2015年度，兵师棉麻系统累计收购棉花159.9万吨，与2013/2014年度的159.4万吨相比仅增加0.5万吨，收购量基本持平；累计销售棉花158.4万吨（其中网上销售2.2万吨），较2013/2014年度销售量增加5.5万吨；库存1.5万吨，同比减少5万吨。

为增强兵团棉花的市场竞争力，兵团出台了《关于加强兵团棉花质量管理的指导意见》，加强了从种植、采收、加工和销售各环节的全过程质量管理。据中国纤维检验局公证检验数据分析，2014/2015年度兵团棉花颜色级、马克隆值、平均长度、平均长度整齐度、平均断裂比强度指标均比2013/2014年度有所提高。

在实行新疆棉花目标价格改革试点后，棉花销售价格变为市场定价。受棉花市场需求不振等因素影响，棉花价格不断下滑。2014/2015年度，手摘棉平均销售价格为14054元/吨，机采棉平均销售价格为12689元/吨。

二、新疆棉花目标价格改革试点工作顺利实施

按照党中央、国务院的改革总体部署，2014年国家在新疆开展棉花目标价格改革试点。兵团党委高度重视，加强组织领导，精心设计，认真组织，改革试点工作进展顺利。

一是制定实施方案。兵团及时成立了兵团棉花目标价格改革试点工作领导小组，在深入调研、多方征求意见基础上，制定了与自治区原则一致且符合兵团特点的实施方案及价格补贴资金管理、棉花加工企业资质认定、有效控制转圈棉等相关配套文件。

二是认真组织实施。兵团各级相关部门相继完成了面积统计、测产、核实、公示和加工企业资格认定、价格监测、成本调查、人员培训、政策宣传解读、补贴发放等各项工作。分两次对兵团16.93万户植棉户的种植基本情况进行了逐户统计审核，对204家棉花加工企业进行了资格认定，并发放牌匾。

三是加强政策宣传。充分利用报纸、电视、广播、网络等加强政策宣传，发布了《致广大植棉户的一封信》，编印了18万册汉文版和维文版《政策解读手册》，为576个驻村工作组发放了宣传手册。

四是落实补贴资金。在市场价格持续下滑、市场销售不振的情况下，棉花目标价格补贴有效地维护了棉农利益。兵团于春节前将中央财政补贴资金拨付各植棉师团，并兑付至棉农，整体兑现工作平稳顺利。

总体来看，棉花目标价格改革试点基本实现了预期目标和效果，由市场供求形成棉花价格的机制基本建立。

三、纺织生产与棉花消费

2014/2015 年度，随着新疆棉花目标价格改革试点的实施，棉花价格下降，纺织企业成本下降，竞争力有所恢复。同时，兵团也采取了一系列积极的政策措施，促进纺织业保持平稳运行。

一是保开工。兵团将阶段性棉纱生产补贴延续至第三季度，除处于重整过程中的企业外，其他纺织企业设备开工率均保持在 80% 以上，尤其是色纺纱、紧密纺比重较高的纺织企业基本实现了满负荷生产。

二是促增长。在国家支持新疆发展纺织服装产业的相关政策引导下，一批纺织服装企业落户兵团，2014 年新增棉纺生产能力 7 万锭，服装生产能力 20 万件（套）。到 2014 年底，兵团棉纺总生产能力超过 360 万锭，拥有织机 2400 台，服装生产能力 900 万件（套）/ 年，纺织用浆粕生产能力 23 万吨 / 年。

三是调结构。在兵团纺织技改专项资金的引导和支持下，兵团纺织企业根据市场需求，普遍实施了以紧密纺为主的技术改造，努力调整产品结构，逐步向中高端产品调整。2014/2015 年度有 9 家纺织企业改造紧密纺 25.1 万锭，兵团紧密纺生产能力已达到 80 万锭，占总环锭纺能力的 1/4 以上。

四是稳运行。受重组企业停产的影响，2014/ 2015 年度兵团纺织服装全行业生产、销售出现下降，但由于产品结构调整力度加大，纺织企业效益逐步好转。2014/2015 年度，生产棉纱 21 万吨，同比下降 13.7%；生产布 5975 万米，同比增长 6.7%；生产纺织用浆粕 13.1 万吨，同比下降 9.5%。累计完成工业产值 83.1 亿元，同比下降 5.4%；规模以上企业实现利润 4.76 亿元。

2015 年 1—8 月，在棉花原料成本下降、国家和自治区纺织扶持政策逐步落实等有利因素推动下，兵团纺织服装行业运行态势良好。棉纺行业设备开工率达到 85% 以上，棉纱、棉布、服装、毛巾等主要产品产量平稳增长，企业效益大幅好转。至 2015 年 7 月份全行业已实现扭亏为盈，纺织规模快速扩大，新建项目普遍采用国内先进的纺织工艺和设备，现有企业实施的技改和扩建项目达到 17 个，行业装备水平普遍得到提高。

（注：棉花生产数据来源于统计年鉴，购销数据来源于兵团棉花协会，纺织行业相关数据来源于兵团工信委。）

（新疆生产建设兵团发展和改革委员会）

山 东 省

一、棉花生产

1. 种植面积、总产量和单产

2014/2015 年度，山东省棉花种植面积逐年减小，产业发展后劲不足，棉花生产呈现两减、两增的情形，即面积、效益减，单产、总产增。2014 年山东植棉面积为 592.90 千公顷，皮棉单产 1121.5 千克 / 公顷，总产量 66.5 万吨。

2. 植棉成本及收益

据山东省物价部门统计，2014 年，皮棉平均价格 14 元 / 千克，按照单产 1397 千克 / 公顷计算，皮棉亩收益为 19563 元 / 公顷，再加棉籽等副产品，植棉亩收益为 24162 元 / 公顷。植棉生产成本 26982 元 / 公顷，其中物化成本 6796.5 元 / 公顷、劳动成本 20186 元 / 公顷、植棉土地成本是

3484.5 元 / 公顷、植棉总成本是 30466.5 元 / 公顷，植棉净利润为 –6304.5 元 / 公顷。

3. 目标价格补贴政策落实

按照《山东省关于拨付 2014 年棉花目标价格补贴资金抓紧做好补贴兑付工作的通知》的补贴方案，2014 年山东 16 市、114 县、109 万享受棉花良种补贴的种棉农户，获得 3525 元 / 公顷的补贴。全省共补贴资金 12.96 亿元，补贴资金于 2015 年 5 月初已通过“齐鲁惠民一本（卡）通”账户拨付到位。

4. 生产特点

2014/2015 年度，山东省棉花播种面积连续 7 年萎缩，播种基础较好，播种进度较 2013/2014 年度提前 16.2 个百分点。鲁北、鲁西北、鲁西南三大棉区长势均衡，产量均较高。植棉实用技术普及率、技术到位率高，两膜覆盖技术达到棉田全覆盖。在高产创建带动下，各项植棉实用技术到位率明显提高，不少地区结合高产创建用飞机进行了虫害防治等。优良品种面积大，鲁棉研 28、鲁棉研 37 等 6 个品种面积占到全省棉花面积的 47%。

二、棉花收购和加工

1. 棉花收购加工企业构成及变化情况

2014/2015 年度，山东省共有棉花加工企业 389 家，呈现数量多、规模小、产能分散、抗风险能力和综合竞争力较差的特点。

以 2014/2015 年度公证检验数据为例，山东省棉花加工企业送检棉花为 38.6 万吨，相对山东省棉花加工能力而言，加工量明显偏少。棉花加工企业难以实现饱和生产，部分棉花加工企业存在产能闲置和资源浪费的问题。

2. 棉花收购、加工及销售特点

国家连续三年实施的棉花临时收储政策有效稳定了棉花价格，山东大部分棉花进入了国家储备库。国家取消临时收储政策后，在市场的压力下，2014/2015 年度，皮棉价格一路走低，棉花加工企业利润低，甚至赔钱，收购加工意愿不高，棉花加工企业大多根据订单量加工，加工时断时续；新棉质量差，棉纺企业不愿购买本地棉花；棉农面对籽棉价格低的困境，又出现惜售心理。形成棉花收购加工企业不敢加工、棉纺企业不愿用本地棉、棉农观望不卖的“三不”现象，山东省棉花销售整体处于疲软状态。

三、纺织生产与棉花消费

2014/2015 年度，山东省纺织工业 4 种主要调度品种中，纱、布、服装、化纤产量全部正增长，出口降幅收窄。

2014/2015 年度，山东省纱、布、服装、化学纤维累计产量分别为 877.1 万吨、114.2 亿米、30.77 亿件、86.2 万吨。同比均出现不同的增长。截至 2015 年 8 月底，山东省有规模以上 4120 户纺织工业企业，同比增加 49 户，累计实现销售收入 12280.21 亿元，同比增长 7.51%。

2014/2015 年度，山东省纺织品服装累计出口 210.8 亿美元，同比下降 5.24%，其中，纺织品出口 95.87 亿美元，同比下降 7.81% 。

四、纺织企业面临的主要问题

国际国内棉花差价存在，进口棉配额不发，国内棉花质量不适合高支纱的使用。企业综合成本上升的压力日益加重。国内用工、纺织原料辅料等要素价格普遍上涨，融资、土地、营销渠道等费用持续增加，生态环保投入加大，使纺织企业综合成本加重，企业利润空间越来越小。企业两极分化日益严重。大企业运行相对平稳，中小企业由于受困于订单不足、利润锐减等因素，举步维艰，中小企业停产半停产增多。

（国家棉花市场监测系统）

河　南　省

一、棉花生产

1. 棉花面积、总产量和单产

2014/2015 年度，河南省植棉面积仍呈惯性下降趋势，植棉面积 153 千公顷，较 2013/2014 年度的 187 千公顷减少 34 千公顷，减幅 18.2%；总产量 14.7 万吨，较 2013/2014 年度的 19.0 万吨减产 4.3 万吨，减幅 22.6%；籽棉单产 959 千克 / 公顷，较 2013/2014 年度的 1016 千克 / 公顷减少 57 千克 / 公顷，减幅 5.6%。河南省已经彻底由原来的产棉大省变为分散产区。

2. 种植成本及收益

据了解，河南棉农植棉亏本。据测算，河南省棉花生产的物化成本及人工成本合计达到 18750 元 / 公顷，若加上土地折价 5400 元 / 公顷，成本高达 24150 元 / 公顷。而按照籽棉单产 3000 千克 / 公顷计算，收入仅 16800 元 / 公顷，亏损 1950 元 / 公顷；若考虑到土地折价因素，亏损达 7350 元 / 公顷。

3. 生产特点

从生产面上看，由于近些年河南省棉花面积下滑严重，很多宜棉又宜粮的耕地基本上都改种了其他机械化程度高的农作物，植棉面积已处于历史最低水平。现有棉花面积主要为瓜棉套、蒜棉套或麦瓜棉三套等多熟高效套种模式及黄河滩地、盐碱地、旱薄地植棉，基本上到了河南省棉花最低面积的支撑点。

2014/2015 年度，由于在河南省棉花育苗播种期间天气不够有利，致使棉花播种、移栽进度普遍推迟，棉苗普遍较弱。据调查，河南省棉花育苗移栽面积约占 70%，其中大部分采用春育夏栽技术，主要分布在豫东和南阳盆地棉区。由于天气原因，育苗进度慢，棉苗发育差，比常年偏晚 5—7 天；另外 30% 采用地膜覆盖技术，主要分布在黄河滩地和大面积流转土地，播种比常年偏晚 7—10 天。只有南阳盆地棉区的少量早熟春棉和豫东高效套种棉田生长发育较好。棉花生长中期，河南省棉区天气情况良好，棉花恢复很快，并且蕾花脱落率比常年低，具有一定的补偿作用。生长后期，天气晴好，光照充足，对棉花结铃和成熟吐絮十分有利。

4. 棉花面积继续下滑的原因分析

一是棉花价格大幅降低。近年来，粮食价格不断攀升，棉花价格在低位徘徊，粮棉比价不合理，尤其是棉花临时收储政策的退出对棉花市场影响更大。同时，河南省棉区土壤、气候等条件适合多种农作物生产，棉花的竞争作物多，群众选择的余地很大，放弃棉花改种其他作物效益更好。2015 年新棉上市以来，棉价大幅下降，且有价无市。籽棉价格在 5.2—5.6 元 / 千克，较 2013/2014 年度的 8.0—8.4 元 / 千克至少下降 2.4 元 / 千克，降幅达 30% 以上。

二是棉花生产机械化程度低，用工量大，机会成本高。植棉不但影响外出打工挣钱，而且在棉花生产的关键时期需要用工时还出现雇工困难的情况。小规模植棉效益低，不合算；大规模植棉在机械化和用工方面也都存在一定困难。近几年，河南省示范推广的棉花春育夏栽、工厂化育苗、机械化移栽等新技术还有待进一步完善提高。

三是农资价格居高不下，棉花生产物化成本高。棉花生产所需的种子、农地膜、肥料、农药生产资料价格高，每公顷物化投入仍然在6750元左右。

四是生产雇工成本提高。由于农村劳动力减少，平均每个农村用工已提高到40元以上，每公顷棉花生产的用工成本高达12000元，在农忙时已经出现雇工困难，生产成本更高。受打工经济影响，农村外出务工人员多，群众对棉花的经济依存度下降。

二、棉花收购和加工

1. 棉花收购加工企业构成及变化情况

2014/2015年度，河南省棉花总产量下降到12.7万吨，受棉花资源逐年萎缩等多方面影响，2013/2014年度河南省已有20家400型加工企业难以维持生计破产倒闭，2014/2015年度通过质量保证能力审查的企业仅80余家。

2. 棉花收购、加工和销售成本及利润情况

2014年，国家决定在新疆实行棉花目标价格补贴试点，取消棉花临时收储政策。2014/2015年度，河南省送检企业仅为20家，检验数量大幅下降为6115吨。

3. 棉花收购、加工及销售的特点

河南棉花生产逐步由产棉大省向分散棉区转变，棉农的经济收入已经完全不依赖于棉花。与之相适应，棉农的交售习惯已经转变为常年销售，什么时间棉花价格合适、什么时间农闲就交售。棉花收购也变为常年收购。

进入2014/2015年度，棉花收购市场形势更加严峻，棉农惜售与加工厂惜收并存。新棉上市初期，一些企业试探性进行收购，由于没有利润，销售困难，河南省棉花收购企业参与收购的积极性下降。

三、纺织生产与棉花消费

1. 2015年河南纺织主要经济指标完成情况

2015年1—12月，河南省规模以上纺织企业1588户，累计完成主营业务收入3670亿元，同比增长7.60%，较全国增幅4.90%高2.7个百分点；累计完成利税总额360亿元，同比增长11%，较全国增幅8.00%高3个百分点，其中，实现利润总额220亿元，同比增长8%，较全国增幅6%高2个百分点；累计出口交货值85亿元，同比增长5%，较全国增幅–3%高8个百分点；河南省纺织工业亏损企业92户，累计亏损额6亿元，同比增长–25%。

2. 主要产品产量完成情况

2015年1—12月，河南省纺织行业规模以上企业累计生产纱600万吨，同比下降3.2%，较全国增幅2%低5.2个百分点；累计生产布22亿米，同比增长1.2%；帘子布6.6万吨，同比下降10%；无纺布17万吨，同比增长30%；化学纤维50万吨，同比下降15%；服装15亿件，同比增长4.40%。

3. 纺织品服装出口负增长，低于全国增幅

据河南省纺织协会估计，2015年1—12月，河南省纺织工业完成出口额18.43亿美元，同比下降22.20%，较全国降幅5.26%低16.94个百分点。其中，纺织品出口额9.54亿美元（占全行业出口总额的51.7%），同比下降9.28%；服装出口额8.90亿美元（占全行业出口总额的48.3%），同比下降32.50%。

2015年1—12月，河南省纺织工业进口额1.39亿美元，同比增长118.80%，其中，纺织品进口额0.50亿美元，同比下降17.07%，服装进口额0.90亿美元，同比增长1500%。

4. 固定资产投资总额同比两位数增长，位居全国第3位

2015年1—12月，河南省纺织实际完成固定资产投资总额1119亿元，同比增长8.69%，比全国平均水平15.00%低6.31个百分点，2015年1—12月，河南纺织施工项目数为890个，新开工项目数480个，竣工项目数444个，同比分别增长2.77%、3.08%、36.03%。

（注：纺织部分的数据来源于河南省纺织协会预估。）

（国家棉花市场监测系统）

河 北 省

一、棉花生产

1. 棉花面积、总产量和单产

2014/2015 年度，河北省植棉面积大幅减少，生产上表现为“两减两提高”，即面积减、总产减；单产提高、品质提高。2014/2015 年度，河北棉区降雨情况呈现两头正常、中间旱的格局，棉花吐絮畅、无僵瓣、色泽白、衣分高，品质提高，单产提高。据国家统计局河北调查总队定点调查，2014/2015 年度完成播种面积 410.9 千公顷，比 2013/2014 年度的 483 千公顷减少 72 千公顷，减幅 14.92%；单产 1048.8 千克 / 公顷，同比增加 72.75 千克 / 公顷，增幅 7.45%；总产量为 43.1 万吨，同比减少 2.58 万吨，减幅 5.65%。

2. 种植成本及收益

2014/2015 年度，河北省棉花平均产值 1670.56 元，其中主产品产值 1348.94 元，副产品产值 321.62 元；总成本 1910.78 元，其中生产成本 1590.71 元（包括物质及服务费用 396.27 元，人工成本 1194.44 元），土地成本 320.07 元（包括流转地租金 4.24 元，自营地折租 315.83 元）；净利润 –240.22 元。

3. 种植品种

由于 2013/2014 年度河北省棉花秋桃偏多，种子成熟度较差，棉农自留种普遍减少，农民购买商品种棉种数量增加，从而确保了棉种质量，良种普及率稳定提高，优种率达到 96% 以上。国欣 3 号、鲁棉研 28、冀棉 169、国欣棉 9 号、冀棉 958、邯棉 559、冀 616、衡棉 4 号、冀科棉 369 号等一批优良品种为广大棉农所接受。

4. 生产特点

一是棉花播种期天气适宜，出苗整齐。2015 年 4 月上中旬气温较常年偏低，河北省棉花播种大部分从 4 月 20 日开始，较常年有所推迟，克服了以往播种过早的现象。2015 年 4 月 24 日前后全省主产棉区普降透雨，棉农抓住时机抢墒播种，加快了播种进度，播种期相对集中。由于天气适宜，出苗情况较好，苗全、苗齐、苗病轻，基本实现了一播全苗。

二是病虫害轻。2014/2015 年度，河北省棉株生长健壮，抗虫性表现较好，二代棉铃虫、蚜虫、枯黄萎病轻度发生。

三是优种面积大，关键技术到位率高。2014/2015 年度，河北省农民购买商品种棉种数量增加，从而确保了棉种质量，良种普及率稳步提高，优种率达到 96% 以上。2014/2015 年度，河北省地膜棉面积占棉田总面积的 98% 以上，抗虫棉面积占 99.9%；机播面积达到 94%；优种率达到了 96% 以上；棉花播种覆膜基本全部实现了机械化。

四是伏桃多，秋桃少。2014/2015 年度，由于中后期降雨较少，光照充足，利于生殖生长，伏桃结桃多，分流较多光合产物，顶端生长受限，因而影响了秋桃坐桃，秋桃数量是近年来最低的一年。

五是吐絮早，品质好。烂铃少、无僵瓣、吐絮畅、色泽好，衣分高，一般在 38%—39%。由于未出现低温阴雨天气，因此烂铃现象是近年来最轻的。

二、棉花收购加工与销售

1. 棉花收购加工企业构成及变化情况

2014/2015 年度，河北省有收购加工资质的 200 型企业 107 家、400 型企业 259 家。由于 2014/2015 年度不再执行棉花临时收储政策，约

150家400型企业、107家200型企业参与收购加工。

2. 棉花收购价格、利润情况

2014年的中央农村工作会议决定在新疆实行棉花目标价格补贴试点，恢复价格由市场决定的原发机制，自此，连续实行3年的棉花临时收储政策宣告结束。河北省籽棉收购价格从2014年9月初开秤的7.2元/千克左右下跌至12月底的6.6元/千克左右，2015年2月继续下跌到6.0—6.2元/千克。400型加工企业无利润甚至亏损，逐渐停止收购；200型企业则坚持收购。国内棉价阶段性急降反映出国内棉价受季节、纺织出口以及政策影响明显。

3. 棉花收购、加工及销售特点

2015年3月，棉花收购加工基本结束以后，河北仍有1/4左右的棉花没有出售，交售进度慢于上年同期，为近几年来最慢。进度缓慢的主要原因，一是开秤后新棉价格下跌，与三年棉花临时收储时期的价格差距较大，收购价格与棉农期望值差距大，棉农惜售；二是内地棉花补贴政策迟迟不出台，很多棉农害怕早卖领不到补贴款，纷纷存棉等政策出台。

4. 棉花质量

据中国纤维检验局数据显示，2014/2015年度，河北省公证检验棉花21.3万吨。从检验结果看，河北省棉花主体长度为29毫米占30%，低于山东；28毫米占57.01%，高于山东、河南；27毫米占10.99%，高于河南。马克隆值C2档占70%，高于山东、河南；B2档占29.61%，低于山东、河南。长度整齐度的高等占63.86%，高于山东、河南；中等占34.96%，低于山东、河南。断裂比强度很高、强分别占20.38%、62.09%，均高于山东、河南。白棉1、2、3级分别占0.02%、2.99%和74.58%，高于山东、河南。综合比较，在黄河流域各省份中，河北省棉花质量最优。

5. 棉花目标价格政策实施

2014年4月5日，经国务院批准，国家发展改革委、财政部、农业部联合发布2014年棉花目标价格为19800元/吨。内地棉花补贴政策直到2014年11月才正式出台，补贴范围为山东、湖北、湖南、河北、江苏、安徽、河南、江西和甘肃9省，2014年度补贴标准为2000元/吨，以后年度的补贴标准以新疆补贴额的60%为依据，上限不超过2000元/吨。中央财政给主产棉省的补贴依据为国家统计局确定的棉花产量；补贴方式由各省自主决定，可选择按面积或按产量补贴。

2015年初，内地各省纷纷出台补贴方案，大多数省份按种植面积进行补贴。河北省的棉花补贴工作实施方案没有对良种棉与非良种棉进行区分，河北省的方案虽然有“由各县分别制定具体实施方案”的表述，但全部进行补贴的目标明显。

三、纺织经济运行情况

1. 增加值增速低位运行

工业增加值、工业总产值、工业销售产值、出口交货值4项指标延续2015年1—9月走势，2015年10月份全部负增长，2015年1—10月累计增加值增速相比2015年1—9月又下降0.2个百分点，总产值、销售产值增速都在1%以内，出口交货值同比仍然大幅下滑，同比下滑23.15%。主要产品产量在全国位次印染布持续下降一位，服装上升一位，其余产品位次没有变化。

2015年1—10月主要产品产量：纱173.4万吨，同比增长2.38%，位居全国第7位；布58亿米，同比增长14.4%，位居全国第6位；印染布1亿米，同比下降31.33%，位居全国第11位；绒线7.3万吨，同比增长2.65%，位居全国第2位；服装4.35亿件，同比下降9.97%，跌幅基本持平，位居全国第10位；化学纤维51万吨，同比增长4.8%，位居全国第6位。

2. 行业效益平稳增长，亏损额大幅上升

2015年1—10月，河北省1061家规模以上企业（不包括皮革、毛皮、羽毛及其制品和制鞋业）完成主营业务收入1795.81亿元，同比增长1.72%；实现利润106.64亿元，同比增长1.65%。其中纺织业亏损企业77家，亏损总额

5.5 亿元，同比增长 52.5%，占比 68.3%；服装、鞋、帽业，亏损企业 23 家，亏损总额 0.9 亿元，同比增长 88.2%，占比 11.1%；化纤行业亏损企业 11 家，亏损额 1.67 亿元，同比增长 11.6%，占比 20.6%。

3. 投资增速增长较快，实际完成投资在全国继续排名第 9 位

2014/2015 年度，河北省纺织固定资产投资整体好于 2013/2014 年度。2015 年 1—10 月，河北省纺织业实际完成固定资产投资 591.7 亿元，同比增长 12.04%，实际完成投资在全国排第 9 位；施工项目数 731 个，同比增长 8.62%；新开工项目数 572 个，同比增长 21.96%；竣工项目数 436 个，同比增长 8.19%。

4. 出口环比增长，同比大幅下滑，纺织品、服装类双双下滑

2015 年 10 月份，纺织品服装出口额 5.27 亿美元，环比下降 15.9%，其中纺织品出口额 1.41 亿美元，环比下降 2.02%，服装 3.86 亿美元，环比下降 20.04%。

2015 年 1—10 月，河北省纺织品服装累计出口额 45.81 亿美元，同比下降 17.05%，其中纺织品出口额 13.44 亿美元，同比下降 16.53%；服装出口额 32.37 亿美元，同比下降 17.26%。

（国家棉花市场监测系统石家庄办事处）

天 津 市

一、棉花生产

种植面积、总产量和单产

据天津市统计局统计，2014/2015 年度天津市植棉面积为 30.2 千公顷，同比减少 22.95%；总产量 3.82 万吨，同比减少 21.24%；籽棉平均单产 1264.9 千克 / 公顷，同比增长 2.24%。

二、棉花收购和加工

1. 收购情况

2014/2015 年度，由于棉花临时收储政策退出，国家开始在新疆试点棉花目标价格补贴政策，并对内地 9 省实行定额补贴，天津市并未列入补贴范围。为了稳定天津市区域经济发展，维护棉农切身利益，从发展棉花产业的大局方面出发，天津市发改委会同有关单位报请天津市政府同意制定相关政策，2014/2015 年度，由天津市财政拨款对棉花种植户进行补贴，补贴标准为 2000 元 / 吨，并且承诺天津棉农补贴从 2015 年开始，今后国家取消补贴，则天津取消；天津 12 个植棉区县棉农补贴资金纳入市财政范畴，补贴标准参照国家标准及邻近地区。

尽管天津市发改委和相关部门十分重视天津棉花生产，但在全国棉花价格下跌的潮流面前，天津棉花价格也难以独善其身。据国家棉花市场监测系统数据显示，2014/2015 年度，天津市籽棉收购价格高开低走，2014 年 9 月白棉 3 级收购均价为 6.89 元 / 千克，2015 年 5 月均价为 6.24 元 / 千克，2014/2015 年度白棉 3 级收购均价为 6.41 元 / 千克，同比下降 2.25 元 / 千克。

2. 加工情况

2014/2015 年度，天津市共有 27 家 400 型加工企业参与棉花收购并送检，检验量为 1.27 万吨，较 2013/2014 年度减少 6 家。

三、纺织经济运行

据国家统计局统计，2015 年 1—8 月，天津市棉纱产量 6.65 万吨，同比增长 27.46%；棉布产量

1.63 亿米，同比增长 11.58%；化纤产量 7.48 万吨，同比下降 4.03%。

凭借京津冀协同发展，京津冀纺织产业升级转移率先取得突破，天津受益于京津冀纺织服装产业协同发展和区域结构调整，现有纺织企业规模扩大的同时，转移和新建的纺企也做出了贡献，随着京津冀协同发展的继续推进，天津纺织产业将进一步扩大。

（国家棉花市场监测系统）

山 西 省

一、棉花生产

1. 种植面积、总产量和单产

据国家棉花市场监测系统数据，2014/2015 年度全省棉花种植面积 14.57 千公顷，同比减少 5.26 千公顷，减幅 26.51%；皮棉总产量 1.7 万吨，同比减少 0.6 万吨，减幅 24.1%；平均单产 1189.54 千克 / 公顷，同比增长 4.9%。

2. 种植成本及收益

据山西省农业厅数据显示，2014/2015 年度棉花种植总成本增加，平均总成本为 1667.25 元，比 2013/2014 年度的 1413.57 元增加 253.68 元，增幅 18%，主要原因是人工成本增加，成本费用在 1266 元，较 2013/2014 年度的 952.9 元增加了 313.1 元，增幅 33%。2014/2015 年度，种植棉花纯收益减少，平均在 514 元，较 2013/2014 年度的 543 元减少 29 元，减幅 5%。当年国家对棉花良种补贴为 225 元 / 公顷，与 2013/2014 年度持平，补贴未计入成本收益。

二、棉花收购、加工及销售

2014/2015 年度，山西省整体天气适宜棉花生长，病虫害少于往年，皮棉单产略有提高，普遍在 1189.54 千克 / 公顷左右，不过棉花质量一般，基本在白棉 4 级上下，纤维长度在 27 毫米左右，马克隆值为 B、C 级。

2014/2015 年度，山西省植棉面积继续大幅下降，籽棉资源明显减少，加上 2013/2014 年度棉企多数亏损，收购积极性不高，整体交售进度缓慢。棉花生长周期长，管理难度大，而且费工费时，耗费大量的人力、物力，同时机械化程度太低，加上近几年籽棉平均价格浮动较大，整体收益不佳，棉花种植无利可图，收益明显低于棉农预期，比较粮食、蔬菜、水果等作物，效益偏低，使得棉农纷纷改种粮食和其他经济作物。

三、纺织经济运行

据国家统计局产量数据显示，2015 年 1—10 月，山西省纱产量 4.52 万吨，同比下降 0.3%，其中棉纱产量 4.24 万吨，同比下降 0.79%；布产量 0.39 亿米，同比下降 9.44%；服装产量 0.13 万件，同比下降 15.36%。2015 年，山西省纺织业发展缓慢，棉制产品产量均出现不同幅度下降，加上原料价格持续下跌，下游需求不旺，部分企业走上关停的道路，经营疲弱难改。

（国家棉花市场监测系统）

陕 西 省

一、棉花生产

1. 棉花面积、总产量和单产

据陕西省统计局统计，2014/2015 年度陕西省棉花种植面积为 27.35 千公顷，同比减少 3.69 千公顷，降幅 11.89%；总产量 3.75 万吨，同比减少 0.47 万吨，减幅为 11.14%；皮棉平均单产 1371.12 千克 / 公顷，同比增加 11.58 千克 / 公顷，增幅为 0.85%。

2. 种植成本及收益

2014/2015 年度，陕西棉农植棉物化投入及其他成本为 8925 元 / 公顷（不含人工），与 2013/2014 年度基本持平，其中种子 675 元 / 公顷、地膜 450 元 / 公顷、化肥 3300 元 / 公顷、农药 1650 元 / 公顷、灌溉 1350 元 / 公顷，其他费用 1500 元 / 公顷。

按籽棉平均单产 3712.5 千克 / 公顷、白棉 3 级收购价 5.7 元 / 千克来计算，棉农棉花收入 21150 元 / 公顷，同比减少 1440 元 / 公顷，减幅 6.4%；毛利只有 12225 元 / 公顷，同比减少 1365 元 / 公顷，减幅 10.04%。若加上人工成本，棉农植棉实际是亏损的。

3. 植棉品种

2014/2015 年度，陕西植棉的主要品种是中棉 41 号、中棉 31 号以及棉农自留棉种。

4. 生产特点

2014/2015 年度，陕西棉农大多以小面积套种、自己耕作为主，自用棉比重增大。

2014/2015 年度，陕西棉区棉花播种期比往年晚 3—5 天，前期有轻度旱情，中期雨水增多，气候湿润，适宜棉花正常生长，但棉田墒情适宜，气温高于往年，出苗率齐。生长期间，个别田块有轻度黄萎病发生，主要虫害仍以蚜虫为主，危害程度轻微。后期天气以晴间多云为主，气温适宜，气候干燥，棉花吐絮顺畅，较往年提前 5—7 天进入吐絮、采拾期。

二、棉花收购和加工

1. 棉花收购加工企业构成及变化情况

2014/2015 年度，陕西省内具有收购加工资质的 400 型棉花加工企业 12 家，实际进行收购加工的企业不足 6 家，另有部分 200 型企业参与收购加工。

2. 棉花收购加工、销售成本及利润情况

2014/2015 年度，陕西棉企自 2014 年 9 月中旬开秤收购，白棉 3 级收购价 5.75—5.95 元 / 千克，2014 年 10 月后籽棉各等级收购价分别下调 0.05—0.10 元 / 千克。按此价格折皮棉成本 12600—12900 元 / 吨，加工费 800—1000 元 / 吨，皮棉 3128B 级成交价 13000—13100 元 / 吨，毛利 300—500 元 / 吨，经营利润微薄。

3. 棉花收购、加工及销售的特点

2014/2015 年度，陕西棉农对收购价格不大认可，惜售心理严重，加之棉企对后期加工出的皮棉销售前景看淡，收购环节谨慎（包包测水、包包试轧衣分），进度缓慢；真正收购的企业少，收购量小，加工企业基本上采取收购一定量再开机生产。销售基本是随加工随出售，加工企业没有存货。

三、纺织生产与棉花消费

2015 年 1—10 月，陕西省纺织行业经济运行

平稳。全行业投资增长15.34%，产值增长15.1%，主营收入增长14.9%；每百元主营业务收入成本增加0.46元，利润增长9.2%，利润率下降0.54%（以下分析数据来源，除注明国家统计局统计以外，均为陕西省统计局统计数字）。

1. 纺织生产及销售情况

据国家统计局数据显示，2014/2015年度，陕西纺织行业企业180户，亏损30户，亏损面16.67%，高于同期全国规模以上纺织企业亏损面平均水平2.52个百分点，但亏损企业亏损额同比减少27.17%，高于同期全国平均水平21.11个百分点。

2. 棉花消费

据陕西省统计局数据显示，2014/2015年度陕西棉花消费量达到24.57万吨，同比增长16.4%。

3. 纺织行业经济运行特点

据国家统计局数据，2015年1—10月，陕西省纺织工业固定资产实际完成投资（不含农户）702814万元，实际完成投资比上年同期增长15.34%，高于全国同期0.34%，新开工项目数比上年同期增长23.88%，高于全国同期7.6%。

据国家统计局数据，2015年1—10月陕西省规模以上纺织企业纱产量33.07万吨，同比增长17.46%，其中棉纱产量22.30万吨，同比增长17.96%；棉混纺纱产量83166吨，同比增长26.42%；化学纤维纱31592吨，同比增长8.92%。布产量7023万米，同比增长32.43%；色织布7800万米，同比下降6.99%。2015年1—10月，纺织行业完成工业总产值271.42亿元，同比增长15.1%，增速高于全省平均水平。

（国家棉花市场监测系统陕西办事处　易建祥）

江 苏 省

一、棉花生产

1. 棉花面积、总产量和单产

据国家统计局统计，2014/2015年度江苏省棉花种植面积94.3千公顷，同比减少37.4千公顷，减幅28.4%；总产量11.7万吨，同比减少4.3万吨，减幅26.9%，在全国排名第8位，较2013/2014年度后退2位，总产量占全国总产量的比重为2.1%，同比下降0.5%；平均单产1239.6千克/公顷，同比增加29.1千克，增幅2.4%。

2. 种植成本及收益

据江苏省农业厅统计，2014/2015年度，江苏省棉花平均生产成本23308.5元/公顷，同比减少1222.5元/公顷，减幅5%。其中，植棉固定成本和物化投入5308.5元/公顷，同比减少697.5元/公顷，减幅11.6%，主要由化肥、农药、农膜价格下跌所致。人工费用（包括少量的机、牛代劳和雇工）总计18000元/公顷，同比减少525元/公顷，减幅2.8%。人工费用仍然是植棉成本的大头，约占总成本的77.2%，同比增长1.7%。

棉花与水稻、玉米的生产成本相比，植棉成本分别高出6238.5元/公顷和14203.5元/公顷，主要是棉花植棉和采收的机械化程度低、人工投入大，植棉人工投入分别是水稻、玉米的2.5倍和3.75倍。在人工成本中，籽棉采收投入的人工最多，约占总人工的4—5成，所以降低植棉成本的根本出路在于机械化。

据江苏省农业厅调查统计，2014/2015年度江苏省棉花收益为–4768元/公顷，水稻为11760元/公顷，玉米为6420元/公顷。2014/2015年度，江苏省棉花目标价格补贴是3090元/公顷，算上补贴，植棉收益为 –1678 元 / 公顷，远差于水稻、玉米。从收益情况可推测，2015/2016 年度种植面积仍将减少，江苏传统的优质棉生产基地将消失。

3. 种植品种

2014/2015 年度，江苏省棉花种植品种主要有铜杂 411、苏棉 23、中棉所 63、泗抗 3 号、中棉 72 等。

4. 生产特点

2014/2015 年度，江苏棉区梅雨期持续低温阴雨、降水强度较大、雨量正常偏多，棉田普遍受涝受渍，减缓了棉苗的生长，影响了棉花的开花、现蕾。据江苏省棉花主产区盐城农业部门调查，棉花生长期总体表现为生长发育慢、脱落重。虽然棉花产量下降，但质量影响不大。据中国纤维检验局公证检验数据统计，2014/2015 年度，江苏省皮棉平均长度为 29.56 毫米，同比提高 0.23 毫米，比全国平均水平的 28.5 毫米长 1.06 毫米；马克隆值适中均匀，A 档占比 37.8%；平均强力为 29.39 cN/tex，同比提高 1.14 cN/tex。

二、棉花收购、加工与销售

1. 棉花收购加工企业构成及变化情况

2014/2015 年度，由于棉花生长和市场原因，江苏省棉花开秤收购相对较晚。由于资源大幅减少，参加收购加工企业的总量也同步减少。收购加工企业组成上，400 型企业、200 型企业、小打包企业均有参加，以 400 型企业为主，小包棉一致性差，销售不如 400 型。

2. 棉花收购、加工、销售成本及利润情况

2014/2015 年度，江苏省棉区开秤收购普遍较常年晚 20—30 天，开秤价格在 5.6—6 元 / 千克，比 2013/2014 年度低 0.1—0.3 元 / 千克。由于棉花面积大幅减少，棉花资源减少，实际参与收购企业的数量也大为减少。江苏省 400 型企业开秤普遍在 2014 年 10 月底到 11 月，收购主体呈现多元化，400 型、200 型和小轧花厂都有参加，共同点是与后道纱厂签订协议，锁定渠道、价格，以订单式收购加工为主。

3. 棉花收购、加工及销售特点

2014/2015 年度，一方面江苏省棉花开秤收购时间比较晚，另一方面是该年度整体皮棉价格趋势相对稳定，籽棉收购价格稳定在 5.6—6.4 元 / 千克，皮棉销售价格在 12800—13700 元 / 吨。由于多数参与收购的企业都与后道纱厂签订了合作收购协议，加工企业一般能顺价销售，至少赚出加工费。但由于面积减少后，可收资源总量减少，再加上有部分纱厂赊欠，所以 400 型企业总体收益不理想。200 型企业和私营小加工厂虽然固定成本相对较低，但加工量少，普遍收益较差。

江苏省棉花的销售地区主要集中在江苏省内，小厂销售主要集中在周边熟识的纱厂，由于纱厂资金紧张，新棉集中上市期间阶段性供大于求，赊欠现象比较普遍。棉花加工企业普遍库存很少，基本没有质押赌后市的情况。

三、纺织生产与棉花消费

1. 纺织生产及销售情况

2014/2015 年度，江苏省纺织产品价格整体随棉花价格逐步下行，棉花有配额控制，进口纱没有配额限制，完全市场竞争，进口纱对国产纱的挤压比进口棉对国产棉的挤压更大。纱价跌幅大于棉花，纺纱毛利被逐步压缩，普梳 32S、40S 处于亏损状态。部分资金紧张的大厂通过限产压缩库存，维持资金流。有着百万纱锭的宝利嘉集团因靠高杠杆发展，于 2015 年 7 月底因资金链断裂倒闭，中小企业因资金或加工贸易违规被查处关闭的有 10 家左右。

2. 棉花消费

2014/2015 年度，江苏省纺织企业用棉以新疆棉为主，以地产棉、进口棉和国储棉为补充。三年棉花临时收储时期，纺企的棉花消费以进口棉为主，地处沿海的江苏省有明显的区位优势，2014/2015 年度开始以新疆棉为消费主体后，江苏省远离新疆，区位优势丧失。由于缺少优势，市场竞争力下降。江苏棉纺织规模在逐渐萎缩，一是自然关停，二是转移新疆、甘肃、国外。

在消费结构上，棉花被价格便宜的涤纶（只有棉花价格的50%左右）替代量不断增加，棉花消耗总量延续下降趋势。少数资金实力强的纺织企业棉花库存为1—2个月，大部分企业库存仅5—15天。

3. 纺织行业经济运行特点

2014/2015年度对江苏省纺织行业来说是又一个困难之年，生产成本刚性上升，棉纱销售价格在低价进口纱的冲击下不断下跌，纺纱毛利被挤压，常规纯棉品种处于亏损状态。在没有盈利能力的情况下，行业运行风险加大，直接造成融资困难、融资成本居高不下，没有能力进行设备升级改造、产品研发创新。

摆脱困境的主要做法有三大类：一是将产能转移到生产成本更低的地区，主要去向是越南等国家以及国内的保税区、新疆、宁夏等电费便宜、政策优惠多的地区；二是避开常规品种竞争，生产差别化纤维、特殊规格、高支高技术、色纺的小品种；三是转型其他产业。由于整体经济处于降速阶段，传统制造业整体需要去产能、去库存，新兴产业技术含量高、风险大。所以对传统制造业的纺织行业来说，可转、能做的行业并不多，成功案例很少。

随着全球经济的逐步复苏，中国与国际棉花价差的逐步缩小，过剩产能的消化，能够生存下来的纺织企业经营状况有望逐步好转。

（江苏省农垦棉业有限公司　何银官）

安　徽　省

一、棉花生产

1. 棉花面积、总产量和单产

据安徽省统计局数据，2014/2015年度安徽棉花种植面积为265.2千公顷，较2013/2014年度的284.8千公顷减少19.6千公顷，同比减少7%。其中皖北棉区受种植结构调整影响，原有主产县市棉花种植面积基本没有；沿江棉区呈现紧缩架势。受天气影响，2014/2015年度棉花单产和质量较正常年份略有偏低。2014/2015年度安徽省总产量为皮棉26.3万吨，较2013/2014年度的皮棉25.1万吨增加1.2万吨，同比增长4.78%；2014/2015年度籽棉平均单产达到2613千克/公顷。

2. 种植成本及收益

据安徽省物价局统计，2014年，安徽省棉花总成本24708.1元/公顷，同比增加828.3元/公顷。其中，物化成本6725.4元/公顷，人工成本15494.4元/公顷，土地成本2488.4元/公顷。2014年，安徽省棉花产值20956元/公顷，同比下降980.3元/公顷，降幅为4.46%。扣除农户自己的人工和自营地成本，农户净得收益（净利润）–3752元/公顷。

3. 2014年棉花目标价格补贴情况

2014年为棉花目标价格补贴元年，安徽省补贴标准为2000元/吨。安徽省根据国家统计局统计的棉花产量26.3万吨，共申请棉花目标价格补贴5.26亿元，由安徽省财政局根据棉花实际种植面积切块下发到各县市财政，再由县市财政发放到棉农手中，经测算全省补贴标准为2100元/公顷，各县市因实际情况不同，略有增减。

4. 生产特点

2014/2015年度，安徽省棉花生产出现以下几个特点：一是种植面积减少。据国家统计局数据，2014/2015年度安徽省棉花种植面积同比减少8%。二是单产上升。据国家统计局数据，2014/2015年度安徽省棉花总产量为26.3万吨，同比增长4.74%。

安徽省2014年棉花种植期内，气候条件总体适宜，棉农科学种植，精耕细作，虽然种植面积下降，但总产量提升。2014年安徽省皮棉单产为1120.35千克/公顷，同比提高190.2千克/公顷。

二、棉花收购和加工

1. 棉花收购加工企业构成及变化情况

2014/2015年度为目标价格实施元年，国家不再实行棉花临时收储政策，由棉花企业自行进入市场收购、加工和销售。棉花收购加工企业除了原有的400型企业，部分市场感觉敏锐的200型企业又重新开始参与棉花市场收购、加工。2014/2015年度，400型企业市场占有率约为90%。

2. 棉花收购加工、销售成本及利润情况

2014年9月初，安徽省棉花企业零星开秤，籽棉收购价格在6.0元/千克左右（衣分36%，水分11%）。由于当时内地补贴细则未出，棉企收购不敢放量，日厂均收购量在7.5—12.5吨，棉农持棉观望心态较重。随着补贴政策的出台，棉企陆续加大收购量。根据统计局数据，2014/2015年，安徽省平均籽棉收购价格为8.02元/千克。皮棉销售价格由于国家储备高企，外棉价格一路走低，维持弱势阴跌走势，2014年销售价格约为13300元/吨，棉企基本无利可图。

三、纺织生产与棉花消费

1. 纺织企业构成及变化情况

2014年，安徽省规模以上纺织企业户数达1701户（其中服装业1040户），较2013年增加118户（服装业115户）。2014年安徽省纺织企业销售收入10亿元以上企业共6家，分别为安庆华茂集团、巢湖皖维集团、桐城鸿润集团、岳西天鹅集团、滁州安兴环保彩纤公司、申洲针织（安徽）有限公司。销售收入超过亿元的纺织企业已近270户。

2. 纺织生产及销售情况

据安徽省统计局数据，2014/2015年度安徽省纺织企业纱产量为104万吨，同比增加14.03万吨；布产量为11.65亿米，同比增加1.65亿米，其中棉布产量为4.37亿米，同比增加0.61亿米，印染布产量1.47亿米，同比增加0.19亿米；服装产量为10.93亿件，同比增加2.44亿件，其中梭织服装7.31亿件，同比增加1.54亿件，针织服装3.61亿件，同比增加0.89亿件。2014年，安徽省规模以上纺织工业（含服装企业，下同）企业工业销售产值（现价）达到1799.23亿元，同比增加225.93亿元；规模以上纺织企业（含服装企业）利润达到98.24亿元，同比增加0.2亿元，但是纺织业利润52.91亿元，同比减少3.44亿元。规模以上纺织企业总资产达到889.14亿元，同比增加74.82亿元。

3. 纺织行业经济运行的特点

2014/2015年度，安徽省纺织行业坚持推进转型升级，努力克服各种风险因素，主要运行指标增速好于全国平均水平，总体经济运行情况表现为缓和，在多项经济指标增速放缓的同时，经济运行中仍有多项闪光点，亮点不断。

一是主要产品产量增速放缓，产业链前端产品优于后端。2015年1—10月安徽省累计纱产量89.5万吨，同比增长7.5%（全国增速为4.9%）；布产量11.8亿米，同比增长12.9%（全国增速2.9%）；蚕丝产量6110吨，同比下降12%（全国增长2.8%）；服装产量9.3亿件，同比下降3.9%（全国增速0.39%）；化纤产量21.4亿吨，同比增长12.8%（全国增速11.8%）。纱、丝和服装增幅分别同比下降1.5个、9.6个和12.5个百分点。

二是主要经济指标增速放缓，但仍高于全国平均水平。2015年1—10月，安徽省纺织工业实现工业总产值1720亿元，同比增长10%；销售收入1639亿元，同比增长10.1%，工业总产值和销售收入的增速同比分别下降4.6个和4.5个百分点，增速放缓；利润总额为70亿元，同比增长16%，同比提高12.6个百分点。从增速排名情况来看，分别居全国第8位、第8位和第7位，增速高于全国5.2个、5.1个和8.1个百分点。

三是固定资产投资增速放缓，粗放发展模式不可持续。2015 年 1—10 月安徽省规模以上企业实际完成投资 481 亿元，同比增长 14%，低于全国平均 1 个百分点，低于“十二五”期间年均 22% 的增长率；施工在建项目数同比增长 9%，竣工项目数同比增长 20%，新开工项目数同比增长 24%。投资增速放缓预示各类资本进入纺织行业意愿减弱，纺织业依靠规模扩张的粗放发展模式或将终结。

四是出口交货值增幅放缓，出口创汇小幅下降。2015 年 1—10 月安徽省规模以上企业完成出口交货值 251 亿元，同比增长 10%；出口创汇 14.28 亿美元，同比下降 4.2%。

五是亏损面下降。2015 年 1—10 月全行业 1781 户规模以上企业有 172 户，亏损面不足 10%，低于全国 3.6 个百分点。

六是销售增幅高于费用增幅。销售收入增长率为 10%，同期营业费用、管理费用和财务费用合计增长 4.8%，远低于销售收入增长幅度，政府取消多项收费项目和企业加强内部管理双重效应促进效益提升。

七是行业结构逐年优化。2015 年 1—10 月分行业销售收入占全行业比重前三位的是服装服饰业（47%）、棉纱加工业（23%）和非家纺制造业（7.4%），合计占全行业销售收入的 2/3；这 3 个子行业的利润分别占全行业的 47%、16% 和 13%，合计占全行业利润的 2/3。服装服饰业由“十五”期间不足 15% 的占比上升到目前销售收入和利润接近全行业一半，“十二五”期间异军突起的非家纺及产业用纺织品以 7.4% 的销售收入占比为全行业贡献了 16% 的利润，棉纱加工行业在“十五”规划期销售收入曾经占全行业的近 70%，随着行业结构逐年优化，占比逐渐下降到 1/4 以下。

（国家棉花市场监测系统）

湖　北　省

一、棉花生产

1. 棉花面积、总产量和单产

据湖北省统计局统计，2014/2015 年度湖北省植棉面积 344.8 千公顷，同比减少 106.2 千公顷，减幅 23.54%；皮棉总产量 35.95 万吨，同比减少 10.02 万吨。减幅 21.8%；皮棉单产 1042.63 千克 / 公顷，同比减少 63.5 千克 / 公顷，减幅 5.74%。

2. 种植成本及收益

据湖北省农业厅统计，2014/2015 年度湖北省籽棉平均单产 3316.81 千克 / 公顷，同比减少 181.94 千克 / 公顷，减幅 5.2%；与 2013/2014 年度相比，2014/2015 年度植棉成本略有减少，主要是化肥、机耕、植棉人工费用较上年略有降低。

3. 生产特点

2014/2015 年度，湖北省棉花生产形势可以概括为：受政策支持弱化、棉花产业疲软、植棉效益锐减、劳动力矛盾突出等多重因素影响，新棉市场持续低迷，“卖棉难”问题已经凸显。湖北省农科院研究编制的《机采棉栽培技术规程》已由湖北省质量技术监督局作为推荐性地方标准批准发布。《棉薯连作轻简化栽培技术规程》已经通过专家组评审，根据专家评审会提出的意见修改完善后，报湖北省质量技术监督局作为推荐性地方标准批准发布。

棉花目标价格改革试点政策实际上是把棉花这一产业的全产业链全部推向国内和国际两个市场。从短期来看，产业链要经历棉花降价、减收等阵痛；从长期来看，棉价回归市场调节，有利于棉农和企业双赢，减轻国家财政负担。一是促进小户型、分散种植向大户型集中连片种植转变，有利于产生规模效益；二是促进棉花传统种植向机械化种植转变，有利于棉花种植环节实现突破性变革；三是促进种植户与企业的松散型联系向紧密型关系转变，在完全市场条件下，走互利共赢、风险共担之路。2014 年中央财政下拨湖北省棉花目标价格定额补贴资金 7.2 亿元，按种植面积落实到农户。据了解，棉花主产区大部分县市区补贴已全部通过“一卡通”发放到位，补贴标准为 1035—4440 元 / 公顷。

湖北省棉花面积大幅度调减。由于棉花目标价格补贴试点政策执行滞后，对 2014/2015 年度棉花生产激励作用不尽明显。从目标价格执行结果看，相当于籽棉补贴 0.8—1.0 元 / 千克，加上 2014 年收购价 5.6—5.8 元 / 千克，与棉农期望的保本价格 8.4 元 / 千克相比，补贴标准显得太低。如果 2014/2015 年度棉花价格持续走低，2016 年植棉积极性更不容乐观。为适应棉花市场变化，2015 年春播前湖北省农业部门在引导棉区种植结构调整过程中，把提质增效、调稳增收作为棉花生产的重点工作来抓，强调棉花种植逐步向高产优势棉区集中，具备排灌条件、地势较低的棉田改种水稻，排灌不便或“两萎病”病害较重的棉田改种玉米或蔬菜、瓜果、花卉等旱作经济作物，非基本农田保护区棉田大力发展水果等经济林木，以提高种植效益。

棉花长势整体较好。一是播种出苗情况良好，棉花播种期气候适宜，各地播种成苗率超过 80%，基本实现一播全苗；二是移栽进度平稳有序，油菜、小麦生长受高温影响生育期缩短，收获期提前，棉苗移栽正常进行；三是全程病虫害较轻发生，对棉花的生长有利，棉花整个生育过程中呈现前慢后快特点。

由于植棉效益问题，部分棉农抱着“逢次不丢”的心理，放松了棉田管理，但对整体并未造成很大影响。与 2013/2014 年度相比表现为：总果节有所减少，棉花吐絮顺畅，烂铃比例较少，蕾铃脱落明显减少。

二、棉花收购加工与销售利润

1. 棉花收购加工企业构成及变化情况

在 2015 年 4 月初，国家公布了在新疆棉区继续实施棉花目标价格补贴试点，将目标价格定在 19100 元 / 吨，公布内容没有提及内地棉花补贴标准，湖北区域部分棉农改种其他经济作物。按照有利于促进产业持续健康发展、引导市场平稳运行、减轻财政负担、完善棉花储备调控机制的原则，有序消化国家储备棉库存，逐步将储备规模降至合理水平。2015 年 7 月份投放了一次国储棉，竞卖底价（折标准 3128B）为：2011/2012 年度国储棉 13200 元 / 吨；2012/2013 年度国产棉 14200 元 / 吨，2012/2013 年度进口棉 15500 元 / 吨。在轮出近两个月时间，实际成交 6.34 万吨。

2. 棉花收购、加工和销售成本及利润情况

2014/2015 年度，湖北省籽棉收购价格在 5.8 元 / 千克，收购成本在 12300 元 / 吨，加工成本 700 元 / 吨，销售成本 400 元 / 吨，较 2013/2014 年度大幅下降。400 型企业举步维艰，受价格走低影响，大部分经营受到巨大挫折。

3. 棉花收购、加工及销售的特点

2014/2015 年度，湖北省籽棉收购均价在 11.6 元 / 千克，加上棉花目标价格定额补贴，收购均价仍大幅下降。不仅植棉收益大幅下降，受大宗商品价格整体下滑，特别是玉米价格较上年下跌 30%，农民种植经济作物不经济。

2014/2015 年度，湖北棉企收购格局是 400 型、200 型双分天下，由于资金问题，没有出现争收抢购籽棉的现象。据湖北省纤维检验局报告，2014/2015 年度湖北省皮棉公检量达 14.65 万吨，同比下降 46.43 万吨，实际平均长度值 28.36 毫米，淡点污棉占公检量 81.08%。

三、纺织生产与棉花消费

1. 纺织企业经济运行情况

2015 年 1—8 月份，湖北纺织工业主要产品产量平稳增长，纱线产量 220.78 万吨，同比增长 7.79%，高于全国平均增幅 3.30 个百分点；布产

量 50.38 亿米，同比下降 4.67%，全国平均增幅为 3.29%；无纺布 31.05 万吨，同比增长 9.14%，低于全国平均增幅 6.43 个百分点；服装 6.49 亿件，同比增长 2.27%，高于全国平均增幅 1.46 个百分点。

2015 年 1—8 月份，湖北省纺织工业 1572 户规模以上企业累计实现主营业务收入 1991.68 亿元，同比增长 7.53%，高于全国平均增幅 2.28 个百分点；完成出口交货值 197.50 亿元，同比增长 8.29%，全国平均增幅为 –2.65%；实现利润总额 81.27 亿元，同比增长 9.21%，低于全国平均增幅 0.22 个百分点；应交增值税 40.04 亿元，同比增长 4.62%，低于全国平均增幅 4.73 个百分点；应收账款 115.84 亿元，同比上升 5.51%，全国平均水平为 5.29%；产成品 98.37 亿元，同比增长 3.84%，全国平均水平为 1.31%。

湖北省纺织产品出口 22.48 亿美元，同比增长 1.96%，全国平均降幅为 4.61%；进口 1.23 亿美元，同比下降 4.25%，全国平均降幅为 0.12%。

2. 纺织行业经济运行特点

一是新常态下，中国经济从要素驱动、投资驱动转向创新驱动。受原料市场价格及政策面影响，湖北省棉纺企业纷纷北上新疆或南下东南亚，纺织产业链严重受损，虽然企业采取了调整产品结构、开发新产品等多项应对措施，但还是难以扭转被动的局面。

二是劳动力成本上升，“用工难”难以缓解。由于纺织行业是劳动密集型行业，劳动强度大，工资水平低，因此，近年来“招工、用工、留工”问题一直是纺织企业面临的重点难题。尽管企业给职工普遍加薪，但职工的工资水平依然偏低，加之纺织业艰苦的生产环境及特殊的运转班制，使得大多数年轻人都不愿进入纺织企业工作，造成了行业的用工短缺，特别是一线挡车工岗位严重不足。

三是产品附加值偏低，融资更趋紧张。湖北省纺织工业主要是以初加工及粗加工为主，产品档次不高、附加值低，一直制约着湖北省纺织工业的进一步发展。多年来，资金短缺、融资渠道不畅的问题一直困扰着纺织行业。国有商业银行对纺织行业并不看好，对企业贷款进行多种限制，导致大部分纺织企业融资困难。有的中小企业不仅面临融资难，更面临融资贵的问题。多数纺织中小企业融资渠道不畅，难以得到信贷支持，而得到信贷支持的企业又不得不接受银行上浮利率。

（国家棉花市场监测系统湖北办事处　李立国）

湖　南　省

一、棉花生产

1. 棉花面积、总产量和单产

据湖南省统计局统计，2014/2015 年度，湖南省棉花种植面积 130 千公顷，较 2013/2014 年度减少 30 千公顷，减幅为 18.75%；总产量 13 万吨，同比减少 7.5 万吨，减幅为 36.76%；平均单产 1000.5 千克 / 公顷，同比减少 280.5 千克 / 公顷。

2. 种植成本及收益

2014/2015 年度，由于前期持续受阴雨天气影响，湖南省棉花伏桃、秋桃数量减少，棉花减产严重。每公顷产值仅 15840 元，其中物化成本 6750—7500 元 / 公顷，每公顷工时 225 个以上，按 80 元 / 工时计算，工资成本 18000 元，总成本 24750—25500 元，而籽棉平均收购价为 5.5 元 / 千克，实际每种植 1 公顷棉花要亏损 9000—10500 元。

二、棉花收购和加工

1. 棉花收购加工企业构成及变化情况

2014/2015 年度，湖南省收购期间棉花市场相对冷淡，收购加工基本处于大包棉、小包锯齿棉和小包皮辊棉三足鼎立之势。据全国棉花公证检验数据统计，湖南省60家400型企业中有44家进行收购加工，仪器化公证检验219518包5.04万吨，检验量占全国检验量的0.97%，居全国第7位，与2013/2014年度相比减少14.28万吨，减幅达到73.91%。2014/2015年度，由于棉花临时收储政策退出，棉花经营完全市场化，湖南省超过2/3的有效资源流向200型小包棉和皮辊棉加工企业，400型棉花加工企业虽分布在全省各主产区，但收购加工量所占份额较小。

2. 棉花收购加工、销售成本及利润

2014/2015年度，棉花市场供大于求，行情低迷。收购期间，棉花价格高开低走，一路下跌，湖南省内400型大包的皮棉销售价格由最高的13500元/吨左右下降至最低12200元/吨左右，致使湖南省大部分棉花企业一度处于暂停或断续收购加工状态。截至2015年8月31日，湖南省棉花全部销售完毕，据不完全统计，湖南省内收购企业亏损面超过95%。

3. 棉花收购、加工及销售特点

2014/2015年度，湖南省棉花品质与2013/2014年度相比明显提升，除颜色级外，其他品质检测指标均接近或高于全国平均水平。据湖南省纤维检验局仪器化检验数据分析，白棉占12.0%、淡点污棉占83.08%、淡黄染棉占4.92%；平均长度28.23毫米，其中27毫米级占10.55%，28毫米级占58.83%，29毫米级占27.17%；马克隆值级以B级为主，其中B2级占85.18%，C级仅占6.6%；平均长度整齐度82.73%；平均断裂比强度28.57 CN/tex。

三、纺织生产与棉花消费

1. 纺织企业构成及变化情况

据湖南省纺织行业管理办公室数据显示，2014/2015年度湖南省纺织规模以上企业486家，主营业务收入896亿元，同比增长4.9%，居全国第13位；利润总额32.19亿元，同比增长2.7%；工业增加值249.5亿元，同比增长7.9%；产销率为97.6%。

截至2014年12月，湖南省纺织品服装出口金额19.36亿美元，同比增长122.7%，其中纺织品出口金额4.43亿美元，同比增长38.2%；服装出口金额14.93亿美元，同比增长172.1%。纺织品服装进口金额1.07亿美元，同比增长20.3%，其中纺织品进口金额0.95亿美元，同比增长17.5%；服装进口金额0.12亿美元，同比增长48.1%。

湖南省棉纺织企业131家，截至2014年11月，完成工业增加值82.75亿元，同比增长12.0%；产销率为96.8%。纱产量96.63万吨，同比增长0.3%，其中棉纱产量67.59万吨，同比增长2.3%；混纺纱产量21.7万吨，同比增长11.8%；化纤纱产量7.34万吨，同比减少31.6%；布产量3.5亿米，同比增长3.2%。

2. 棉花消费

2014/2015年度，湖南省棉花消费呈下降趋势，湖南省内过半纺织企业以化纤替代棉花，棉花消费量的峰值由往年50万吨左右降至不足30万吨。湖南省内销往省外的全棉、混纺纱线由月峰值7万吨下降至不到3万吨。

四、纺织行业存在的问题

1. 纺织企业资金紧张

2014/2015年度，湖南省纺织企业缺乏资金，下游欠款多，在原料上难以维持一定量的库存，基本是随用随买，少量订购。银行不愿放贷，民间融资利息又非常高，企业无力承受，生存状况非常艰难。

2. 中、低端产品受进口纱冲击

随着进口纱的数量连续增长，给国内棉纱生产带来巨大冲击，特别是湖南省主要生产的纯棉中、低端纱线受到冲击更大，纺织企业盈利能力低。

3. 企业转型升级困难

湖南省纺织企业受制于产品档次盈利能力差、资金链紧张的压力，在经历了三年棉花临时收储时期的高成本原料冲击下，纺织企业生存状况尚未得好转。短期内，靠企业的自我积累完成转型升级相当艰难。

（国家棉花市场监测系统湖南办事处　潘爱武）

江　西　省

一、棉花生产

1. 种植面积、总产量和单产

据国家统计局数据显示，2014/2015 年度江西省棉花种植面积 82.2 千公顷，同比减少 4.6 千公顷，减幅 5.3%；皮棉总产量 11.9 万吨，同比增加 2.8 万吨，增幅 30.8%；平均单产 1442.3 千克 / 公顷，同比增加 394.5 千克 / 公顷，增幅 37.7%。

2. 种植成本及收益

据江西省价格成本调查监审局调查，2014/2015 年度江西省棉花生长期气候适宜，未出现严重旱涝天气或病虫害灾情。棉花生产总成本约 29651.7 元，同比上升 7.82%，已连续 8 年保持增长。成本构成中，人工成本受用工价格上升、推广机械化难度大等因素影响，平均为 23064.45 元 / 公顷，同比上升 11.81%，成为拉高总成本的主要动力。土地成本平均成本为 1164.9 元 / 公顷，同比上涨 4.89%。相比而言，由于种子、化肥等农资价格下跌，病虫害较少，导致种子、化肥、农药等费用出现不同幅度下降，一定程度对冲了总成本的上涨压力。在价格下跌、成本上涨的双向挤压下，种棉净亏 6320 元 / 公顷，亏损额度同比增加 564.78%，许多棉农抱怨“白干一年”。

自棉花上市后，价格低开低走，皮棉平均出售价格 14.66 元 / 千克，为近 5 年来最低水平，同比下跌 23.08%；每公顷产值 23331 元，同比下降 12.12%。

2014 年，国家为了保障内地 9 省棉农利益，出台了定额补贴政策，补贴对象为 9 省内棉花实际种植者（土地经营权发生流转的，无论是否签署流转协议，补贴资金将发放至棉花实际种植者），补贴标准为 2000 元 / 吨。江西省财政厅、省发改委、省农业厅、省统计局联合制定并于 2015 年 2 月 5 日发布了《2014 年江西省棉花目标价格改革中央财政补贴工作实施方案》和《江西省棉花补贴资金管理暂行办法》，明确了 2014 年江西棉花补贴发放的方式、流程和要求，确保了棉花目标价格改革工作顺利推进。据悉，2014/2015 年度江西省棉花补贴标准达到了 3225 元 / 公顷，但棉花种植亏损局面仍难以改善。

二、棉花收购、加工及销售

2014/2015 年度，江西省棉花收购形势不容乐观，新棉开秤价格较低，籽棉价格在 5.8 元 / 千克左右，收购中期价格在 6.0—6.4 元 / 千克，同比下降了 24%。

受棉花目标价格政策、高库存及进口冲击影响，2014/2015 年度棉花收购大不如往年，江西省棉花出现明显卖难问题。一方面，棉农售棉不积极，价低惜售，只有少数棉农将籽棉卖给加工企业或经纪人，而且要待棉价明朗后再兑现现金，出售进度同比下降 20%；另一方面，棉花收购加工企业也因市场行情不好，不敢贸然收购，江西省大部分 400 型加工企业都停止收购，直至 2014 年 10 月初才有个别棉企进行少量的试探性收购，且大都采用赊购的方式进行。

三、纺织经济运行

据江西省统计局统计，2015 年 1—10 月，江西省棉纱产量在 102.34 万吨，同比降低 16.6%；

布产量2.43亿米，同比降低32.3%；化纤产量37.01万吨，同比降低3.90%。

2014/2015年度，江西省纺织行业主要存在以下问题：(1)订单流失严重。随着国内生产成本不断上升，国际纺织产业向东南亚、印巴等地区转移趋势明显，大量低端订单转移到上述地区。主要表现为外资企业虽有订单，但接单呈现“批量小、议价难、加工复杂”的特点，而从外贸公司接二手单、三手单的企业则几无利润可言，处于维持状态。(2)生产要素成本居高不下。一是劳动力成本较高，受招工难影响，近年来江西省纺织企业工人工资年均增长10%以上，工资水平达越南的3倍左右；二是融资成本较高，纺织企业融资需求往往被低看一眼，难以获得贷款，即使获得贷款，也经常在基准利率基础上上浮50%；三是受内外棉价差和储备棉质量较差的影响，纺织企业原料成本仍相对较高。

（国家棉花市场监测系统）

浙 江 省

一、棉花生产

1. 种植面积、总产量与单产

根据浙江省统计局统计，2014/2015年度浙江省种植面积17.3千公顷，较2013/2014年度减少2.6千公顷，同比减少13.5%；总产量2.30万吨，同比减少10.7%；皮棉平均单产1350千克/公顷，同比减少3.5%。

随着面积的减少，种植区域逐渐转向黄土丘陵、河滩沙地（盐碱地）等土壤质量相对较差的区域。

2. 种植成本及收益

相对于经济作物，种棉效益偏低，而且较种粮（水稻、鲜食大豆、鲜食玉米）、蔬菜的效益也偏低，除去人工成本，种棉的收益约为600元/公顷，若计算人工成本，则种棉实际亏损。因此仅是一些老年人不计人工地参与种棉。

3. 种植品种

2014/2015年度，浙江省棉花主要种植品种为湘杂棉8号、中棉所87，还有少量的由浙江大学作物科学研究所推荐的浙大5号，该品种系转基因杂交棉。

二、棉花收购和加工

由于浙江省棉花数量少、皮棉加工水平低，浙江省并没有形成完善的收购市场。浙江省加工企业中尚有部分皮辊棉加工，呈散、小、弱的特征，由于生产量小且分布在多个市县，并且浙江省棉农的植棉收入占总收入的比例较小，因此习惯在棉花收获后立即交售，2014年12月底前就能全部售完。

2014/2015年度，浙江省多数市县的棉花加工企业因加工数量不能达到规模化生产的要求和无力承担质检体制改革的目标，截至2014年12月底，只有两家企业符合要求。但2014/2015年度，浙江省终于有了“第一次”：有一家棉花加工企业按照棉花质量检验体制改革方案的要求加工棉花并进行公证检验，检验量为16591包、3779吨。

三、纺织经济运行

1. 纺织生产及销售情况

据浙江省统计局数据显示，截至2014年12月，浙江省599家规模以上纺纱企业生产纱229.98万吨，同比增长4.8%，其中纯棉纱101.28万吨，同比下降2.7%；棉混纺纱50.78万吨，同比增长6.8%；化纤纱77.92万吨，同比增长14.8%。纯棉纱、棉混纺纱、化纤纱各占纱总产量的44.04%、22.08%、33.88%。

1030家规模以上织造企业布产量156.25亿米，其中棉布产量32.62亿米，同比增长5.6%；棉混纺布26亿米，同比增长1.3%；化纤布97.62亿米，同比增长2.2%；纯棉布、棉混纺布、化纤布各占布总产量的20.88%、16.64%、62.46%

表2-1 2014年浙江省规模以上纺纱企业产量及产值指标

指标名称	单位	2014年累计	同比（%）
纱产量	万吨	229.98	4.8
其中：纯棉纱	万吨	101.28	–2.7
棉混纺纱	万吨	50.78	6.8
化学纤维纱	万吨	77.92	14.8
工业总产值	亿元	757.55	2.3
工业销售产值	亿元	731.85	2.6
出口交货值	亿元	82.96	4.3
主营业务收入	亿元	704.25	0.13
利润总额	亿元	25.31	–12.72
税金总额	亿元	18.1	–0.001
应收账款	亿元	88.68	8.57
产成品存货	亿元	65.23	0.73
应付职工薪酬	亿元	39.96	6.89
从业人员平均人数	万人	9.42	–6.36
职工平均工资	万元	4.24	7.34

数据来源：浙江省统计局

据浙江省商务厅统计，2014年浙江省纺织品服装出口金额709.68亿美元，同比增长5.5%，纺织服装出口占浙江省主要出口商品的比重为26.0%。其中纺织纱线、织物及制品出口376.90亿美元，同比增长6.6%；服装及衣着附件出口332.78亿美元，同比增长4.4%。

2. 纺织行业经济运行特点

2014/2015年度，浙江省纺织工业坚持深入推进产业结构调整，积极适应国内宏观经济发展新常态，基本保持了平稳发展态势，运行质效稳中趋好，但是纺织行业增速比2013/2014年度普遍回落。浙江省规模以上纺纱企业，出口总额达82.96亿元，同比增长4.3%，增速提高1.7个百分点；实现利润总额25.31亿元，同比下降12.72%，增速下降36.72个百分点。规模以上织造企业出口总额达234.28亿元，同比下降1.2个百分点，增速下降6.6个百分点；实现利润总额65.34亿元，同比增长10.26个百分点，增速提高1.36个百分点。

2014/2015年度，纺织行业面临的发展形势仍较为复杂，棉价疲软、化纤价格受原油价格和环保影响不确定因素较大、市场需求增长放缓、综合成本持续上升等因素的影响突出，尽管浙江省纺织行业生产总体平稳，纱、布产量继续增长，但行业继续保持平稳运行面临较大的压力。

一是纺织企业主要效益数据呈现下降的态势，织造企业好于纺纱企业。2014/2015 年度，浙江省规模以上纺纱企业营业收入 704.25 亿元，较 2013/2014 年度增长 0.13%；利润总额 25.31 亿元，同比下降 12.72%；税金总额 18.10 亿元，与上年度基本持平；规模以上织造企业主营业务收入 1381.87 亿元，同比增长 2.84%；利润总额 65.34 亿元，同比增长 10.26%；税金总额 37.19 亿元，同比增长 4.61%。

二是产成品存货、应收账款有所增加。浙江省棉纺纱企业产成品存货 65.23 亿元，同比增长 0.73%；应收账款 88.68 亿元，同比增长 8.57%。织造企业产成品存货 105.72 亿元，同比增长 8.18%；应收账款 158.30 亿元，同比增长 2.97%。

三是纺织行业出口形势严峻。浙江省纺纱企业规模以上企业出口交货值 82.96 亿元，同比增长 4.3%；织造企业出口交货值 234.28 亿元，同比下降 1.2%。

四是劳动力成本不断增加。浙江省纺织企业职工人均年收入在 4.2 万元左右，最高的企业达 6 万元。规模以上纺纱企业应付职工薪酬 39.96 亿元，同比增长 6.89%；规模以上织造企业应付职工薪酬 62.93 亿元，同比增长 12.47%。

2014/2015 年度，虽有全面深化改革政策带来利好因素，但行业面临的形势依然复杂多变，企业在运营中的承压负重感不会骤然消退，中小企业生存压力依然凸显。

（数据来源：《国家统计局关于 2014 年棉花产量的公告》《2014 年浙江统计年鉴》《浙江省商务厅统计数据》、中国棉花公证检验网）

（国家棉花市场监测系统浙江办事处　张建华）

甘　肃　省

一、棉花生产

1. 种植面积、总产量和单产

2014/2015 年度，受全国棉花市场供求关系影响，棉花价格降幅较大，导致农民种植棉花的积极性降低，甘肃棉花主产区棉花种植面积减少。据甘肃省统计局统计，2014/2015 年度甘肃省棉花种植面积 38.1 千公顷，比 2013/2014 年度减少 6.46%；总产量 6.47 万吨，同比减少 8.23%；单产 1698.8 千克 / 公顷，同比下降 1.92%。

2. 种植成本及收益

2014/2015 年度，甘肃棉花生产总体呈现生产成本下降、土地成本增加、产值收益下降等特点。据甘肃省发展和改革委统计，2014/2015 年度甘肃棉花种植总成本平均 28773 元 / 公顷，同比减少 645.9 元，下降 2.20%。其中，生产成本 25415 元 / 公顷，同比减少 697 元，下降 2.67%；土地成本 3358 元 / 公顷，同比增加 3.41 元，增长 1.55%。棉花主产品产值 21089 元 / 公顷，同比减少 14008 元，下降 39.91%；副产品产值 5320 元 / 公顷，同比减少 94.74 元，下降 21.08%。

3. 棉花品质

2014/2015 年度，由于甘肃各产棉区多阴雨天气，棉花烂铃烂桃增加、裂铃困难、采摘受阻，导致部分品质下降。甘肃棉花白棉比例为 99.34%，平均长度 28.62 毫米，马克隆值 A 级棉比例 54.82%，断裂比强度中等及以上级所占比例达到 97.75%。与全国 14 个产棉省区相比，2014/2015 年度甘肃棉花品质在全国属较好水平，部分质量指标居全国前列。其中，甘肃棉花白棉比例居全国第一，白棉平均颜色级居全国第一，马克隆值A级棉比例居全国第二，平均长度整齐度指数居全国第三，平均长度居全国第六，平均断裂比强度居全国第七位。

二、棉花购销

2014/2015年度，国家正式取消棉花临时收储政策，同时出台了棉花目标价格试点政策，并按照面积和产量给棉农进行棉花财政补贴，企业根据市场变化自主定价收购。由于受国内外经济环境因素的影响，使棉花收购政策和价格不明朗，给2014年棉花收购带来诸多不利因素。按照2014年11月棉花期货市场13000元/吨左右的交易价格，2014/2015年度甘肃籽棉收购开秤价格为5.2元/千克，比2013/2014年度开秤收购价格8.2元/千克降低了3元。棉花价格下跌，棉农利益受损。

三、纺织经济运行

2014/2015年度，甘肃纺织行业规模以上工业企业30个，比2013/2014年度增加8个，实现工业总产值38.48亿元，同比增长41.42%；工业销售产值34.52亿元，同比增长46.71%，其中出口交货值4915万元，同比下降18.57%；纺织行业实现利润总额7216万元，同比增长101.51%。

2014/2015年度，甘肃纺织行业规模以上工业企业总资产贡献率4.63%，同比提高1.41个百分点；产品销售率89.71%，同比提高3.24个百分点。

（国家统计局甘肃调查总队　徐英花）

年度报告

第三部分

2014/2015年度中国棉花行业运行分析报告

国家棉花市场监测系统 冯梦晓 李 宾

【作者单位简介】国家棉花市场监测系统是国家有关部门批准建立的棉花市场信息监测、发布与预警系统，为国家电子政务工程重点项目之一。由中国储备棉管理总公司与国家发改委价格监测中心共同建设，中国储备棉管理总公司为项目法人，中储棉花信息中心具体负责系统建设与运行维护管理。系统的建设目标是密切跟踪国内外棉花市场变化，准确反映市场供求趋势；为国家宏观调控决策提供可靠的决策依据；为涉棉企业经营决策提供信息参考，正确引导国内棉花生产与消费。

2014/2015年度，全球经济增长缓慢，国内外消费疲弱，中国棉花临时收储政策不再实施，国内外棉价均快速回归。

一、全球经济缓慢恢复，冷热不均

2014/2015年度，全球经济总体向好，但各地增长不均衡。美国经济指标表现稳健，欧元区、日本等经济体改善相对缓慢。2014年四季度，2015年一、二季度，美国GDP增幅同比分别为2.2%、0.6%、2.3%，2015年8月份美国失业率为5.1%，降至7年半来最低点。欧元区2014年四季度，2015年一、二季度GDP增幅同比分别为0.9%、1%、1.6%，7月份，欧元区19国失业率10.9%，经济复苏依然脆弱。2014年日本连续推出财政刺激政策，但日本国内生产总值仍出现萎缩。

国内方面，2014年中国国内生产总值同比增长7.4%，2015年第一、二季度同比增速均为7%。2015年经济下行态势较为明显，中国制造业采购经理指数（PMI）连续下行，2015年8月降至49.7%，跌至荣枯线下方，创2012年8月以来最低水准。

二、2014/2015年度中国棉花市场特点

1. 棉花总体供大于求

无论从全球还是国内来看，2014/2015年度均为棉花供给充裕的年度。根据美国农业部（USDA）产销存数据，2014/2015年度全球棉花产量2589.6万吨，消费量2428.4万吨，棉花产大于需161.2万吨。棉花期末库存为2414.7万吨，而近4年平均水平为1867.9万吨，全球棉花库存消费比为99.4%，为历史峰值。中国以外地区棉花期末库存为957.7万吨，也为高值，除中国外全球期末库存消费比为56.7%，高于2013/2014年度的53.3%，但低于近4年的平均水平60.2%。

从国内棉花资源情况来看，根据国家棉花市场监测系统2015年8月产销存预测，2014/2015年度，全国棉花产量为662.1万吨，同比下降5.4%，消费量762.6万吨，同比下降1.6%，为连续第五年下降。棉花期末库存为1407.7万吨，库存消费比为184.26%，远高于历年水平。

但值得注意的是2014/2015年度中国对棉花进口配额实行了较为严格的管控，棉花进口量大

幅低于往年，2014 年 9 月—2015 年 8 月，我国累计进口棉花 166.98 万吨，同比减少 133.33 万吨，减幅 44.40%。

2. 新疆目标价格改革试点工作初显成效

2014 年 9 月，新疆目标价格改革试点工作实施方案落定，棉花临时收储政策不再实施，对棉农保护采取补贴方式，这对于理顺棉花市场运行机制、激活市场主体活力具有积极意义，但棉花临时收储政策结束后，国内外棉花价格短期失去支撑，较 2013/2014 年度出现较大幅度回落，另外临时收储期间积累的大量储备库存面临消化，也对全球及国内市场均造成一定压力，2014/2015 年度国内棉价整体为下跌趋势。根据国家棉花市场监测系统数据，2014/2015 年度，国内标准级棉花现货均价为 13745 元 / 吨，同比下跌 26.8%。

与价格下滑相伴随的是购销清淡，2015 年 7 月，国家出台储备棉轮出政策，在近 2 个月时间内，储备棉轮出实际成交量只有 6.34 万吨，纺织企业采购意向低迷，原料库存维持低量，而棉花流通环节的棉花企业、贸易商等处仍有不少存棉待售。

三、纺织行业运行未明显改善

2014/2015 年度，纺织行业外部经营环境有所改善，但由于需求不足，运行压力仍然较大，行业内部分化加快，转移加快。根据国家统计局数据，2015 年 1—7 月，纺织行业、棉纺纱加工业、棉制造加工业利润同比分别为 9.26%、6.03% 和 10.85%，2014 年 1—7 月，上述行业利润同比分别为 12.24%、5.49% 和 9.4%。

出口与零售方面主要指标表现不佳，尤其是出口同比连续下降，纺织外贸形势十分严峻。2014 年 9 月—2015 年 7 月，服装鞋帽、针织品零售总额同比平均增速为 11.2%，较 2013/2014 年度平均增速 10.8% 略有提高。海关总署数据显示，2014 年 9 月—2015 年 7 月，纺织品服装出口额同比下降 1.22%，比 2013/2014 年度同期下降 7.73 个百分点，2014/2015 年度以来至 2015 年 7 月，纺织品服装出口共有 8 个月为同比下降。

2014/2015 年度，中国纺织行业发展仍面临来自外部各种压力及内在各种问题，在全球需求萎缩、竞争优势下降的情况下，国内棉花消费量难有增长。

1. 下游需求短期难有明显改善

国家棉花市场监测系统数据显示，纺织企业境况整体非常堪忧，甚至比内外棉价差高的棉花临时收储时期还差。最主要的原因是下游市场需求出了问题。往年虽然淡季也还有订单，2015 年 7—8 月份中小企业订单非常少，订单以老客户为主，大单、长单少，短单、小单多，且价格逼近甚至低于成本线。

2. 来自国外的竞争明显增大

进口纱快速占领市场，国产 40 支以下的常规纱线经营空间很小，纺织企业多数已改变产品结构，避免和外纱直接冲突。印巴、越南、孟加拉国等国家和地区纺织行业迅速崛起，对中国相关行业形成严重的冲击和替代。这些国家和地区本身原料、劳动力、资金、能源等方面成本远远低于中国纺织企业，国内纺织企业与之相比成本方面毫无优势可言。同时，这些国家和地区还提供很多优惠政策招商引资，当地纺织企业享有很多政策、税收上的照顾。另外，这些国家和地区发展纺织后发优势明显，引进的都是最先进的设备，生产技术提高很快，纺纱支数、质量还有很大的提升空间。

3. 棉花质量难以保证

棉花临时收储期间，国内棉花加工企业大多以交储为导向，棉花加工不是以满足纺织企业需要为目标，由此导致国内棉花质量偏离了纺织企业要求，国内棉花从棉种选择、种植、加工及流通方式均与纺织需求脱节。部分资金雄厚、注重质量的纺织企业长期以来使用进口棉生产加工，部分企业适当使用外棉与国内棉花搭配以提高强力，部分企业转而使用化纤。2015 年以来，由于配额限制，一些做高端产品的企业由于棉花进口受限，只能增加低端产品的生产，失去了原先的不少订单。为满足配棉要求，当前国内纺织企业仍不得不高价购买高品级外棉。纺织企业认为国内棉花质量恢复将需要相当长的一段时间。

四、全球经济形势分析及预测

1. 全球经济缓慢增长的概率较大

2014/2015 年度，全球经济增长势头仍较疲弱，全球消费需求普遍低迷，经济增长内生力量不足，美国、欧盟、日本等经济体增长前景均不明朗，新兴经济体发展也面临风险和挑战。世界银行、国际货币基金组织等机构均下调全球经济增速。世界银行预计 2016 年全球经济增长 3.3%，其中预计美国增长率 2.8%，维持 2015 年水平；日本与欧元区经济回暖势头将增强，增长率预计达到 1.7% 和 1.8%。

2. 金融商品市场波动或将加剧

随着美国失业率等关键经济指标好转，美国加息预期愈演愈烈。美联储何时加息、以什么样的节奏提高联邦基金利率，关系此后全球资本流动趋向，金融、大宗商品价格也或将随之步入新的周期。全球各区域政治、军事、经济博弈日益激烈，全球金融、商品市场动荡也更趋于敏感和激烈。中国政治经济体制改革继续深入，国家治理模式、经济增长方式面临转变，“一带一路”规划持续铺开，金融、外贸等领域政策也有较大调整空间，利率、汇率浮动灵活性或进一步增强，金融、大宗商品市场进一步与国际接轨。

五、2015/2016 年度棉纺市场展望

1. 棉花市场政策仍将发挥重要作用

2014/2015 年度，新疆棉花目标价格试点政策的实施使市场供求机制重新成为市场走向的决定因素，但我国在临时收储期间积累起大量棉花库存，这些库存如何消化将是行业长期面临的问题，因此棉花市场政策仍将在相当一段时间发挥重要作用。

2. 棉花供求结构性矛盾或有所缓解

由于进口棉数量受限，国内棉花质量短期内大幅改善的可能性也不大，高品级棉花较为稀缺的问题无法根本消除，但在市场调节下，这一矛盾有望趋于缓解。从需求方面来看，国内纺织行业用棉比例较低且调整灵活，若棉花供给不足，纺织企业会进一步压缩用棉或直接外购棉纱满足下游需要。从供给方面来看，国内棉花“三丝”多、强力差等问题已经引起业界重视，为加快销售，棉农、收购加工企业及贸易商均对棉花质量加强控制，国内新棉质量有望提高。

3. 外纱对棉花的替代作用进一步增强

棉花进口的限制将使进口棉纱的替代作用得到进一步增强。我国棉纱市场基本与国际市场接轨，印度、东南亚等国中低支棉纱技术基本成熟，竞争力较强，进口税费大幅低于棉花，棉纱基本可以作为棉花的替代品。

从结构来讲，进口纱也多限于中低支纱，与中低品级棉相对应，这或将加剧 2015/2016 年度中低品级棉供给过剩的情况，也将对储备棉出库形成较为直接的制约。

4. 价格走势初步预测

综上所述，2015/2016 年度全球及国内消费需求不足，棉花供给普遍过剩。储备棉库存仍待释放，棉价整体难有明显起色，但棉花规模上市期间价格下跌空间有限。2015/2016 年度中后期，市场上品质较好的棉花已较为稀缺，棉花整体质量下降，再加上储备库存压力，在需求未启动的情况下，价格下跌压力较大，但少量品质较好的棉花此时仍很紧俏，抗跌能力较强，或有一定上涨空间。

2014/2015 年度储备棉轮出情况概述

国家棉花市场监测系统 赵 鹏

【作者单位简介】国家棉花市场监测系统是国家有关部门批准建立的棉花市场信息监测、发布与预警系统，为国家电子政务工程重点项目之一。由中国储备棉管理总公司与国家发改委价格监测中心共同建设，中国储备棉管理总公司为项目法人，中储棉花信息中心具体负责系统建设与运行维护管理。系统的建设目标是密切跟踪国内外棉花市场变化，准确反映市场供求趋势；为国家宏观调控决策提供可靠的决策依据；为涉棉企业经营决策提供信息参考，正确引导国内棉花生产与消费。

2015 年 7 月 10 日—8 月 31 日，2014/2015 年度储备棉轮出工作持续近 2 个月时间，总计划轮出量为 185.47 万吨（每日挂牌累计数量），实际成交 6.34 万吨，总成交率 3.42%，其中 2011 年度国产棉共成交 5.27 万吨；进口棉成交 0.97 万吨；2012 年度国产棉因价格过高，质量一般，总成交量不足 1000 吨。本次储备棉轮出纺企采购不积极，每日成交率普遍在 10% 以下，价格低位振荡。

据分析，2015 年 7—8 月份纺织企业整体经营仍处弱势，秋季订单并未大规模下单，限产、停产企业多，原料库存处于历史低位，多在 20—40 天，对皮棉采取随用随买的策略，限制了储备棉竞拍成交量。同时储备棉竞拍付款要求严格，组批数量大，对资金要求高，而现货市场可以拖欠或分批付款，部分纺企在流动资金紧张的情况下，更倾向于灵活的结算方式，加上近两年国内纺企经历了升级改造潮，新型纤维及混纺产品不断挤占纯棉市场，棉花配比降至低点，加上部分企业开拓海外市场，到东南亚地区建厂，国内皮棉需求量下降，也限制了棉花消费需求，并且距离新棉上市时间较近，纺企观望心理浓郁，大大打压采购积极性。

另据纺织企业反映，储备棉质量及价格也是限制纺企购买的两大因素，部分企业反映储备棉价格偏高。据国家棉花市场监测系统数据显示，2015 年 8 月 31 日，4129B 级新疆棉主流报价在 12100 元 / 吨左右，质好价优，并且交易省时省力，性价比高于储备棉。此外，储备棉质量略差，很难满足纺企配棉需求，导致整体对储备棉竞拍并不“感冒”。

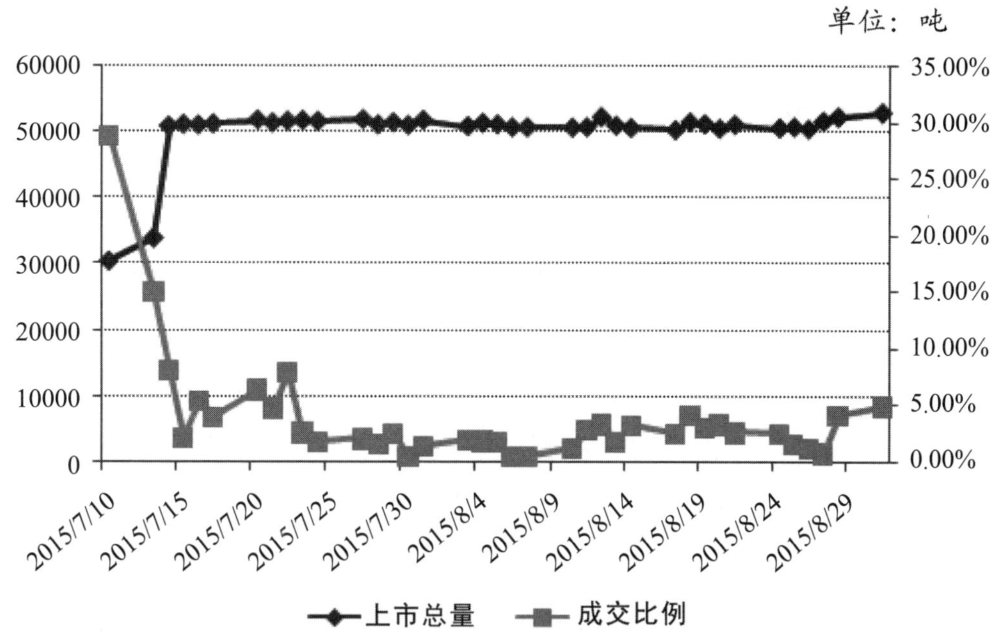

图 3－1　2014/2015 年度储备棉轮出每日成交比例走势图

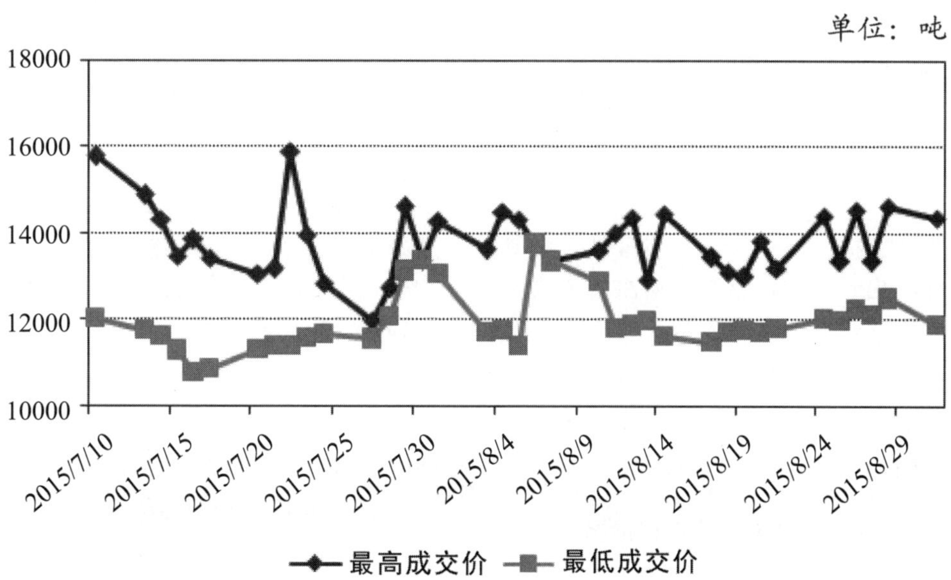

图 3－2　2014/2015 年度储备棉轮出每日最高、最低成交价格走势图

单位：吨

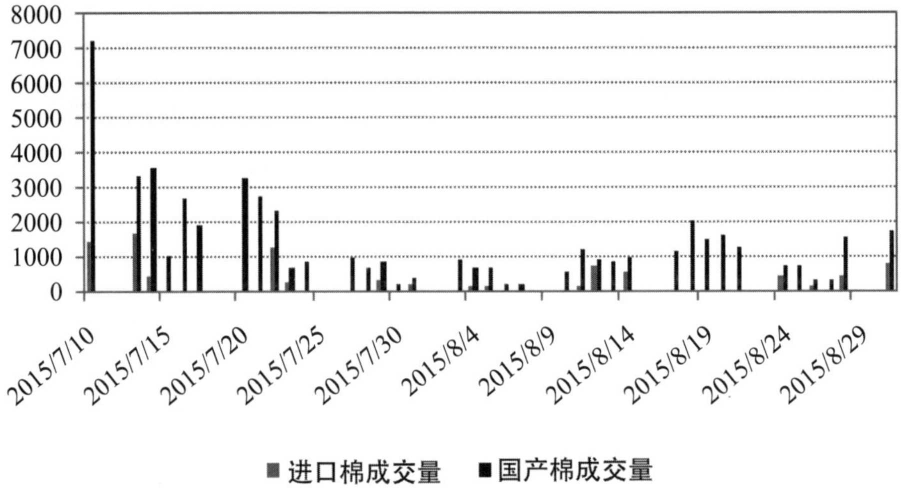

图 3－3　2014/2015 年度储备棉轮出每日成交数量走势图

2014/2015 年度中国棉花生产形势分析

农业部农村经济研究中心　杜　珉

【作者简介】杜珉，毕业于西安交通大学，现任农业部农村经济研究中心研究员、国家棉花产业技术体系产业经济研究室主任、农业部棉花专家顾问组专家、商务部产业损害与救济专家组专家、中国棉麻流通经济研究会副会长、中国棉花协会常务理事。

2014/2015 年度，全国棉花种植面积和产量继续下降。棉花生长期间，自然、病虫等灾害频繁发生，黄河流域较重。尽管农资价格大部分低于 2013/2014 年度同期，但由于人工成本居高不下，棉花收购价格大幅下跌，农户植棉收益下降。2014/2015 年度农户植棉意向面积同比下降。

一、2014/2015 年度全国棉花生产情况

1. 棉花种植面积减少

按照国家统计局统计数据，2014/2015 年度全国棉花种植面积为 4219 千公顷，同比下降 2.9%。据农业部全国棉花生产监测系统[①]监测分析，2014/2015 年度全国棉花监测县（以下简称“监测县”）种植面积同比减少 7.15%。其中长江流域和黄河流域面积减幅均在 10% 以上，尽管西北内陆棉区播种面积增加，但总体减少。

2. 全国棉花长势良好

一是品种多乱杂现象继续改善。监测县棉花主栽品种为 89 个[①]，占监测县棉花种植面积的 67.7%，分区域看，黄河内陆棉区为 72.74%、长

① 2010 年受农业部全国棉花高产创建秘书处委托，国家棉花产业技术体系产业经济研究室构建全国棉花生产监测系统，开始对全国 251 个棉花高产创建示范县（团场）、300 余个高产示范片进行月度棉花生产监测。

江流域棉区为51.48%、西北内陆棉区为69.36%。主栽品种中，国欣3号、鲁棉28号和鄂杂棉10号是选用率最高的3个品种。

二是一类苗比重较高。棉花生长期监测县普通棉田平均一类苗所占比重44.8%，监测县普通棉田一类棉苗所占比重44.3%。长江流域、黄河流域和西北内陆棉区分别为31.0%、47.3%和49.7%；高产示范片棉田一类苗面积所占比重为48.8%，比一般棉田高4.5个百分点。

三是全国棉花高产示范片收获密度高于普通棉田。2014年9月，监测县棉花平均收获密度为65289株/公顷，其中黄河流域为49807株/公顷、长江流域为21313株/公顷、西北内陆为207487株/公顷；示范片棉花收获密度为65785株/公顷，高于监测县的平均水平。

四是棉花成铃多于2013/2014年度。2014年9月15日前后，监测县棉花平均成铃数为19.8个/株，比2013/2014年度同期多0.1个/株。其中黄河流域为16.6个/株，同比增加0.4个/株；长江流域为33.1个/株，同比持平；西北内陆棉区平均为5.9个/株，同比增加0.2个/株；示范片平均每株成铃数23.9个，高于监测县的平均水平。

3. 病、虫灾害频发，黄河流域偏重

2014/2015年度，全国棉花生长期旱涝灾害并发，棉田病害以黄萎病和枯萎病为主，长江、黄河流域偏重；虫害仍然多发，黄河流域偏重。

4. 全国平均单产略增，总产量减少

按照国家统计局统计发布数据，2014/2015年度，全国皮棉平均单产为1461千克/公顷，同比提高0.7%；全国棉花总产量616.1万吨，同比减产2.2%。根据全国棉花生产监测系统2014年10—12月测产分析，预计2014/2015年度籽棉平均单产为3618千克/公顷，同比上涨0.8%。其中黄河流域、长江流域和西北内陆棉区籽棉平均单产分别为3388千克/公顷、3150千克/公顷和5220千克/公顷。参考各棉区平均衣分率以及棉花测产中90%误差系数计算，预计2014/2015年度全国皮棉平均单产为1264.5千克/公顷。

根据全国棉花生产监测系统单产监测结果，参考农业部2013年棉花种植面积以及国家棉花产业技术体系产业经济研究室2014年10月棉区调研分析认为，2014年全国棉花总产量约为655万吨。

二、棉花生产成本收益分析

1. 籽棉、棉籽价格下降，收购进度较缓

2014/2015年度，全国棉花生产监测县籽棉平均价格为7.22元/千克，同比下降10.09%。其中，2014年9—12月，籽棉平均价格为6.44元/千克，同比下降21.46%；2014年10—12月棉籽平均价格为2.04元/千克，同比下降14.64%。

新棉收购进度同比放缓，截至2014年12月底，监测县棉花收购总量为162.8万吨，占预计总产量的70.0%，同比下降8个百分点。分区域来看，黄河流域收购量为40.3万吨，占棉区总产量的48.7%；长江流域收购量为27.3万吨，占棉区总产量的65.2%；西北内陆收购量为108.4万吨，占棉区总产量的87.8%。

2. 农户植棉总成本略降

据全国棉花生产监测系统数据分析，2014/2015年度示范县种植棉花总成本34695元/公顷，同比下降4.4%，其中物质费用9885元，同比增加8.1%；人工成本19269元，同比增加28.2%；土地成本5541元，同比下降54.3%。

一是农资价格同比下降，但间接费用增加，物质费用同比增长。2014/2015年度，除地膜外农资平均价格均有不同程度下降，其中降幅最大的是尿素，降幅达13.99%；降幅最小的是柴油，降幅为4.09%。地膜、柴油和氯化钾价格同比上涨，尿素、过磷酸钙和复合肥价格均有不同程度下降。尽管农资价格下降，但由于间接费用增加，植棉物质费用平均为9885元/公顷，同比增加8.1%。其中，黄河流域植棉物质费用7956元/公顷；长江流域植棉物质费用7497元/公顷；西北内陆地区植棉物质费用17166元/公顷。

① 指棉花种植品种居示范县前三位的种子。

二是人工成本居高不下。2014/2015 年度，种植棉花人工成本平均为 19269 元 / 公顷，同比增加 28.2%。分区域来看，黄河流域植棉人工成本 14004 元 / 公顷，同比增加 2.7%；长江流域植棉人工成本 22039 元 / 公顷，同比增加 16.0%；西北内陆棉区人工成本 19722 元 / 公顷，同比增加 41.8%。

三是土地成本大幅下降。2014/2015 年度，全国平均土地成本费用为 5541 元 / 公顷，同比下降 54.3%。黄河流域、长江流域和西北内陆地区土地成本分别为 6912.9 元 / 公顷、4690 元 / 公顷和 3558 元 / 公顷。土地成本支出中流转地租金占比较高，全国、黄河流域、长江流域和西北内陆地区等主要棉区分别为 55.5%、59.6%、46.7% 和 73.1%。

3. 农户植棉收益大幅下降

2014/2015 年度，籽棉平均收购价格[①]为 6.44 元 / 千克，同比[②]下降 21.5%，每公顷籽棉产量[③] 3582 千克，同比下降 0.1%，产值 23059 元，同比下降 21.6%，净利润 –11635 元，同比减少 4740 元；成本收益率为 –33.5%，同比下降 15 个百分点。

由于棉花收购价格大幅下跌，尽管植棉成本有所降低，但收益均明显下降。全国植棉每公顷净利润均为负值，其中长江流域最低为 –14328 元 / 公顷，成本利润率为 –41.9%；黄河流域棉区和西北内陆棉区净利润分别为 –6519 元 / 公顷和 –9940 元 / 公顷，成本利润率分别为 –22.6% 和 –24.6%。

三、相关政策建议

2014/2015 年度为我国在新疆实施棉花目标价格改革试点和内地棉花生产实施直补政策的第一年，从实施绩效和全国棉花生产形势分析，还不尽如人意。建议未雨绸缪，建立以提高棉花生产竞争力为核心，在 WTO 的贸易规则下，规避“黄箱”风险与国际贸易争端，加大“绿箱”扶持力度。

一是加大棉区生产能力建设，适度调整目标价格补贴政策，提高棉花生产竞争力。国家产业政策应向生产效率高、棉花品质好的种植者倾斜，向优势植棉区域倾斜，向科技创新方向倾斜。考虑建立产棉大县奖励政策，鼓励棉花生产向宜棉、优势区域集中；加大棉花生产装备建设，对机采棉生产综合效益高的地区补贴，逐步培养高产量、高品质、低成本的机采棉种植、加工模式。

二是未雨绸缪，在实现棉花种植保险全覆盖的基础上，逐步探索棉花收入保险政策。棉农以目标收入向保险机构投保，保险机构对棉农目标收入的核算可以根据前几年的棉花生产利润确定一个 3 年内的或 5 年内的亩均目标收入水平，具体的可由前 5 年单产水平（去掉最高值和最低值）和前 5 年的平均棉花价格（去掉最高值和最低值）以及前 5 年的生产成本（包括人工）决定。若棉农因灾受损，当损失率达到 30% 以上，保险机构对棉农目标收入与实际收入的差额进行赔付。同时，国家财政对棉农的投保费用给予一定的补贴。

表 3－1 2014 年全国及主要棉区植棉成本收益

	全国	黄河流域	长江流域	西北内陆
产量（千克 / 公顷）	3582	3340.5	3303	5131.5
交售价格（元 / 千克）	6.44	6.69	6.03	5.95
总收益（元 / 公顷）	23059.5	22354.5	19899	30507
总成本（元 / 公顷）	34695	28873.5	34225.5	40447.5
每公顷净利润（元 / 公顷）	–11635.5	–6519	–14328	–9940.5
成本利润率（%）	–33.50	–22.60	–41.90	–24.60

数据来源：根据棉花经济信息系统监测数据计算整理

① 2014 年成本收益中采用的价格为 2014 年 9—12 月示范县籽棉收购价格，为 6. 4375 元 / 千克。

② 与上年同口径数据相比，下同。

③ 亩产数据来自中国棉花经济信息系统 2014 年 11 月底跟踪监测全国 16 个主产省（区、市）、100 个高产创建示范县及万亩示范片的棉花生产相关数据。

2014/2015 年度中国棉花加工行业运行现状

中华全国供销合作总社郑州棉麻工程技术设计研究所　刘军民

【作者简介】刘军民，高级工程师，中华全国供销合作总社郑州棉麻工程技术设计研究所副所长，中华全国供销合作总社棉花质量监督检验测试中心副主任，国家棉花加工工程技术研究中心学科带头人。

2014/2015 棉花年度是新疆棉花目标价格试点政策实施的第一年，国家棉花政策的大幅调整对中国棉花加工业产生了重要影响。

受连续三年实行的棉花临时收储政策导向，棉花加工企业把参与棉花收储作为生产经营活动的核心，在生产管理上过分追求产量而对棉花加工质量的把控意识有所淡化，在一定程度上遏制了我国棉花加工技术水平的发展速度，市场机制作用弱化，国产棉质量持续下降。

新疆棉花目标价格试点政策在有效保证棉农植棉效益的同时，对我国棉花加工业产生了积极影响。该政策的成功实施促进了国内棉花价格市场化机制的形成，棉花企业主动面向市场，积极寻找下游用户并承担市场价格波动、棉花销售风险。以市场需求为导向，棉花企业不仅增强了自主决策能力，质量意识也明显增强。棉花加工企业为提高产品质量，以高品质的棉花满足差异化的市场需求，在新棉上市前积极实施对加工生产线进行技术改造，拉动了部分棉花加工设备市场。尤其是兵团的棉花企业，针对机采棉生产、采收和加工需求，在持续增添采棉机、完成了数条先进机采棉加工生产线建设的同时，进一步加大了对在用手摘棉加工生产线的升级改造力度，较好地满足了 2014/2015 年度新棉加工需要。

一、世界棉花加工设备技术现状

1. 美国已全面实现籽棉机械化采收

在采棉机、籽棉储运设备以及棉花加工设备在产量、可靠性和自动化控制等方面技术先进，工作性能稳定可靠，美国整体技术处于国际绝对领先水平。目前，美国机采棉加工生产线主要设备的智能化程度已非常高，生产线的运行状态已经实现自动监控和数字化动态调控，生产效率高，棉花加工质量稳定，显著提升了棉花加工的综合效益。

2. 世界其他产棉大国的棉花加工技术水平较中国有高有低

巴西与中国整体棉花加工技术水平相当；印度以手摘棉为主，轧工设备以双皮辊轧花机为主，锯齿轧花机还很少使用；中亚产棉国的棉花加工技术水平自苏联解体后几乎没有新的发展，棉花加工设备水平仍处于 20 世纪 90 年代初的水平。

二、中国棉花加工设备技术现状

与世界先进产棉国棉花加工技术相比，中国的棉花加工技术整体尚存在一定差距。通过 10 余年实施和深化“棉花质量检验体制改革”工程，中国棉花加工设备的技术水平实现了质的跃升。

1. 手摘棉加工设备技术先进，加工工艺完善，棉花加工质量优良

经过我国广大科技人员多年探索总结、改进，已经形成了适合中国国情的、标准化程度较高的手摘棉加工工艺。目前，生产线上配置的棉花加工设备，不论是籽棉清理机、轧花机、皮棉清理机和打包机等主机，还是籽棉干燥机、异性纤维清理机、除尘装置以及棉包生产信息化管理系统等生产线辅助设备，技术性能先进，工作性能稳定，自动化程度高，加工的棉花质量优良，完全可以满足国内纺织业的生产需求。

2. 机采棉采收设备仍主要依赖进口，国产采棉机开始小规模推广应用

由于技术的复杂性，目前在新疆棉区采棉设备仍主要依靠进口。截至 2015 年 9 月，新疆棉区拥有各类采棉机 2400 余台，其中兵团约 1800 台，绝大部分为原装进口机型。2014/2015 年度使用最多的采棉设备，除了较早引进的棉箱式采棉机外，由美国约翰迪尔公司研制的 7760 型圆模采棉机和美国凯斯公司研制的 ME625 型籽棉打垛采棉机两种新机型已经开始批量进入中国机采棉市场。

我国近年来在采棉机技术研发方面取得了一定成绩，但与世界先进采棉技术仍存在着显著差距。其中，由贵航公司自主研发的国产大型采棉机不但关键配套部件摘棉指需要依赖进口，而且由于机器整体在适应性、作业效率和工作稳定性方面与国外同类产品存在较大差距，一直没有被国内市场接受；目前只有中国农机化研究院下属北京农装公司研制的 3 行采棉机开始在国内市场上有一定范围应用，但要实现产业化应用尚需时日。

3. 内地棉区机采棉种植模式进一步扩大试点范围

机采棉技术在新疆棉区的成功推广应用，为我国棉花产业布局的进一步调整优化起到了积极的示范作用，是内地传统植棉区产业结构调整优化、保证植棉综合效益的必由之路。

由中国农科院棉花研究所主导实施的内地机采棉试点工作，2014/2015 年度又有新的突破。试验小组在湖北、江苏等内地传统集中植棉区进行的机采棉生产试点取得了大量工程化应用数据，进一步积累了在内地棉区推广应用机采棉技术的工程应用经验，现场评测结果再次验证了在内地棉区实施机械化采收的可行性。

4. 机采棉加工技术得到快速发展，走向国际市场

近年来，为应对棉花采摘、管理等劳动力成本持续攀升局面，兵团率先在全疆大力度推广机采棉技术。通过几年生产实践，机采棉生产技术相对手摘棉生产模式的节本、提质、增效等优势日益显现。先进棉花生产技术的推广应用，使机采棉的植棉水平不断提高，产量稳步增长。在前期试验示范的基础上，从 2007 年开始较大规模地种植机采棉，到 2014 年机采棉面积已经突破 390 千公顷，已经占到兵团当年棉花总播种面积 590 千公顷的 66%，本棉花年度兵团机采棉占比有进一步提高。

在市场强大需求的拉动下，中国机采棉加工技术得到超常规快速发展，机采棉加工工艺逐步完善。我国科技人员在对国外先进棉机设备进行消化吸收的基础上，不断探索总结适于中国国情的机采棉生产技术，在机采棉品种繁育、工厂化栽培、化控催熟、机械采摘和清理加工等关键技术方面实现突破，为机采棉技术推广应用提供了坚实的技术和装备支撑。除机采棉采收设备仍主要依赖进口外，机采棉加工成套设备已完全实现国产并连续多年出口到世界各地产棉国。其中，邯郸金狮棉机有限公司生产的“金狮”牌棉机产品，已累计出口到世界上 40 多个国家和地区，在国内外棉花加工业市场享有较高声誉；山东天鹅棉业机械股份有限公司以生产棉花产业链全程机械化装备为主业，拥有国内和国际棉业装备研发、制造基地，相关产品出口到世界上 20 多个国家和地区，其中在国内市场占有率居行业之首，营销服务网络遍布世界主要产棉区。

5. 棉花加工的信息化管理水平不断提高

始于 2004 年的国家棉花质量检验体制改革工程拉开了中国棉花加工业信息化建设的序幕。经过 5 年实施和之后的 5 年过渡期，到 2015 年全国大约 2500 余条“400 型”棉花加工生产线全部配置了“棉包条码信息管理系统”，以此为基础构建了全国棉花加工信息资源监测平台。作为国家棉花质量检验信息中心和国家棉花市场监测系统的重要组成部分，目前该平台已实现动态实时提供全国棉花加工生产信息，包括籽棉加工进度、棉包加工总量等数据，为国家进行宏观调控、资源统计、棉花贸易等活动提供了权威准确的信息数据。

为配合国家棉花目标价格改革试点政策的实施，2014/2015 年度兵团系统对在用的多种“计算机籽棉收购系统”进行了全面清理规范，最后研究确定了 4 家技术先进、功能丰富、用户较多的系统提供商，按照兵团统一要求升级了系统软件，并进行了统一的技术培训，为棉花目标价格试点工作提供了基础数据。

在加强棉花加工生产信息化管理的基础上，为进一步提升棉花加工决策的科学化水平，兵团部分植棉师近年来规划实施了团场层面的棉花加工生产信息化管理系统建设工程，为初步建立棉花加工生产信息管理平台积累经验。其中，兵团第六师新湖农场率先于 2013 年在所属棉花加工三厂建立了“棉花加工生产信息管理系统”试点，2014 年扩大到所属棉花加工一厂和二厂。在此基础上，2015 年同时在其余的 3 家棉花加工厂新上了该系统，并初步建立起团场层面的“棉花加工生产信息管理系统”，为团场科学调度以棉花生产加工为核心的经济活动，提升棉花生产管理效率，增加棉花生产综合效益提供了先进的信息化管理服务平台，已经引起兵团部分棉花团场的关注，对兵团整个棉花生产将产生积极的示范和引导作用。

6. 棉花加工设备智能化控制技术开始在机采棉加工生产线进行示范应用

在基本实现棉花加工设备自动化控制的基础上，为进一步提高机采棉加工过程的精细化管理水平，切实提升机采棉加工质量，增强棉花产品的市场竞争力，兵团率先在所属棉花团场实施了棉花加工设备智能化控制项目。2014/2015 年度在南北疆棉花团场共安排了 3 个新的试点。

北疆分别安排在农七师第 135 团棉花加工厂和农八师第 149 团棉花加工厂，由山东天鹅棉业机械股份有限公司联合乌斯特公司共同实施，主要是在整个轧花系统中设置了 3 处“色泽 / 杂质 / 回潮率”监测点，分别用于测量籽棉和皮棉的性能指标。工作过程中，3 个位置的探测器监测到付轧籽棉和皮棉的质量指标后，将信息传送至控制计算机，一旦加工主机得到了棉花的回潮率、色泽和含杂指标后，系统软件就会确定最佳的籽棉清理、烘干和皮棉加工处理方案。

南疆“棉花加工成套设备计算机管控系统”项目安排在农一师第 12 团棉花加工厂机采棉加工生产线，由邯郸金狮棉机有限公司联合中华全国供销合作总社郑州棉麻工程技术设计研究所共同实施，是国家“十一五”科技支撑计划《棉花加工产业升级关键技术研究与开发》项目的重大研究成果。该系统的主要性能与北疆试点项目基本相同，同时还新增加了在线检测“棉花轧工质量”指标的功能，可实现以下四个工作目标：一是关键设备运行状态和关键工艺参数“透明化”；二是加工设备故障排查“高效化”；三是操作人员“安全化”；四是数据传输“网络化”。该系统以先进的计算机人机界面替代了以往的操作按钮，可根据在线监测到的籽棉品级、棉花回潮率、含杂以及轧工质量等指标，自动生成最佳加工工艺方案，并具有故障报警分析和远程故障诊断功能，通过智能控制真正实现人机对话。试验证明，该系统在技术性能指标和智能化控制方面都代表着我国相关技术的最高水平。

南疆项目与北疆项目的显著不同是全部技术均为自主研发，实施单位对相关技术成果拥有完全自主知识产权。棉花加工设备智能化控制技术的示范应用对优化机采棉加工质量、最大限度保证棉纤维原生品质将会发挥重要的技术支撑作用。

综上，虽然中国棉花加工技术与世界先进水平存在明显差距，但也有其适合中国国情的特点。发达国家棉花加工设备生产效率高，性能稳定可靠，但加工出来的皮棉外观质量较差，作业能耗高、衣亏高，从前些年引进的设备使用情况来看，并不太符合中国棉花加工业需要及中国大多数纺织企业对纺织原棉质量的要求。中国棉花加工设备主要产品的生产率适中、加工出的皮棉外观质量较好，能耗较低、衣亏较小，综合能耗和生产成本低。

三、棉花加工企业经营效益情况及结构变化

2014 年 9 月 17 日，作为先行试点，新疆维吾尔自治区人民政府正式公布了《新疆棉花目标价格改革试点工作实施方案》，表明国家对棉花市场进行改革的政策性文件正式对外发布实施。2014 年新疆地区棉花目标价格为 19800 元 / 吨，中央补贴资金的 60% 按面积、40% 按实际籽棉交售量直接补贴给棉农，从政策层面有效保护棉花实际种植者的利益。国家对棉花产业由临时收储政策到目标价格改革试点政策的改变会直接影响到棉花加工企业的生产经营活动。从 2014 年目标价格试点情况看，棉花目标价格政策的实施对我国棉花产业链产生了深刻影响，真正起到挽救我国棉花产业链危局的效果，使得棉农植棉由亏损转为赢利，提高了棉农种植积极性，有效遏制了前几年因棉价持续走低导致植棉面积连年下降的局面，使我国棉花种植面积保持在一定的战略安全数量水平。同时，由于棉农（尤其是内地棉区）在新棉上市后能够积极地向棉花加工企业交售籽棉，极大地缓解了棉花收购加工企业原料匮乏之忧，保证企业生产加工活动正常开展，活跃了棉花现货市场；此外，棉花目标价格政策的实施实现了棉花价格由市场供求决定的政策预期，稳定了市场棉价，理顺了整个棉纺产业链，棉花企业逐步摆脱对棉花收储政策的盈利依赖，能够充分考虑纺企的需求，按需生产，为棉纺产业复苏奠定了市场基础。

从另外一方面来看，棉花目标价格政策的实施虽然有效拉近了国内外棉价差距，改变了棉花临时收储政策实施期间国内棉花价格长期居高不下、使下游纺企生产连年低迷的局面，但在全年外棉价格持续低位的背景下，中国国内棉价总体仍处于弱势格局，特别是进入 2015 年以来，我国整体经济形势呈下滑趋势，面对当期中国棉花高库存、棉花下游消费长期平淡的大格局，轧花厂始终面对棉花收购加工的市场风险。据调查，2014/2015 年度除新疆兵团轧花厂的基本收益有一定政策保证外，其余绝大多数棉花收购加工企业的生产经营情况都比较糟糕，棉花临时收储时期轧花厂普遍盈利的局面荡然无存，在一定程度上压缩了棉企预期的加工经营利润空间，过去靠赚取籽棉购销差价生存的中间棉商数量急剧下降。由于棉农不再通过中间棉商而直接对接轧花厂，那些加工规模大、资金实力强、市场信誉好的棉花加工企业开始显现市场竞争优势；部分民营棉企为了生存也开始主动与国有轧花厂合作，参与棉花收购加工经营活动。为规避市场经营风险，同时也因受制于原料短缺的压力，内地 400 型棉花企业或关闭歇业或转型发展，实际大规模收购、加工经营的家数有明显下降。

四、棉花加工企业结构变化情况

2014/2015 年度，全国从事棉花加工的 400 型企业有 2500 余家，但随着内地棉花种植面积的急剧下降和新疆棉花总产量的不断提升，能够正常开展籽棉收购、储运和加工销售的企业越来越向新疆棉区集中。这些棉企性质主要有三类：一是兵团所属棉花团场棉花加工企业，二是新疆地方所属的国营棉花企业，三是民营性质的加工企业。兵团所属棉花团场棉花加工企业的生产经营活动有高度集中的体制优势和国家有建设资金投入优势，全国在用的数百条机采棉加工生产线绝大部分属于兵团投资建设，生产线规模大，技术先进，代表着我国机采棉加工生产的最先进水平；新棉集团近年来也陆续新建或改造建设了一批机采棉加工生产线，但受投资限制其数量比较有限，仍以手摘棉加工生产线为主。为增强发展后劲，提升棉花产品市场竞争力水平，新棉集团于 2015 年

下半年与中华棉花集团公司进行了部分业务重组，合资成立了棉花加工股份公司，双方以自身优势整合发展；民营棉企主要集中在南疆棉区，其中一部分是内地有实力的老板投资建设或承包当地的轧花厂，一部分是大型棉纺企业自己经营的棉花企业，但这类企业主要仍以手摘棉加工生产为主。

值得重视的是，尽管国家早已明文规定200型企业要退出棉花市场，但新的市场形势又使那些退市的200型棉花企业重返市场。分析原因，一是新的国家棉花产业政策产生的市场效应。以调整、优化棉花生产布局为主要目标，国家今年开始在新疆实行的棉花目标价格改革试点政策，虽然有效保护了新疆当地棉农的植棉效益，但是由于国家对内地棉农的补贴标准较新疆存在巨大差距，棉农植棉收益无从保证，导致内地棉花种植面积急剧下降，新上市的棉花资源十分有限。在这种特殊的新棉市场环境下，2015年内地大部分400型棉花企业陷入了“无米下锅”的困境，只好暂时停止籽棉收购活动，400型企业被动退出棉花加工主战场，为200型企业留下了生存空间；二是200型企业较400型企业有明显市场优势。受国际和国内经济形势双重影响，我国纺织工业全年基本仍处于市场低谷，对纺织原棉的需求长期低迷，加之数量巨大的国储棉出库压力，市场对新棉需求较小，加上人员费用、资金成本等因素，400型棉花加工企业收购经营积极性不高，在这种情况下，200型企业灵活优势显现。这种情况的出现超乎决策层政策调整预期，对我国棉花产业健康发展也存在负面作用，应引起国家有关部门高度重视。

五、中国棉机制造企业的结构变化情况

1. 主要棉机产品仍继续实行生产许可证制度

我国从2002年开始对部分棉花加工机械产品实行生产许可证制度，申证单元从第一年只有2个达到2015年的6个，详见表3–2。

表3–2 棉花加工机械产品申证单元及规格

序号	申证产品单元	产品规格	企业类型
1	锯刺轧花机	锯片数80及以上	生产型或组装型
2	液压棉花打包机	压力4000kN系列及以上	生产型或组装型
3	籽棉清理机	台时处理量5t/h及以上	生产型或组装型
4	皮棉清理机（刺辊式）	台时处理量800kg/h及以上	生产型或组装型
5	皮辊轧花机（滚刀式）	皮辊长度1000mm及以上	生产型或组装型
6	锯刺剥绒机	锯片数140及以上	生产型或组装型

2. 棉机制造企业在发展和竞争中优胜劣汰

主要棉机产品实行生产许可证制度的有效实施，为政府部门加强对棉机市场及产品的管理，规范棉机行业发展，提高棉花加工质量等方面做出了积极的贡献。

2000年以前，全国棉机制造企业只有19家。自2001年国家开始实施棉花流通体制改革以后，国内棉花收购加工市场基本全面放开。随着棉花加工企业数量的迅猛增长，企业对棉机的需求也快速增加，因此，催生了一批新的棉机制造企业，到2004年全国获得棉机生产许可证的企业达到57家，达到了历史顶峰。这之后，随着国家棉花质

量检验体制改革任务的逐渐完成，全国棉花加工企业数量大幅减少，对棉机产品的需求也急剧下降，一些原来生产中小型设备、产品质量一般的棉机企业自然而然被淘汰出局。据统计，2015年通过生产许可证年审的只有14家，其中近几年能够维持正常生产运营的不到10家企业。

3. 棉机产品持续进行结构性调整

2015年机采棉种植面积已经超过当年棉花种植面积的50%以上，兵团部分团场甚至接近100%实现机械化。与手摘棉相比，机采棉含杂率和回潮率均较高，在对棉花加工设备技术性能要求和加工工艺设置等方面有特别要求。我国棉机企业和专业研究院所联合，在消化吸收国外机采棉加工技术的基础上，针对国内机采棉生产收获特点，设计并逐渐完善了具有中国特色的机采棉加工工艺，研制成功了机采棉采收、打模储运、自动喂花、清理加工和高效打包机等主要棉机设备，基本能够满足机采棉快速加工生产需要，有力促进了我国机采棉技术的快速发展。

2014/2015年度，国家开始在新疆进行棉花目标价格改革试点，棉农利益有了政策托底，但对棉花加工企业来讲，前几年一直享受国家临时棉花收储政策的红利不再，棉花价格由市场决定迫使棉花加工企业改变生产经营策略，不再单纯追求生产线加工产能水平而开始重视棉花加工质量。在新的市场背景下，以“大清大排、高产快速”为原则的机采棉加工设备，由于其对棉花纤维损伤较大、加工出的皮棉短纤维率较高、索丝较多，必须进行改造升级。一些棉机企业在如何提高棉花加工质量和节能降耗上下功夫，把新产品开发的重心放在完善和延长加工工艺上，重点生产市场有需求的籽棉异性纤维清理设备，籽棉干燥、加湿等棉花调湿设备以及能够最大限度保持棉纤维原生品质的新型籽棉清理机和轧花机等精细化棉花加工设备，为进一步完善我国机采棉加工工艺，优化棉花加工质量，提升国产棉加工品质水平提供了先进的技术手段。

4. 棉机企业装备制造和技术创新能力不断增强，棉机市场集中度越来越高

截至2015年，全国获证的棉机企业已经从2004年的57家锐减到14家，而能够正常开展生产经营活动的不到10家，国内棉机市场的集中度越来越高。

受益于国家实施的棉花质量检验体制改革工程，以棉花加工设备制造为主的山东天鹅棉业机械股份有限公司、邯郸金狮棉机有限公司和南通棉花机械有限公司近年来得到快速发展，企业实力不断壮大，产品市场占有率持续上升。其中，南通棉机生产的400型液压棉花打包机不论在新疆兵团市场或在地方市场都占据绝对优势；山东天鹅棉机、邯郸金狮棉机几乎控制了对技术和装备有较高要求的新疆兵团棉机市场；其他棉机制造企业的产品仅能凭借成本优势、价格优势或个性化定制在内地和新疆自治区地方市场有一些份额。

5. 国家棉花加工工程技术研究中心正式获批成立

2014年11月17日，在先后完成现场验收评估和验收专家委员会综合评议后，国家科技部发文批准“国家棉花加工工程技术研究中心”（以下简称“中心”）正式成立（国科发计〔2014〕339）并正式挂牌运营。“中心”依托中棉工业有限责任公司，由北京中棉工程技术有限公司、邯郸金狮棉机有限公司、南通棉机有限公司、全国棉花交易市场北京中棉机械成套设备有限公司和中华全国供销合作总社郑州棉麻工程技术设计研究5家单位共同建设，分别负责“中心”下属的5个工程技术研究开发部的日常运营与管理。作为国家最高的棉花加工工程技术开发平台，旨在针对影响我国棉花加工行业的重大关键共性技术进行攻关，加快科技成果的工程化和产业化，促进我国棉花加工技术进步和产业升级，并与世界先进水平同步。从2012年开始，由国家棉花加工工程技术研究中心组织实施的“十二五”国家科技支撑计划“保持棉纤维原生品质的加工关键技术研究与集成示范”项目，经过三年实施，取得了多项先进技术成果并得到工程化转化应用，有力推动了我国棉花加工产业技术升级。

六、2014/2015 年度棉花加工设备销售数量及销售额变化情况

2014/2015 年度，国内棉花加工设备销售供需市场主要集中在新疆棉区，除新建少数几条机采棉加工生产线配置了全套机采棉加工设备外，其余大部分成交的棉机设备，一是棉花加工生产线改造升级需要的设备，如地坑式籽棉喂花设备、新型轧花机、皮棉清理机、棉包自动捆扎装置等主要加工包装设备；二是异性纤维清理设备、棉花调湿设备、除尘装置等生产线的辅助设备；三是棉花加工信息化类产品，包括“棉包条码信息管理系统”升级、计算机籽棉收购系统、棉花加工过程智能化测控系统以及自动棉包刷唛系统等设备。以上几类设备 2014/2015 年度销售额在 5 亿元左右，与上一棉花年度实际成交额基本持平。

七、展望

2015/2016 年度，国家已经明确继续实施棉花目标价格政策，并公布了新疆棉区 19100 元 / 吨的棉花直补价格，虽然比 2014/2015 年度的目标价格有所下降，但同当前棉花市场价相比仍处于较高价位。表面上看来，这一直补价格对棉农仍有较大的政策吸引力，但在纺织工业仍处于发展低潮、国内外市场需求严重不足的大环境下，对棉花企业来说新增压力不小。面对纺织行业转型升级对纺织原棉品质要求的不断提高和相对优质的低价进口棉，中国棉花企业要持续发展就必须通过技术改造、加强棉花加工过程的精细化管理等手段，在保证棉花加工质量的前提下，有效降低生产成本，增强产品的市场竞争力。

2014/2015 年度国内棉花贸易和市场环境

中国棉花协会 杨照良 郭 辰

【作者单位简介】中国棉花协会是由棉农及棉农合作组织，棉花生产、收购、加工、经营、仓储企业，棉机制造企业、棉纺织企业、地方棉花协会和棉花研究机构等涉棉企业和组织自愿组成的、具备全国性社会团体法人资格的非营利性行业组织，接受中华全国供销合作总社与民政部的业务指导和监督管理。

2014/2015 棉花年度 (2014 年 9 月—2015 年 8 月)，连续实施三年的棉花临时收储政策结束，棉花目标价格改革试点在新疆启动，在有效保障棉农基本收益的同时，对产业链各方均产生了较大影响，市场调节资源配置的决定性作用得以显现。从实际情况看，目标价格改革进展总体顺利，实现了预期目标，即市场机制形成、内外棉价接轨、纺织竞争力提高、棉农利益得到保护。但受全球经济复苏曲折缓慢、国内经济下行压力加大及棉花库存水平较高等因素影响，2014/2015 年度棉花行业遇到了前所未有的挑战，纺织需求不足，供给相对过剩，所面临的新棉销售迟缓、价格持续回落、企业亏损情况加剧、国储库存消化压力等问题亟待进一步解决。

一、2014/2015 年度国内棉花贸易运行概况及分析

1. 政策调整影响棉花价格

2014/2015 年度，国内棉花现货价格呈现断崖式下跌，年度初期中国棉花价格指数 CC Index

(3128B) 在 17000 元 / 吨左右，随着棉花目标价格试点工作的推进，新棉开始上市，新旧棉花价格逐渐接轨，棉价出现加速下跌，2014 年 10 月下旬价格在 14800 元 / 吨左右稳定了一个月；2014 年 11 月下旬，随着新棉大量上市，棉花现货价格再次大幅下跌；2014 年 12 月末价格在 13600 元 / 吨左右趋于稳定，之后开始缓慢下跌。2015 年 8 月 31 日，中国棉花价格指数 CC Index (3128B) 收于 13079 元 / 吨，整个年度下跌了 3908 元 / 吨，跌幅达 23%。

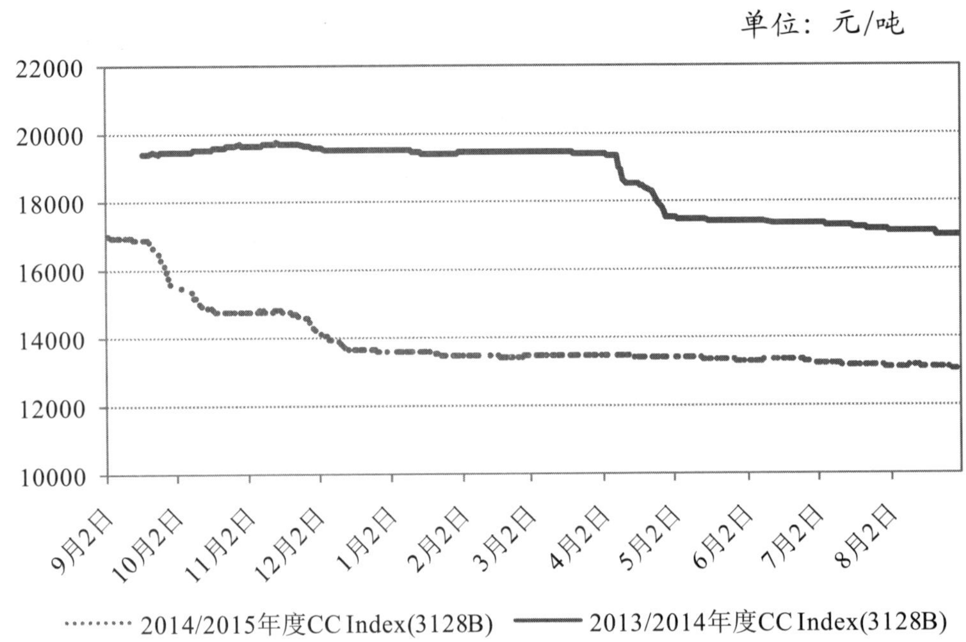

图 3－4　2014/2015 年度中国棉花价格指数走势及同比对比

2. 内外棉花价差缩小

2014/2015 年度，国际棉花价格相对稳定，波幅较小，在国内棉价大幅下跌的情况下，内外棉价差持续缩小。年度初期国际棉花价格受新棉上市量增加、需求不旺影响与国内棉价同时下跌，但跌幅小于国内，进口棉到岸价格 1% 关税下由 12000 元 / 吨跌至 11000 元 / 吨以下，价差由年度初的低于国内超过 4000 元降至 2014 年 12 月份之后的 2000 元左右，滑准税下的价格甚至超过了国内价格。之后国际棉价缓慢回升，国内棉价则持续微幅下跌，进口棉价格优势继续下降，1% 关税下的价差最低缩小至 1500 元 / 吨。但 2015 年 5 月份后，国际棉价再度下跌，国内棉价相对稳定，内外价差又有所扩大，年度末 1% 关税下稳定在 2000 元 / 吨左右。

3. 纺织企业用棉量下降

我国经济从高速增长开始进入中高速甚至是中速增长阶段，增速放缓已成为“新常态”，纺织品服装内需和出口均出现下滑。同时，由于国际原油价格近几年持续下跌，化纤产品相比棉花更具成本优势，纺织企业持续增加化纤在纺织制成品中的比重，低价进口棉纱的冲击也促使企业减少了国产棉的使用量，我国棉花消费量由前几年的 1000 万吨左右降至目前的不足 800 万吨。国内主要纺纱聚集地区（如山东、江浙等地）的中小型企业因订单不足，开工率普遍低于 50%，大量小微企业关停、倒闭。据国家统计局数据，2014/2015 年度我国纱产量增幅回落，为 3963.8 万吨，同比增长 2.9%，增幅同比回落 5.3 个百分点。据海关总署统计，2014/2015 年度我国纺织品服装

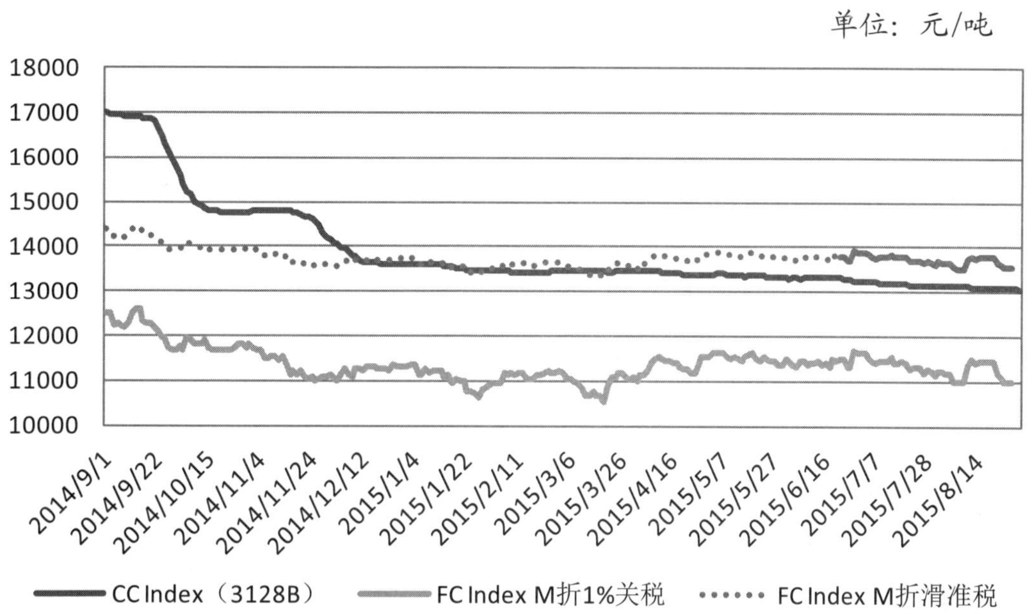

图 3－5 2014/2015 年度内外棉价对比图

共出口 2819.4 亿美元，同比下降 4.27%；棉纱累计进口量 232.51 万吨，同比增长 14.7%；而棉花进口数量大幅回落，共进口 167.09 万吨，同比下降 44.4%。

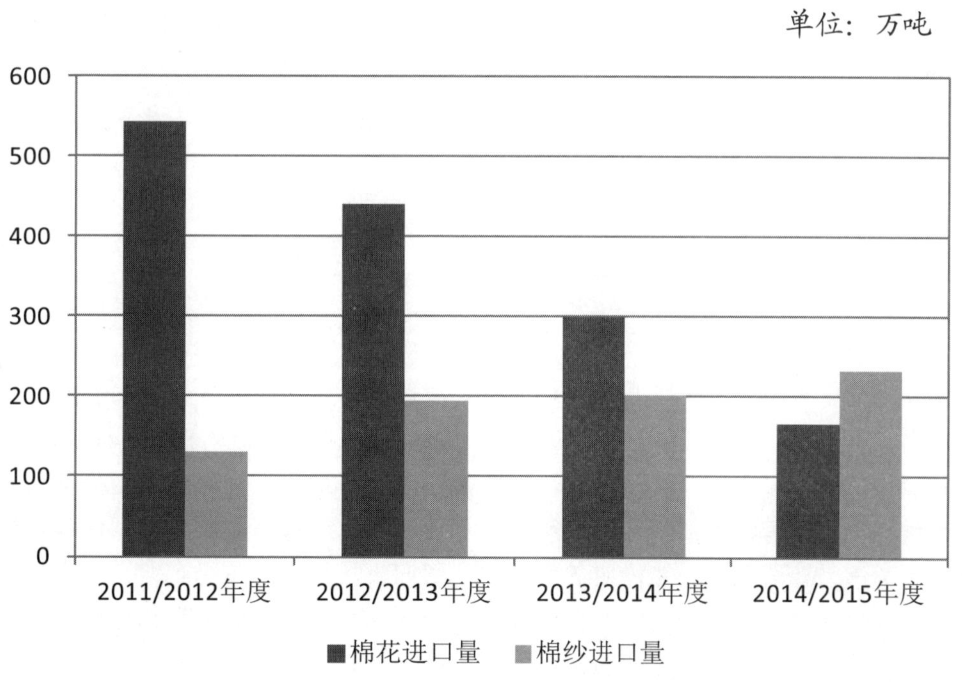

图 3－6 2011/2012 年度以来我国棉花和棉纱进口图

数据来源：海关总署

4. 国内棉花库存维持高位

连续3年的棉花临时收储政策使得国内棉花库存急剧增加，3年来储备棉入库累计总量超过1600万吨，尽管已经轮出了一部分，截至2015年8月底，国储棉仍有1100多万吨，给国内棉花市场带来了压力。棉花目标价格改革试点实施之后，棉花价格形成回归市场机制，多数棉花企业出现不适应，亏损严重，资金周转困难，发展面临困境。据中国棉花协会调查，截至2015年8月底，全国商品棉库存总量仍有102万吨，棉花企业普遍反映2014/2015年度皮棉销售缓慢。自2015年7月10日开始的储备棉轮出成交并不理想，有关部门计划轮出100万吨，但截至2015年8月31日累计仅成交了6.34万吨。

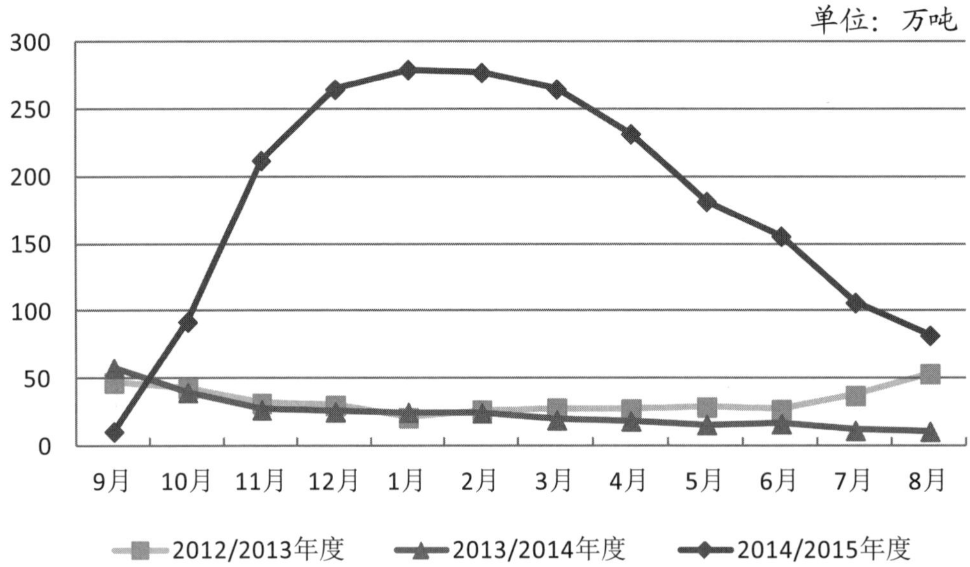

图3－7 2012/2013年度以来我国周转库存同期对比

数据来源：中国棉花协会

5. 期货市场波幅缩小，成交恢复活跃

国家棉花调控政策由收储转为目标价格改革试点后，市场可流通棉花资源增多，符合棉花期货仓单条件棉花大幅增加，2014/2015年度棉花期货交投再趋活跃，波动幅度较2013/2014年度明显收窄，而成交量大幅增加。2014/2015年度初期，在《新疆棉花目标价格改革试点工作实施方案》正式下发后，市场压力逐渐显现，郑棉期货价格一路下滑；之后受储备棉轮出和新疆棉竞卖展开的影响，郑棉价格再次调整；年度后期央行调整人民币中间价报价，人民币汇率连续下跌，国内大宗商品价格全线下行。

二、新疆棉花目标价格改革试点实施

为保障棉农利益、稳定棉花生产，发挥市场在资源配置中的决定性作用，合理引导棉花生产、流通和消费，促进产业上下游协调发展，2014年国家决定在新疆启动棉花目标价格改革试点政策，同时对内地主产棉区给予定额补贴。政策实施总体顺利，棉农基本收益得到保障，棉花价格形成回归市场机制，纺织企业竞争力增强，基本上达到预期目的。但由于棉花目标价格改革试点是我国农业领域的一件新生事物，在政策设计、操作规程、补贴兑现等方面，没有现成的模式和方案可循，在实施过程中也出现了一些问题，主要有

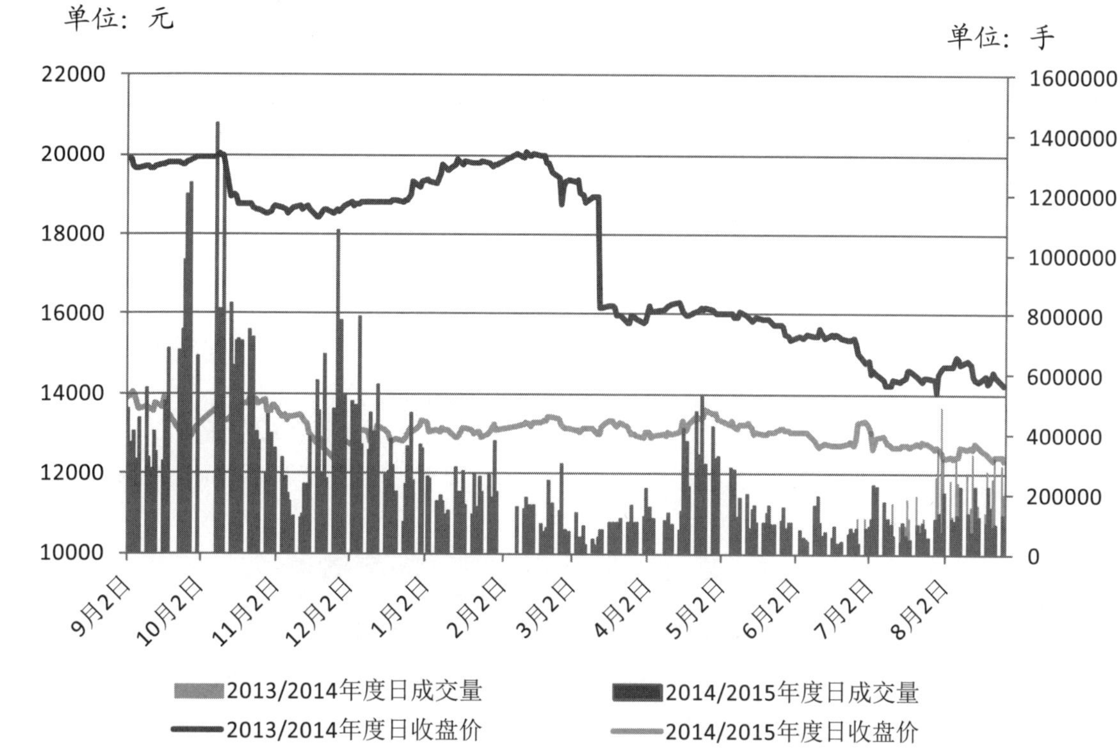

图 3－8　2014/2015 年度郑期主力合约量价走势图

数据来源：郑州商品交易所

行政操作程序复杂、成本过高；数据统计差距大，补贴资金被摊薄；入库监管环节有待完善；补贴金额超过 WTO 的“黄箱补贴”标准等。

在全球经济放缓、内需不足的形势下，以目标价格试点代替临时收储政策，建立棉业扶持政策长效机制，减少政府干预，恢复市场活力，从长远看，适应经济“新常态”的需要，也将有助于鼓励棉花生产者、经营者放心大胆地投入棉花、发展棉业。

三、中国棉花协会积极服务宏观调控

2014/2015 年度，有关部门启动了新疆棉花目标价格改革补贴试点，中国棉花协会积极配合，承担了籽棉收购价格监测采集任务，为目标价格的实施提供了准确的数据支持。之后还参与了 2014/2015 年度目标价格政策评估调研，完成了《关于新疆棉花目标价格改革试点情况及新年度政策建议的报告》、参与新疆目标价格改革工作督导以及《新疆棉花目标价格改革试点工作评估报告》相关工作等。多次参与棉花目标价格政策研究会议，研究 2015/2016 年度目标价格政策，提出关于完善补贴方式、降低操作成本、重视质量等建议，获采纳。新棉收购开始后，中国棉花协会通过网站、微信、会刊等渠道加大宣传力度，引导企业入市收购和棉农积极交售，做好新棉收购工作。在新棉收购处于僵持局面时，协会积极引导骨干棉花企业带头入市收购，籽棉价格趋于稳定。

四、棉花市场面临的新形势

棉花及纺织业遇到前所未有的困难，一方面棉花市场供大于求，库存过多；另一方面棉花价格高企，再加上劳动力成本不断攀升，纺织企业竞争力下降，经济效益下滑，纺织企业外迁，我国棉纺织业面临着不断萎缩的危险。

从棉花生产层面看，根本出路在于提高棉花生产的组织化、规模化、机械化、集约化程度，提高棉花的科技种植水平，大幅度提升棉花生产的产出效率，也包括提高棉花流通的现代化水平。从纺织加工层面看，关键是要促进纺织行业的产业升级，调整品种质量构成，加快自主创新，以品种、质量换数量，化解产能过剩，提升资源的配置效率。从国家层面看，相关的改革措施及政策，既要保护棉农的利益，又要兼顾纺织企业的发展，还要考虑财政支出的负担以及符合 WTO 有关原则。

2014/2015 年度中国棉花质量情况分析

中国纤维检验局 熊宗伟 赵倚天

【作者单位简介】中国纤维检验局始建于 1950 年，是实行公务员管理的全额预算事业单位，隶属于国家质量监督检验检疫总局。2001 年国务院颁布的《棉花质量监督管理条例》以法规的形式确立了中国纤维检验局及各级专业纤维检验机关行政执法的主体资格，明确了中国纤维检验局棉花质量监督的行政执法权以及负责组织实施全国棉花质量监督工作，包括组织实施全国棉花公证检验、全国棉花质量监督检查和依法查处棉花质量违法行为。

棉花是关系国计民生的重要物资，是我国主要的经济作物和纺织工业的主要原材料，在国民经济发展中具有重要地位。棉花产业涉及生产、加工、流通、纺织、出口等多个行业，解决了我国大量的城乡劳动力就业问题，不仅是纺织工业发展的重要支撑，还是棉区农民增收的重要途径。棉花质量关系到产、供、需各方利益，贯穿于整个棉花产业链，对纺织工业和国民经济的发展有着重要影响。全面、准确地反映我国棉花质量状况，对加强宏观调控、维护市场稳定、引导棉花产业健康有序发展是十分必要的。

为保证我国棉花流通质量，稳定市场交易秩序，促进棉花产业健康发展，我国进行了棉花质量检验体制改革，将棉花质量检验方式由人工感官检验逐步转变为全部采用仪器化快速检验。改革推行 10 余年来，我国仪器化公证检验工作不断深入，检验量稳步上升，检验数据能比较真实地反映当年度我国棉花质量情况。《2014/2015 年度中国棉花质量分析报告》以 2014/2015 年度新体制棉花加工企业收购加工的细绒棉（重点是新疆监管棉花）的公证检验数据为基础进行统计、分析，以期得到有价值的信息，为涉棉的政府职能部门、行业组织和相关企业分析棉花形势、研究棉花政策、扶持棉花产业提供重要依据。

一、数据来源

2014/2015 年度中国棉花质量分析报告，依据 GB 1103.1—2012《棉花第 1 部分：锯齿加工细绒棉》国家标准，对颜色级、轧工质量、长度、马克隆值、断裂比强度、长度整齐度指数等主要指标进行汇总统计，并综合生产、市场和政策等多方因素进行分析和评价而成。

本报告所称的新体制棉花是指按照棉花质量检验体制改革方案要求进行生产、加工，并在棉花产地经过仪器化公证检验的成包皮棉。

本报告所称的棉花年度起止时间为2014年9月1日—2015年8月31日。

按照品种及纤维长度，我国棉花分为细绒棉和长绒棉，长绒棉仅在新疆有种植，占全国棉花总量的比例极低，其检验依据为GB19635-2005《棉花长绒棉》，与细绒棉的检验依据不同。细绒棉按加工方式的不同分为锯齿加工细绒棉和皮辊加工细绒棉，皮辊加工细绒棉占全国棉花总量的比例极低，其检验依据为GB 1103.2-2012《棉花第2部分：皮辊加工细绒棉》。因此，本文所统计的质量指标数据均以当年度新体制棉花锯齿加工细绒棉的公证检验数据为基础计算而来。

二、检验数量与进度

1. 检验数量

2014/2015年度，全国新体制棉花细绒棉公证检验涉及的产棉省（自治区、直辖市）及新疆生产建设兵团共15个，涉及加工企业1542家，比2013/2014年度减少13.81%，检验量2271万包、514万吨，分别比2013/2014年度减少30.51%、30.61%，检验量为近4年来最低水平。

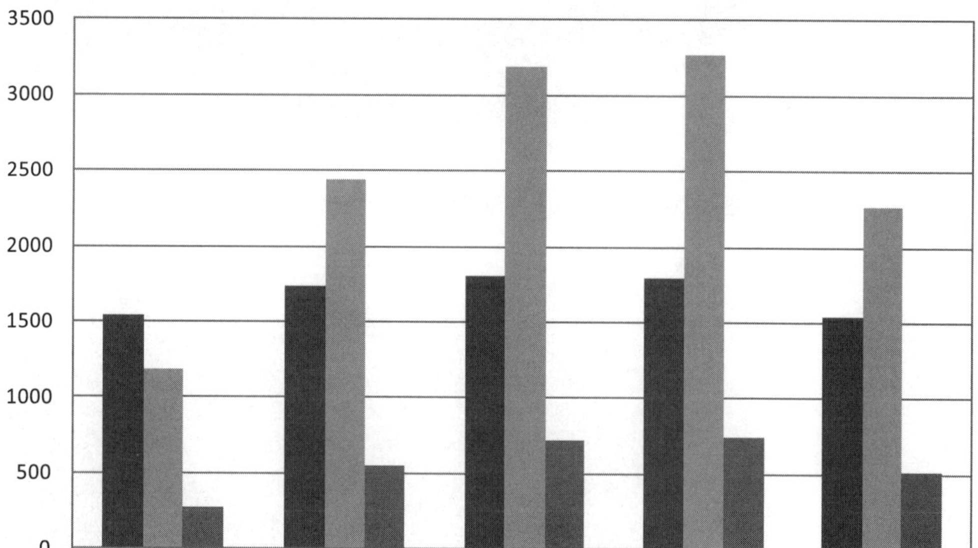

	2010/2011年度	2011/2012年度	2012/2013年度	2013/2014年度	2014/2015年度
加工企业（家）	1542	1736	1806	1789	1542
包数（万包）	1184.2	2444.1	3183.1	3268.2	2271
重量（万吨）	268.3	553.3	720.7	741	514.2

图3－9　2010/2011年度以来我国新体制棉花检验量情况对比图

对比近5个年度的新体制企业检验数量，西北内陆棉区的检验量占比在2011/2012年度有所回落之后已稳步回升。新疆地方及新疆兵团棉花检验数量有所回落，但其占全国检验量的比重在逐年上升，达到80.9%，新疆已成为我国棉花最主要产区。内地棉区2014/2015年度棉花检验量大幅下滑，黄河流域棉区同比下降58.04%，长江流域棉区同比下降74.39%。

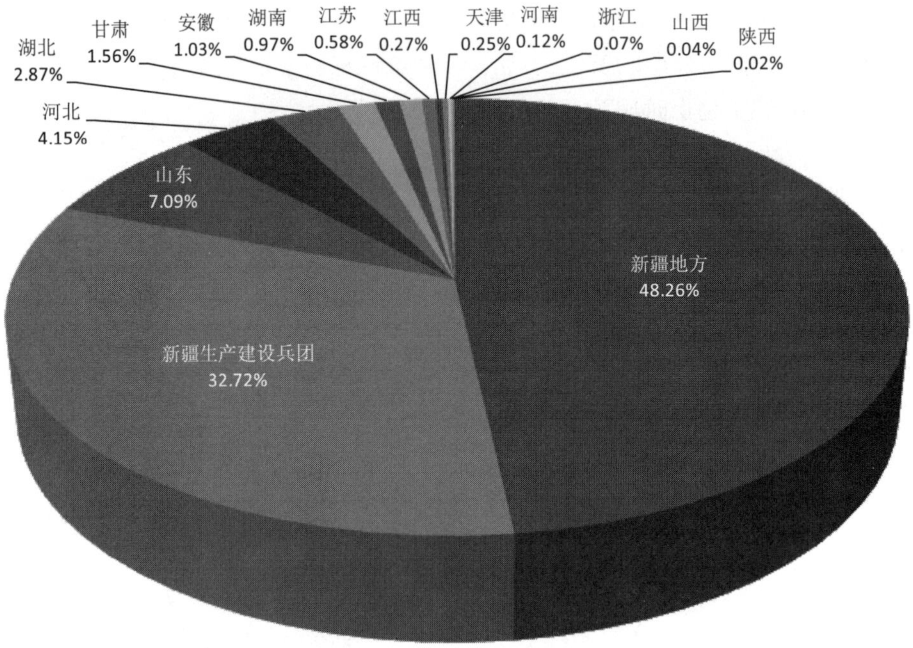

图 3－10 2014/2015 年度全国各产棉省份检验数量占比分布图

	2010/2011年度	2011/2012年度	2012/2013年度	2013/2014年度	2014/2015年度
■长江流域棉区	161.5067	390.6518	484.9598	513.7115	131.54
■黄河流域棉区	178.8814	525.176	675.953	631.3247	264.92
■西北内陆棉区	843.7786	1528.2361	2022.2091	2121.8739	1874.56

图 3－11 2010/2011 年度以来三大产棉区检验量占比变化图

单位：万包

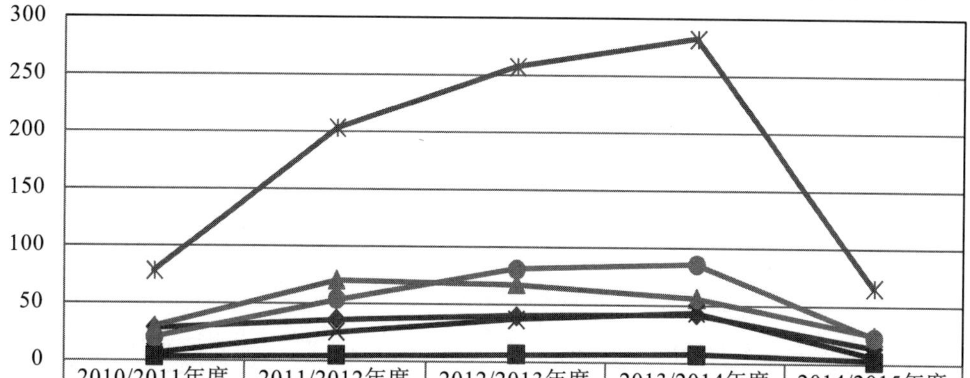

	2010/2011年度	2011/2012年度	2012/2013年度	2013/2014年度	2014/2015年度
江苏	27.8809	35.9152	39.2382	41.7182	13.13
浙江	2.8178	4.583	6.1072	6.7283	1.66
安徽	28.6994	69.8461	67.1725	55.6438	23.49
江西	5.5493	24.8567	36.0342	43.2125	6.22
湖北	77.2937	202.3562	256.4726	281.4958	65.09
湖南	19.2656	53.0946	79.9351	84.9129	21.95

图 3－12　2010/2011 年度以来长江流域棉区各产棉省份检验数量变化趋势图

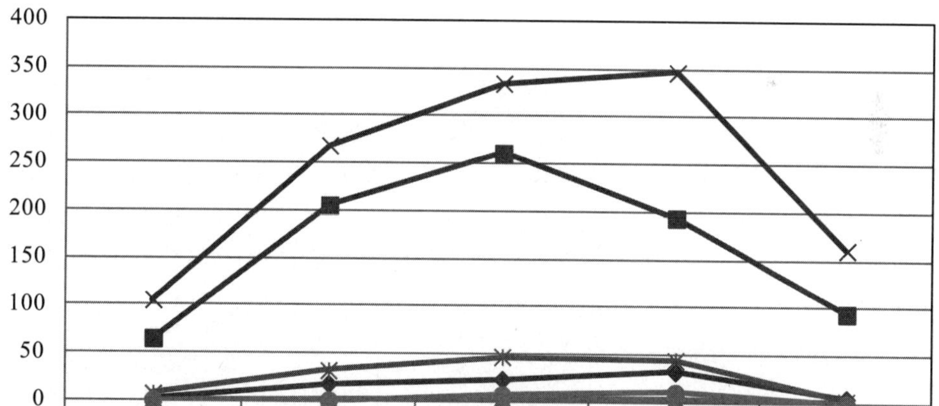

	2010/2011年度	2011/2012年度	2012/2013年度	2013/2014年度	2014/2015年度
天津	1.7632	17.8706	23.4774	32.5271	5.68
河北	64.7083	205.1685	260.9508	193.6278	94.25
山西	0.4877	1.7422	2.842	3.3646	0.83
山东	104.9916	268.1141	334.1983	346.6701	161.07
河南	6.7213	31.8509	47.1679	44.5383	2.7
陕西	0.2093	0.4297	7.3166	10.5968	0.39

图 3－13　2010/2011 年度以来黄河流域棉区各产棉省份检验数量变化趋势图

单位：万包

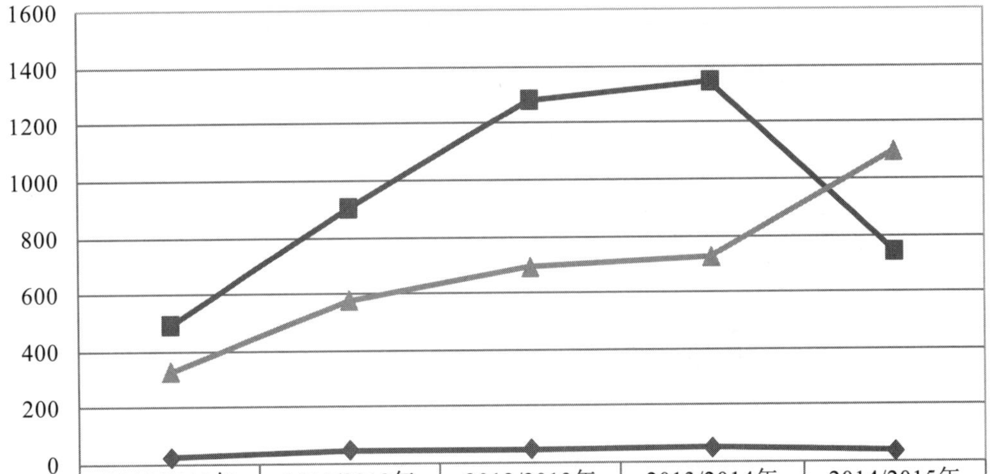

	2010/2011年度	2011/2012年度	2012/2013年度	2013/2014年度	2014/2015年度
甘肃	22.8558	47.2046	47.6203	48.8098	35.39
新疆地方	492.4435	903.9812	1284.2628	1348.1318	743.07
新疆兵团	328.4793	577.0503	690.326	724.9323	1096.1

图 3－14　2010/2011 年度以来西北内陆棉区各产棉省份检验数量变化趋势图

2. 检验进度

2014/2015 年度新体制棉花细绒棉公证检验的检验高峰期比 2013/2014 年度晚了 21 天左右，反映出产业政策调整初期市场的观望情绪较重；市场预期企稳后，延续了 2013/2014 年度的快收快加、高峰期集中的态势，并且高峰期更为集中；春节前合计检验量占到 2014/2015 年度检验量的 97.3%，比 2013/2014 年度增加 5 个百分点。

三、指标结果

1. 颜色级

颜色级指标是 GB 1103.1-2012《棉花第 1 部分：锯齿加工细绒棉》首次引入的棉花质量指标，它依据棉花的黄色深度（+b）确定类型，依据反射率（Rd%）反映出的明暗程度确定级别，通过类型和级别在颜色分级图中对应的区域确定棉花的颜色级。按照中国棉花颜色分级图，我国锯齿加工细绒棉共分为 4 种类型、13 个颜色级，其中白棉 3 级为标准级。从类型来讲，白棉和淡点污棉使用价值较高；淡黄染棉由各种僵瓣棉和部分晚期次棉、污染棉、烂桃棉，或是淡点污棉变异而来，使用价值较低；黄染棉是在特殊情况下才会出现的，因多年存储变异，或回潮率大的籽棉未及时晾晒而变黄，这类棉花品质极低。各个类型中，1 级为最好。

从 2014/2015 年度新体制棉花检验情况来看，西北内陆棉区的棉花颜色级指标最好，白棉所占比例最高，达到 94.78%。黄河流域棉区颜色级指标介于西北内陆棉区和长江流域棉区水平之间，其中河北、陕西、天津白棉占本省棉花的比例优于平均水平；河南棉花颜色级指标最差，淡点污棉 3 级达到 49.53%，远高于 1.41% 的全国平均值。长江流域棉区颜色级指标最低，其中江西白棉占比最高，其次是江苏、安徽两省；各省份淡点污棉 3 级占比均高于全国平均水平。

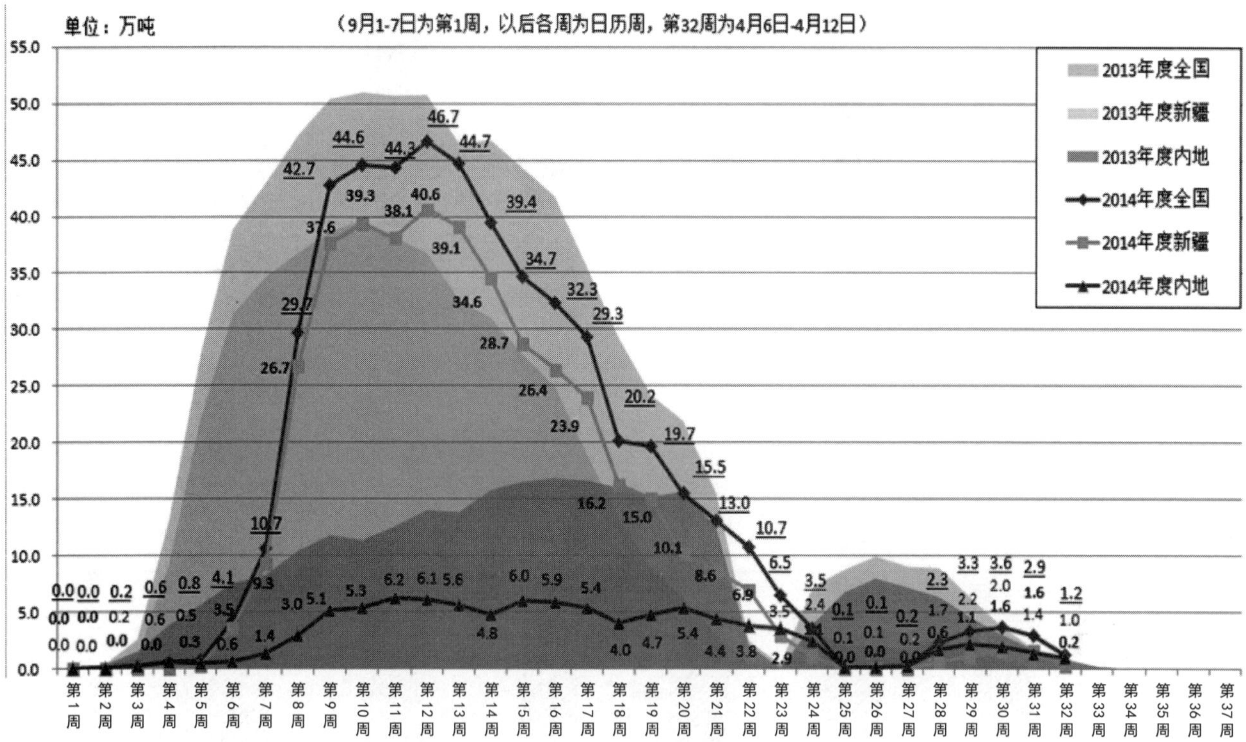

图 3－15　2013/2014 年度以来周检验量走势图

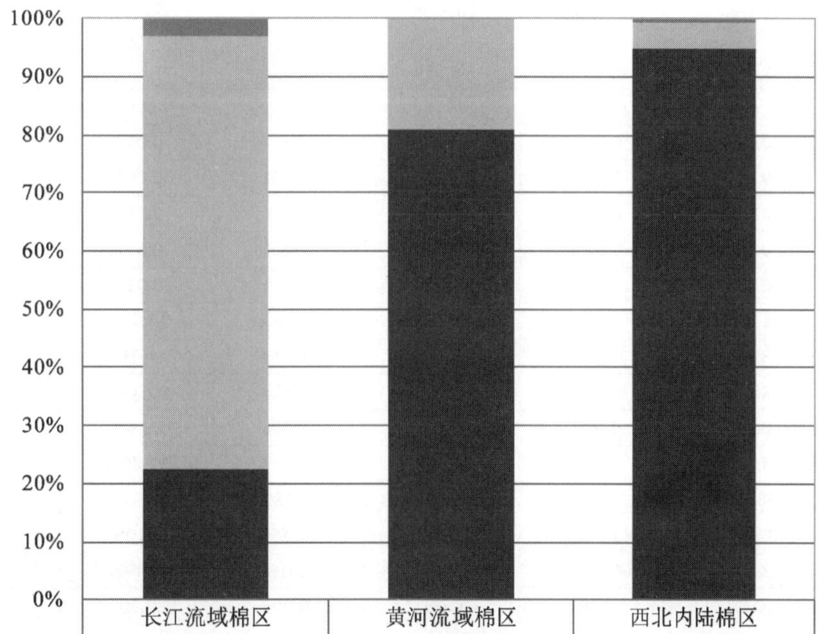

	长江流域棉区	黄河流域棉区	西北内陆棉区
■黄染棉占比	0.12%	0.01%	0.01%
■淡黄染棉占比	3.05%	0.23%	0.63%
■淡点污棉占比	74.30%	18.88%	4.59%
■白棉占比	22.52%	80.89%	94.78%

图 3－16　2014/2015 年度三大产棉区颜色级占比分布情况对比图

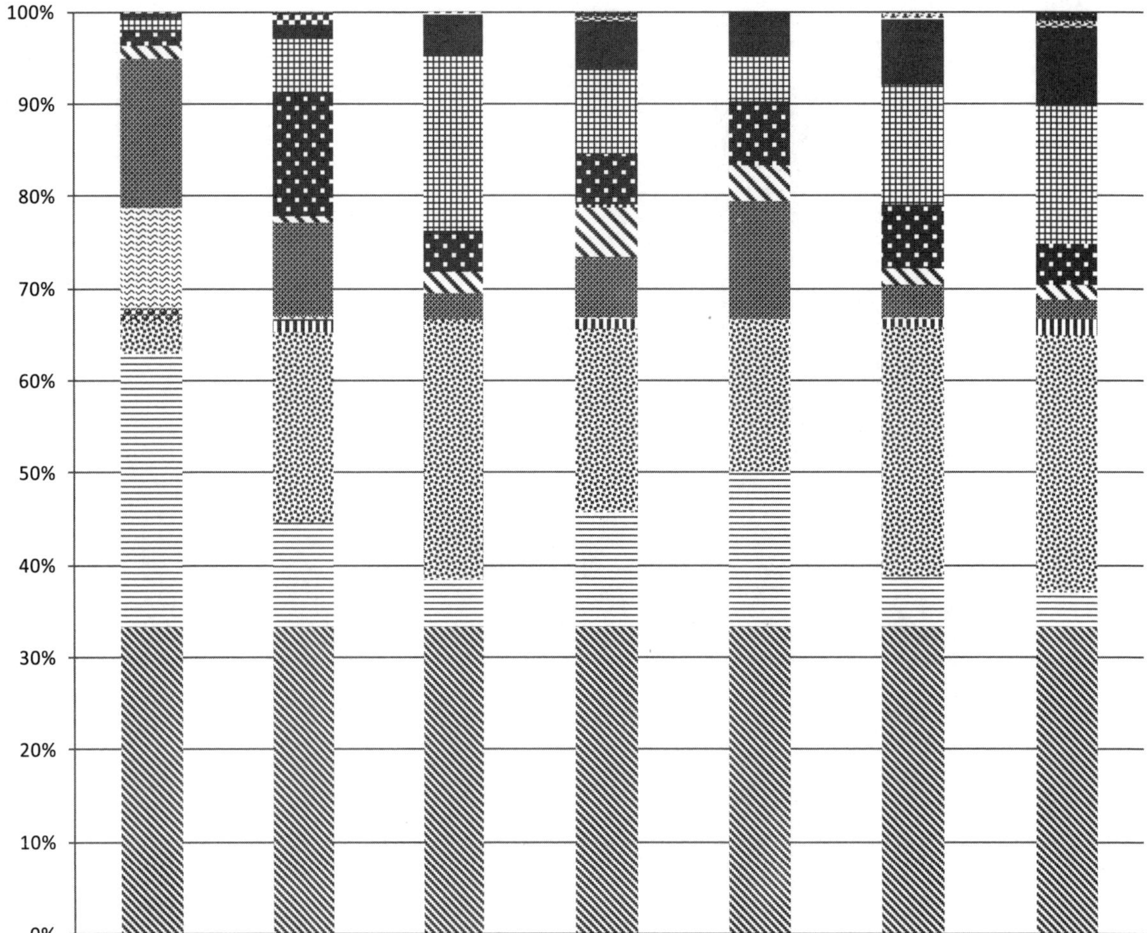

	全国	江苏	浙江	安徽	江西	湖北	湖南
黄染棉2级	0.01%	0.45%	0.00%	0.39%	0.01%	0.01%	0.00%
黄染棉1级	0.00%	0.02%	0.01%	0.00%	0.00%	0.00%	0.00%
淡黄染棉3级	0.12%	0.50%	0.17%	1.22%	0.14%	0.58%	3.06%
淡黄染棉2级	0.15%	0.52%	0.24%	0.81%	0.01%	1.07%	1.44%
淡黄染棉1级	0.45%	2.84%	0.48%	0.69%	0.01%	0.88%	0.98%
淡点污棉3级	1.41%	4.95%	13.43%	16.20%	14.93%	21.57%	25.36%
淡点污棉2级	3.57%	16.86%	57.21%	27.17%	14.01%	38.47%	44.61%
淡点污棉1级	5.33%	40.18%	13.30%	16.38%	20.76%	21.03%	13.53%
白棉5级	0.08%	0.09%	0.00%	0.91%	0.26%	0.17%	0.16%
白棉4级	4.23%	2.32%	6.96%	16.35%	11.80%	5.12%	4.44%
白棉3级	48.74%	30.11%	8.16%	19.48%	37.97%	10.93%	6.32%
白棉2级	32.08%	1.14%	0.05%	0.39%	0.10%	0.17%	0.09%
白棉1级	3.81%	0.03%	0.00%	0.01%	0.00%	0.00%	0.00%
黄染棉小计	0.00	0.00	0.00	0.00	0.00	0.00	0.00
淡黄染棉小计	0.01	0.04	0.01	0.03	0.00	0.03	0.05
淡点污棉小计	0.10	0.62	0.84	0.60	0.50	0.81	0.84
白棉小计	88.95%	0.34	0.15	0.37	0.50	0.16	0.11
总计	1.00	1.00	1.00	1.00	1.00	1.00	1.00

图 3－17　2014/2015 年度长江流域棉区各产棉省份颜色级占比分布图

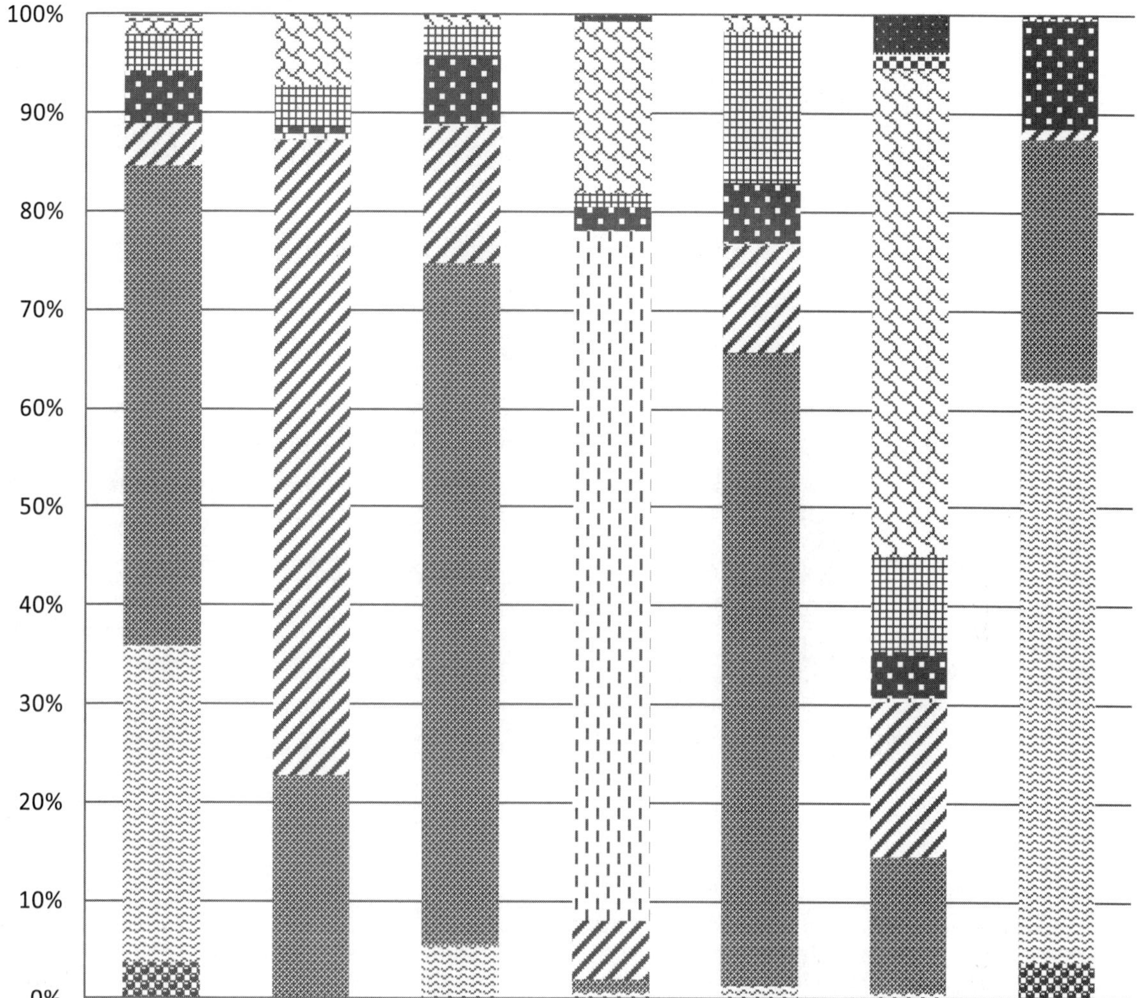

	全国	天津	河北	山西	山东	河南	陕西
黄染棉2级	0.01%	0.00%	0.00%	0.01%	0.00%	0.00%	0.00%
黄染棉1级	0.00%	0.00%	0.00%	0.00%	0.00%	0.00%	0.00%
淡黄染棉3级	0.12%	0.01%	0.03%	0.52%	0.05%	3.71%	0.00%
淡黄染棉2级	0.15%	0.00%	0.06%	0.01%	0.05%	0.24%	0.00%
淡黄染棉1级	0.45%	0.00%	0.13%	0.00%	0.05%	1.50%	0.24%
淡点污棉3级	1.41%	7.20%	0.82%	17.46%	1.45%	49.53%	0.00%
淡点污棉2级	3.57%	4.14%	2.99%	1.37%	15.33%	9.58%	0.09%
淡点污棉1级	5.33%	0.77%	7.03%	2.61%	6.21%	4.60%	11.10%
白棉5级	0.08%	0.60%	0.26%	70.03%	0.11%	0.49%	0.00%
白棉4级	4.23%	64.54%	13.95%	6.01%	10.86%	15.78%	1.03%
白棉3级	48.74%	22.66%	69.19%	1.06%	64.41%	13.81%	24.59%
白棉2级	32.08%	0.07%	5.50%	0.66%	1.46%	0.75%	59.08%
白棉1级	3.81%	0.00%	0.03%	0.25%	0.02%	0.00%	3.87%

图 3－18　2014/2015 年度黄河流域棉区各产棉省份颜色级占比分布图

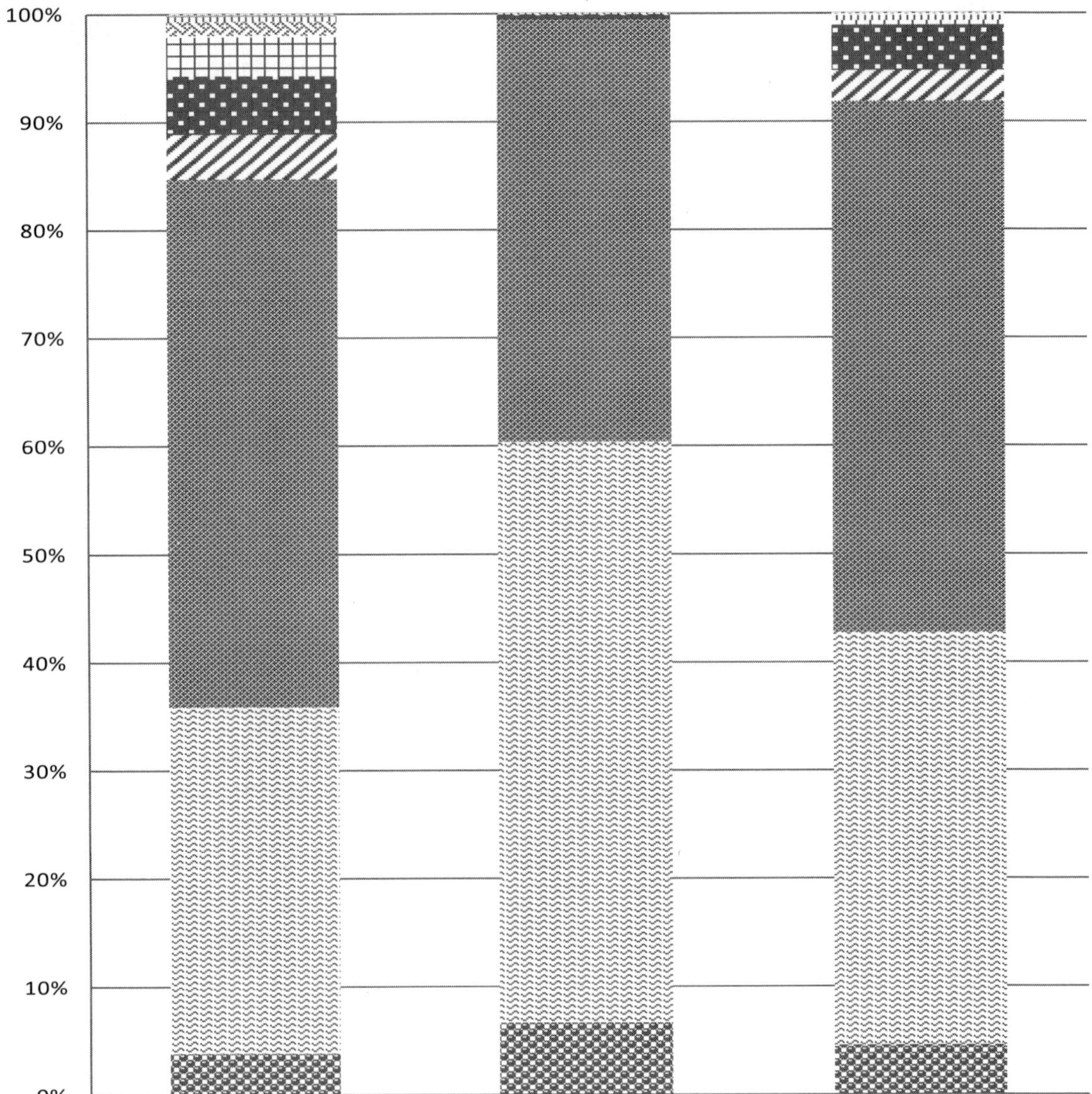

	全国	甘肃	新疆
黄染棉2级	0.01%	0.00%	0.00%
黄染棉1级	0.00%	0.01%	0.00%
淡黄染棉3级	0.12%	0.00%	0.06%
淡黄染棉2级	0.15%	0.00%	0.11%
淡黄染棉1级	0.45%	0.06%	0.47%
淡点污棉3级	1.41%	0.00%	0.09%
淡点污棉2级	3.57%	0.02%	0.41%
淡点污棉1级	5.33%	0.54%	4.17%
白棉5级	0.08%	0.00%	0.01%
白棉4级	4.23%	0.03%	2.82%
白棉3级	48.74%	39.02%	49.11%
白棉2级	32.08%	53.73%	38.16%
白棉1级	3.81%	6.59%	4.58%

图3-19　2014/2015年度西北内陆棉区各产棉省份颜色级占比分布图

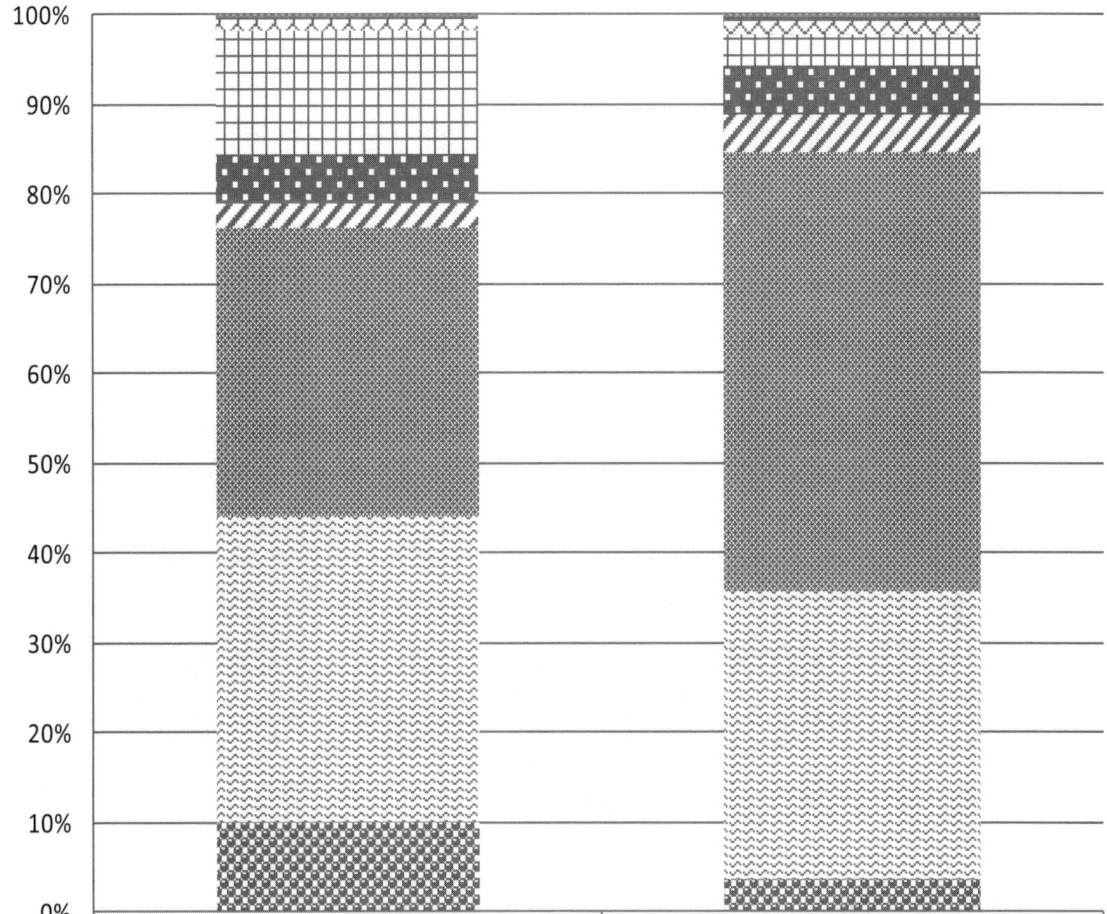

	2013/2014年度	2014/2015年度
黄染棉2级	0.01%	0.01%
黄染棉1级	0	0
淡黄染棉3级	0.12%	0.12%
淡黄染棉2级	0.23%	0.15%
淡黄染棉1级	0.12%	0.45%
淡点污棉3级	1.19%	1.41%
淡点污棉2级	13.97%	3.57%
淡点污棉1级	5.19%	5.33%
白棉5级	0.03%	0.08%
白棉4级	2.78%	4.23%
白棉3级	32.03%	48.74%
白棉2级	34.18%	32.08%
白棉1级	10.13%	3.81%

图 3－20　2014/2015 年度我国棉花颜色级各档占比变化及同比对比图

对比实施颜色级指标两年来的数据，2014/2015年度我国棉花颜色级指标较2013/2014年度有所提高，其中，白棉占比较2013/2014年度增加了9.79个百分点，全国以白棉2级、3级为主，但白棉1级占比下降了6.32个百分点；淡点污棉占比较2013/2014年度下降了10.03个百分点，同时淡点污棉3级略有上升；淡黄染棉及黄染棉占比与2013/2014年度基本持平。

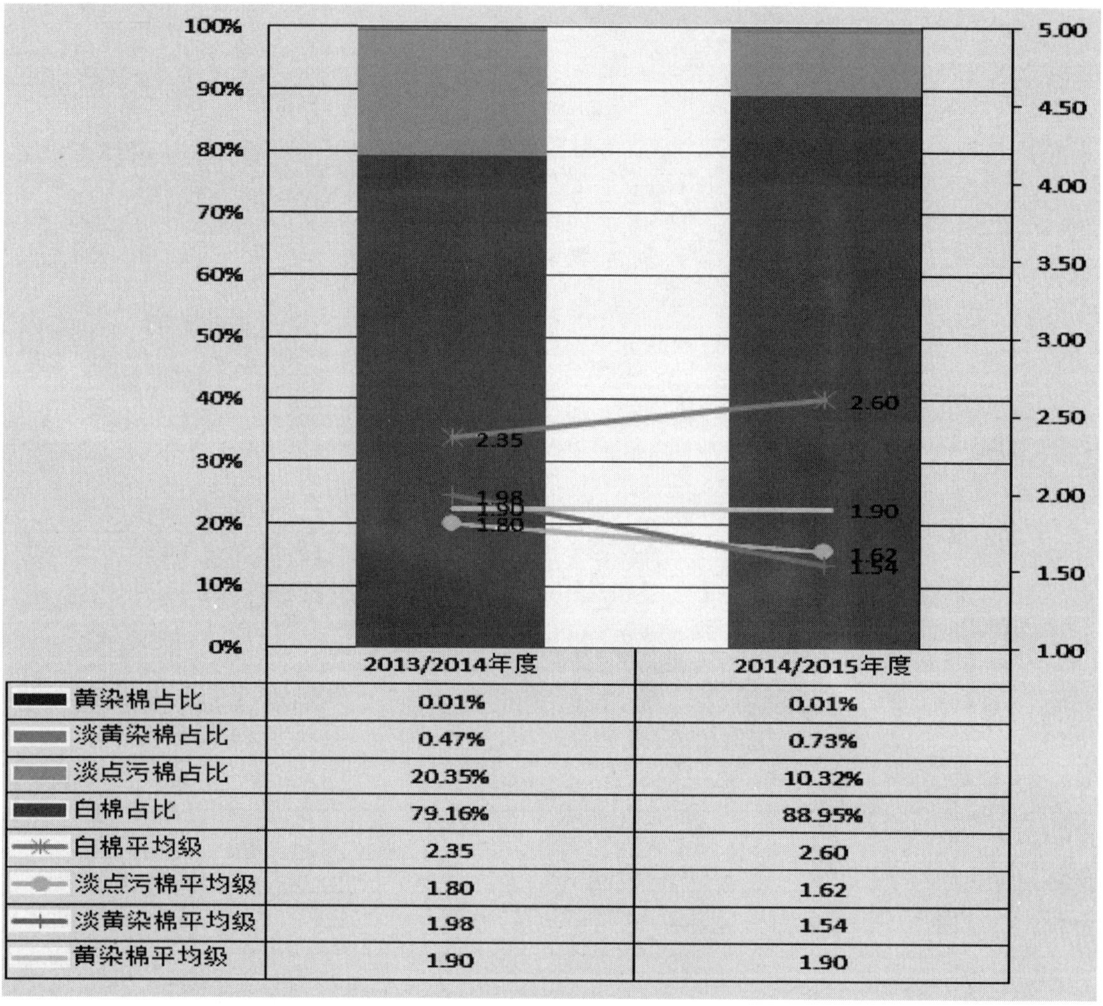

	2013/2014年度	2014/2015年度
黄染棉占比	0.01%	0.01%
淡黄染棉占比	0.47%	0.73%
淡点污棉占比	20.35%	10.32%
白棉占比	79.16%	88.95%
白棉平均级	2.35	2.60
淡点污棉平均级	1.80	1.62
淡黄染棉平均级	1.98	1.54
黄染棉平均级	1.90	1.90

图3-21 2014/2015年度我国棉花颜色级变化及同比对比图

2. **轧工质量**

轧工质量是指籽棉经过加工后，皮棉外观形态粗糙程度及所含疵点种类的多少。

从2014/2015年度新体制棉花检验情况来看，新疆棉的轧工质量明显高于全国平均水平。由于机采棉加工方式的特性，新疆棉中轧工质量为差的比例也明显高于其他省份和全国平均水平。内地省份中，陕西、江西、河南的棉花轧工质量为差的比例高于其他省份。

3. **长度**

长度是棉花最重要的内在质量指标之一，与棉花的整体使用价值密切相关。细绒棉的长度由25—32毫米级依次分为8个长度级，其中28毫米级为标准级，30—32毫米级的棉花使用价值较高，25—26毫米级的棉花使用价值较低。

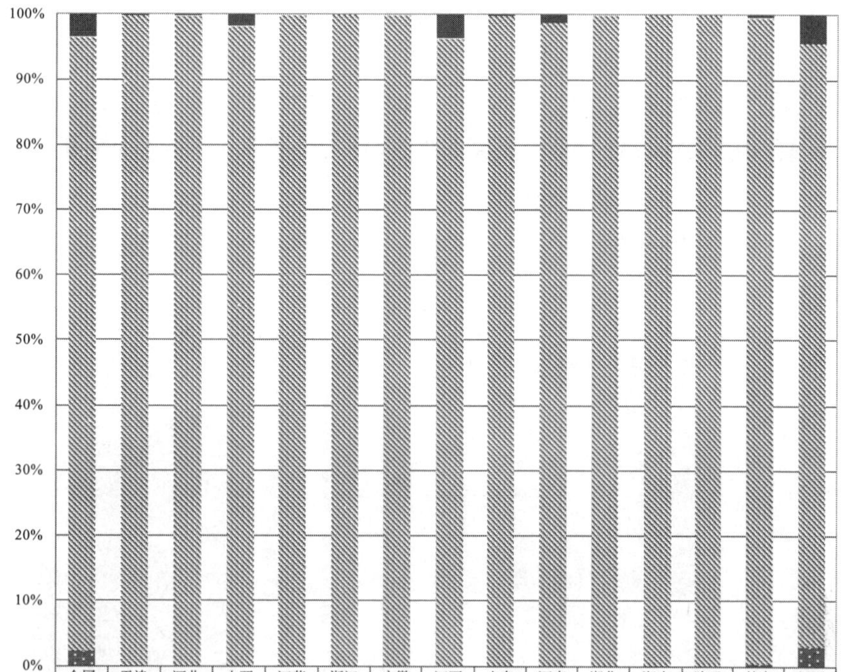

	全国	天津	河北	山西	江苏	浙江	安徽	江西	山东	河南	湖北	湖南	陕西	甘肃	新疆
差（P2）占比	3.66	0.22	0.31	1.88	0.15	0	0.11	3.77	0.24	1.31	0.17	0	0	0.44	4.45
中（P2）占比	93.95	99.78	99.63	98.05	99.85	100	99.72	96.23	99.75	98.69	99.79	100	100	99.25	92.61
好（P1）占比	2.39	0	0.06	0.07	0	0	0.17	0	0	0	0.04	0	0	0.31	2.93

图 3－22　2014/2015 年度各产棉省份轧工质量占比分布图

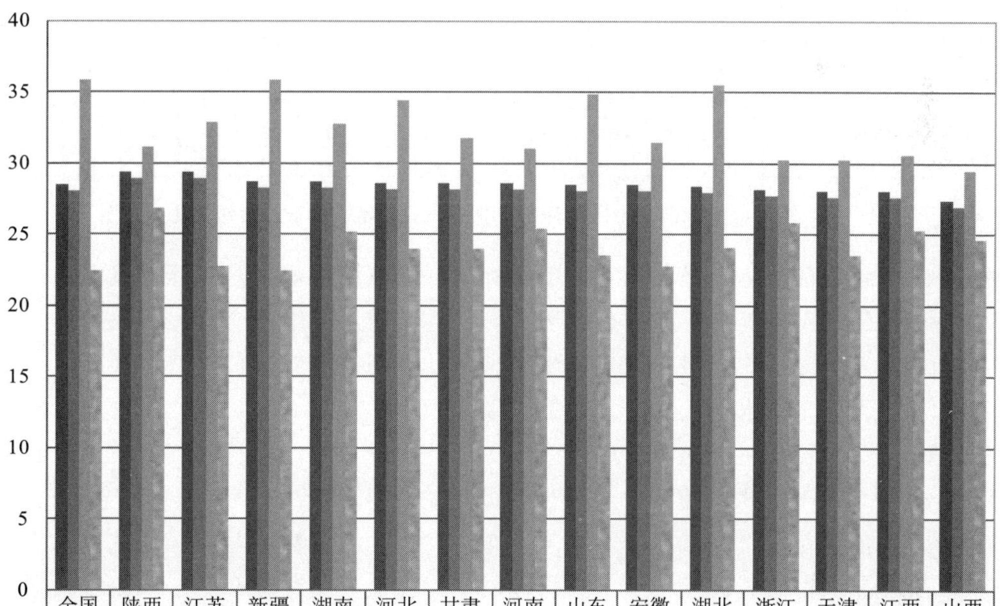

	全国	陕西	江苏	新疆	湖南	河北	甘肃	河南	山东	安徽	湖北	浙江	天津	江西	山西
逐包检验平均长度	28.53	29.41	29.33	28.71	28.66	28.62	28.62	28.59	28.54	28.44	28.36	28.17	28.09	28.07	27.35
长度级加权平均值	28.09	28.97	28.89	28.26	28.22	28.18	28.18	28.15	28.1	28	27.92	27.73	27.65	27.62	26.91
最大　长度	35.8	31.1	32.9	35.8	32.8	34.4	31.8	31	34.9	31.5	35.5	30.2	30.3	30.6	29.5
最小　长度	22.5	26.8	22.8	22.5	25.2	24	24	25.4	23.6	22.8	24.1	25.8	23.5	25.3	24.6

图 3－23　2014/2015 年度全国各产棉省份棉花长度级对比图

2014/2015年度，全国新体制棉花细绒棉逐包检验平均长度为28.53毫米；长度级加权平均值为28.09毫米。从各产棉省棉花逐包检验平均长度看，陕西棉花长度最长，达到29.41毫米；其次是江苏，长度略低于陕西，达到29.33毫米；新疆、湖南、甘肃、河北、河南、山东的情况也较好，略高于全国平均水平；安徽、湖北、浙江、天津、江西略低于全国平均水平；黄河流域及西北内陆棉区，除山西省棉花平均长度降低0.99毫米外，其余各产棉省份逐包检验平均长度与2013/2014年度基本持平；长江流域棉区各产棉省份棉花平均长度有显著回升，较上年度平均增长0.53毫米。

单位：%

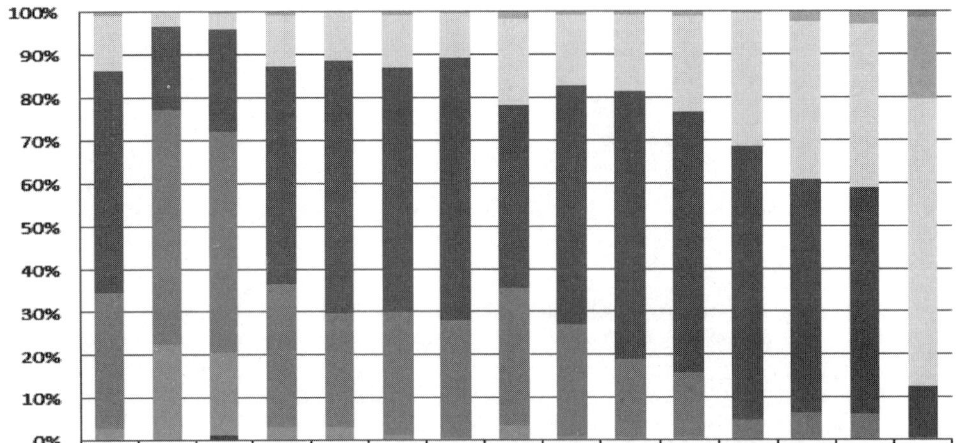

	全国	陕西	江苏	新疆	湖南	河北	甘肃	河南	山东	安徽	湖北	浙江	天津	江西	山西
25毫米级占比	0.02	0	0.13	0.02	0	0.08	0	0.02	0.03	0.14	0.04	0.01	0.08	0.03	1.34
26毫米级占比	0.59	0.03	0.35	0.54	0.2	0.61	0.26	1.75	0.84	0.67	1.04	0.51	2.12	2.92	19
27毫米级占比	12.93	3.4	3.59	12.18	11.07	12.19	10.51	19.93	16.46	17.85	22.35	30.9	37.19	38.16	67.15
28毫米级占比	51.92	19.16	23.9	50.83	59.02	57.13	61.17	42.88	55.65	62.52	60.68	63.84	54.41	52.74	12.15
29毫米级占比	31.77	54.77	51.48	33.37	26.57	28.72	27.39	32.13	26.21	18.3	15.46	4.7	6.17	6.1	0.36
30毫米级占比	2.7	22.47	19.42	2.99	2.94	1.26	0.66	3.28	0.81	0.52	0.43	0.05	0.03	0.05	0
31毫米级占比	0.06	0.18	1.09	0.06	0.19	0.01	0.01	0	0.01	0	0	0	0	0	0
32毫米级占比	0	0	0.03	0	0.01	0	0	0	0	0	0	0	0	0	0

图3－24 2014/2015年度各产棉省份逐包检验棉花长度级占比分布图

对比近5个年度的数据，我国棉花长度指标连降3年后，在2014/2015年度首次有所回升。其中，逐包检验平均长度较2013/2014年度增长0.16毫米，比近五年平均水平低0.11毫米；长度级加权平均值较2013/2014年度增长0.17毫米，比近五年全国平均水平低0.11毫米。全国长度级低于长度标准级的棉花占比13.54%，比上年度减少15.09个百分点。此外，长度值离散范围继续回落，30—32毫米长度级的棉花有所增加。

4. 马克隆值

马克隆值是棉花细度和成熟度的综合反映，是棉花主要的内在质量指标之一，与成纱质量有密切的关系。棉花的马克隆值越高，一般棉纤维成熟度越好，马克隆值过高，则成熟过度，纤维较粗，纤维抱合力差、成纱强力和条干均匀度不理想；马克隆值过低、细度过小、成熟不足，则容易产生有害疵点，织物染色性能差；只有马克隆值适中，棉花的细度适中、成熟适中，才具有最高的纺纱性能，获得较全面的使用价值。

细绒棉的马克隆值共分为3级5档，按马克隆值从低到高依次是C级的C1档、B级的B1档、A级的A档、B级的B2档、C级的C2档。马克隆值级A级的使用价值较好，B级的使用价值正常，C级的使用价值较差。

2014/2015年度，全国新体制棉花细绒棉马克隆值级A级占比34.97%，较2013/2014年度上升

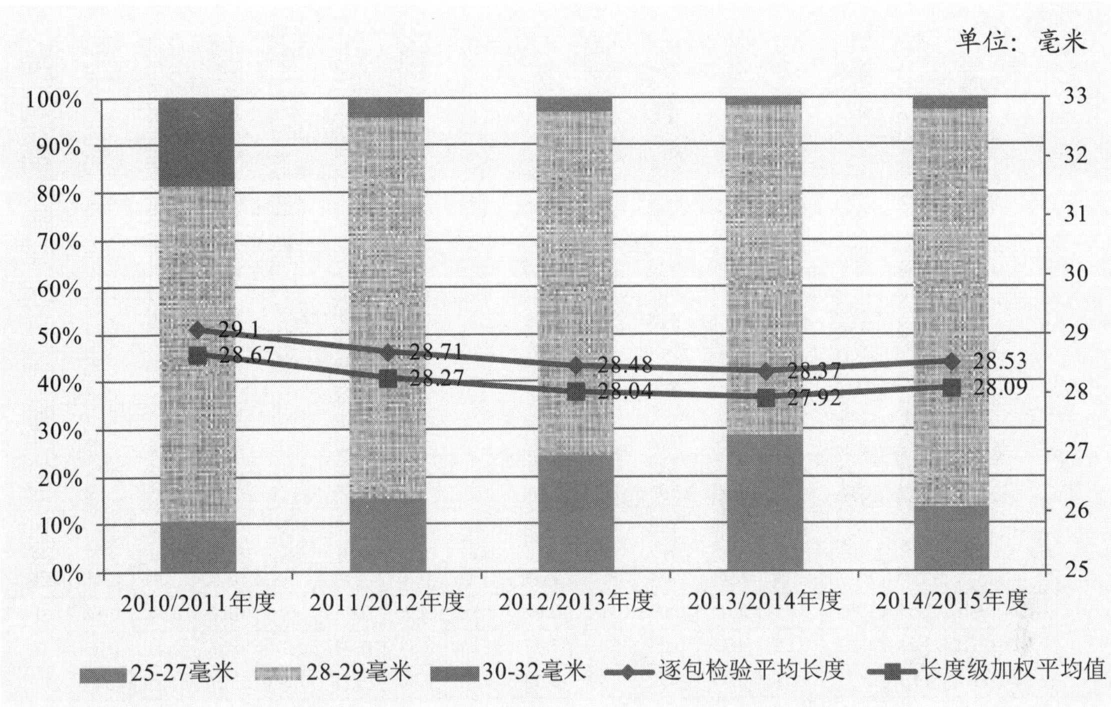

图 3－25 2010/2011 年度以来我国棉花长度变化情况图

5 个百分点；C1 档和 C2 档占比 2.69%、14.7%，分别较 2013/2014 年度上升 0.92、降低 5.05 个百分点；B 级占比与 2013/2014 年度基本持平。各产棉省份中，江苏、甘肃的棉花马克隆值级最好，A 级棉比率均超过半数；新疆次之，高于全国平均水平；江西、山东、山西、河北棉马克隆值指标低于全国平均水平；天津棉的 C2 档占到 97% 以上，较上年明显增高，棉纤维细度过大、成熟过度问题突出，马克隆值指标最差。

对比近 5 个年度的数据，2014/2015 年度马克隆值指标较 2013/2014 年度有所回升，但还略低于 5 年平均水平，主要表现在：马克隆值 A 级的占比较 2013/2014 年度显著上升，比近 5 年平均水平高了 1.65 个百分点；马克隆值 C2 档的占比虽较 2013/2014 年度有明显下降，但比近 5 年平均水平仍高了 3.18 个百分点。

5. 断裂比强度

断裂比强度是重要的棉花内在质量指标，与纱线的成纱强力有很好的相关性。细绒棉按断裂比强度值和使用价值从高到低依次分 5 个档，即很强、强、中等、差、很差。

2014/2015 年度，全国新体制棉花细绒棉平均断裂比强度值 28.04cN/tex，略高于上年，上升了 0.05cN/tex，但比近五年平均水平还低 0.15cN/tex。

各产棉省份中，河北棉花断裂比强度最强；其次是河南、陕西和山东棉花，其中陕西棉花断裂比强度比上年度有显著上升；浙江、安徽、山西棉断裂比强度较差，且均比上年度大幅下降；全国最主要产棉区新疆棉断裂比强度较 2013/2014 年度上升 0.68 cN/tex。

对比近 5 个年度的数据，2014/2015 年度断裂比强度指标有所提高，强及以上占比略有下降，中等占比明显增加，差及以下占比大幅下降。断裂比强度平均值提高的主要原因是产量占全国产量一半以上的新疆棉断裂比强度值有所提升，拉高全国平均值。

单位：%

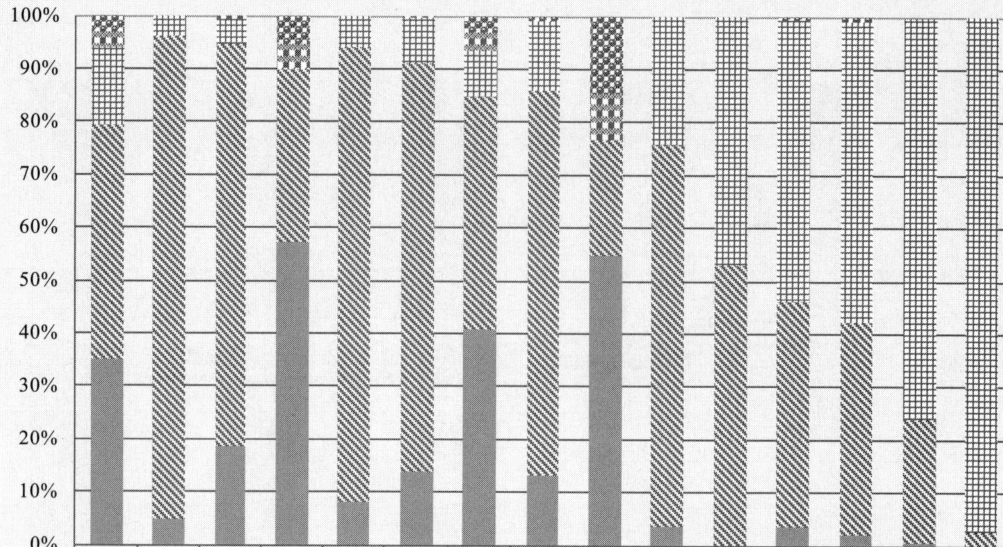

	全国	浙江	陕西	江苏	湖南	湖北	新疆	安徽	甘肃	河南	江西	山东	山西	河北	天津
C1档占比	2.69	0	0.03	5.03	0.05	0.08	2.96	0.58	14.75	0.04	0	0.21	0.98	0.12	0
B1档占比	3.21	0.02	0.65	4.73	0.08	0.19	3.73	0.26	8.53	0.04	0.01	0.33	0.01	0.03	0
C2档占比	14.7	3.97	4.61	0.49	5.96	8.73	8.54	13.32	0.04	24.19	46.94	53.25	56.64	75.82	97.25
B2档占比	44.42	91.28	76.17	32.56	85.7	77.21	44.14	72.78	21.86	72.24	52.83	42.72	40.25	23.49	2.72
A档占比	34.97	4.73	18.54	57.18	8.21	13.8	40.63	13.05	54.82	3.48	0.23	3.49	2.13	0.54	0.03

图 3－26　2014/2015 年度各产棉省份平均马克隆值级占比分布图

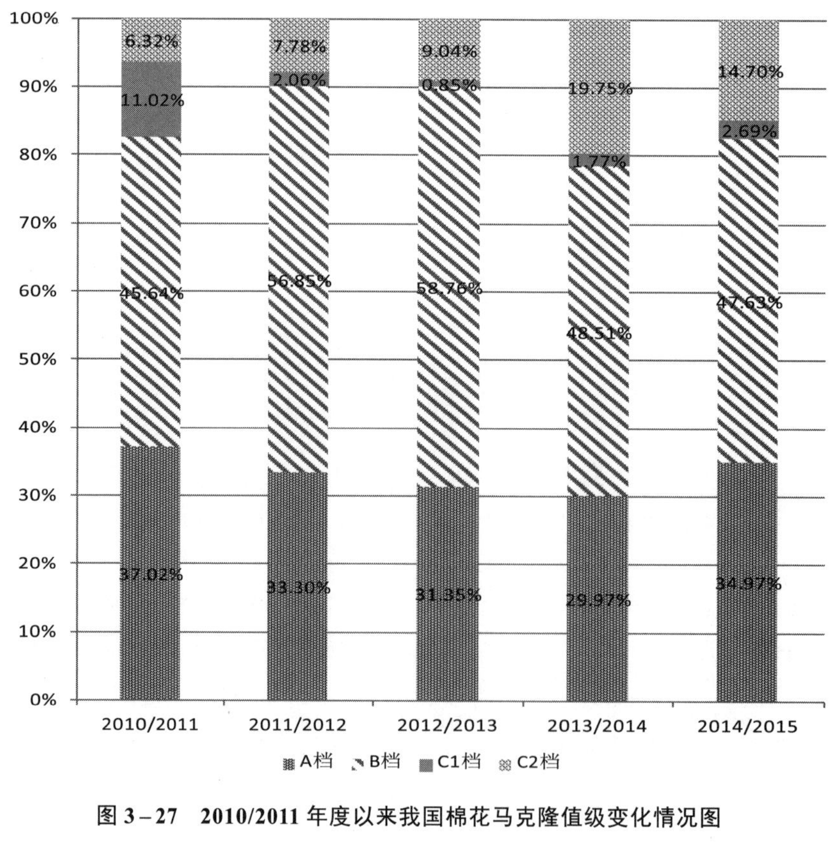

图 3－27　2010/2011 年度以来我国棉花马克隆值级变化情况图

单位：cN/tex

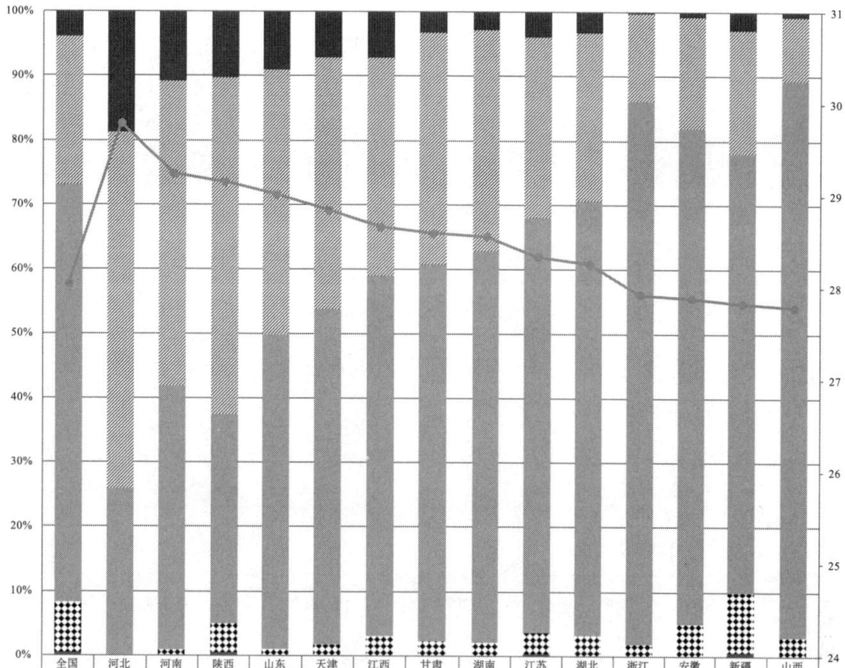

	全国	河北	河南	陕西	山东	天津	江西	甘肃	湖南	江苏	湖北	浙江	安徽	新疆	山西
很强占比	3.85	18.64	10.77	10.22	8.96	7.07	7.07	3.18	2.68	3.78	3.14	0.17	0.73	2.72	0.65
强占比	22.98	55.45	47.36	52.35	41.16	39.1	33.82	36	34.38	28.17	26.24	13.66	17.35	19.14	9.96
中等占比	64.87	25.66	40.94	32.45	48.8	52.08	56.05	58.57	60.81	64.44	67.4	84.36	76.95	68.28	86.45
差占比	7.74	0.2	0.91	4.43	1.05	1.46	3.02	2.17	2.08	3.27	3.16	1.8	4.78	9.18	2.93
很差占比	0.56	0.05	0.02	0.56	0.03	0.29	0.05	0.08	0.05	0.33	0.06	0.01	0.2	0.68	0.01
平均断裂比强度值	28.04	29.79	29.24	29.15	29.01	28.84	28.66	28.59	28.56	28.34	28.26	27.93	27.89	27.83	27.79

图 3－28　2014/2015 年度各产棉省份平均断裂比强度占比分布图

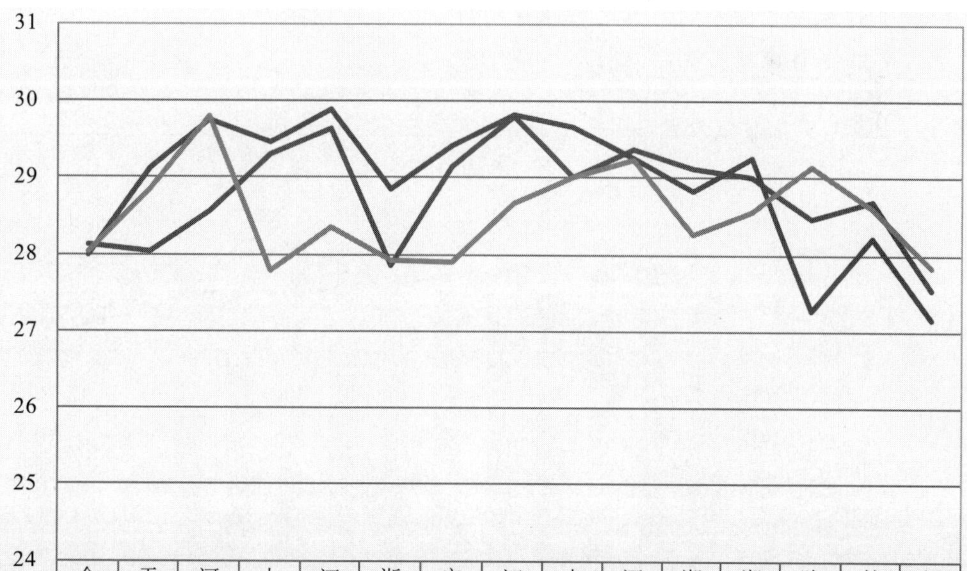

	全国	天津	河北	山西	江苏	浙江	安徽	江西	山东	河南	湖北	湖南	陕西	甘肃	新疆
2012/2013年度	28.12	28.03	28.55	29.3	29.63	27.86	29.13	29.8	29.01	29.36	29.11	29.01	28.47	28.68	27.54
2013/2014年度	27.99	29.11	29.74	29.46	29.89	28.84	29.41	29.82	29.65	29.25	28.83	29.25	27.26	28.22	27.15
2014/2015年度	28.04	28.84	29.79	27.79	28.34	27.93	27.89	28.66	29.01	29.24	28.26	28.56	29.15	28.59	27.83

图 3－29　2012/2013 年度以来各产棉省份棉花平均断裂比强度变化情况图

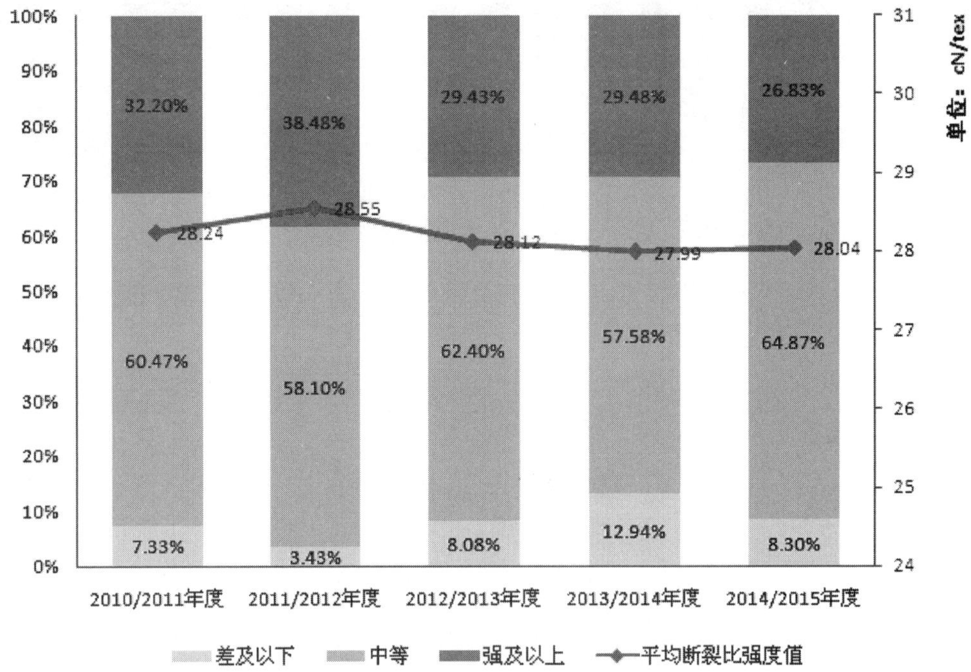

图 3－30　2010/2011 年度以来我国棉花断裂比强度变化情况图

6. **长度整齐度指数**

长度整齐度指数是重要的棉花质量指标，用以表示棉纤维长度分布均匀或整齐的程度，对纱线的条干、落棉率有重要影响，同时对纱线的强度也有影响。细绒棉按长度整齐度指数和使用价值从高到低依次分为 5 个档，分别是很高、高、中、低、很低。

单位：%

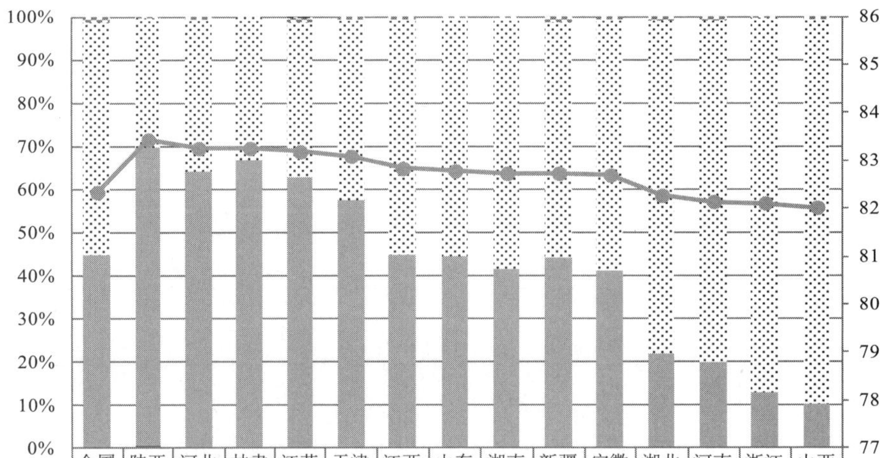

	全国	陕西	河北	甘肃	江苏	天津	江西	山东	湖南	新疆	安徽	湖北	河南	浙江	山西
很低占比	0.01	0	0.02	0	0.47	0.01	0.01	0.02	0	0.01	0.13	0.01	0	0	0
低占比	1.25	0.38	0.7	0.06	0.88	0.74	0.67	0.51	0.55	1.4	0.66	0.94	1.1	0.49	0.58
中等占比	54.03	29.73	35.31	33.19	35.8	41.8	54.39	54.84	58	54.47	58.06	77.16	78.93	86.7	89.1
高占比	44.53	69.44	63.63	66.69	62.44	57.03	44.77	44.59	41.38	43.93	41.14	21.89	19.97	12.8	10.32
很高占比	0.18	0.44	0.35	0.05	0.41	0.42	0.17	0.04	0.07	0.19	0.01	0	0	0	0
平均长度整齐度	82.34	83.44	83.26	83.26	83.19	83.09	82.83	82.78	82.73	82.73	82.69	82.27	82.14	82.11	82.02

图 3－31　2014/2015 年度各产棉省份平均长度整齐度指数占比分布图

2014/2015 年度，全国新体制棉花细绒棉平均长度整齐度指数 82.34%，比 2013/2014 年度平均值低 0.07%，比近五年平均水平低 0.15%，且已经连续 4 年下降。长度整齐度指数为很高和高档的棉花占比最多的省份是陕西；其次是甘肃和河北；江苏、天津、江西的棉花在平均长度整齐度指数以及高和很高档占比上均高于全国平均水平；新疆、江苏、河南棉花中，长度整齐度指数为低和很低档的占比明显多于其他省份。

	全国	天津	河北	山西	江苏	浙江	安徽	江西	山东	河南	湖北	湖南	陕西	甘肃	新疆
2012/2013年度	82.48	82.03	82.25	82.29	83.3	83.28	82.34	83.22	81.76	82.59	82.77	82.15	83.05	83.1	82.49
2013/2014年度	82.41	82.25	82.66	83.02	83.01	82.92	82.25	82.84	82.33	81.81	82.2	82.27	82.74	83.04	82.34
2014/2015年度	82.34	83.09	83.26	82.02	83.19	82.11	82.69	82.83	82.78	82.14	82.27	82.73	83.44	83.26	82.73

图 3－32　2012/2013 年度以来各产棉省份棉花平均长度整齐度指数变化情况图

各产棉省份中，陕西、河北、甘肃棉平均长度整齐度指数最好，河北、天津、山东、河南棉花该指标已连续两个年度稳步回升；湖北、河南、浙江较差，略低于全国平均水平，且浙江棉花该项指标已连续两年逐年下降；山西棉平均长度整齐度指数最差，近 3 年该项指标波动也最大。

对比近 5 个年度的数据，2014/2015 年度长度整齐度指数较好，其中低及以下档的占比已连续 3 年下降，比 2010/2011 年度下降了 1.22 个百分点；高及以上档的占比打破 3 年来的下降趋势，较上一年度大幅上升；平均长度整齐度指数则延续下降态势，降至 5 年来的最低水平。

7. 综合评价

2014/2015 年度全国新体制棉花细绒棉综合质量有所提升。从颜色和轧工质量来看，颜色级以白棉和淡点污棉为主，白棉 2 级和白棉 3 级占比最多，淡点污棉主要集中在淡点污 2 级，其中，长江中下游地区受气候影响棉花颜色呈乳白色，略带棉花本色黄，淡点污棉占比较高。轧工质量主要集中在中档，占比为 93.95%；全国各省份轧工质量为中档的棉花比例均占到 90% 以上，浙江、湖南两省达到 100%。从纤维长度来看，平均长度

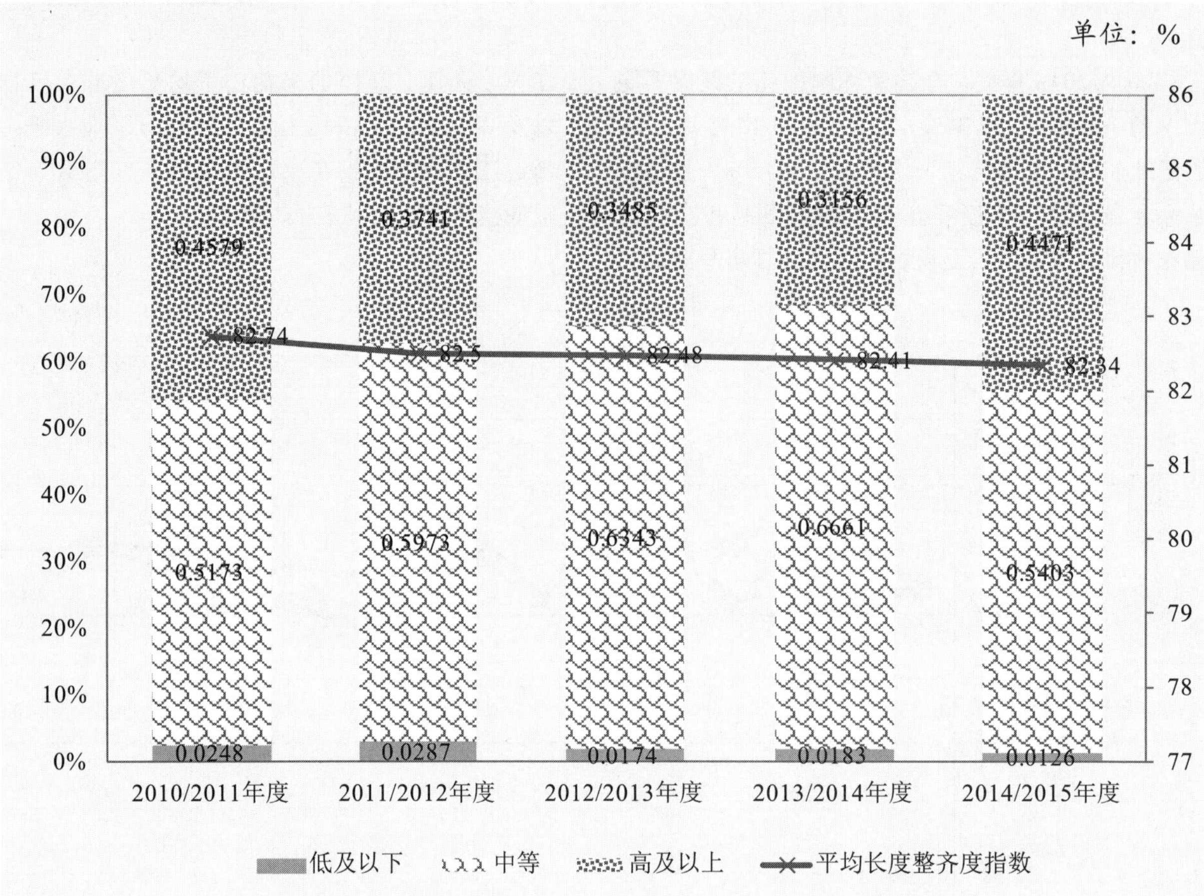

图 3－33 2010/2011 年度以来全国棉花长度整齐度指数变化情况图

和平均长度整齐度指数两项指标均有所提高，其中，长度指标体现在 25—27 毫米长度级的棉花显著下降，而 30—32 毫米长度级的棉花有所增加；长度整齐度指数指标表现在低及以下档的棉花略有下降，而高及以上档的棉花大幅增加。从纤维内在品质来看，马克隆值和断裂比强度两项指标较 2013/2014 年度均有小幅回升，其中，马克隆值主要表现在 A 级占比显著增加，C2 档过成熟棉占比小幅降低；平均断裂比强度提高的主要原因是新疆棉该项指标略有回升，其他大多数省份棉花的平均断裂比强度有不同程度的下降。对比各省数据来看，新疆棉表现最为突出。新疆 2014/2015 年度棉花与 2013/2014 年度相比，长度增加 0.3 毫米、长度整齐度增加 0.3%、马克隆值 A+B 级占比增加 6 个百分点、断裂比强度提高 0.7 cN/tex，总体质量状况明显好于 2013/2014 年度。

四、质量影响因素分析

综合各地的情况来看，影响 2014/2015 年度棉花质量变化的因素主要包括自然条件、产业政策、市场形势、生产环节等几个方面。

1. 自然条件

地理位置的气候特点和年度内的气候变化是影响棉花质量波动的决定性因素。据中央气象台对 2014/2015 年度气象条件的分析，在播种及幼苗生长阶段，大部棉区气温偏高、水热条件较好，部分棉区低温、强降水、沙尘暴影响棉花播种出苗。其中，长江流域棉区大部 4 月持续多雨寡照、5 月强降水过程频繁，出现渍涝灾害，影响棉花生长；新疆南部冷空气活动频繁，南疆盆地大部出现大风、沙尘暴天气，影响部分棉花生长发育延迟。在蕾铃期，新疆棉区气象条件总体较好，黄河流域棉区阶段性干旱、长江流域棉区阴雨寡照天气影响棉花蕾铃生长。其中，河南中西部、陕西关中和东南部、河北中部等地7月下旬出现轻至中度、部分地区重度农业干旱，6月至8月中旬，长江流域棉区强降水过程频繁，部分棉田出现积水，棉田遭受渍涝灾害，蕾铃脱落增加。在裂铃吐絮和采摘期，全国棉区大部棉花收晒顺利，仅黄河和长江流域部分棉区出现阶段性阴雨寡照、强降水，棉花吐絮采摘受到一定影响。其中，9月中旬后期新疆北部出现大风降温雨雪天气，10月中旬初北疆、哈密地区及巴州大部、阿克苏部分地区出现霜冻，棉花提前停止生长，棉花产量和品质受到不利影响；黄河流域棉区9月多阴雨天气，其中西北地区东部、华北西南部、黄淮西部和南部的部分地区出现强降水，降水日数普遍有12—18天，影响棉花正常裂铃吐絮；长江流域棉区8月下旬至9月中旬多阴雨天气，棉花烂铃烂桃增加、裂铃困难、采摘受阻，导致品质下降。

2. 产业政策

按照国务院关于完善农产品价格形成和市场调控机制的部署，2014/2015年度，国家取消了临时收储政策，实施棉花目标价格补贴政策，并在新疆启动了棉花目标价格改革试点，同时明确今后一段时期从严控制进口，引导国内纺织企业多使用国产棉，减轻棉花库存压力。目标价格政策的实施，一是实现了市场调控的“价补分离”，充分发挥市场机制在价格形成和资源配置中的决定性作用，有利于产业上下游协调发展，对加快产业升级具有积极的作用。二是有利于棉花种植优势区域转移，改变国内现有分散种植模式，鼓励棉花种植向规模化、机械化、集约化方向转变，促进以棉花良种、精量播种、机采棉等为代表的精准棉花种植技术发展，走现代农业的路子，进一步提高棉花品质，降低生产成本。三是将棉农和棉企推向市场，立足“消费导向”引导棉农生产棉企加工，提高用棉企业在市场交易中的话语权，从长远来看，有助于棉农改变观念，采取科学的种植技术，提高籽棉质量，有助于加工企业在加剧的市场竞争中提升质量意识，加强质量把控，填补我国高品质棉需求缺口。四是国家在新疆启动棉花目标价格改革试点工作，确立了“专业仓储＋在库公检”的制度措施和工作模式。制度设计有效避免和杜绝了不良棉花加工企业样品造假的行为，使公证检验结果的权威性和公信度得以提升，棉花质量真实性得到有效增强。通过棉花集中监管、包包公检，入库公检制度倒逼棉花加工企业提高棉花收购、加工质量。据纺织企业普遍反映，改革试点后购买的棉花异性纤维含量进一步降低，棉花质量真实性、可靠性明显增强。

3. 市场形势

2014/2015年度，国内棉花失去收储价格支撑，市场回归，新棉价格报复性大幅下跌，棉花生产成本仍然居高，纺织服装消费依旧疲软，国储棉库存居高不下，棉农棉企观望情绪浓重。在这样的市场形势下，棉花加工和纺织生产供需双方直接对接，收购价格与籽棉品质直接挂钩，使得今年棉农棉企普遍更加注重质量，国棉“三丝”多、混等混级现象有所改善。但同时也带来了不少问题：一是棉花、棉纱、棉布市场自2014年7月中下旬重心迅速下移，棉企、纺企、棉农遭受巨大打击，更有许多棉企和棉农萌生退意，棉花种植将继续萎缩。二是棉花价格一路走低，棉农种棉几乎没有利润，从采摘、存放、交运等环节出现随意粗放心理，再加上惜售心理，籽棉在农户手中积压，易带来品质一致性下降、混等混级等质量问题。三是纺织需求不旺，又没有了收储托市，棉花产业整体加工产能过剩，将面临继续洗牌。无资质的小包型棉花加工企业，以及“两小一土”等低成本非法经营的企业因其体量小、经营灵活、加工成本低而呈现开工趋势，造成资源抢占、质量下降等问题。四是通过近两年的摸索与实践，仍有少数企业不能很好适应新的棉花标准要求，还是存在用过去的品级概念去检验的惯性思维与做法，从而影响企业效益。棉花标准体系仍需进一步研究完善，部分棉花质量参数设置与下游纺织生产应用没有完全接轨。

4. 生产环节

一是品种影响。品种是影响棉花质量的主要内在因素。我国的棉花品种繁多，但优良性状突出的比较少，加之近年来供种渠道不断增加，品种更新换代加速，种植品种混乱的问题很大程度上影响棉花的质量。由于近年来棉种行业严重亏损，棉种市场秩序较混乱，假冒伪劣种子充斥市场，难以形成主打的品种和品牌。各棉花品种其内在纤维品质有很大区别，棉农在选择棉花品种种植时以片面追求单产高、衣分高，抗病虫、色泽好为主，并不注重棉花内在品质，造成棉花细度偏粗，长度偏短，可纺性差，再加上籽棉交售的流动性、随意性大，收购企业不按类型品种等分类收购，造成了棉花纤维和棉花品质一致性的下降，给纺织企业配棉造成了较大的困难。

二是栽培管理与交售流通环节的影响。棉花栽培管理过程中，棉农盲目追求高密度、田间施肥种类单一，棉田残膜回收量甚少，或基本上不回收，导致残膜逐年增加，宜棉区耕地有限，棉田只能向非宜棉区扩张，加之劳力不足，管理粗放，并且我国多数区域棉田分散，规模化种植条件差，客观上导致质量指标的不一致。在交售流通环节上，棉花采摘、运输过程中使用塑料编织袋的问题一直没有得到有效根治。此外，棉农在户外摊晒籽棉时，受环境条件影响，极易造成动物毛发及杂物混入，形成异性纤维。由于担心综合指标低的棉花卖不出去，棉农有意识地将优等棉花和低等棉花掺混在一起优劣混卖，形成资源浪费，造成棉花品质普遍中等偏下，高品质棉花匮乏。

三是采摘方式的影响。我国大部分棉区采用的还是传统的手摘方式。棉农采摘棉花时较为粗放，按质量采摘、存放意识差，采集方式随意性大。部分棉农习惯揪桃剥棉，个别地区甚至还有拔秆剥桃的现象；近年来随着用工成本的大幅上升，棉花采摘雇工困难，棉花早采现象严重，少数地区一次性采摘，未成熟的棉桃被采，造成棉花质量下降。

自2001年起，新疆兵团开始大力推广机采棉技术，棉花生产机械化率逐年提高，目前，兵团耕、种、收综合机械化作业水平已达93%，棉花收获机械化率为66.3%，农机管理标准化团场达到85%。机采棉的快速发展有效降低了生产成本，但也带了含杂多、“三丝”多、长度短等质量问题。当前的机采棉均是将原有的手摘方式的棉花按照机采的要求进行种植，而未根据机采棉的实际需要进行培育棉种，所以并不是真正“适宜机采”的棉花。由于机采棉在采收过程中，缺少对采收对象的选择性，极易将地膜残片等异性纤维一同收集，造成异性纤维增多、杂质大等问题，再加上后续加工中，为了除杂干净，过度烘干开清，造成了对棉花强力、长度等内在指标的损害，增加了短纤率，一定程度上降低了机采棉花的市场竞争力。近期个别地区还出现了“手机棉”，即手采棉和机采棉掺杂在一起，混充手采棉。这种棉花会给纺织企业配棉造成严重影响，带来不必要的损失。

四是棉花加工的影响。国家临时收储政策实施三年来，很多棉花加工企业已经适应交储带来的收益和便利，专心应对收储，放弃了对下游用棉企业客户关系的维护，一旦推向市场，便有些无所适从。一方面由于棉企加工利润越来越小，出现劳动用工减少，质量管理不到位现象。一些企业加工过程中未正确处理好产量和质量的关系，轧工速度控制不当、排杂不彻底或不排，导致棉花长度严重损伤、短纤含量增加，同时含杂较高，棉结、索丝多。另一方面各类小包棉等无证企业有卷土重来之势，其质量意识淡薄，生产的小包棉多是白板包，一旦出现质量问题，不利于打击和追责。

五、有关建议

为减少加工过程中的质量损失，防止流通环节中人为的质量破坏，保护棉花质量的稳定性和一致性，提高我国棉花的整体可纺性，针对上述质量指标检验结果和影响因素做出如下建议：

1. 继续完善宏观调控政策，充分发挥市场资源

配置作用

实践证明，目标价格补贴政策的实施可以调整产业布局，优化产业结构，缓解国储库存压力，减轻财政负担，起到稳定生产、保障棉农利益、促进下游纺织企业健康发展的作用。但当前政策机制带来的一些问题也亟待进一步地研究和改进。如何合理制定并适时公布棉花年度目标价格、指导棉农和棉花经营者预先做好生产和经营计划；如何充分发挥市场在资源配置中的作用，完善符合国情和现阶段发展要求的棉花价格形成机制；如何因地制宜地完善内地各产棉省不同的价格补贴机制，使其发挥出更大的指导作用；如何引导产业结构调整，合理调整种植结构，引导棉花生产向优势产区集中，发展规模化种植、专业化管理的新模式；如何将目标价格政策与其他宏观调控政策相结合，保护整个产业链的良性运转，引导各方共同关注质量，都需要进一步地研究和探索。

2. 进一步深化棉花质检体制改革，加大科技兴棉力度

继续深化棉花质检体制改革，巩固改革成果，进一步改变粗放型外延经济增长模式，加强改革成果与其他行业的结合与应用。一是要加强政府部门、行业协会、相关机构之间的沟通协作，积极推动棉花产业信息大数据平台建设，研究棉花公证检验结果在纺织配棉中的应用、公证检验证书与现代物流的结合、公证检验结果的“大数据”应用与质量分析等。二是继续坚持优化“专业仓储＋在库公检”公检模式和制度，进一步摸清棉花产量底数，保证收购籽棉折合皮棉量与入库公检量之间的相互监督、制约机制，保证公检样品真实性，提高棉花质量。三是继续完善棉花国家标准，从而可以更为高效、客观、全面地评价棉花质量水平，指导生产与贸易结算。四是加大科技兴棉力度，通过政策引导加强良种培育、提升科学植棉水平、改进生产工艺。四是应加大对机采棉在育种、栽培管理、采摘技术、加工工艺等方面的专项研究力度，提高机采棉质量指标，使机采棉与手摘棉针对不同纺纱需求，优势分别得到发挥。

3. 继续加大棉花质量监督力度，提升国棉质量水平

受目前棉花产业链整体水平所限，棉花质量变化与市场形势走向的相关性较强，因此要继续加强棉花质量监督力度。一是加强监督检查，创新工作方法、注重工作有效性，继续加强对重点地区、重点监控企业的监督检查。二是针对纺织企业需求，有针对性地加大对长期存在的混等混级和比较突出的异性纤维等问题进行专项治理。三是继续完善公证检验对建立公正、公平的棉花市场交易环境，维护各方利益的作用。四是加快企业质量信用档案建设，积极实施棉花加工企业分类监督管理，发挥企业质量诚信档案在企业贷款、公证检验资格等方面的作用，督促棉花加工企业落实各项质量义务。五是密切关注棉花市场质量状况，做好棉花质量分析，加强安全风险预警和隐患排查，防止发生区域性、系统性质量风险。

2014/2015年度中国纺织经济运行报告

国家棉花市场监测系统　冯梦晓　李　宾

【作者单位简介】国家棉花市场监测系统是国家有关部门批准建立的棉花市场信息监测、发布与预警系统，为国家电子政务工程重点项目之一。由中国储备棉管理总公司与国家发改委价格监测中心共同建设，中国储备棉管理总公司为项目法人，中储棉花信息中心具体负责系统建设与运行维护管理。系统的建设目标是密切跟踪国内外棉花市场变化，准确反映市场供求趋势；为国家宏观调控决策提供可靠的决策依据；为涉棉企业经营决策提供信息参考，正确引导国内棉花生产与消费。本篇文章是国家棉花市场监测系统研究室根据纺织工业协会提供数据编撰整理而成。

2014年9月—2015年8月，我国多数纺织原料产量增速放缓，纺织品服装出口额同比略有下降，棉质产品出口额有所下降。我国纺织品服装主要出口市场为欧盟、美国、东盟和日本，我国对美国出口增速较2013/2014年度有所增长。2015年1—8月纺织全行业利润同比上升9.30%，棉纺织行业利润略低于纺织全行业。我国纺织全行业投资增速回升。

一、2014/2015年度多数纺织原料和产品产量增速放缓

2014/2015年度，我国多数纺织原料产量同比增速放缓，其间，我国布产量同比下降0.1%，棉布产量同比下降1.8%，服装产量同比增长3.4%，较2013/2014年度同期下降6.1个百分点，化学纤维产量同比增长7.2%，较2013/2014年度同期下降0.9%。

2015年1—8月，我国纱产量增长4.36%，增速较2014年1—8月下降3.43个百分点；棉纱产量增长4.83%，较2014年1—8月降低2.14个百分点。

表3-3　2014/2015年度国内规模以上纺织企业产品产量

名称	单位	产量	同比(%)	上年同比（%）
纱	万吨	3971.6	3.7	9.5
布	万米	7048835	–0.1	3.5
棉布	万米	3877284	–1.8	0.6
服装	万件	3030763	3.4	9.5
化学纤维	吨	46592230	7.2	8.1

数据来源：中国纺织工业联合会、国家棉花市场监测系统

2015年1—8月，山东、河南、江苏、福建、湖北、浙江、河北等省份纱产量位居全国前列，其中福建、湖北、山东和河南产量增长相对较快，江苏、河北仅保持小幅增长，浙江为负增长。其中，山东、河南、江苏、湖北、河北棉纱产量较大，湖北、江苏、山东和河南相对增长较快。

2014年9月—2015年8月，全国布产量为704.8亿米，浙江、山东与江苏布产量位居前三位，其中浙江和山东省产量分别为153.8亿米和114.2亿米。从同比增长情况来看，前三位省市中，山东和浙江布产量下降，降幅分别为6.5%和2.5%；江苏产量同比增长相对较快，增幅为6.7%。

2014年9月—2015年8月，山东棉布产量远高于其他省份，占全国总产量的24.7%，其他依次为湖北、江苏、河北。各主要省份中，江苏和河北产量增幅相对较大，同比增幅分别为5.9%和4.2%；山东、湖北产量下降，分别下降5.8%和3.7%。

2014年9月—2015年8月，广东、江苏和浙江服装产量位居全国前三位，其中广东省产量超过

60 亿件，产量最高，浙江、江苏与福建服装产量均超过 30 亿件。从同比增长情况来看，各主要省市中，福建服装产量同比上升，同比增速达 9.6%。

二、2014/2015 年度纺织品服装出口小幅下降，棉制产品出口同比下降

2014 年 9 月—2015 年 8 月，我国纺织品服装出口额 2896.36 亿美元，同比下降 1.66%，其中纺织品出口额为 1109.77 亿美元，同比增长 0.67%，增速较 2013/2014 年度降低约 6 个百分点（2013/2014 年度同比增长 6.61%）；服装出口额 1786.59 亿美元，同比下降 3.05%。

2014 年 9 月—2015 年 8 月，我国棉制纺织品服装出口 893.78 亿美元，同比下降 7.7%，比纺织品服装出口降幅低 6 个百分点，较 2013/2014 年度下降 2.7%。其中棉制纺织品出口额 259.32 亿美元，同比下降 5.8%，较 2013/2014 年度棉制纺织品出口同比下降 2.3%；棉制服装出口额 634.9 亿美元，同比下降 8.3%，比整体服装出口降幅低 4.8 个百分点，较 2013/2014 年度棉制服装出口同比下降 3.0%。

2014 年 9 月—2015 年 8 月，我国纺织品服装主要出口市场为欧盟、美国、东盟和日本。其中，我国对欧盟出口额为 541.72 亿美元，占全国纺织品服装出口总额的 18.7%；对美国出口额为 473.4 亿美元，占全国纺织品服装出口总额的 16.3%；对日本出口额为 226.74 亿美元，占全国纺织品服装出口总额的 7.8%。我国对美国的纺织品服装出口额同比增长 8.0%，对欧盟纺织品服装出口额同比下降 6.2%，对日本出口额同比下降 11.2%。

三、2015 年 1—8 月纺织行业主要经济指标增长平稳

2015 年 1—8 月，纺织规模以上全行业实现利润 2198.6 亿元，同比上升 9.30%；主营业务收入 44359.3 亿元，同比增长 4.91%；资产合计 43160.8 亿元，同比增长 5.46%；出口交货值 6016.7 亿元，同比下降 2.62%。

表 3－4　2015 年 1—8 月纺织企业主要经济指标比较

单位：亿元

时间	资产合计	出口交货值	主营业务收入	利润总额
2015 年 1—8 月	43160.8	6016.7	44359.3	2198.6
2014 年 1—8 月	40925	6178.6	42281.3	2011.5
同比 (%)	5.46	–2.62	4.91	9.30

数据来源：中国纺织工业联合会

2015 年 1—8 月，纺织行业资产负债率较 2013/2014 年度下降 1.0 个百分点，销售收入利润率较 2013/2014 年度上升 0.2 个百分点。流动资产周转率和应收账款周转率与 2013/2014 年度基本持平。

表 3－5　2015 年 1—8 月纺织工业主要效益评价指标比较

时间	销售收入利润率	资产负债率	流动资产周转率	应收账款周转率
2015 年 1—8 月	4.96	53.65	1.91	9.25
2014 年 1—8 月	4.76	54.65	1.90	9.26
增幅变化	4.18%	–1.82%	0.60%	–0.07%

数据来源：中国纺织工业联合会

全国纺织企业利润同比上升明显，亏损额下降。2015年1—8月，我国规模以上纺织企业利润总额2198.6万元，同比上升9.30%。各主要省市中，天津纺织企业利润总额同比增长较快，增幅达到67.2%，其他各主要省市同比均有不同程度增长，其中，江苏、福建、河南、江西分别增长20.3%、14.9%、10.0%、9.0%。上海和北京利润总额同比分别下降39.4%、28.8 %。

2015年1—8月，全国规模以上纺织企业销售收入利润率为4.96%，较2013/2014年度上升0.2个百分点。各纺织大省中，河南纺织企业利润率最高，为7.2%，较2013/2014年度上升了0.1个百分点。河北、福建、山东、江苏的利润率均超过5%，分别为5.66%、5.22%、5.22%、5.03%。在主要纺织大省中，江苏、福建、浙江、安徽、江西均有不同程度上升，上升幅度分别为0.63、0.33、0.22、0.38、0.23个百分点，山东、广东等出现不同程度下降，下降幅度分别为0.37和0.1个百分点。

2015年1—8月，全国规模以上纺织企业亏损5441户，亏损面为14.15％，较2013/2014年度缩小了0.53个百分点。其中，企业户数超过100家的省市中，北京、新疆和上海市亏损面较高，分别达到45.98%、40.59%和40.34%，与2013/2014年度相比，北京基本持平，新疆和上海分别下降17.41个和2.62个百分点，规模以上纺织企业亏损面超过30％的省市还包括西藏、山西、云南、广西，亏损面分别为50%、48.15%、40.91%、32.35%，较2013/2014年度分别增加（减少）50、4.82、-0.27、0.64个百分点。

2015年1—8月，全国规模以上纺织业亏损企业亏损总额同比下降6.06%。各纺织大省中，山东、广东和浙江等规模以上纺织业亏损企业亏损总额同比均有不同程度的增加，分别为17.75%、14.84%和12.67%。

四、棉纺织行业经营压力略有缓和，基本保持平稳态势

2015年1—8月，棉纺织行业出口交货值1029.0亿元，同比下降6.35％；资产合计14134.6亿元，同比增长3.88％；实现利润总额771.3亿元，同比增长7.3％。

表3-6　2015年1—8月棉纺织企业主要经济指标比较

单位：亿元

时间	利润总额	资产合计	负债合计	出口交货值
2015年1—8月	771.3	14134.6	7496.3	1029.0
2014年1—8月	719.0	13606.6	7393.7	1098.8
同比	7.27%	3.88%	1.39%	-6.35%

数据来源：中国纺织工业联合会

2015年1—8月，棉纺织行业利润总额、资产合计和负债合计均出现了不同程度的增长，其中，棉纺织行业利润总额增长较快，同比上升了7.27个百分点，出口交货值下降，下降幅度为6.35个百分点。

2015年1—8月，棉纺织行业大部分效益评价指标好于上年，显示棉纺织行业运行情况与上年基本持平，棉纺织行业销售收入利润率为4.77%，较2013/2014年度上升了0.03个百分点。流动资产周转率和应收账款周转率均较上年略有上升。资产负债率为53.04%，较2013/2014年度下降1.3个百分点。

表 3－7　2015 年 1—8 月棉纺织工业主要效益评价指标比较

时间	销售收入利润率	资产负债率	流动资产周转率	应收账款周转率
2015 年 1—8 月	4.77	53.04	2.29	12.79
2014 年 1—8 月	4.74	54.34	2.19	12.57
增幅变化	0.54%	−2.40%	4.49%	1.71%

数据来源：中国纺织工业协会

五、2014/2015 年度纺织全行业投资回升

2014 年 9 月—2015 年 8 月，纺织全行业实际完成投资 11370.53 亿元，同比增长 14.64%；施工项目数 18593 项，同比上升 2.89%；新开工项目 14767 项，同比上升 8.40%；竣工项目 13946 项，同比上升 5.37 %。

2014 年 9 月—2015 年 8 月，棉纺织实际完成投资额 2778.33 亿元，同比增长 14.00%；施工项目数 4045 项，同比上升 5.17%；新开工项目 3198 项，同比上升 11.90%；竣工项目 2995 项，同比上升 8.71%。

表 3－8　2014 年 9 月—2015 年 8 月纺织全行业、棉纺织及印染精加工行业固定资产投资统计表

		实际完成投资（亿元）	施工项目数	新开工项目数	竣工项目数
纺织全行业	投资规模	11370.53	18593	14767	13946
	同比（%）	14.64	2.89	8.40	5.37
棉纺织及印染精加工行业	投资规模	2778.33	4045	3198	2995
	同比（%）	14.00	5.17	11.90	8.71

数据来源：中国纺织工业联合会、国家棉花市场监测系统

2014/2015 年度棉纺织行业运行状况分析

中国棉纺织行业协会　王青翠

【作者单位简介】中国棉纺织行业协会是经中华人民共和国民政部核准登记的全国性社团组织，成立于 1995 年。协会现有会员单位 1600 余家，聚集了全国棉纺织、色织、牛仔布及相关的骨干生产企业、事业单位和社会团体，会员企业生产的纱、布、色织布（含牛仔布）工业产值占全国棉纺织工业总产值约 70%。中国棉纺织行业协会的宗旨是：遵守宪法、法律、法规和执行国家政策，遵守社会道德风尚，贯彻落实科学发展观，规范行业行为、维护会员的合法权益、为政府建言献策。中国棉纺织行业协会的主要任务是：在会员单位和政府部门之间起桥梁和纽带作用，传达贯彻政府的意图，反映企业的愿望和要求，根据政策法令维护会员的合法权益，竭诚为会员提供多方面的服务。

2014/2015年国内外需求不足，大宗商品价格下滑明显，市场观望情绪浓郁，棉纺织原料以及纱布产品价格弱势下行，棉制纺织品出口下降。面对发展环境的诸多困难和挑战，以大中型企业为核心的骨干棉纺织企业积极调整产品结构、创新发展思路、加快技术升级改造，优化产业布局，较好地保障了企业经营，总体上，新常态下的中国棉纺织行业运行稳中向好。

一、行业关注热点

1. 新疆投资建厂

内地纺织企业向新疆转移成为行业一大热点，在2015年尤为突出。新疆出台了支持棉纺织服装产业发展10项优惠政策，这也引起了行业内外的关注。棉纺织企业赴新疆投资考察的热情明显增加，当地各级政府也在积极进行纺织园区的规划、申报和建设工作。大量纺织企业进疆考察并投产，一方面当地有棉花资源优势，另一方面政府在电费以及出疆补贴上制定各种优惠政策吸引投资。为降低成本、减少用工、提高效率，在新疆投产的纺纱装备均以用工少、自动化程度高的装备为主。进疆新建的纺织生产设备在全国范围内处于领先水平，大幅提高了新疆自治区纺织产业的整体水平。然而棉纺织产业在新疆的可持续发展仍面临多重制约因素，包括离市场远、操作工人的培训、技术人才短缺以及政策持续性等。

2. 棉花目标价格改革

经国务院批准，《新疆棉花目标价格改革试点工作实施方案》于2014年9月16日由国家发展改革委、财政部正式下发执行。方案中明确新疆地方试行60%按面积和40%按产量进行直补，兵团试行统购统销、统一定价并按产量直补。长绒棉补贴按细绒棉的1.3倍进行计算。之后又公布了内地实施2000元/吨的棉花补贴措施。

棉花直补改革政策的实行积极推动了棉花的市场化，棉花的种植和加工等环节将更加关注市场需求，也将有利于棉花品质提升。但在实施过程中也存在一些问题。如流通环节程序较烦琐，占用时间、资金和人物力等资源大；其次，新疆实行按产量补贴的方式，使种植者更关注棉花的产量，忽略了纺织企业对棉花品质的要求，忽视了棉花品种改良。

3. 棉花加工贸易

自2014年开始，海关总署在全国范围内开展棉花走私专项稽查行动，2014/2015年度已有多家纺织企业被海关缉私部门稽查，有的被起诉走私普通货物罪。进入2015年加强了对加工贸易棉花加工中的“串料”等问题稽查，对行业发展产生较多影响。企业呼吁改革棉花加工贸易核销办法，简化监管程序；加快我国棉花体制改革，尤其要加速改革棉花配额分配办法，实行加工贸易配额申领制。

4. 高征低扣

高征低扣改革在一定程度上降低了企业赋税，但在核算过程中由于每个省方法不尽相同，操作上比较烦琐，因此，高征低扣具体改革措施还有待进一步完善。建议将棉花增值税调整为17%，实行见票抵扣。

5. 海外投资建厂

近年来，由于内外棉价差居高不下、人工成本攀升等问题，我国棉纺织企业纷纷去海外考察，部分企业开始在海外投资建厂，通过产业转移降低成本，并且享受贸易优惠政策。东南亚地区成本和政策优势导向明显，成为国内纺织产业转移主要方向之一；美国、意大利等发达国家自金融危机后也更加重视实体经济的发展，提出再工业化，并以其政策、市场等优势吸引海外投资，也是企业实现国际化发展，进行全球布局产业转移的方向之一。海外转移初步呈现原料基地、新建加工基地、市场渠道和高端品牌建设与技术应用等价值链较为完善的产业发展趋势。

二、市场价格

1. 原料价格弱势下行

2014/2015棉花年度停止收储政策，在新疆开始实行目标价直补试点改革，我国棉花调控机制向市场化迈进，新棉上市前期，棉花价格快速下滑，由 2014 年 9 月初的 17000 元 / 吨下降到 2015 年 1 月初的 13600 元 / 吨。随后价格平稳略有小幅下滑，至 2015 年 8 月底价格在 13000 元 / 吨左右，棉花价格依旧弱势下行。

2. 内外棉价差缩小

2014/2015 棉花年度，国际棉花价格小幅震荡，略有下行，几个棉花主产国减产，国际棉花需求下降，出现了价格小幅震荡上行，但缺少支撑，随后又小幅震荡下行。内外棉价差缩小，由年度初将近 5000 元 / 吨的差价缩小至约 1800 元 / 吨。

3. 化纤短纤价格走势分化

2014/2015 棉花年度初期，黏胶短纤价格小幅震荡，但自 2015 年 4 月中下旬，由于黏胶短纤生产企业检修等原因，供应量减少，价格开始上涨，截至 2015 年 8 月底黏胶短纤价格为 13950 元 / 吨，较 2014/2015 年度初价格上涨 16.6%，甚至高于棉花的价格。涤纶短纤在价格 2014/2015 年度下行，仅在 2015 年 5 月出现短暂的上涨，由于国际石油价格的下跌，涤纶短纤价格进入快速下行通道，截至 2015 年 8 月底，价格跌至 6950 元 / 吨，较 2014/2015 年度初下跌 26.4%。与棉花相比，涤纶短纤价格约为棉花价格的一半，价格优势十分明显，因此化纤替代作用也非常突出。

4. 纱布价格弱势

与原料价格下行趋势一致，我国棉纱布价格全年度整体下行。截至 2015 年 8 月底，32 支普梳纯棉纱价格为 19900 元 / 吨，较 2014/2015 年度初下降 16.9%，棉坯布价格为 5.55 元 / 米，较 2014/2015 年度初期价格下降 8.9%。2014/2015 年度，纱线价格下行速度上半年快于下半年，布价格下行速度下半年加深，主要原因是纱线价格紧随棉花价格波动，而后道产品布的价格受棉花价格下行影响要滞后；另外，从价格下降幅度来看，越后道的产品受原料价格下降的影响越小。

三、进出口贸易形势

由于国际市场需求不足，行业出口增长的压力较大。根据中国海关总署数据，2014/2015 年度我国棉纱出口 36.7 万吨，同比下降 23.4%，降幅较 2013/2014 年度继续加深，棉织物出口 82.02 亿米，同比下降 2.6%，特别是近几年印度、越南等国棉纱生产规模及竞争力的快速提升，不断在抢占我国的市场份额。2015 年 1—9 月，棉制纺织品累计出口 189.4 亿美元，同比下降 7.0%，累计进口 63.1 亿美元，同比增加 3.6%。受汇率以及日本量化宽松政策影响，出口欧盟、日本下滑明显，出口东盟略有下降，美国市场消费需求有所恢复。

表 3－9 2014/2015 棉花年度棉制纺织品进出口情况

	品种	单位	2014/2015	2013/2014	同比
进口	棉花	吨	177	313	–43.60%
	棉纱线	吨	233	203	14.60%
	棉织物	亿米	6.15	6.95	–11.50%
出口	棉纱线	吨	36.7	48	–23.40%
	棉织物	亿米	82.02	84.91	–2.60%

数据来源：中国海关总署

1. 进口纱数量和中高支棉纱占比增加

尽管国内外差价缩小，进口纱仍以两位数增速大量进入国内市场，2014/2015 年度我国进口棉纱线 233 万吨，同比增加 14.6%；出口棉纱 36.7 万吨，同比减少 23.4%。持续两年巨大的内外棉价差，进口纱凭借显著的价格优势，在国内建立了较为稳定的销售渠道，培养了一批中低端目标客户群。进口纱量最大为印巴纱，分别占进口总量的28.7%和24.9%，其中印度棉纱自2010年占进口总量的11%快速上升，越南棉纱线进口量占比也呈快速增长趋势，从2010年占10%增长到2015年的21%，占比基本接近印巴纱。

表3-10　2013/2014年度以来我国棉纱进口数量

单位：万吨

	棉纱进口总量	印度	巴基斯坦	越南
2013/2014年度	203	59	49	35
2014/2015年度	233	67	58	49

注：1. 数据来源为中国海关总署。
2. 表中所列国家为主要进口国。

虽然，进口纱在品质及稳定性上与国产纱仍有较大的差距，但随着主要竞争国纺纱产能和技术的发展，加之其国家对纺织的扶持政策，进口纱正在由中低支纱向中高支及精梳纱蔓延。进口纱中精梳30—47支纱数量增长迅速，其中进口印度该品种的数量最大，达69%，数量同比增长113.33%；进口越南该品种的纱增长达134.97%。

表3-11　2015年1—9月我国棉纱线分品种进口情况

	8支以下	8—25支	25—30支	30—47支	其他
数量占比（%）	4	55	7	33	1

数据来源：中国海关总署

2. 棉花进口量减少

随着国内棉花价格持续下跌，内外棉花价差逐渐缩小，进口棉价格优势不断弱化，加上我国棉花配额发放数量缩紧，导致全年度棉花进口量较2013/2014年度同比下降。海关总署数据显示，2014/2015年度我国棉花进口总量177万吨，同比减少43.6%。

2014/2015年度，我国进口棉前四大市场依次为美国、印度、澳大利亚、乌兹别克斯坦，分别占总进口量的42%、15%、11%和10%，我国从美国进口的原棉占比持平，从印度进口占比降幅最大，其原因与印度国内实行棉花收储等政策有关。而澳棉进口量占比下降，主要是澳棉产量下降加之价格上涨较快影响。

表3-12　我国棉花进口情况

单位：万吨

	棉花进口数量	印度	美国	澳大利亚	乌兹别克斯坦	巴西
2013/2014年度	313	109	60	67	15	10
2014/2015年度	177	27	59	27	18	18

注：1. 数据来源中国海关总署。
2. 表中所列国家为主要进口国。

3. 棉织物出口量同比负增长

棉织物是我国棉纺织品出口的重要组成部分。受国际棉价总体下降趋势和国际市场需求清淡的影响，2014/2015 年度我国棉织物累计出口 82.02 亿米，同比下降 2.6%，进口棉织物 6.15 亿米，同比下降 11.5%。我国棉织物出口市场分布广泛，出口量也较均衡，出口市场主要为越南、孟加拉国、贝宁等东盟和非洲国家，均占出口总量的 10% 左右。近年来，越南纺织市场需求增长明显，服装纺织生产企业也增多，规模增大，生产产品大都销往欧美市场。

表 3－13　我国棉织物出口数量对比

单位：亿米

	棉织物出口数量	越南	孟加拉国	贝宁	中国香港
2013/2014 年度	84	9	9	7	5
2014/2015 年度	82	11	8	5	4

数据来源：中国海关总署

我国出口的棉织物价格较低，以大路货常规产品为主，而国内棉纺织企业对棉织物要求较高，以进口日本、韩国等国家的高品质棉织物为主，因而价格较高。

四、企业生产经营情况

1. 订单向大中型骨干企业集中

2014/2015 年度，我国棉纺织企业经营形势仍然较困难，下游需求低迷，产品价格弱势下行，企业努力消化库存，市场观望情绪较浓，行业整体开机率不足，订单向大中型骨干企业集中。在调研中发现，大企业外放订单加工情况减少，竞争力较差小微型企业陆续退出市场，部分生产纯棉常规品种的中小型企业减少了开机。但协会跟踪的 200 家重点企业生产平稳，2014/2015 年度纱产量累计同比持平，微增 0.20%；布产量累计同比增加 0.68%，其中，2015 年 2 月份春节放假时间有所延长，当月产量减少。从纱品种结构来看，纺纱企业减少了纯棉纱生产量，增加了混纺纱和纯化纤纱的产量。

2. 产品品种多元化趋势明显

随着科技的进步，产品结构更加多元化，化纤、短纤的品种和数量不断增加，性能不断提升，全国范围内应用创新纺纱工艺的纱线数量占比呈增长趋势。加之由于国内棉花缺少竞争力，纺织企业减少棉花用量，增加了非棉纤维如涤纶、黏胶短纤的使用量。更多的企业采用差别化纤维进行混纺、色纺，以提高产品附加值。据企业反映，化纤混纺纱的效益好于单一化纤纱品种，各类化纤混纺纱的效益好于化纤与棉花混纺品种，黏胶纱的效益好于涤纶纱。

3. 主营业务收入同比小幅增长

从国家统计局数据来看，2014/2015 年度我国规模以上纺纱企业主营业务收入同比增长 6.22%，亏损面达 13.21%，比上年度同期微降 1.5 个百分点；规模以上织造企业主营业务收入同比增长 5.20%；亏损面达 9.70%，比 2013/2014 年度同期微降 0.74 个百分点。从数据上看，正常生产经营的规模以上企业运行基本平稳。

4. 行业全年度景气指数

从 2014 年初开始，中国棉纺织行业协会每月对外发布行业景气指数，2014/2015 年度棉纺织行业景气指数在 45—50 区间内，表示行业欠景气；2014 年第四季度景气有所回升，2015 年 4 月份景气度较好，之后逐月下滑。

5. 行业投资情况

2015 年 1—8 月棉纺纱和棉织造实际完成投资额和新开工项目同比增加，纺纱实际完成投资额同比增长 13.53%，新开工项目同比增长 11.83%；织造实际完成投资额同比增长 22.80%，新开工项目同比增长 8.97%。面对严峻的内外部形势，行业技术改造和转型升级的步伐加快。

从投资区域看中部实际完成投资增速快于东西部地区，西部新开工项目增速最快，特别是新疆地区受发展纺织服装支持政策影响，固定资产投资完成额和新开工项目数量同比快速增长。

表 3－14　2014/2015 年度纺织行业分区域固定资产投资情况

地区	实际完成投资（万元）	新开工项目数	实际完成投资比上年同期增长（%）	新开工项目数比上年同期增长（%）
全国	113705267	14767	14.46	8.40
东部 11 省 (市)	66773151	10085	13.36	8.50
中部 8 省	37163272	3464	17.95	7.61
西部 12 省 (区市)	9768844	1218	11.43	9.83
其中：新疆	1957507	167	182.71	98.81

数据来源：国家统计局

表 3－15　2015 年 1—8 月棉纺织行业固定资产投资情况

行业	实际完成投资（万元）	新开工项目数	实际完成投资比上年同期增长（%）	新开工项目数比上年同期增长（%）
棉纺纱加工	11833978	1352	13.53	11.83
棉织造加工	3898551	595	22.80	8.97

数据来源：国家统计局

五、2015/2016 年度形势展望

2015 年 1—9 月，世界发达经济体稳步复苏，美国、欧盟和日本三大经济体失业率均持续下降，消费者信心指数也不断回升。根据美国商务部、欧盟统计局和日本经济产业省的数据显示，三大经济体的纺织品服装零售增速自第二季度以来总体上呈现回升迹象，环比增速也均高于 2013/2014 年度，说明国际市场需求随着经济复苏稳中有升。2015 年 1—8 月，美国进口纺织品服装同比增长 5.5%，欧盟进口纺织品服装增速较 2015 年上半年略有下降，但是以欧元计也实现了 11.6% 的增长。

但新兴经济体增长继续放缓，特别是俄罗斯、巴西等国家的经济陷入深度衰退，形势较为严峻。全球金融市场波动加剧，新兴市场国家汇率普遍深度贬值，股票市场大幅震荡，大宗商品价格持续低迷，系统性金融风险上升。

国内经济增速放缓，进入发展“新常态”，劳动力成本的上涨，环境治理要求的提高，纺织生产的高成本将是必然。当前受棉花体制制约，用棉成本仍高于国际水平，棉花质量下降，高等级棉花缺少。短期内 1200 万吨的国储棉如何消化，

国家具体的调控政策如何，都会对市场产生不同的预期，纺织企业还会有一段困难期。

但内需市场仍有较大潜力，随着我国城镇化进程的推进，广大农村和中小城市纺织品的购买力将逐步提高，纺织品消费市场还有巨大的潜力，而且我国棉纺织产业体系和产业链完整，产业布局合理，东中西部协调发展。从上游的原料供给到纺纱、织布、家纺、服装等均表现出良好的配套性、具有较强的整体产业链竞争优势。行业通过不断创新，积极调整优化产品结构，差别化、功能化、新型纤维加工的棉纺织产品逐步增多，产品性能和质量不断提升。国家更加重视制造业的发展，对纺织行业发展提出“增品种、提品质、创品牌”的三品战略，并积极推进棉花市场化进程，国内外棉花差价问题有望得到有效缓解。

中国棉纺织行业的发展有挑战，也有机遇，从全国经济增速下滑的宏观环境看，我国棉纺织也进入了发展增速的换档期，这是新常态下呈现的合理现象。速度放缓有利于促进结构调整，行业在新的年度里，将更加注重生产效率的提高，设备的自动化程度将不断提高；加快技术创新和产品研发，提高产品品质和附加值；统筹国际国内两个市场，实行贸易与投资并重的纺织品服装出口战略，合理布局。在经济新常态下，希望国家能创造更加公平的竞争环境，加强产业链上下游的合作，通过全行业的努力，积极谋求棉纺织产业链的健康可持续发展。

2014/2015 年度郑州棉花期货市场运行情况

郑州商品交易所 姬广坡

【作者简介】姬广坡，博士研究生学历，高级经济师。现任郑州商品交易所研究部高级专员，负责棉花期货的维护工作。今年独著或合著经济期货类专著十余部，在各类报刊上发表论文 70 余篇，共计约 200 万字。

2014/2015 年度是郑州商品交易所棉花期货（以下简称“郑棉期货”）上市的第 11 个年度，随着棉花临时收储政策退出历史舞台，郑棉期货成交量和仓单数量呈现恢复性增长。2014/2015 年度，全球主产国棉花产量降低，库存压力犹在，我国进口棉数量大幅下降，但棉纱进口量持续增加，产业链各环节经营困难，棉花供大于求成为市场常态。国家出台棉花目标价格补贴试点及一系列纺企赴疆的优惠政策，引导市场运行。

一、2014/2015 年度郑棉期货市场运行基本情况

1. 郑棉期货成交量、成交金额同比大幅增加

2014/2015 年度，郑棉期货成交量较 2013/2014 年度大幅增加，2014/2015 年度总成交 3984.29 万手（单边，每手 5 吨，共计折合 19921.44 万吨），成交金额 26321.04 亿元（单边），分别比 2013/2014 年度增加 413.07% 和 325.61%。

2. 郑棉期货仓单数量同比增加

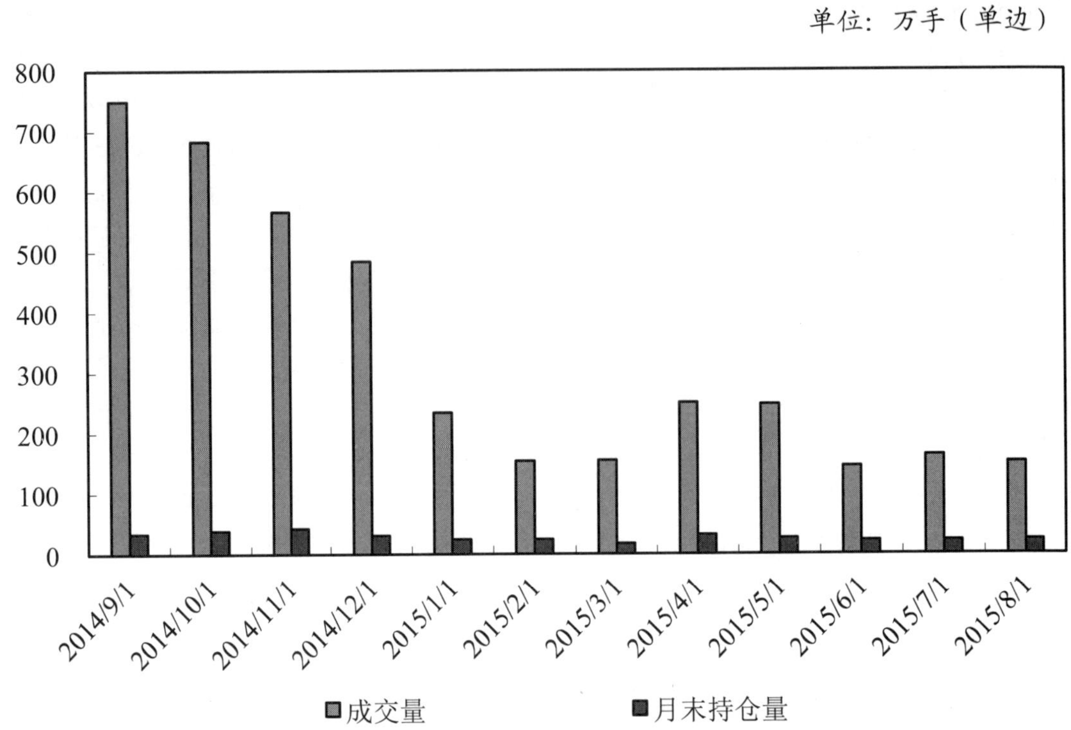

图 3－34　2014/2015 年度郑棉期货成交、持仓量示意图

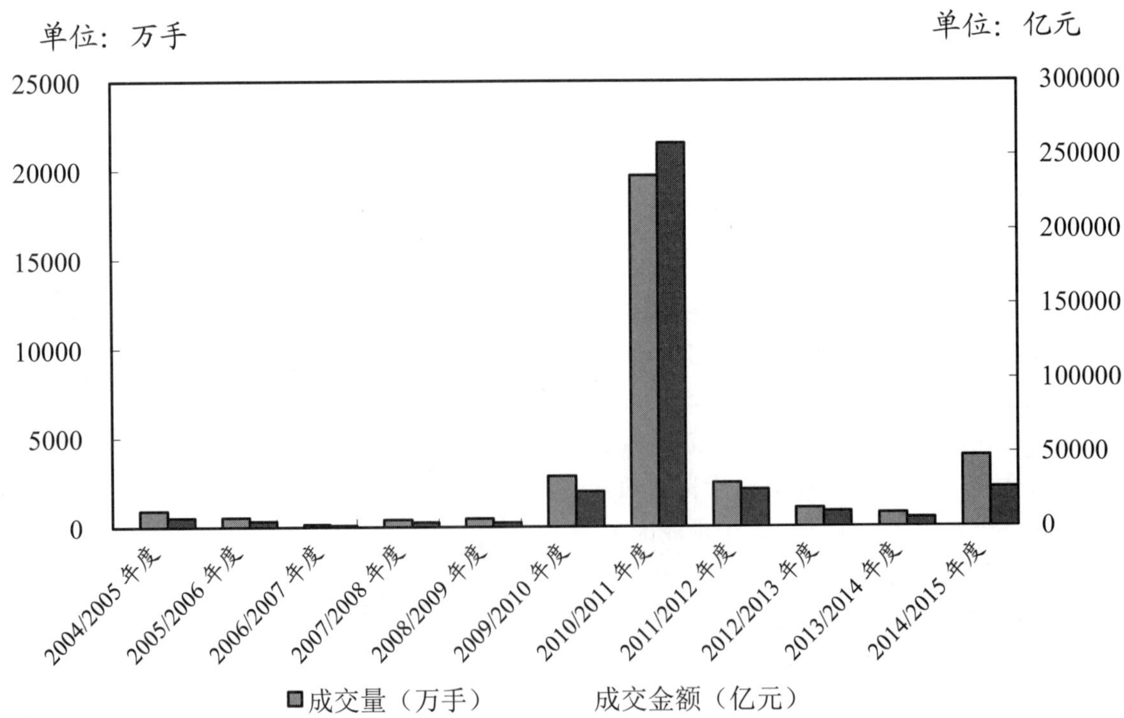

图 3－35　郑棉期货历年成交量、成交金额示意图

2014/2015年度，在库棉花仓单数量较2013/2014年度大幅增加，最大在库仓单数量为2015年6月12日的1731张（约合72693吨），最少时为2014年10月23日至29日的44张（约合1848吨）。2015年8月31日在库棉花仓单数量为438张（约合18394吨），基差在851元/吨。

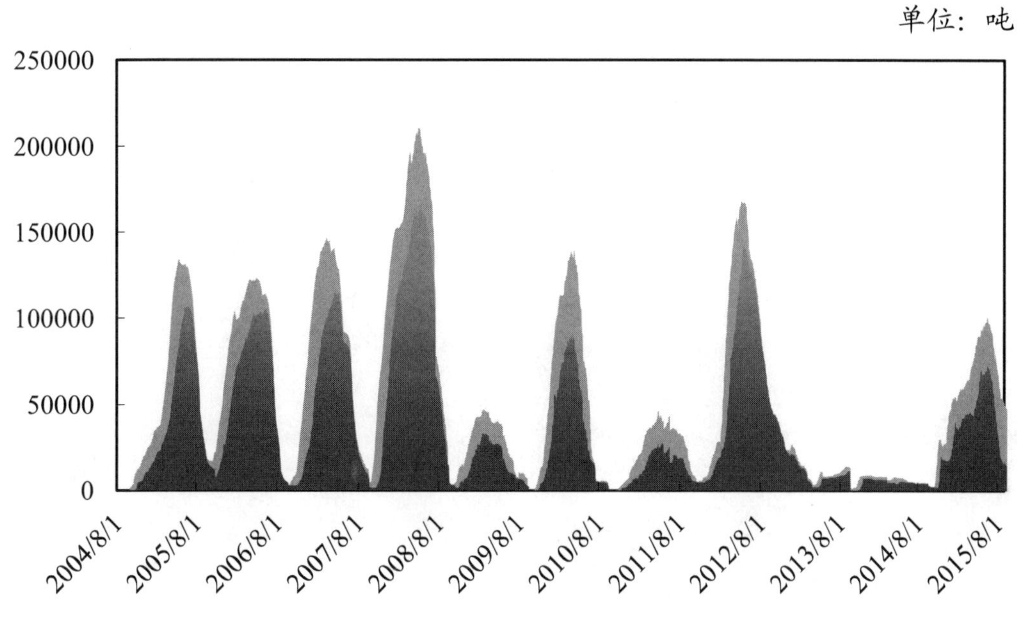

图3－36　郑棉期货历年仓单数量与有效预报示意图

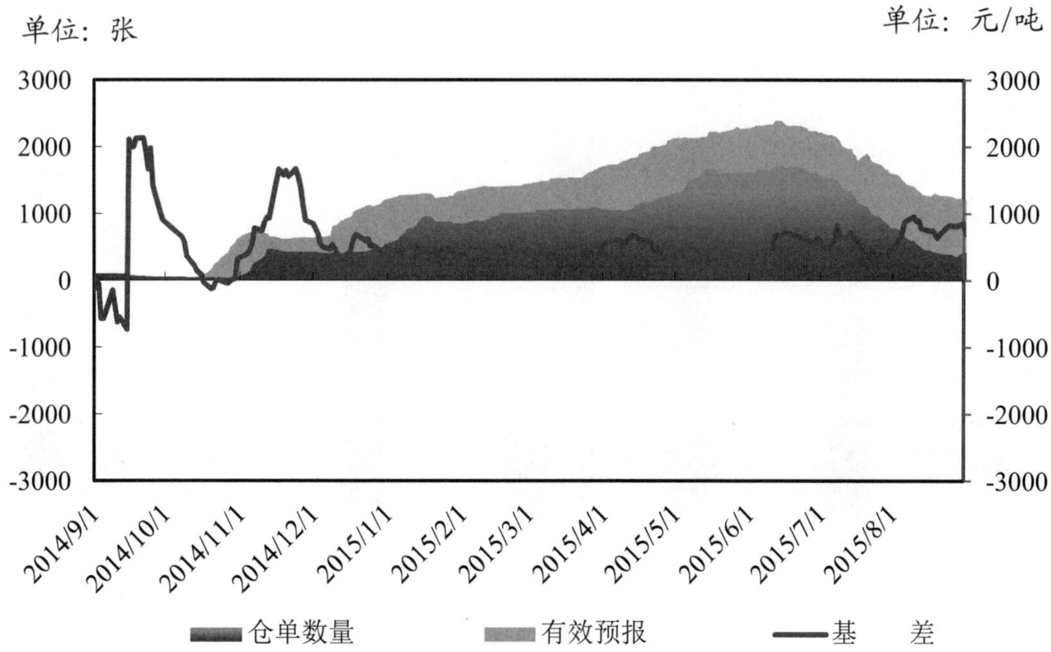

图3－37　2014/2015年度郑棉期货仓单数量与基差示意图

3. 郑棉期货仓单交割量同比增加

2014/2015 年度，郑棉期货交割量为 16032 张（每张仓单 5 吨，约合 80160 吨，不含期转现），比 2013/2014 年度（4424 张，22120 吨）增加 262.39%。交割量最大的合约为 CF1505 合约，共 7832 张，约合 39160 吨。

单位：张

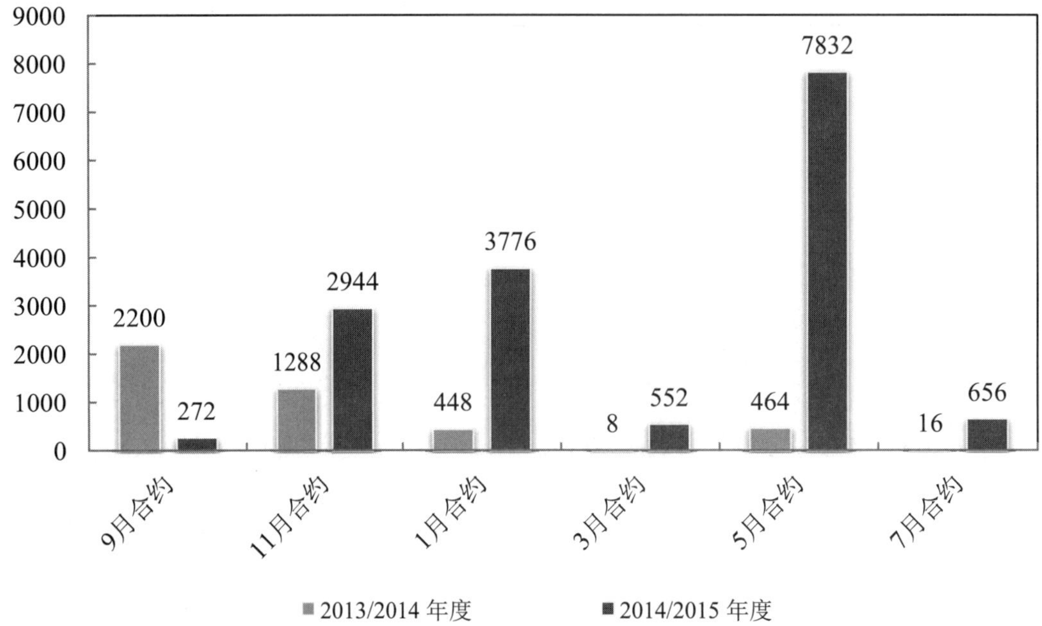

图 3－38 2014 年度郑棉期货各合约交割数量及同比对比示意图

单位：张

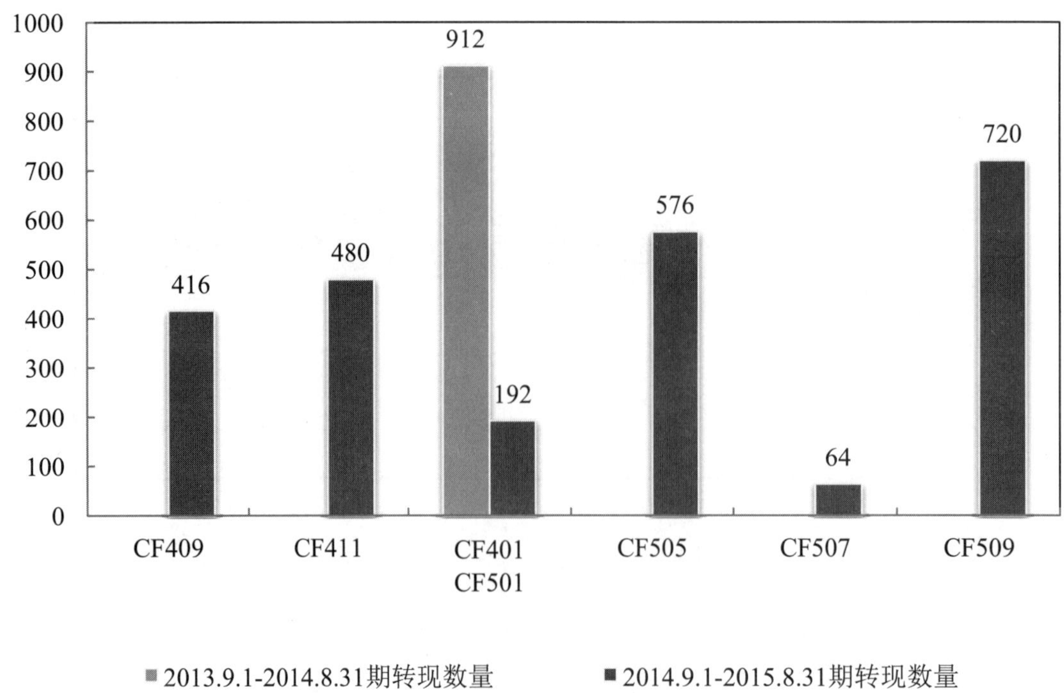

图 3－39 2014 年度郑棉期货期转现数量及同比对比示意图

4. 市场规模再次超过ICE棉花市场

2014/2015年度，我国棉花期货交易量再次超过ICE棉花市场。郑棉期货上市十一年以来，价格发现和套期保值的功能不断发挥，继2009/2010年度和2010/2011年度之后，2014/2015年度，我国棉花期货成交量再次超过ICE棉花市场规模，是2014/2015年度ICE市场成交规模的1.32倍，分别为19921.44万吨（ZCE）和15070.52万吨（ICE）。

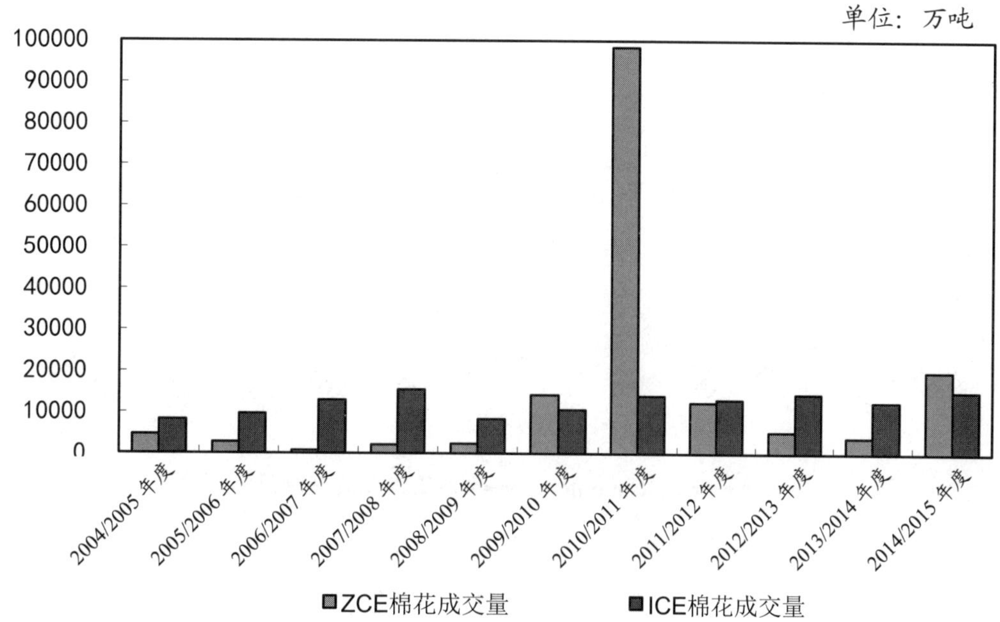

图3-40 郑棉期货与ICE棉花市场规模示意图

二、2014/2015年度棉花市场行情回顾及影响因素分析

1. 国内棉花市场行情

2014/2015年度，我国棉花现货价格一路走低。代表国内3128级棉花均价的国家棉花价格B指数从年度初期的16935元/吨，下跌至年度末的12901元/吨，下跌4034元/吨，跌幅23.82%。

2014/2015年度，郑棉期货价格振荡下行。随着我国棉花目标价格政策不断推进，基本面因素作用于市场，期货市场活力不断恢复，成交量较2013/2014年度大幅增加。2014/2015年度内，近交割月合约结算价在12020—17505元/吨，年度波幅5485元/吨（见图3–41）。

主要影响因素分析：

（1）供求关系。2014/2015年度，我国棉花产量616万吨，消费量807万吨，进口量萎缩至167万吨，但由于棉花储备库存没有得到释放，期末库存依然高企，达1320万吨，库存消费比高达163%，占全球棉花期末库存2244万吨的59%（见图3–42）。

（2）宏观经济因素。2014/2015年度，我国经济增长继续保持新常态，全球主要经济体的经济增长前景不甚乐观。新棉内在质量逊于往年，棉花购销不旺，纺织服装总体运行稳中趋缓（见图3–43）。

2. 国际棉花市场情况

2014/2015年度，Cotlook A指数（代表国际3128级棉花亚洲主港报价）在65.30美分/磅至76.15美分/磅区间波动，年度波幅10.85美分/磅，波幅较2013/2014年度大幅缩小。

2014/2015年度，ICE棉花期货价格保持振荡运行，近交割月收盘价全年保持在57.30美分/磅至70.79美分/磅之间波动，年度波幅13.49美分/磅左右，波幅较2013/2014年度大幅缩小（见图3–44）。

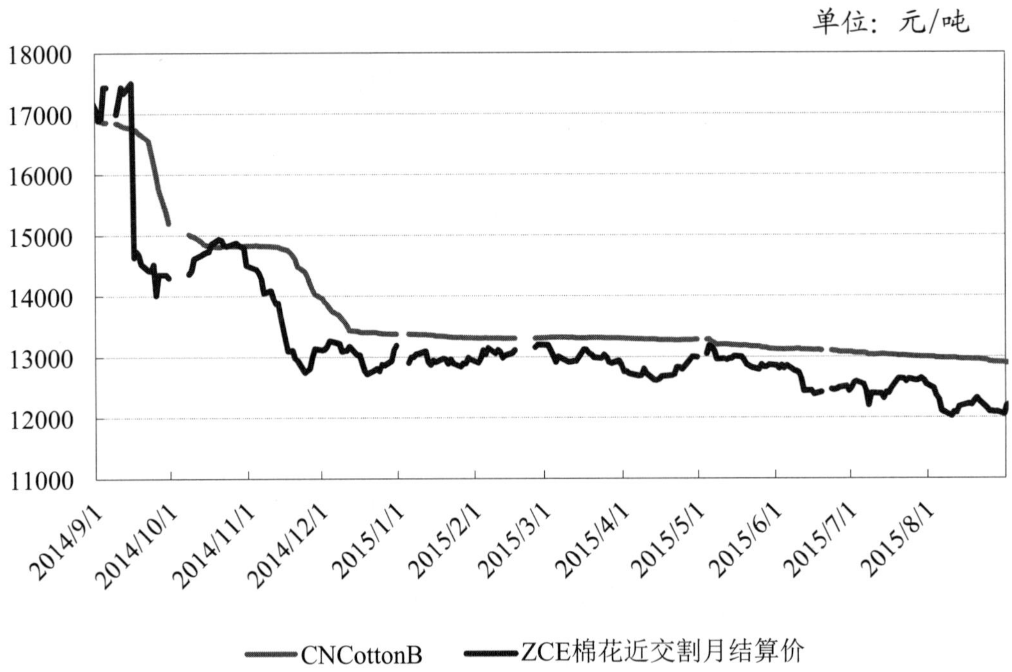

图 3－41　2014/2015 年度国内棉花期、现货价格对比

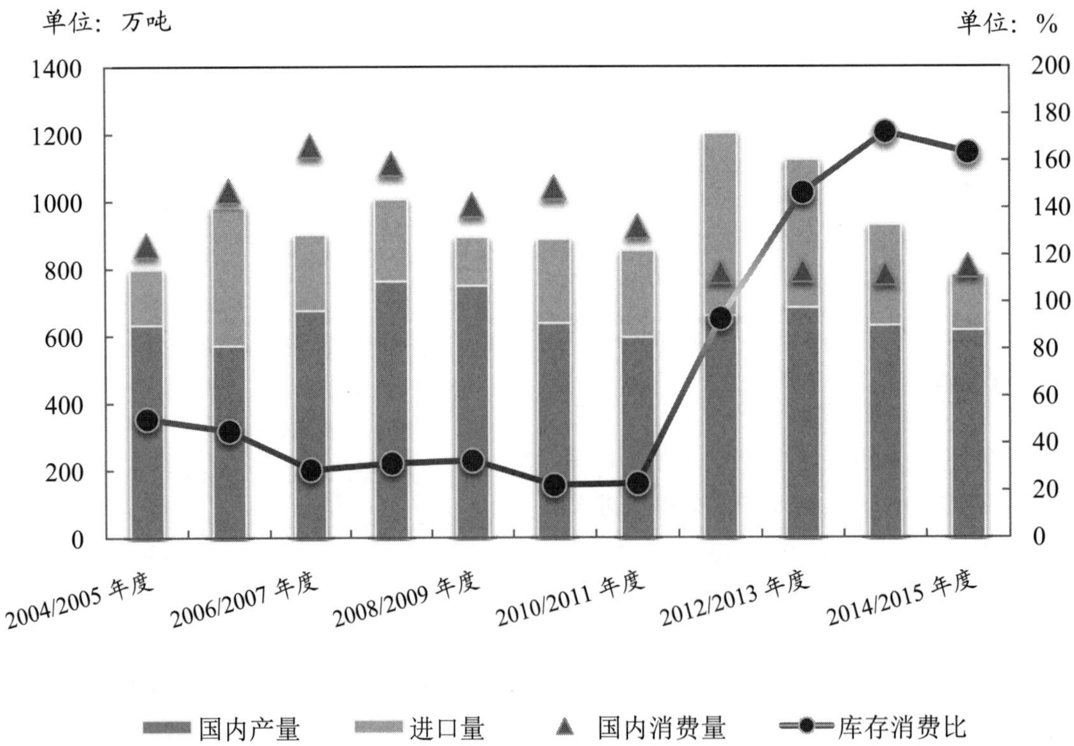

图 3－42　棉花期货上市以来我国棉花供需情况

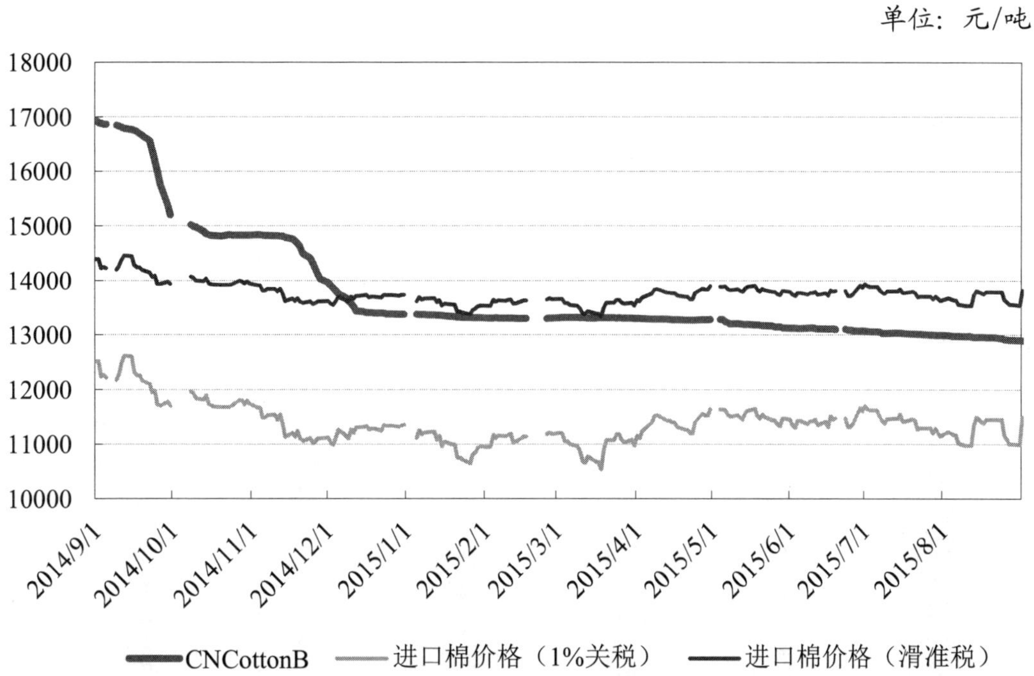

图 3－43　2014/2015 年度进口棉和国内棉花现货价格走势对比

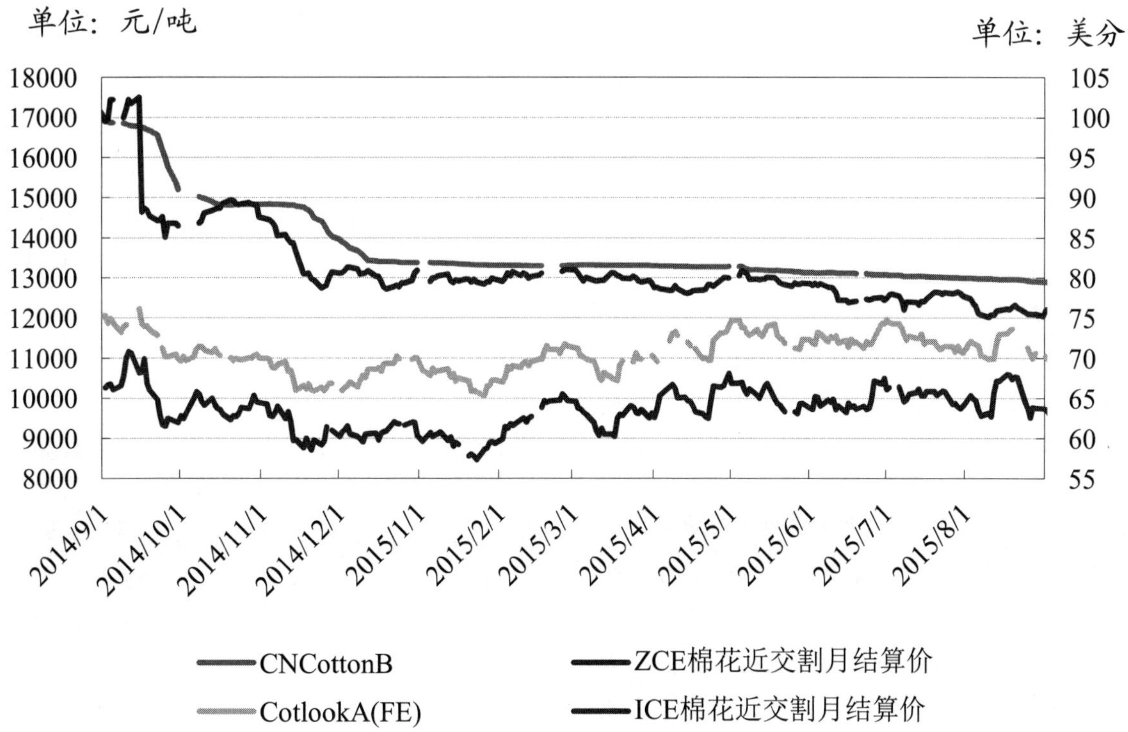

图 3－44　2014/2015 年度国内外棉花期、现货价格对比

主要影响因素分析：

（1）供求关系。美国农业部供需预测报告显示，2015/2016年度，全球棉花产量2211万吨，消费量2415万吨，期末库存2240万吨（中国期货库存1405万吨，占全球库存的62.72%），全球库存消费比处于92.7%的高位，库存压力虽较往年有所缓解，但由于需求未能有效增加，库存压力依然较大。

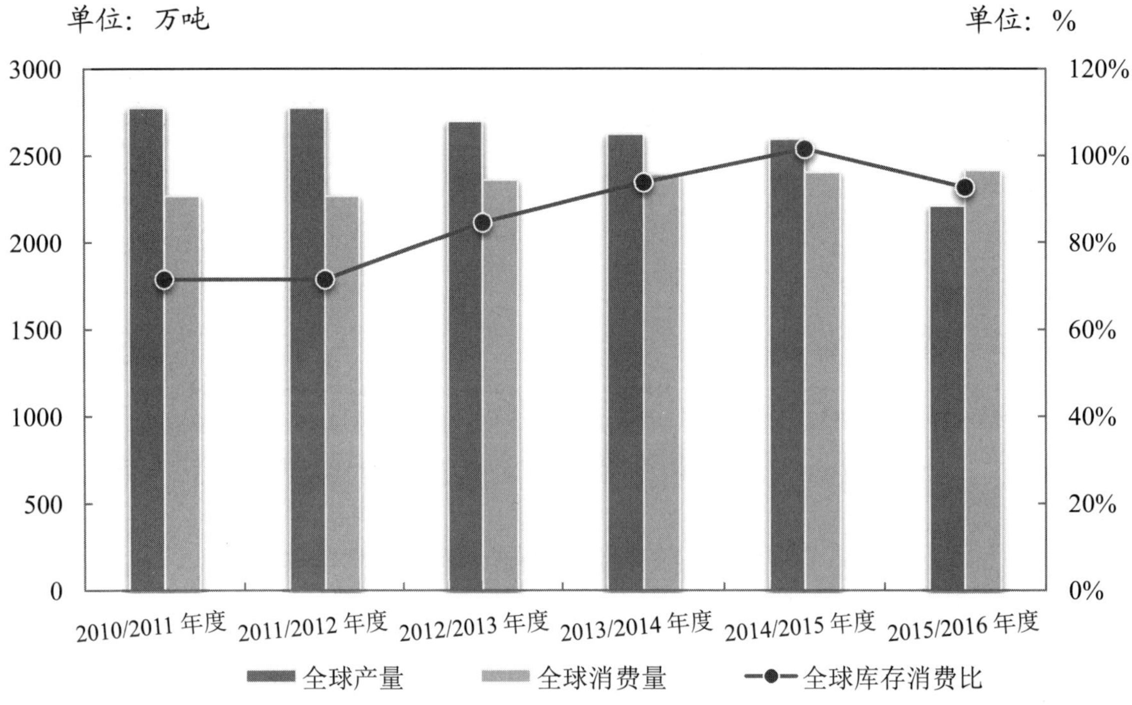

图3-45 2009年度以来全球棉花供需状况

（2）国际棉纱继续抢占国内棉花市场。2014/2015年度，国内外棉纱价差缩小，但印度、巴基斯坦、东南亚等地低支纱成本优势仍然不容忽视，棉纱净进口量依然有较大幅度增加。2014/2015年度我国净进口棉纱200万吨，高出2013/2014年度44万吨，后期进口棉纱对国产纱的影响或将持续，甚至有加重的风险（见图3-46）。

三、2014/2015年度郑棉期货市场政策调整情况

2014年10月31日，第34号《关于调整指定棉花交割仓库的通告》暂停连云港新苏豫棉花储运有限公司、湖南银华现代农业物流股份有限公司、中国储备棉管理总公司盐城直属库3家指定棉花交割仓库的交割业务，转为棉花备用交割仓库，增设中棉集团山东物流园有限公司、江苏银海农佳乐仓储有限公司为指定棉花交割仓库，自2014年12月1日起开展棉花期货交割业务。

2014年11月13日，第36号《关于调整棉花合约替代交割品升贴水的通告》对棉花合约替代交割品升贴水进行调整。

2014年12月3日，第236号《关于棉花期货相关业务细则修改事项的通知》拟在新疆设置棉花期货交割中转库，自CF601合约开始执行。第39号《关于在新疆设置棉花交割中转库的通告》设新疆农资集团北疆农佳乐有限责任公司、石河子天银物流有限公司、库尔勒银星物流有限责任公司为郑州商品交易所指定的新疆棉花交割中转库，自2015年11月18日开展中转交割业务。

2014年12月5日，第361号《关于夜盘交易有关事项的通知》自2014年12月12日21:00起

单位：万吨

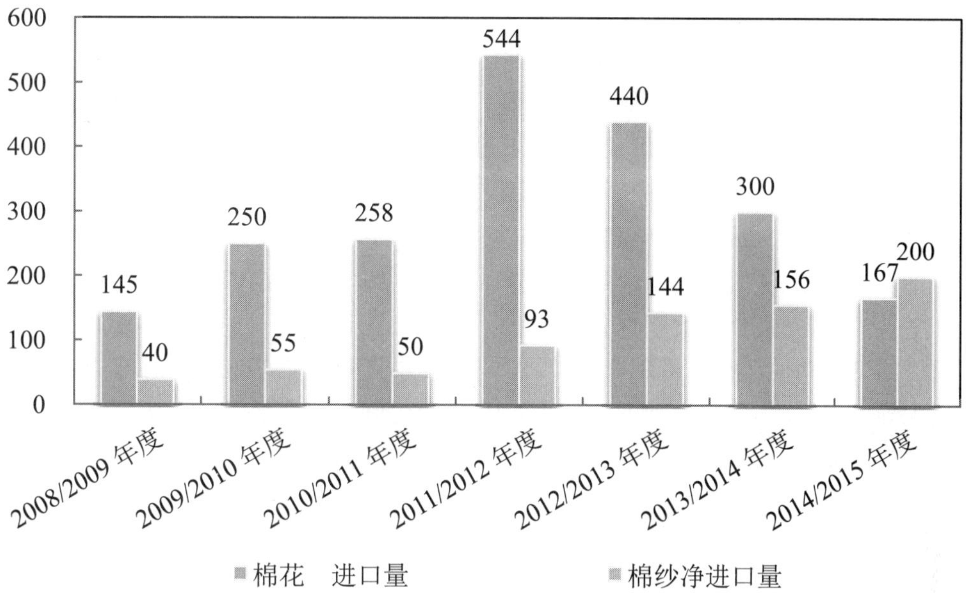

图 3-46　2008 年度以来我国棉花和棉纱进口数量对比

开始夜盘交易。交易时间为 21:00—23:30，交易品种为白糖、棉花、菜粕、甲醇和 PTA。

2015 年 6 月 17 日，第 104 号《关于废止国有涉棉企业申请套期保值相关制度的通知》，据中国证监会公告将《郑州商品交易所贯彻实施中国证监会〈国有涉棉企业期货套期保值业务管理制度指引〉的规定》（郑商发〔2004〕18 号）和《关于国有涉棉企业申请套期保值工作程序的通知》（郑商函〔2004〕100 号）即日起废止。

2014/2015 年度美国洲际交易所棉花期货价格走势分析

保罗·赖因哈特公司　托马斯·赖因哈特

【作者简介】托马斯·赖因哈特，1956 年 4 月 22 日生于瑞士温特图尔；1974—1980 年就读于苏黎世大学法律专科，1980 年获得博士学位；1981—1983 年为瑞士日内瓦嘉吉公司初级豆粕交易员；1983—1985 年为巴西圣保罗嘉吉公司豆粕交易员；1985—1986 年为意大利米兰嘉吉公司豆粕交易员；1987 年开始就职于瑞士保罗·赖因哈特公司，2012 年开始常驻北京，目前是赖因哈特北京公司总裁，保罗·赖因哈特公司董事会成员。

一、ICE棉花期货和全球市场

几十年来，美国洲际交易所的2号棉花期货合约是唯一一个规模和交易量大的、货币可以完全转换的棉花期货和期权交易市场。如今这些可能会发生变化了。从2015年11月2日开始，ICE推出了一个国际合约，允许交割美棉、澳棉、巴西棉、印度棉和部分产地的西非棉。随着时间的推移，这个新合约可能会演变成一个全球棉花贸易领域全新的而且可能更适合的套期保值工具。不过，目前新合约的流动性和交易量还很小，2号棉花合约仍然主导着市场。

虽然2号棉花合约只允许在美国的交割库交割美棉，但其价格走势最能反映国际棉花价格，而且更能反映美国当地的情况，这不仅是因为如果没有这个合约，所有国际棉商都无法利用套期保值进行价格风险管理，而且国际棉花贸易的很大一部分都是在锁定基差的基础上进行的。因此，2号棉花合约和国际市场有着非常强的关联性，甚至和中国的棉花市场也有很大关系。

图3–47是ICE棉花期货2号棉主力合约和中国棉花价格指数的走势。虽然中国限制外棉进口使中国棉花市场相对独立于国际市场之外，但二者之间仍存在关联，只是关联度不是非常高，而且有时会滞后。

图3–47 ICE棉花期货主力合约（黑线）与中国棉花价格指数日价对比图（灰线）

因此，ICE期货是国际棉花贸易的重要工具，而且以后也是，无论新合约今后是否会成功。

不过，棉花期货的大多数交易与棉花现货贸易无关，而是指数基金和对冲基金所为。因此，宏观大环境和大型投资者的预期也会给市场带来重要影响，有时甚至起了决定性作用。我们都记得2010/2011年度商品市场的恐慌性买盘，图3–48是近十年ICE棉花期货主力合约和商品期货指数的长期价格走势对比。

由图可见，二者之间关联性非常明显，而且值得一提的是，棉花价格从2010/2011年度开始的下跌远远超过其他商品。到目前为止，商品期货指数和棉花期货都达到了近似的低点，和十年前的水平差不多。

图 3－48　ICE 棉花期货主力合约（黑线）和中国棉花价格指数（灰线）周价对比

二、2014/2015 年度棉花价格走势

图 3–49 显示的是 ICE 期货 2 号棉的中长期走势，每个垂直竖线代表主力合约一周的交易区间。图中最显著的特征是 2010/2011 年度的超级大牛市。从 2012 年开始，市场回到稳定，过去 18 个月里，价格一直在 57—68 美分的狭窄区间内盘整，接近历史长期均值。

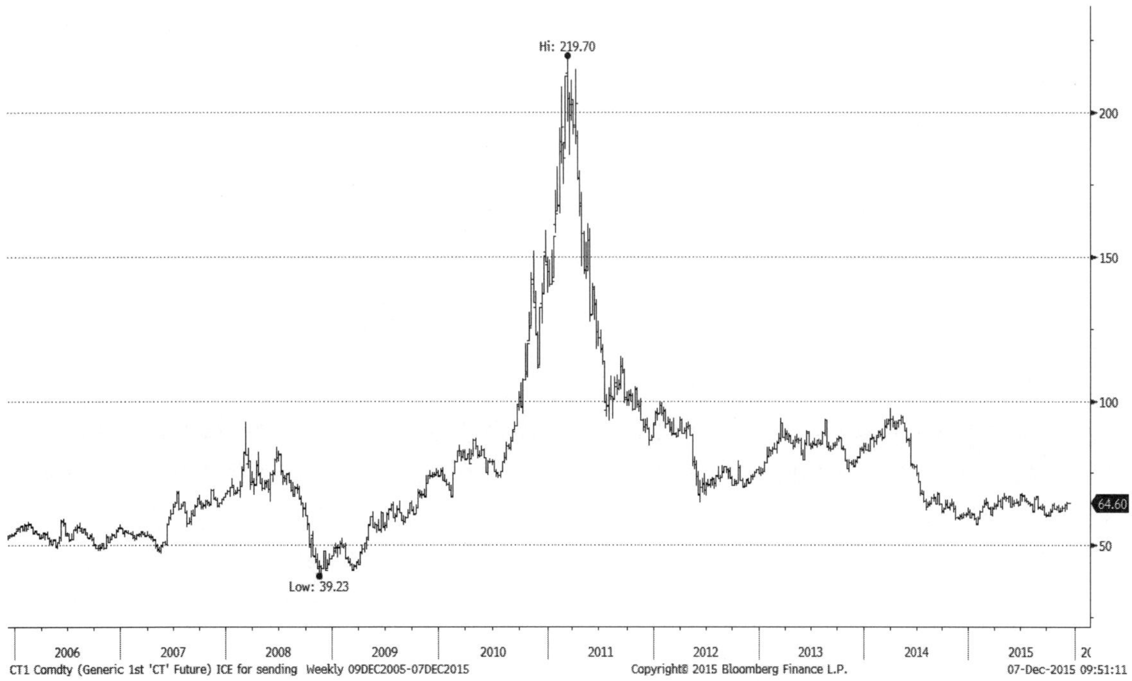

图 3－49　ICE 棉花期货主力合约周价

图 3–50 所见，最近这段时间价格相对稳定且波动较小，即 2013 年年底以来的价格走势，其中包括 ICE 棉花期货主力合约的每日价格、日成交量和持仓量。价格走势图上方的竖条是每日交易区间，从最高价到最低价，中间的竖条是日成交量，底部的竖条是持仓量。

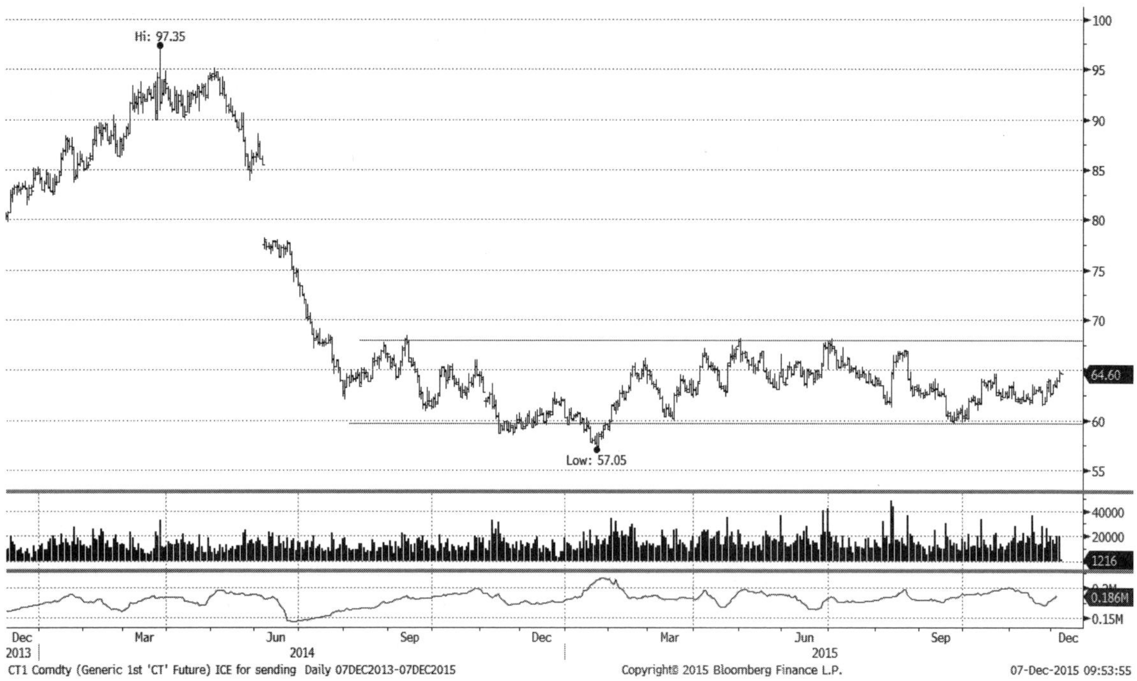

图 3–50 ICE 棉花期货主力合约每日成交量和持仓量变化

从短期来看，市场没有突破盘整区间的迹象。

三、持仓量

一般来说，贸易商在 ICE 期货上做空，以抵消现货多头，另一个商业空头是指数基金和投机商。商业空头数量越大，指数基金和投机商的多头头寸就越大。因此，商业空头数量可以很好地反映出贸易商手中现货多头的数量。图 3–51 显示出商业净空头和近月合约价格变化之间的关系。

到 2014 年年底，贸易商头寸已经很小，说明现货多头头寸已经减少到最低水平。这些头寸在 2015 年一季度重新建立，现在又回到了历史平均水平附近。截至 2016 年 1 月中旬，虽然美棉的原产地销售依然缓慢，但贸易商又有了相当数量的现货头寸。

四、合约价差

2014 年 ICE 期货 7 月合约和 12 月合约价差严重倒挂，7 月合约一度高于 12 月合约 14 美分，这样的基差让贸易商无法持有现货头寸。2015 年，这种情况缓和了一些，各合约的价格也比较相近，到 2016 年 1 月中旬，2016 年合约的情况也差不多，因此，虽然现在持有现货头寸还是无利可图，但至少成本没有上年那么高，贸易商也能够负担得起现货多头头寸。

图 3–52 显示的是 2015 年合约价差的同比变化。

五、基本面展望

从 2011 年到 2015 年，每一年全球棉花供应都超过需求，期末库存持续增加。棉花占全球，纤维消费的市场份额也明显减少，整体消费水平未能回到 2008 年金融危机之前的水平。

现在的积极因素是，2015/2016 年度全球期末库存将出现六年来首次下降，如图 3–53 所示。

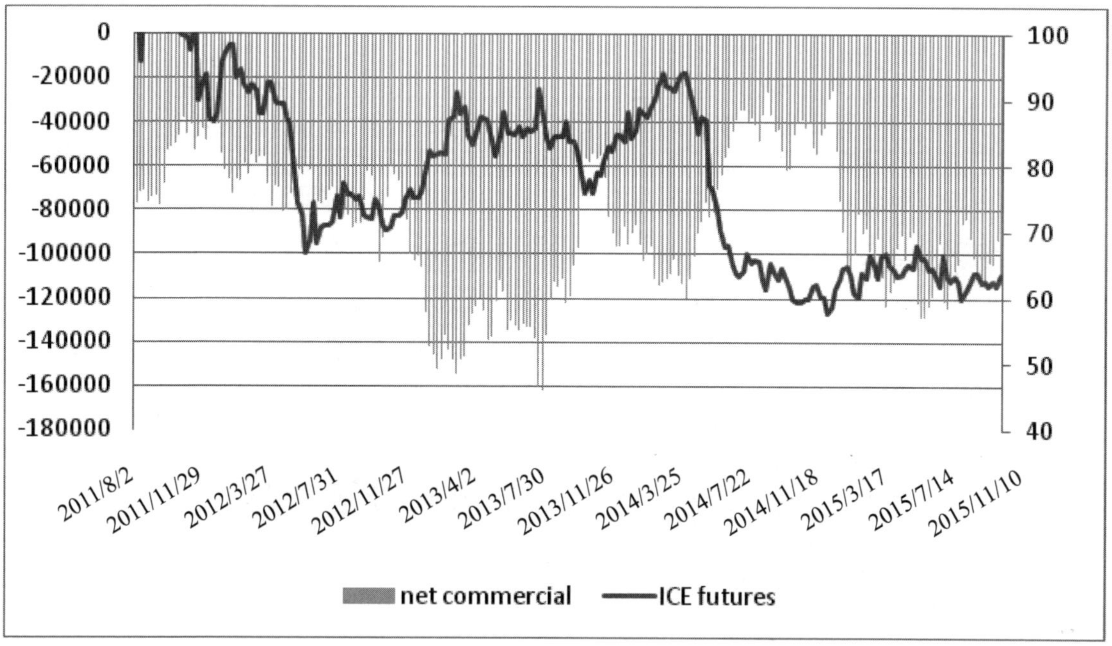

图 3-51　CFTC 商业净空头（期货+期权）

图 3-52　ICE 棉花期货合约日价差对比：2014 年 7 月和 12 月（灰线）与 2015 年 7 月和 12 月（黑线）

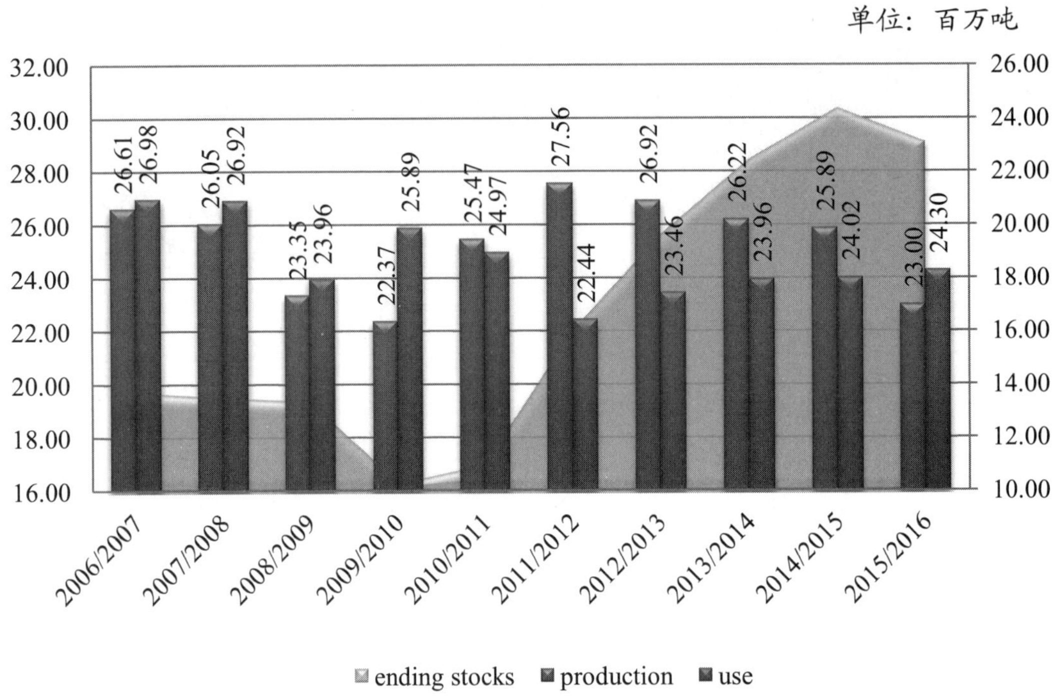

图 3-53　2006 年度以来全球棉花产量、消费量和期末库存

从图 3-53 中可以看出，棉花基本面恢复平衡所需要的价格起伏基本上都已经发生了。在棉花的主要生产地区，如巴西，棉农的收支几乎相抵，如果棉价再跌将无法再继续种植棉花，因此，只要棉价再跌，必将导致产量继续下降。

另一方面，全球库存持续在高位，最大的可能也就是中国借价格上涨之机大量释放储备库存，从而抑制棉价过度上涨。

这样的话，就印证了第二点下面讨论的技术面走势。从短期看，最大的可能就是维持现状，棉价继续在目前的区间内波动，库存逐步消化，但必须说明的是，这个谁也无法做出保证，必须期待意料之外的事情发生。

2014/2015 年度国际棉花市场产销形势分析

路易达孚（中国）贸易有限责任公司　陈涛

【作者简介】陈涛，1978 年毕业于黑龙江大学英语系；1990 年获得美国孟菲斯州立大学工商管理硕士（主修国际贸易）；1990 年加入美国艾仑宝棉花公司，并于 1997 年被任命为公司副总裁；2000 年加入路易达孚 —— 艾仑宝棉花公司的母公司；目前负责大中华区的全部业务。

2014/2015年度全球棉花市场走出了低位运行，窄幅震荡的行情。在经历了2010/2011年度的大涨大跌、2011/2012年的震荡下行和2012—2014年的调整后向下突破，在57—67美分/磅的低价位区间震荡。整个农产品市场在2014/2015年度也都持续了弱势整理的格局。2014/2015年度，全球棉花产量略有萎缩，消费基本稳定，棉花市场在新的供求关系下寻找到了新的平衡点。

一、2014/2015年度全球棉花生产情况分析

2014/2015年度，全球棉花种植面积略微增加，而单产则略有下降。根据USDA最新报告，总产量从2013/2014年的12041万包（约2625万吨）下降到11911万包（2597万吨），同比下降约1%。

根据USDA报告，分国别来看，近130万包（28万吨）的产量减少主要来自以下国家：巴西产量从800万包（174万吨）到700万包（153万吨），降幅12.5%；澳大利亚产量从410万包（89万吨）到230万包（50万吨），降幅44%；中国产量从3275万包（714万吨）到3000万包（654万吨），降幅8%。其主要原因是在2014/2015中国棉花补贴政策对于新疆的倾斜导致内地种植面积大幅减少，天气问题也导致其他国家单产大幅低于以前水平。

相比之下，其他几个主要国家产量有一定程度的增加，其中，美国产量从1291万包（282万吨）上升到1632万包（356万吨），增幅为26%；巴基斯坦产量从950万包（207万吨）上升到1060万包（231万吨），增幅为12%。

综合各国情况不难发现，伴随大豆和玉米价格的持续走弱，棉花的相对比价得到改善，全球范围内的棉花种植面积已经相对稳定了。以我国情况来分析，尽管我国在2014/2015年执行了对于新疆棉农的目标价格补贴政策，但在除新疆以外的内地，伴随着用工成本的大幅上升及农村人口老龄化的问题，棉花种植面积连年减少，至今内地产量已经远远不及新疆产量。棉粮比价从10∶1不断下滑，更是刺激农民选种粮食作物。

在棉花临时收储政策转为目标价格补贴政策的第一年，新疆棉花的产量还是保持了相对稳定。由于目标价格补贴政策对内地的支持力度明显弱于新疆，可以想象在未来的几年里，内地棉花种植面积必然会加速减少，而且国家也表示出了继续调减新疆面积的意图，其最终目的也就是加大国内缺口，促进储备棉出货量。

如果更加贴近市场的直补政策能够延续，则全球产量则会面临更大范围的减产，或会达到10000—10500万包（2180—2289万吨）的水平。

二、2014/2015年度全球棉花消费情况分析

2014/2015年度，虽然全球棉花价格普遍下行，但由于石油价格大幅下滑，棉花相对于化纤的竞争力并没有增强。另一方面，随着美国、欧洲、日本等国量化宽松的政策以及人口的持续增长，发达国家及发展中国家整体的消费能力有所恢复，也带动了棉花消费的增长。

根据USDA报告，全球棉花消费从2013/2014年度的10995万包（2397万吨）上升到2014/2015年度的11038万包（2406万吨）的水平，增幅不到1%。

分国别来看，主要增长来源于：印度消费从2325万包（507万吨）上升到2450万包（534万吨），增长5%；越南消费从310万包（68万吨）上升到420万包（92万吨），增长39%。

与之相对的，消费下降的主要产纱国则仅有我国，中国消费量从3450万包（752万吨）下降到3300万包（720万吨），降幅为4%。主要原因有二，一是国内棉花价格在很长时间内仍然没有和国外棉花接轨，而伴随着人工及电力成本的上升，纱线产能向东南亚转移的趋势仍然没有放缓；二是国内化纤产量产能严重过剩，加上石油价格的暴跌，在原材料的竞争上，棉花逐渐失去市场份额。当然，也必须看到除了产品价格更有竞争力，化纤在功能创新和替代上也取得了长足的进步。石油价格的走低也给化纤的成本持续施压。

总体看，若全球经济形势能在各国央行刺激

下进一步恢复，全球棉花消费将得以保持基本稳定，预计2015/2016年度全球棉花消费量将稳定在11000万包（2398万吨）左右。但是除非中外棉花差价继续缩小，中国棉花消费外移的趋势恐怕难以得到改善。

三、2014/2015年度国际棉价运行特点及影响因素分析

2014/2015年度，ICE合约整体在57—67美分/磅的区间运作，主要经历了两个阶段。

1. 2014年7月—2015年1月，震荡走低

这一阶段，伴随着北半球新棉产出，天气不确定因素逐渐消失，全球供过于求的形势逐渐明显。根据美国农业部的预测，2014/2015年度全球供大于求近900万包（196万吨），而且储备棉已经不能吸收额外的资源，7月合约价格下跌至58美分一线。

2. 2015年1—7月，震荡走高

这个阶段，不断下跌的现货最终在印度的国家收储过程中得到支撑。中国进口量最终定格在180万吨，与全球过剩的196万吨基本持平，这就意味着除中国以外的地区在2013/2014年度保持基本稳定，而且印度储备棉在64—66美分/磅收储超过160万吨，完全解决了2015年2—3月份供应过剩的格局。

伴随着去库存的逐渐完成和市场流动资源的不断缩水，市场终于在2015年8月中旬站上了68美分/磅的高位。

四、总结与展望

2014/2015年度，我国储备棉库存只是略微下降至1100万吨一线，这已经远远超过了我国一年的棉花消费量。这将成为将来3—5年内悬在全球棉花市场上的达摩克利斯之剑，市场很难再次达到80美分/磅或是更高的价格，否则储备棉会利用现有的巨量资源平抑国内市场，进而减少或者放缓我国的进口，从而抑制全球棉花的价格。

反之，市场向下的空间也会有所限制。其一，过低的价格会使得棉花在与其他作物的竞争中进一步丧失优势，导致产量大幅下降。其二，印度的收储价成为了ICE价格的软支撑，因为过高的印度、美棉比价会使得美棉得到出口优势，从而提高出口进度，降低期末库存。

总的来说，未来3—5年棉价可能会在区间内持续震荡，但区间上下沿是55—75美分/磅还是65—85美分/磅则很大程度上会取决于储备棉去库存的进度及决心。当然，更大宏观面的资金流动及市场风险也将对整个大宗商品的走势起到至关重要的作用。永远都不能轻视外部风险（包括汇率风险）对大宗商品市场的巨大影响。

2014/2015年度全球纺织业的回顾与展望

奥拉公司执行总裁 罗伯特·安特夏克

当今纺织业在两个方面有突出的表现，一方面纺织业是全球化的庞然大物，其复杂的供应链将无数大规模生产的纺织品和服装堆放到对市场反应快速的零售商的货架上，以中国为首的几十个国家都参与了这个供应体系；另一方面是贴近消费市场的地区化而且具有高附加值的生产，这种生产被认为是许多传统零售商大众市场的个性化选择，美国和欧洲经常会出现这种家庭手工业。

支撑这两个趋势的是消费主义的转变。过去，美国消费者是全球消费的最后保障。现在，大众

市场即使没有萎缩也是停滞不前，而一些国家（如中国和印度）消费的增长抵消了发达国家的消费停滞。

的确，全球化浪潮从20世纪70年代开始、并在90年代的世界贸易组织（WTO）诞生中得到正式的支持。美国这个冷战时期的胜利者、全球经济不可撼动的领导者，享受到单极世界的各种利益。但现在这些都变了。发达国家的消费增长愈发注重小批量的消费，某些地区生产的高价格、高质量的纺织品和服装，这种生产的规模相对较小。虽然大众市场的服装销售主要还在欧美，但本地的生产越来越受重视，有时也称为“岸上”生产。

因此，全球市场正在发生巨大的变革。同时，全球大众消费时尚的主要供应商也在发生深刻的变化。世界正在向新的发展阶段迈进，全球化现在是新的制造世界的大门，低成本依然是某些生产的首要条件，而在拥挤不堪的纺织品世界中，高质和低产的方式却获得了越来越大的生存空间。

一、世界纺织品以中国的方式进行

我们首先还是来看看中国，当今纺织品的主要生产国。

中国的体制是由一个宏大的想法构成：有控制的增长。面对复杂的历史和经济，政府提倡社会凝聚力这样一个简单的理念。换句话说，希望富裕的想法是好的，毕竟经济增长对中国的未来至关重要。中国经济取得的成就的确有目共睹，经济规模的扩大让欧美国家感到懊恼。

中国渴望成为引领世界的力量，也的确成功地做到了，但随之而来的是，现在中国经济正经历着不可预料的下滑。同样，政府为能够管理政治和经济感到自豪，但如今的现实是，经济增长已经遇到了挑战。经济增长或许尚可，但确实存在一些短处。

不管怎样，要不是西方国家的大量采购，中国的增长是不可能的，而且要不是西方国家对中国的需求，中国的奇迹也是不可能的。最终，中国工人的勤奋和创新与商界领袖使二者逆向发展。

有时，生命中会出现意想不到的因素。我们目睹了中国的金融危机。当初人民币的温和贬值引发了中国股市的巨大震动。经济增长是要付出代价的，中国经济也终于到了交学费的时候——这一切突然间就发生了。当然，这些问题不是一夜之间出现的，已经在体系中蔓延存在了一段时间了。

最近，中国看上去对商品的无限需求似乎枯竭了，全球市场因此倍感恐慌，许多投资者觉得，中国对产品和服务的无限需求对全球经济增长至关重要，会直接影响到全球经济的繁荣。的确，如果中国的消费不能一直快速增长，还有谁能做到呢？欧洲经济复苏还处在困境，美国似乎也没必要花那个钱让全球经济从困顿中走出来。

经济就是经济，现实不能逃避。任何一个国家都不可能想发展多快就发展多快，其他任何念头即使算不上愚蠢也都是非分之想。对中国来说也一样：最终，经济增速将会触顶。毕竟，要盖的房子太多、要消耗的农产品太多、要就业的人也太多。在某个时间点，中国的生产和消费都会饱和。

中国在积极地向着由政府倡导的消费型社会过渡，克服以制造业为基础的传统经济依靠出口拉动经济增长的限制。所幸，中国预见到经济需要转变，但现在不得不引导国家采用新的经济增长方式。事实证明，这个过程非常艰难，需要解决的问题太多。中国股市的剧烈震荡就是经济问题所表现出来的症状。

对纺织服装企业来讲，其传递的信息简单明了：中国仍然是一个做生意的好地方，但比较明智的防范做法是，不能把鸡蛋放在一个篮子里，风险要分散到其他亚洲国家，已经有很多人这样做了，还会有更多的人跟上。人民币贬值使中国出口的商品价格更便宜。对西方买家来说，至少短期内是这样的，这会使中国企业的利润增加，可长期呢？很多品牌都渴望开发中国的消费市场，但人民币贬值只会让越来越挑剔的中国消费者觉得外国产品更加昂贵。

中国现在正面临各种各样的问题，比如生活水平提高带来新的挑战。中国建立了一条新的丝绸之路，却打开了潘多拉魔盒。经济增长通常需要付出代价。社会是变化的，中国也不例外。不过，对经商者来讲，之前的成功实践已经变了样。

纺织品和服装会一直由中国生产吗？当然是，但这个行业最终会失去光彩。中国政府正有意识地推动国家过渡到消费型的社会。在很多方面，中国的基础制造业都出现了过度发展。用出口拉动经济增长的模式虽然让中国尝到了甜头，如今这种模式的弊端暴露无遗，金融市场下跌、股市动荡不安和全球经济前景难料就是恶果。

二、中国之外：纺织品的全球市场

中国仍然是全球纺织业发展的主要力量。的确，纺织业发展是以中国的方式进行的，但现在全球纺织业越来越不仅限于中国，其他地区也加入其中。这些力量在行业和宏观经济的直接影响下，正促使纺织厂重新考虑业务模式以便更具竞争力：

纺织业将继续演变。虽然中国仍是全球最大纺织品生产国是事实，但其他国家正在跟上。例如，孟加拉国和越南的主要纺织产业支撑了服装业的迅速发展，还有印度这个中国很多年的“穷兄弟”，近些年纺织业已显现出新的活力，其成功的纱线生产已逐步延伸到人造纤维产业所需要的精致面料以及国内棉花的大量生产。

产能过剩依旧困扰着行业的盈利状况。中国、印度和其他地区投资热潮导致纺织业的某些分支领域的产能严重过剩。事实上，许多中国制造商已经在越南和柬埔寨等国家发现了新的投资生产的机会，这些国家生产成本低，但很多时候，也只是在原有生产能力低的基础上为全球产业增加新的产能。从长期看，先前的产能，尤其是纱线产能应当理性化，而从短期来看，纱线产能的大幅扩张将危害整个行业的利润水平。

过度竞争给行业带来麻烦。一般来说，竞争是件好事。消费者可以从更多样的产品和更低的价格中获得好处，但各行各业的竞争都有一个临界点，制造商被迫以很低的价格销售会给整个行业的财务状况带来风险。一个行业在微薄的利润下保持产品创新究竟能存活多久？事实上，只要亚洲的产能过剩不终结，亚洲产品的买主就会在低价采购原料时明显占据上风，因为对采购国来说，让生产国之间相互厮杀实在是太简单的事情。

原料价格的波动。随着化纤生产逐渐靠近纺织品生产的中心，全世界能够让棉花扩大种植的地区已经非常有限。尽管如此，纤维价格还是波动剧烈，尤其是2011年，当时的棉花价格疯涨到2美元/磅。

投资转移会影响到下一个纺织品发展的地区。全球资本流动的力量导致资源大量流入亚洲，但也导致部分地区的纺织产能过度扩张，并压制纺织品的价格。不过，正如中国最近所见证的，投资也有盛衰消长。对纺织业来说，中国可能仍是外国直接投资的一个目标，但现在越来越适合投资的国家是越南和孟加拉国。

全球市场增长减慢给整个纺织品销售带来压力。虽然全球纺织品消费在20世纪突飞猛进，但全球纺织品消费的增速在21世纪初开始减慢。随着发达国家社会进入老龄化，他们的纺织品消费增速下降到和人口增速相一致的水平，而发展中国家的纺织品消费却出现飙升。对各国的纺织厂来说，现在的问题是，“发展中国家的增长能否抵消掉发达国家的下滑？”尽管过去几十年中国经济快速增长，但经济发展不均衡困扰着经济的增长。正在增长的中产阶级会缓解因经济发展不均衡导致社会紧张加剧的负面影响，而且不断增长和繁荣的中产阶级也说明中国将成为一个重要的消费国，是任何其他国家产品的市场。

发达国家的零售业正在发生快速变化。现在，20家零售商就占了全球服装市场的一半以上。“大盒子”商场淘汰了许多小零售商和许多传统百货商店。结果是：零售业的两端被几个实力强大的采购集团大规模整合，但即使到了现在，传统的大规模零售商也要面对和东山再起的小型专卖店竞争的压力，积极的商家把重点放在本地生产的高品质和“在岸”产品。并非所有的消费者都渴望快速时尚，他们不能为维持快速时尚的全球供应链提供支持。简单地讲，发达国家的部分消费市场正在消退。这是一个近期发生的值得留意的现象。

国家的政策继续影响全球纺织业。世贸组织、自由贸易协定和农业法案都影响着全球纺织业，使纺织供应链的竞争加剧或者缓和。政府采取的行动经常导致不可预见和意想不到的后果，而且地区自由贸易协定，比如TPP协议，只会让全球纺织业状况变得更加复杂难料。在这种协定之下，一些国家会直接受益，而另一些则会失去生意。

三、纺织业的一个新世界

纺织品的世界会让人感到阵阵寒意，世界各国制造商正面临着史无前例的挑战。在全球化的影响下，产品的需求瞬息万变。国外投资也如是。无论是消费者需求还是投资者机遇，纺织都是变幻莫测的，经常受到很多行业自身以外因素的影响。

这是一个怎样的世界！全球化为中国、印度和其他国家的制造业开启了大门，但世界是相互关联、相互联系的，其发展会发生迅速变化，并且会产生影响广泛的结果。以中国为例，随着中国形成消费型国家的趋势愈发突出，其充满活力的劳动力和让人望而生畏的经济力量可能也会孕育着快速的变迁。

当然，纺织业对中国来说是一个不断演变的行业。最终，中国经济会向着其他利润更高、附加值更高的产业转变，因此为其他供应商填补市场空缺带来了机遇。类似越南和孟加拉国这样的纺织品生产国在全球纺织品和服装市场上将扮演越来越重要的角色。坦白地说，像TPP这样的贸易协定只会使这个变化加快。

与此同时，接近传统消费市场的规模小、经营灵活的纺织品制造商会站稳脚跟，抢占大规模制造商的市场。这是不是一个需要考虑的问题呢？可能会是这样，但和纺织业的所有组成部分一样，这对做好准备迎接这种变化的企业来说也是一个机会。

统 计 资 料

第四部分

棉花生产

表 4-1　1978—2014 年中国棉花生产情况表

单位：千公顷、万吨、千克 / 公顷

年份	农作物总播种面积	棉花播种面积	棉花产量	单位面积产量
1978	150104	4866	217.0	455
1980	146380	4920	271.0	550
1985	143626	5140	415.0	807
1989	146554	5203	379.0	728
1990	148362	5588	451.0	807
1991	149586	6538	568.0	868
1992	149007	6835	451.0	660
1993	147741	4985	374.0	750
1994	148241	5528	434.0	785
1995	149879	5422	477.0	879
1996	152381	4722	420.0	890
1997	153969	4491	460.0	1025
1998	155706	4459	450.0	1009
1999	156373	3726	383.0	1028
2000	156300	4041	442.0	1093
2001	155708	4810	532.0	1107
2002	154636	4184	492.0	1175
2003	152415	5111	486.0	951
2004	153553	5693	632.0	1111
2005	155488	5062	571.0	1129
2006	157021	5409	674.0	1247
2007	153464	5926	762.4	1286
2008	156266	5754	749.2	1302
2009	158639	4952	637.7	1288
2010	160675	4849	596.1	1229
2011	162283	5038	658.9	1308
2012	163416	4688	683.6	1458
2013	164627	4346	629.9	1449
2014	165446	4222	617.8	1463

数据来源：《中国统计年鉴 2015》

表 4-2 2014/2015 年度分省棉花生产情况表

单位：千公顷、万吨、千克/公顷

省份	农作物总播种面积	棉花播种面积	棉花产量	单位面积产量
全国	**165446**	**4222**	**617.8**	**1463**
北京	196.1	0.1	0	1071
天津	479.0	30.2	3.8	1265
河北	8713.1	410.9	43.1	1049
山西	3783.4	18.7	2.4	1259
内蒙古	7356.0	1.0	0.2	1463
辽宁	4164.1	0.1	0.0	1111
吉林	5615.3	0.5	0.1	1651
上海	357.0	0.8	0.1	1525
江苏	7678.6	131.8	16.0	1210
浙江	2274.0	17.3	2.5	1438
安徽	8945.5	265.2	26.3	993
江西	5570.5	84.9	13.4	1574
山东	11037.9	592.9	66.5	1122
河南	14378.3	153.3	14.7	958
湖北	8112.3	344.8	36.0	1043
湖南	8764.5	130.1	12.9	992
广西	5929.9	2.3	0.3	1083
四川	9668.6	13.2	1.2	944
贵州	5516.5	1.6	0.1	673
陕西	4262.1	31.0	4.2	1359
甘肃	4197.5	38.1	6.4	1692
新疆	5517.6	1953.3	367.7	1883

数据来源：《中国统计年鉴 2015》

表 4–3　2014/2015 年度新疆维吾尔自治区棉花生产情况表

单位：千公顷、万吨、千克 / 公顷

地区	棉花播种面积	棉花产量	单位面积产量
全区	**1953.30***[*]	**367.70**[*]	**1883**[*]
乌鲁木齐市	1.15	0.15	1261
克拉玛依市	8.89	1.47	1650
吐鲁番地区	27.48	3.72	1354
哈密地区	29.96	5.30	1770
昌吉回族自治州	133.03	25.82	1941
伊犁哈萨克自治州	239.29	47.96	2004
伊犁州直属县（市）	11.99	1.75	1458
塔城地区	227.30	46.21	2033
博尔塔拉蒙古自治州	106.99	17.97	1680
巴音郭楞蒙古自治州	313.95	48.17	1534
阿克苏地区	530.88	85.16	1604
克孜勒苏柯尔克孜自治州	12.29	2.00	1625
喀什地区	525.01	93.83	1787
和田地区	40.95	6.30	1538
生产建设兵团	700.57	171.70	2451

注：1. 数据来源为《新疆统计年鉴 2015》。
2. 带 * 的数据引用《中国统计年鉴 2015》。

表 4–4　2014/2015 年度新疆维吾尔自治区长绒棉生产情况表

单位：千公顷、万吨、千克 / 公顷

地区	长绒棉播种面积	长绒棉产量	单产
全区	**63.33**	**8.24**	**1301***
阿克苏地区	61.63	7.94	1288*
生产建设兵团	**1.41**	**0.31**	**2199***

注：1. 数据来源为《新疆统计年鉴 2015》。
2. 带 * 的数据由国家棉花市场监测系统测算而得。

表 4–5　2014/2015 年度新疆生产建设兵团棉花生产情况表

单位：千公顷、万吨、千克 / 公顷

地区	棉花播种面积	棉花产量	单位面积产量
建设兵团	**700.57**	**163.61**	**2335**
一师	150.67	35.46	2354
二师	47.31	11.83	2502
三师	60.79	15.13	2489
四师	13.64	2.55	1866
五师	46.87	10.83	2311
六师	80.49	15.58	1936
七师	93.63	21.34	2279
八师	184.31	46.32	2513
九师	—	—	—
十师	6.37	0.93	1460
十一师	0.20	0.04	2109
十二师	0.35	0.05	1406
十三师	14.96	3.46	2312
十四师	0.98	0.09	901

数据来源：《新疆生产建设兵团统计年鉴 2015》

表 4–6　2014/2015 年度新疆生产建设兵团长绒棉生产情况表

单位：千公顷、万吨、千克 / 公顷

地区	长绒棉播种面积	长绒棉产量	单位面积产量
建设兵团	**1.41**	**0.26**	**1872**
一师	1.41	0.26	1872

数据来源：《新疆生产建设兵团统计年鉴 2015》

表 4–7　2014/2015 年度山东省棉花生产情况表

单位：千公顷、万吨、千克 / 公顷

地区	棉花播种面积	棉花产量	单位面积产量
全省	**592.90**	**66.50**	**1122**
济南市	13.36	1.65	1232
青岛市	1.48	0.25	1670
淄博市	3.61	0.44	1212
枣庄市	3.52	0.49	1400
东营市	105.75	11.55	1092
烟台市	0.18	0.03	1504
潍坊市	31.08	3.56	1145
济宁市	73.23	10.54	1439
泰安市	6.39	0.85	1326
日照市	1.28	0.23	1773
莱芜市	0.97	0.14	1437
临沂市	7.96	1.04	1311
德州市	54.34	8.57	1576
聊城市	33.37	4.31	1292
滨州市	99.28	11.17	1125
菏泽市	129.68	17.64	1360

数据来源：《山东统计年鉴 2015》

表 4–8　2014/2015 年度河南省棉花生产情况表

单位：千公顷、万吨、千克 / 公顷

地区	棉花播种面积	棉花产量	单位面积产量
全省	**153.33**	**14.70**	**959**
郑州市	2.36	0.22	932*
开封市	19.91	2.15	1080*
洛阳市	2.85	0.27	947*
平顶山市	2.04	0.19	931*
安阳市	5.72	0.64	1119*
鹤壁市	0.61	0.04	656*

续表

新乡市	4.50	0.46	1022*
焦作市	1.61	0.15	932*
濮阳市	3.65	0.35	959*
许昌市	3.81	0.31	814*
漯河市	7.77	0.72	927*
三门峡市	1.62	0.12	741*
南阳市	27.89	2.47	886*
商丘市	25.96	2.47	951*
信阳市	1.38	0.12	870*
周口市	33.96	3.47	1022*
驻马店市	7.54	0.78	1034*
济源市	0.15	0.01	667*

注：1. 数据来源为《河南统计年鉴 2015》。
2. 带 * 的数据由国家棉花市场监测系统测算而得。

表 4–9　2014/2015 年度河北省棉花生产情况表

单位：千公顷、万吨、千克 / 公顷

地区	棉花播种面积	棉花产量	单位面积产量
全省	**410.9**	**43.10**	**1049**
石家庄市	10.5	1.07	1019*
秦皇岛市	1.8	0.21	1167*
唐山市	23.4	2.66	1137*
廊坊市	27.6	3.02	1094*
保定市	20.1	2.18	1085*
沧州市	98.7	10.96	1110*
衡水市	117.4	13.52	1152*
邢台市	160.7	19.47	1212*
邯郸市	97.6	12.17	1247*

注：1. 数据来源为《河北经济年鉴 2015》。
2. 带 * 的数据由国家棉花市场监测系统测算而得。

表 4–10 2013/2014 年度天津市棉花生产情况表

单位：千公顷、万吨、千克 / 公顷

地区	棉花播种面积	棉花产量	单位面积产量
全市	**30.2**	**3.82**	**1265***
塘沽区	—	—	—
汉沽区	—	—	—
大港区	—	—	—
东丽区	—	—	—
西青区	—	—	—
津南区	—	—	—
北辰区	—	—	—
武清区	—	—	—
宝坻区	—	—	—
宁河县	—	—	—
静海县	—	—	—
蓟县	—	—	—

注：1. 数据来源为《天津统计年鉴 2015》。
2. 带 * 的数据由国家棉花市场监测系统测算而得。

表 4–11 2014/2015 年度陕西省棉花生产情况表

单位：千公顷、万吨、千克 / 公顷

地区	棉花播种面积	棉花产量	单位面积产量
全省	**31.04**	**4.217**	**1358**
西安市	0.25	0.033	1333
宝鸡市	0.04	0.006	1382
咸阳市	0.18	0.013	705
渭南市	28.96	4.022	1389
延安市	1.08	0.093	863
榆林市	0.22	0.012	539
安康市	0.03	0.004	1385

数据来源：《陕西统计年鉴 2015》

表 4–12 2014/2015 年度江苏省棉花生产情况表

单位：千公顷、万吨、千克 / 公顷

地区	棉花播种面积	棉花产量	单位面积产量
全省	**131.81**	**15.95**	**1210**
南京市	—	0.42	—
徐州市	—	3.24	—
常州市	—	0.04	—
苏州市	—	0.09	—
南通市	—	4.36	—
连云港市	—	0.17	—
淮安市	—	0.01	—
盐城市	—	6.39	—
扬州市	—	0.25	—
镇江市	—	0.11	—
泰州市	—	1.11	—
宿迁市	—	0.11	—

数据来源：《江苏统计年鉴 2015》

表 4–13 2014/2015 年度安徽省棉花生产情况表

单位：千公顷、万吨、千克 / 公顷

地区	棉花播种面积	棉花产量	单位面积产量
全省	**265.20**	**26.33**	**993**
合肥市	32.65	3.16	968
淮北市	0.79	0.10	1265
亳州市	13.88	1.96	1415
宿州市	19.98	2.60	1301
蚌埠市	9.04	1.56	1724
阜阳市	11.75	1.45	1236
淮南市	0.91	0.18	2005
滁州市	8.43	0.94	1110
六安市	11.33	1.87	1651

续表

马鞍山市	8.73	1.04	1192
芜湖市	37.67	4.63	1228
宣城市	8.83	0.94	1060
铜陵市	3.70	0.37	1000
池州市	26.80	3.29	1227
安庆市	71.57	10.16	1420
黄山市	0.46	0.05	1202

数据来源：《安徽统计年鉴2015》

表4–14　2014/2015年度湖北省棉花生产情况表

单位：千公顷、万吨、千克/公顷

地区	棉花播种面积	棉花产量	单位面积产量
全省	**344.81**	**35.95**	**1043***
武汉市	—	2.05	—
黄石市	—	0.55	—
十堰市	—	0.01	—
荆州市	—	9.64	—
宜昌市	—	2.04	—
襄阳市	—	3.01	—
鄂州市	—	0.48	—
荆门市	—	3.05	—
孝感市	—	3.13	—
黄冈市	—	5.00	—
咸宁市	—	0.36	—
随州市	—	1.04	—
仙桃市	—	2.29	—
天门市	—	3.05	—
潜江市	—	2.09	—

注：1. 数据来源为《湖北统计年鉴2015》。
2. 带*的数据由国家棉花市场监测系统测算而得。

表 4–15　2014/2015 年度湖南省棉花生产情况表

单位：千公顷、万吨、千克 / 公顷

地区	棉花播种面积	棉花产量	单位面积产量
全省	**130**	**12.90**	**992**
长沙市	—	—	—
株洲市	—	—	—
湘潭市	—	—	—
衡阳市	—	—	—
邵阳市	—	—	—
岳阳市	—	—	—
常德市	—	—	—
张家界市	—	—	—
益阳市	—	—	—
郴州市	—	—	—
永州市	—	—	—
怀化市	—	—	—
娄底市	—	—	—
湘西州	—	—	—

数据来源：《湖南统计年鉴 2015》

表 4–16　2014/2015 年度山西省棉花生产情况表

单位：千公顷、万吨、千克 / 公顷

地区	棉花播种面积	棉花产量	单位面积产量
全省	**18.72**	**2.36**	**1259**
太原市	0.013	0.002	1538*
长治市	0.046	0.003	652*
晋城市	0.221	0.019	860*
晋中市	0.099	0.010	1010*
运城市	17.598	2.261	1285*
临汾市	0.591	0.056	948*
吕梁市	0.151	0.004	265*

注：1. 数据来源为《山西统计年鉴 2015》。
　　2. 带 * 的数据由国家棉花市场监测系统测算而得。

表 4–17 2014/2015 年度江西省棉花生产情况表

单位：千公顷、万吨、千克 / 公顷

地区	棉花播种面积	棉花产量	单位面积产量
全省	**84.927**	**13.368**	**1574**
南昌市	1.827	0.302	1654
景德镇市	1.066	0.181	1693
萍乡市	0.014	0.001	786
九江市	63.368	9.499	1499
新余市	2.382	0.409	1717
赣州市	0.012	0.002	1417
吉安市	0.160	0.027	1688
宜春市	9.942	1.821	1831
抚州市	2.042	0.351	1720
上饶市	4.104	0.776	1891

数据来源：《江西统计年鉴 2015》

表 4–18 2014/2015 年度四川省棉花生产情况表

单位：千公顷、万吨、千克 / 公顷

地区	棉花播种面积	棉花产量	单位面积产量
全省	**13.155**	**1.242**	**944***
德阳市	0.240	0.019	792*
绵阳市	0.393	0.038	967*
遂宁市	9.235	0.898	972 *
南充市	1.981	0.137	692*
眉山市	0.764	0.086	1126 *
资阳市	0.534	0.061	1142*

注：1. 数据来源为《四川统计年鉴 2015》。

2. 带 * 的数据由国家棉花市场监测系统测算而得。

表 4–19　2014/2015 年度甘肃省棉花生产情况表

单位：千公顷、万吨、千克 / 公顷

地区	棉花播种面积	棉花产量	单位面积产量
全省	**38.09**	**6.47**	**1699**
白银市	—	—	1447
武威市	—	—	1622
张掖市	—	—	1925
酒泉市	—	—	1725
陇南市	—	—	1010

数据来源：《甘肃发展年鉴 2015》

表 4–20　2014/2015 年度辽宁省棉花生产情况表

单位：千公顷、万吨、千克 / 公顷

地区	棉花播种面积	棉花产量	单位面积产量
全省	**0.10**	**0.0100**	**1111**
大连市	—	0.0005	1250
营口市	—	0.0005	1000
盘锦市	—	0.0003	—
朝阳市	0.10	0.0085	1197
葫芦岛市	—	0.0002	250

数据来源：《辽宁统计年鉴 2015》

棉花购销

表 4–21　2014/2015 年度中国棉花收购、加工与销售进度统计表

日期	收购进度（%）	加工进度（%）	销售进度（%）
2014 年 9 月	21.5	7.5	0.8
2014 年 10 月	65.5	47.2	9.5
2014 年 11 月	79.4	68.4	24.7
2014 年 12 月	85.9	85.8	36.5
2015 年 1 月	88.3	90.3	43.0
2015 年 2 月	89.4	91.2	46.1
2015 年 3 月	92.1	92.5	55.2
2015 年 4 月	96.0	94.9	63.7
2015 年 5 月	96.6	95.9	70.6
2015 年 6 月	97.1	97.3	78.4
2015 年 7 月	98.6	99.1	86.1
2015 年 8 月	98.6	99.3	90.3

数据来源：国家棉花市场监测系统

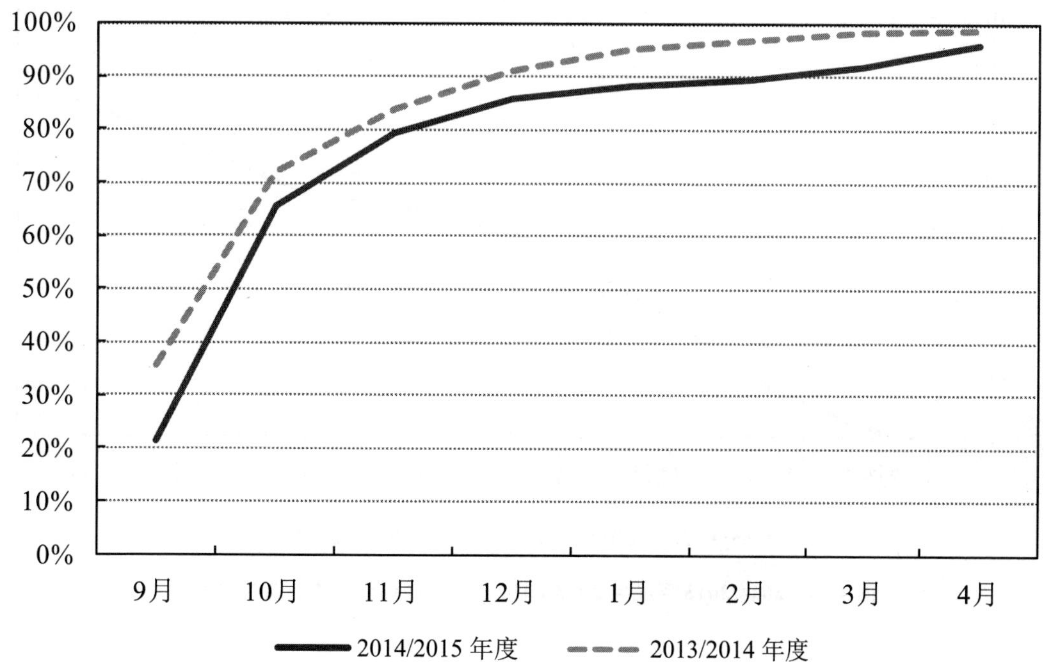

图 4－1　2014/2015 年度与 2013/2014 年度中国棉花收购进度对比图

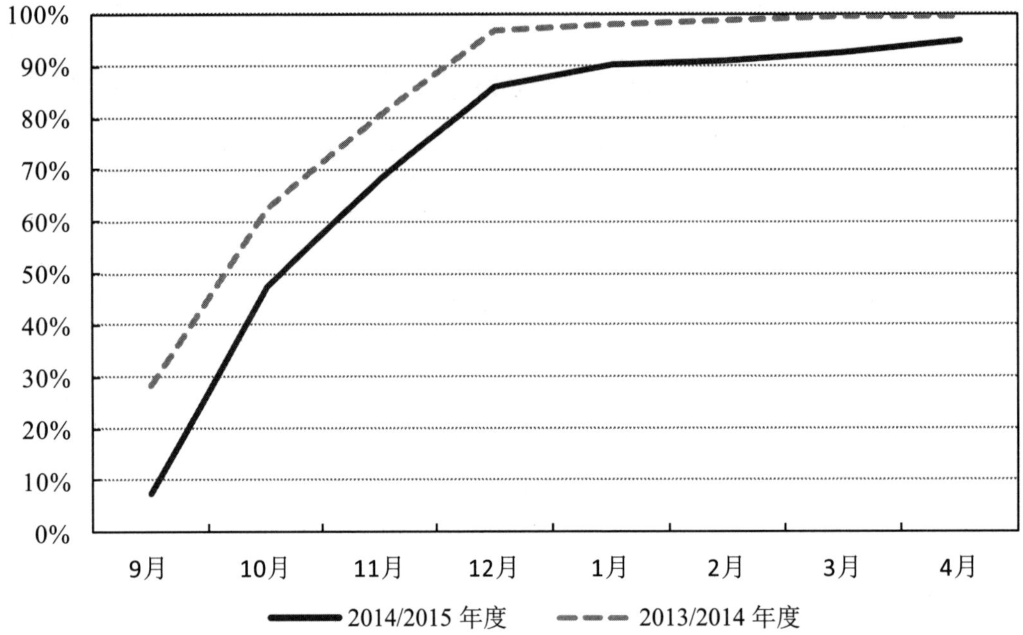

图 4－2　2014/2015 年度与 2013/2014 年度中国棉花加工进度对比图

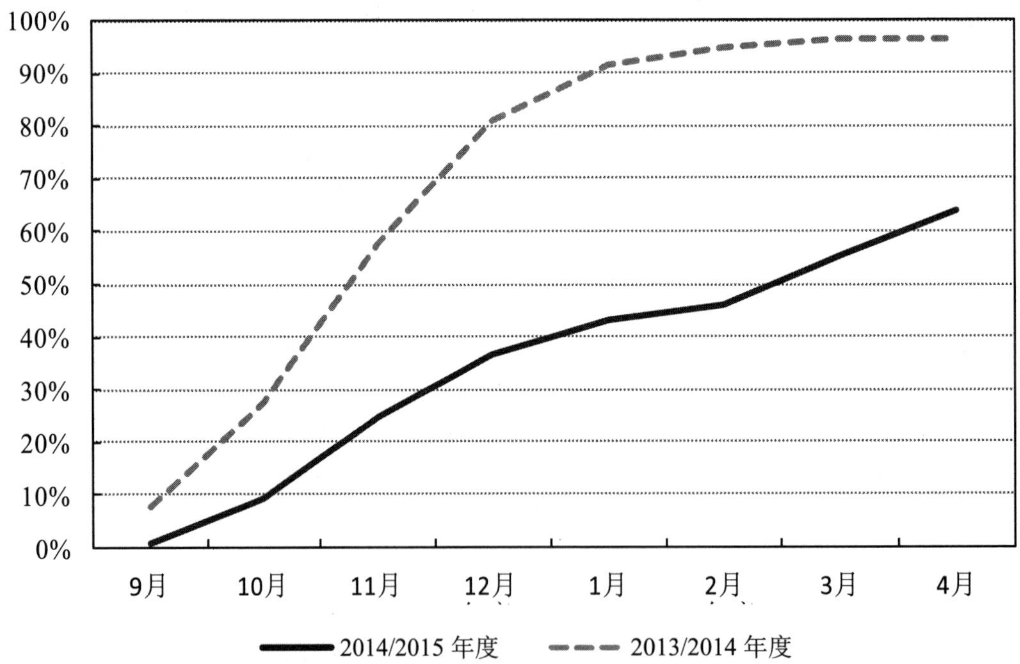

图 4－3　2014/2015 年度与 2013/2014 年度中国棉花销售进度对比图

棉花价格

表 4–22　2002/2003—2014/2015 年度国家棉花价格指数月平均价格表

单位：元 / 吨

月　份	国家棉花价格 A 指数	国家棉花价格 B 指数
2002 年 9 月	10595	10136
2002 年 10 月	10697	10322
2002 年 11 月	11210	10883
2002 年 12 月	11370	11044
2003 年 1 月	11466	11144
2003 年 2 月	12337	12080
2003 年 3 月	13505	13233
2003 年 4 月	13701	13432
2003 年 5 月	12875	12616
2003 年 6 月	13018	12764
2003 年 7 月	13482	13263
2003 年 8 月	13309	13058
2003 年 9 月	13744	13516
2003 年 10 月	17259	17020
2003 年 11 月	18086	17734
2003 年 12 月	17865	17237
2004 年 1 月	18209	17538
2004 年 2 月	18403	17776
2004 年 3 月	18277	17517
2004 年 4 月	18115	17237
2004 年 5 月	17731	16713
2004 年 6 月	16250	15163
2004 年 7 月	14837	13736
2004 年 8 月	13754	12870
2004 年 9 月	13806	13006
2004 年 10 月	12492	12013
2004 年 11 月	12095	11541
2004 年 12 月	11802	11227
2005 年 1 月	11865	11295
2005 年 2 月	12230	11586

续表

月　　份	国家棉花价格 A 指数	国家棉花价格 B 指数
2005 年 3 月	12594	12009
2005 年 4 月	12990	12488
2005 年 5 月	13788	13428
2005 年 6 月	13755	13375
2005 年 7 月	13943	13556
2005 年 8 月	13914	13503
2005 年 9 月	13844	13454
2005 年 10 月	14617	14196
2005 年 11 月	14656	14203
2005 年 12 月	14636	14175
2006 年 1 月	14662	14236
2006 年 2 月	14825	14404
2006 年 3 月	14752	14312
2006 年 4 月	14627	14177
2006 年 5 月	14572	14087
2006 年 6 月	14560	14076
2006 年 7 月	14489	14007
2006 年 8 月	14455	13987
2006 年 9 月	14387	13948
2006 年 10 月	13299	12884
2006 年 11 月	13184	12663
2006 年 12 月	13324	12812
2007 年 1 月	13457	12954
2007 年 2 月	13481	12988
2007 年 3 月	13517	13042
2007 年 4 月	13488	13017
2007 年 5 月	13465	12971
2007 年 6 月	13732	13355
2007 年 7 月	14455	14163
2007 年 8 月	14843	14529
2007 年 9 月	14121	13683
2007 年 10 月	14024	13471
2007 年 11 月	14188	13646
2007 年 12 月	14172	13622
2008 年 1 月	14252	13692

续表

月　　份	国家棉花价格 A 指数	国家棉花价格 B 指数
2008 年 2 月	14389	13778
2008 年 3 月	14474	13921
2008 年 4 月	14413	13909
2008 年 5 月	14338	13911
2008 年 6 月	14355	13946
2008 年 7 月	14275	13868
2008 年 8 月	14109	13722
2008 年 9 月	13567	13130
2008 年 10 月	12787	12404
2008 年 11 月	11619	11116
2008 年 12 月	11385	10790
2009 年 1 月	11504	10931
2009 年 2 月	11630	11207
2009 年 3 月	11910	11529
2009 年 4 月	12892	12579
2009 年 5 月	13172	12894
2009 年 6 月	13132	12821
2009 年 7 月	13413	13105
2009 年 8 月	13473	13176
2009 年 9 月	13331	13028
2009 年 10 月	14020	13715
2009 年 11 月	14693	14382
2009 年 12 月	15151	14840
2010 年 1 月	15304	14994
2010 年 2 月	15252	14936
2010 年 3 月	15971	15610
2010 年 4 月	16594	16201
2010 年 5 月	17216	16811
2010 年 6 月	18167	17776
2010 年 7 月	18748	18300
2010 年 8 月	18573	18131
2010 年 9 月	19905	19471
2010 年 10 月	25396	24771
2010 年 11 月	29308	28721
2010 年 12 月	27996	27267

续表

月　　份	国家棉花价格 A 指数	国家棉花价格 B 指数
2011 年 1 月	28889	28127
2011 年 2 月	30846	29949
2011 年 3 月	31733	30819
2011 年 4 月	30251	29094
2011 年 5 月	26862	25110
2011 年 6 月	26388	24441
2011 年 7 月	24184	22066
2011 年 8 月	20994	19340
2011 年 9 月	21250	19738
2011 年 10 月	21107	19662
2011 年 11 月	20597	19233
2011 年 12 月	20377	19120
2012 年 1 月	20499	19260
2012 年 2 月	20744	19547
2012 年 3 月	20787	19608
2012 年 4 月	20641	19454
2012 年 5 月	20395	19224
2012 年 6 月	19562	18562
2012 年 7 月	19406	18483
2012 年 8 月	19470	18558
2012 年 9 月	19627	18754
2012 年 10 月	19645	18788
2012 年 11 月	19704	18859
2012 年 12 月	19935	19107
2013 年 1 月	20100	19275
2013 年 2 月	20117	19289
2013 年 3 月	20145	19319
2013 年 4 月	20147	19320
2013 年 5 月	20132	19300
2013 年 6 月	20120	19280
2013 年 7 月	20082	19229
2013 年 8 月	20048	19187
2013 年 9 月	20048	19187
2013 年 10 月	20140	19283
2013 年 11 月	20268	19443

续表

月　　份	国家棉花价格 A 指数	国家棉花价格 B 指数
2013 年 12 月	20382	19588
2014 年 1 月	20277	19459
2014 年 2 月	20215	19377
2014 年 3 月	20200	19349
2014 年 4 月	20187	19327
2014 年 5 月	19235	18311
2014 年 6 月	18276	17414
2014 年 7 月	18161	17356
2014 年 8 月	17975	17233
2014 年 9 月	17137	16471
2014 年 10 月	15440	14867
2014 年 11 月	15181	14628
2014 年 12 月	14155	13532
2015 年 1 月	13993	13344
2015 年 2 月	13956	13306
2015 年 3 月	13962	13313
2015 年 4 月	13936	13283
2015 年 5 月	13882	13193
2015 年 6 月	13790	13110
2015 年 7 月	13757	13028
2015 年 8 月	13685	12954

数据来源：国家棉花市场监测系统

国家棉花价格指数简介

国家棉花价格指数（CNCotton Index）简称为国棉指数，是根据国家棉花市场监测系统 140 个监测站每日皮棉报价汇总，并通过严格的核查程序最终确定。CNCotton A 指数代表内地 229 级皮棉成交均价，CNCotton B 指数代表内地 328 级皮棉成交均价。

国家棉花市场监测系统各监测站广泛分布于全国各棉花产销区，采集当地具有代表性的皮棉成交价格，及时反映行情变化。国家棉花价格指数于每个工作日下午 5 点左右发布。

国家棉花价格指数（CNCotton Index）强调地区概念，并假设同等级棉花在同一个地区的工厂接受价与轧花厂仓库交货价水平基本一致。与当日发布的《国内主要地区棉花现货价格行情》配合使用，可比较全面地反映当日国内主要地区棉花平均成交价格水平。

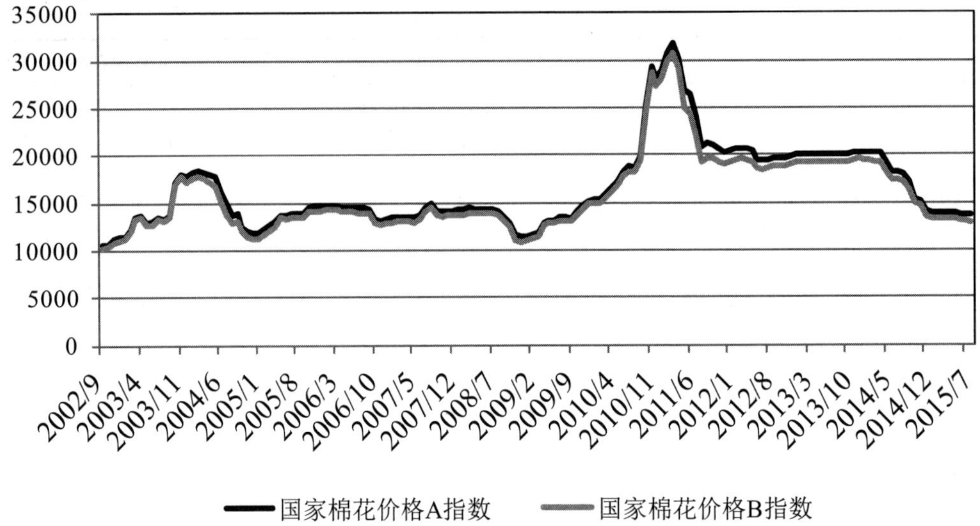

图 4－4 2002/2003—2014/2015 年度国家棉花价格走势

表 4–23 2014/2015 年度国家棉花价格指数及中国棉花收购价格指数日价格表

单位：元/吨

日期	国家棉花价格 A 指数	国家棉花价格 B 指数	中国棉花收购价格指数
2014 年			
9 月 1 日	17609	16935	—
9 月 2 日	17568	16893	—
9 月 3 日	17555	16881	—
9 月 4 日	17541	16867	—
9 月 5 日	17541	16867	—
9 月 9 日	17526	16851	15013
9 月 10 日	17506	16831	14837
9 月 11 日	17484	16810	14845
9 月 12 日	17462	16789	14810
9 月 15 日	17442	16768	14764
9 月 16 日	17427	16752	14695
9 月 17 日	17388	16731	14656
9 月 18 日	17334	16688	14015
9 月 19 日	17311	16658	14219
9 月 22 日	17210	16558	13981
9 月 23 日	17022	16376	13843
9 月 24 日	16850	16193	13790

续表

日期	国家棉花价格 A 指数	国家棉花价格 B 指数	中国棉花收购价格指数
9 月 25 日	16652	15992	13577
9 月 26 日	16421	15760	13470
9 月 28 日	16244	15578	13353
9 月 29 日	16049	15377	13299
9 月 30 日	15873	15202	13349
10 月 8 日	15681	15017	13305
10 月 9 日	15649	14992	13323
10 月 10 日	15628	14980	13330
10 月 11 日	15611	14957	13336
10 月 13 日	15528	14902	13313
10 月 14 日	15413	14855	13348
10 月 15 日	15384	14837	13306
10 月 16 日	15371	14825	13315
10 月 17 日	15368	14821	13324
10 月 20 日	15359	14812	13485
10 月 21 日	15366	14819	13502
10 月 22 日	15379	14833	13496
10 月 23 日	15381	14835	13451
10 月 24 日	15378	14831	13498
10 月 27 日	15376	14830	13470
10 月 28 日	15374	14829	13471
10 月 29 日	15370	14829	13453
10 月 30 日	15371	14829	13418
10 月 31 日	15374	14833	13335
11 月 3 日	15377	14835	13198
11 月 4 日	15378	14837	13176
11 月 5 日	15375	14830	13163
11 月 6 日	15374	14827	13177
11 月 7 日	15374	14827	13177
11 月 10 日	15370	14822	13082
11 月 11 日	15366	14818	13105
11 月 12 日	15365	14816	13130
11 月 13 日	15363	14811	13092
11 月 14 日	15344	14791	13095
11 月 17 日	15315	14759	12914
11 月 18 日	15278	14723	12905

续表

日期	国家棉花价格 A 指数	国家棉花价格 B 指数	中国棉花收购价格指数
11月19日	15225	14677	12895
11月20日	15154	14619	12889
11月21日	15038	14493	12872
11月24日	14961	14410	12860
11月25日	14875	14322	12825
11月26日	14767	14213	12731
11月27日	14693	14108	12653
11月28日	14624	14031	12571
12月1日	14550	13961	12514
12月2日	14494	13904	12488
12月3日	14458	13864	12451
12月4日	14399	13806	12446
12月5日	14345	13752	12379
12月8日	14292	13683	12375
12月9日	14231	13625	12362
12月10日	14179	13575	12364
12月11日	14116	13511	12335
12月12日	14061	13436	12335
12月15日	14049	13423	12308
12月16日	14043	13409	12283
12月17日	14043	13405	12286
12月18日	14043	13404	12236
12月19日	14042	13402	12236
12月22日	14041	13401	12220
12月23日	14038	13395	12220
12月24日	14028	13386	12220
12月25日	14026	13383	12183
12月26日	14025	13382	12186
12月29日	14025	13379	12186
12月30日	14024	13378	12186
12月31日	14023	13377	12186
2015年			
1月4日	14022	13376	12183
1月5日	14018	13375	12167
1月6日	14017	13373	12165
1月7日	14016	13371	12165

续表

日期	国家棉花价格 A 指数	国家棉花价格 B 指数	中国棉花收购价格指数
1 月 8 日	14015	13370	12165
1 月 9 日	14013	13367	12162
1 月 12 日	14012	13365	12159
1 月 13 日	14010	13362	12159
1 月 14 日	14007	13359	12159
1 月 15 日	14002	13353	12159
1 月 16 日	13999	13347	12159
1 月 19 日	13993	13339	12159
1 月 20 日	13985	13332	12159
1 月 21 日	13980	13327	12159
1 月 22 日	13976	13324	12151
1 月 23 日	13972	13320	12154
1 月 26 日	13971	13318	12157
1 月 27 日	13966	13315	12157
1 月 28 日	13963	13312	12154
1 月 29 日	13963	13312	12151
1 月 30 日	13962	13311	12151
2 月 2 日	13962	13308	12151
2 月 3 日	13955	13308	12151
2 月 4 日	13956	13309	12151
2 月 5 日	13958	13311	12167
2 月 6 日	13958	13309	12167
2 月 9 日	13957	13307	12141
2 月 10 日	13955	13306	12141
2 月 11 日	13957	13307	12141
2 月 12 日	13955	13305	12144
2 月 13 日	13952	13302	12144
2 月 15 日	13953	13302	12144
2 月 16 日	13953	13302	12144
2 月 17 日	13953	13302	12144
2 月 25 日	13953	13302	12144
2 月 26 日	13955	13306	12144
2 月 27 日	13955	13307	12144
2 月 28 日	13957	13309	12144
3 月 2 日	13961	13313	12144
3 月 3 日	13966	13317	12144

续表

日期	国家棉花价格 A 指数	国家棉花价格 B 指数	中国棉花收购价格指数
3 月 4 日	13969	13320	12149
3 月 5 日	13969	13321	12175
3 月 6 日	13969	13321	12175
3 月 9 日	13964	13318	12175
3 月 10 日	13962	13314	12165
3 月 11 日	13964	13316	12165
3 月 12 日	13962	13312	12165
3 月 13 日	13958	13309	12165
3 月 16 日	13958	13307	12162
3 月 17 日	13960	13310	12162
3 月 18 日	13963	13312	12162
3 月 19 日	13966	13314	12162
3 月 20 日	13966	13314	12162
3 月 23 日	13961	13311	12157
3 月 24 日	13959	13309	12157
3 月 25 日	13960	13310	12157
3 月 26 日	13957	13307	12157
3 月 27 日	13959	13309	12159
3 月 30 日	13956	13307	12159
3 月 31 日	13954	13304	12159
4 月 1 日	13951	13302	—
4 月 2 日	13950	13300	—
4 月 3 日	13944	13295	—
4 月 7 日	13940	13291	—
4 月 8 日	13940	13290	—
4 月 9 日	13938	13288	—
4 月 10 日	13938	13288	—
4 月 13 日	13937	13287	—
4 月 14 日	13937	13283	—
4 月 15 日	13934	13278	—
4 月 16 日	13931	13275	—
4 月 17 日	13934	13278	—
4 月 20 日	13931	13274	—
4 月 21 日	13930	13272	—
4 月 22 日	13930	13272	—
4 月 23 日	13929	13272	—

续表

日期	国家棉花价格 A 指数	国家棉花价格 B 指数	中国棉花收购价格指数
4 月 24 日	13931	13274	—
4 月 27 日	13931	13277	—
4 月 28 日	13933	13278	—
4 月 29 日	13935	13280	—
4 月 30 日	13936	13282	—
5 月 4 日	13937	13283	—
5 月 5 日	13939	13285	—
5 月 6 日	13925	13240	—
5 月 7 日	13912	13226	—
5 月 8 日	13933	13200	—
5 月 11 日	13926	13205	—
5 月 12 日	13929	13202	—
5 月 13 日	13895	13197	—
5 月 14 日	13885	13191	—
5 月 15 日	13876	13193	—
5 月 18 日	13867	13182	—
5 月 19 日	13873	13186	—
5 月 20 日	13865	13181	—
5 月 21 日	13866	13175	—
5 月 22 日	13860	13172	—
5 月 25 日	13862	13168	—
5 月 26 日	13831	13150	—
5 月 27 日	13828	13149	—
5 月 28 日	13826	13147	—
5 月 29 日	13812	13130	—
6 月 1 日	13810	13126	—
6 月 2 日	13809	13126	—
6 月 3 日	13803	13125	—
6 月 4 日	13800	13121	—
6 月 5 日	13799	13121	—
6 月 8 日	13800	13126	—
6 月 9 日	13798	13131	—
6 月 10 日	13799	13129	—
6 月 11 日	13795	13121	—
6 月 12 日	13793	13116	—
6 月 15 日	13792	13116	—

续表

日期	国家棉花价格 A 指数	国家棉花价格 B 指数	中国棉花收购价格指数
6 月 16 日	13786	13110	—
6 月 17 日	13789	13113	—
6 月 18 日	13792	13112	—
6 月 19 日	13786	13104	—
6 月 23 日	13786	13105	—
6 月 24 日	13778	13090	—
6 月 25 日	13776	13090	—
6 月 26 日	13768	13078	—
6 月 29 日	13770	13075	—
6 月 30 日	13770	13076	—
7 月 1 日	13772	13075	—
7 月 2 日	13762	13064	—
7 月 3 日	13765	13062	—
7 月 6 日	13761	13061	—
7 月 7 日	13759	13054	—
7 月 8 日	13757	13032	—
7 月 9 日	13758	13032	—
7 月 10 日	13759	13031	—
7 月 13 日	13769	13038	—
7 月 14 日	13773	13040	—
7 月 15 日	13772	13036	—
7 月 16 日	13772	13032	—
7 月 17 日	13764	13027	—
7 月 20 日	13761	13020	—
7 月 21 日	13760	13018	—
7 月 22 日	13762	13016	—
7 月 23 日	13756	13013	—
7 月 24 日	13752	13008	—
7 月 27 日	13742	13001	—
7 月 28 日	13742	13001	—
7 月 29 日	13736	12997	—
7 月 30 日	13733	12996	—
7 月 31 日	13729	12995	—
8 月 3 日	13729	12992	—
8 月 4 日	13718	12983	—
8 月 5 日	13715	12980	—

续表

日期	国家棉花价格 A 指数	国家棉花价格 B 指数	中国棉花收购价格指数
8 月 6 日	13714	12978	—
8 月 7 日	13716	12978	—
8 月 10 日	13711	12974	—
8 月 11 日	13713	12976	—
8 月 12 日	13702	12970	—
8 月 13 日	13698	12964	—
8 月 14 日	13696	12961	—
8 月 17 日	13692	12961	—
8 月 18 日	13686	12957	—
8 月 19 日	13684	12957	—
8 月 20 日	13683	12956	—
8 月 21 日	13681	12955	—
8 月 24 日	13669	12941	—
8 月 25 日	13648	12920	—
8 月 26 日	13648	12917	—
8 月 27 日	13634	12908	—
8 月 28 日	13632	12908	—
8 月 31 日	13624	12901	—

数据来源：国家棉花市场监测系统

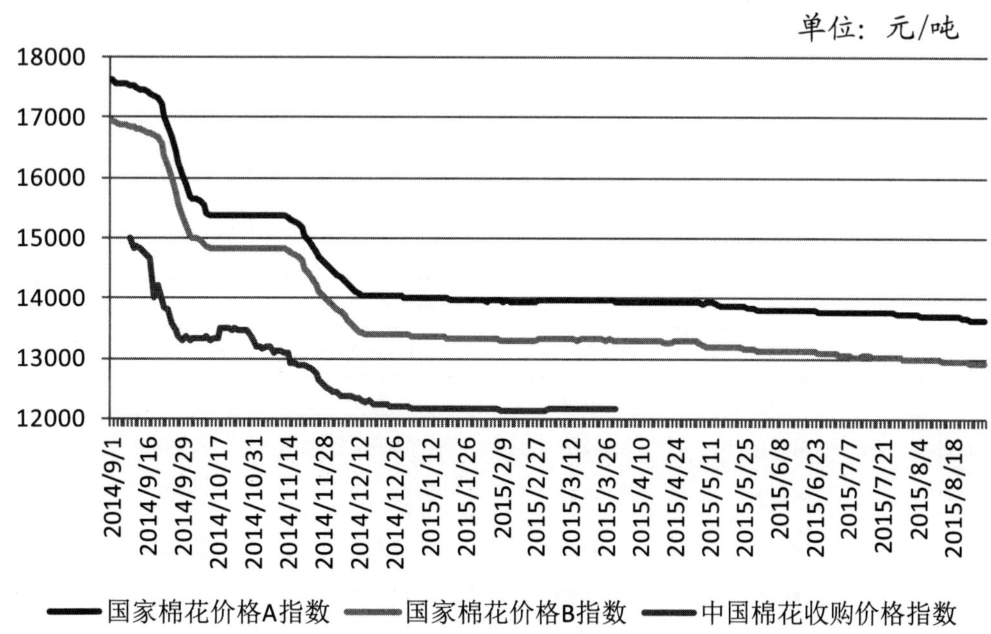

图 4－5　2014/2015 年度国家棉花价格指数及中国棉花收购价格指数走势

表 4–24 2014/2015 年度国内各等级棉花分月价格表

单位：元 / 吨

月 份	1129B 级	2129B 级	3128B 级	4129B 级	2227B 级
2014 年 9 月	17541	17137	16471	15983	15382
2014 年 10 月	15813	15440	14867	14384	13760
2014 年 11 月	15522	15181	14628	14149	13527
2014 年 12 月	14556	14155	13532	13070	12667
2015 年 1 月	14408	13993	13344	12897	12520
2015 年 2 月	14373	13956	13306	12857	12492
2015 年 3 月	14376	13962	13313	12863	12499
2015 年 4 月	14354	13938	13278	12831	12446
2015 年 5 月	14290	13882	13193	12639	12284
2015 年 6 月	14187	13791	13110	12523	12151
2015 年 7 月	14148	13757	13027	12456	12053
2015 年 8 月	14078	13685	12954	12395	11996

数据来源：国家棉花市场监测系统

表 4–25 2014/2015 年度中国主要地区棉花价格表

单位：元 / 吨

月 份	冀鲁豫地区				
	1129B 级	2129B 级	3128B 级	4129B 级	2227B 级
2014 年 9 月	17549	17150	16474	15991	15384
2014 年 10 月	15780	15407	14855	14389	13768
2014 年 11 月	15497	15145	14614	14148	13536
2014 年 12 月	14548	14141	13524	13067	12647
2015 年 1 月	14384	13969	13315	12872	12481
2015 年 2 月	14361	13941	13297	12840	12462
2015 年 3 月	14372	13961	13325	12855	12476

续表

月　份	冀鲁豫地区				
	1129B 级	2129B 级	3128B 级	4129B 级	2227B 级
2015 年 4 月	14340	13922	13268	12803	12427
2015 年 5 月	14334	13914	13241	12654	12311
2015 年 6 月	14215	13803	13149	12541	12165
2015 年 7 月	14151	13754	13046	12468	12046
2015 年 8 月	14100	13693	12983	12399	11980

月　份	东南沿海地区				
	1129B 级	2129B 级	3128B 级	4129B 级	2227B 级
2014 年 9 月	17517	17106	16458	15960	15366
2014 年 10 月	15862	15490	14883	14375	13748
2014 年 11 月	15573	15249	14659	14159	13525
2014 年 12 月	14578	14194	13567	13096	12736
2015 年 1 月	14440	14031	13398	12944	12608
2015 年 2 月	14381	13973	13323	12893	12563
2015 年 3 月	14364	13959	13301	12883	12556
2015 年 4 月	14337	13942	13291	12881	12531
2015 年 5 月	14202	13814	13215	12703	12435
2015 年 6 月	14076	13758	13115	12512	12219
2015 年 7 月	14121	13791	13033	12475	12050
2015 年 8 月	14071	13658	12978	12430	12000

月　份	长江中下游地区				
	1129B 级	2129B 级	3128B 级	4129B 级	2227B 级
2014 年 9 月	17556	17146	16478	15992	15403
2014 年 10 月	15816	15443	14871	14378	13745
2014 年 11 月	15491	15158	14619	14137	13495
2014 年 12 月	14539	14127	13493	13040	12609
2015 年 1 月	14426	14001	13338	12898	12492
2015 年 2 月	14405	13975	13304	12861	12475

续表

月　份	长江中下游地区				
	1129B 级	2129B 级	3128B 级	4129B 级	2227B 级
2015 年 3 月	14416	13973	13289	12865	12484
2015 年 4 月	14414	13964	13283	12847	12412
2015 年 5 月	14246	13836	13077	12562	12167
2015 年 6 月	14191	13787	13016	12461	12051
2015 年 7 月	14206	13799	12995	12414	12023
2015 年 8 月	14102	13721	12931	12378	11996

月份	西南地区				
	1129B 级	2129B 级	3128B 级	4129B 级	2227B 级
2014 年 9 月	17595	17187	16510	16028	15431
2014 年 10 月	15935	15555	14894	14430	13841
2014 年 11 月	15652	15307	14671	14174	13610
2014 年 12 月	14636	14244	13609	13120	12703
2015 年 1 月	14493	14093	13472	12959	12572
2015 年 2 月	14403	14003	13382	12870	12483
2015 年 3 月	14396	13996	13359	12863	12476
2015 年 4 月	14393	13980	13333	12847	12459
2015 年 5 月	14400	13997	13348	12810	12425
2015 年 6 月	14313	13901	13224	12639	12261
2015 年 7 月	14194	13750	13003	12550	12100
2015 年 8 月	14150	13750	13000	12550	12100

月份	西北内陆地区				
	1129B 级	2129B 级	3128B 级	4129B 级	2227B 级
2014 年 9 月	17544	17134	16474	15983	15388
2014 年 10 月	15852	15479	14896	14379	13756
2014 年 11 月	15515	15171	14603	14067	13459
2014 年 12 月	14464	14072	13438	12902	12562
2015 年 1 月	14335	13925	13273	12739	12440

续表

月 份	西北内陆地区				
	1129B 级	2129B 级	3128B 级	4129B 级	2227B 级
2015 年 2 月	14320	13905	13253	12722	12422
2015 年 3 月	14316	13900	13248	12720	12420
2015 年 4 月	14342	13928	13281	12756	12452
2015 年 5 月	14100	13804	13247	12694	12496
2015 年 6 月	13928	13650	13158	12638	12448
2015 年 7 月	13808	13518	12978	12512	12273
2015 年 8 月	13692	13404	12719	12363	12119

月份	北方地区				
	1129B 级	2129B 级	3128B 级	4129B 级	2227B 级
2014 年 9 月	17542	17147	16484	16018	15420
2014 年 10 月	15816	15442	14859	14382	13739
2014 年 11 月	15512	15181	14614	14105	13466
2014 年 12 月	14517	14146	13469	13058	12540
2015 年 1 月	14421	14042	13302	12942	12362
2015 年 2 月	14366	13984	13265	12879	12318
2015 年 3 月	14387	13986	13259	12859	12344
2015 年 4 月	14378	13952	13228	12818	12315
2015 年 5 月	14363	13962	13261	12717	12216
2015 年 6 月	14259	13874	13212	12612	12134
2015 年 7 月	14150	13750	13133	12496	12083
2015 年 8 月	14140	13740	13055	12440	12040

月 份	新疆维吾尔自治区				
	1129B 级	2129B 级	3128B 级	4129B 级	2227B 级
2014 年 9 月	17524	17125	16440	15984	15382
2014 年 10 月	15377	14975	14304	13862	13292
2014 年 11 月	15245	14867	14282	13816	13229
2014 年 12 月	14742	14327	13739	13319	12870
2015 年 1 月	14619	14211	13628	13208	12738

续表

月　　份	新疆维吾尔自治区				
	1129B 级	2129B 级	3128B 级	4129B 级	2227B 级
2015 年 2 月	14585	14172	13592	13179	12700
2015 年 3 月	14511	14113	13532	13105	12642
2015 年 4 月	14260	13901	13309	12821	12410
2015 年 5 月	14200	13843	13233	12738	12303
2015 年 6 月	14075	13734	13084	12603	12174
2015 年 7 月	13868	13549	12925	12463	11995
2015 年 8 月	13881	13557	12876	12405	11977

数据来源：国家棉花市场监测系统

表 4–26　2014/2015 年度中国棉花收购价格指数月均值表

单位：元 / 吨

月份	中国棉花收购价格指数
2014 年 9 月	14148
2014 年 10 月	13394
2014 年 11 月	12976
2014 年 12 月	12304
2015 年 1 月	12160
2015 年 2 月	12147
2015 年 3 月	12161

数据来源：国家棉花市场监测系统

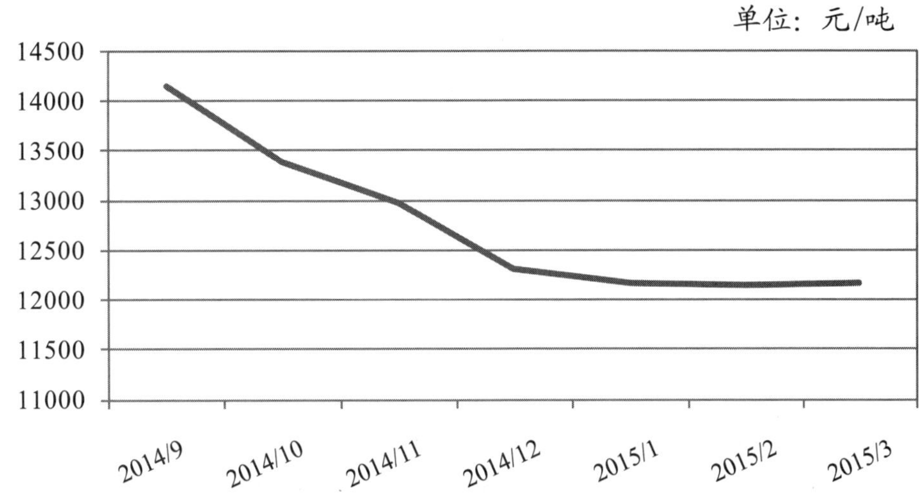

图 4-6　2014/2015 年度中国棉花收购价格指数走势

中国棉花收购价格指数简介

中国棉花收购价格指数（英文名为：CNCotton IndexSeedCotton，简称为 CNCotton S），根据国家棉花市场监测系统 140 个监测站每日 3 级籽棉收购价格、棉籽平均价格和收购籽棉平均衣分率、含杂等质量指标计算得出，表示 3 级籽棉折皮棉收购价格，反映棉花企业的籽棉收购成本，计价单位为元／吨。

CNCotton S 的计算方法：由国内各产棉省（区、市）各等级籽棉主体收购价格，算术平均得出当日国内籽棉平均收购价格。根据各地 3 级籽棉平均收购价格、棉籽平均价格、平均衣分率折算出中国棉花收购价格指数。

CNCotton S 为国内植棉主产省（区）和部分非主产区不同等级收购籽棉的主体价格的算术平均价，反映某一日国内棉花收购价格的变化趋势。中国棉花收购价格指数不代表任一时间和地点棉花的实际收购价格。

CNCotton S 于每年 9 月 1 日起开始更新，收购旺季时每周一至周五更新，收购淡季时每周四更新，每年 5 月份以后停止更新。

表 4–27　2014/2015 年度中国主要地区籽棉收购折皮棉成本月平均价格表

单位：元／吨

月　　份	山东	河北	河南	山西	江苏	安徽	湖北	湖南	江西	新疆
2014 年 9 月	15348	15095	14728	20389	15294	14496	8924	13931	—	13532
2014 年 10 月	13844	13756	14071	13339	13643	13708	13098	13674	13440	12875
2014 年 11 月	13333	13295	13169	13275	13338	13558	13100	13514	13359	12465
2014 年 12 月	12519	12711	12733	12896	12910	12727	12663	12446	12567	11656
2015 年 1 月	12501	12696	12566	12824	12400	12178	12427	12320	12499	11528
2015 年 2 月	12565	12719	12487	12506	12424	12237	12370	12208	12205	11554
2015 年 3 月	12558	12802	12458	12530	12418	12277	12259	12188	12185	11553
2015 年 4 月	12539	12834	12484	12530	12495	12537	12248	12189	12185	11538

数据来源：国家棉花市场监测系统

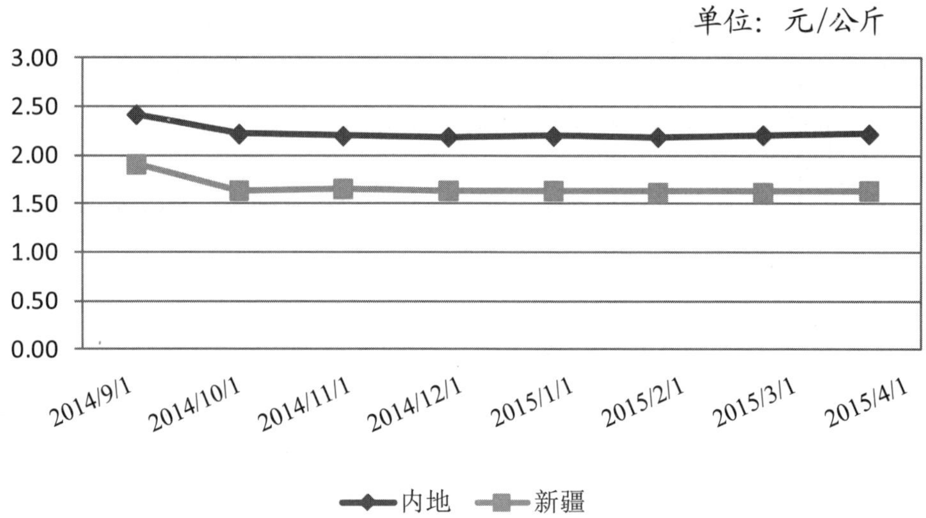

图 4－7　2014/2015 年度内地与新疆籽棉收购成本分月对比

表 4–28　2014/2015 年度内地与新疆棉籽月均价对比表

位：元 / 千克

月份	内地	新疆
2014 年 9 月	2.42	1.91
2014 年 10 月	2.22	1.64
2014 年 11 月	2.20	1.66
2014 年 12 月	2.19	1.64
2015 年 1 月	2.20	1.64
2015 年 2 月	2.19	1.62
2015 年 3 月	2.21	1.62
2015 年 4 月	2.22	1.64

数据来源：国家棉花市场监测系统

单位：元/公斤

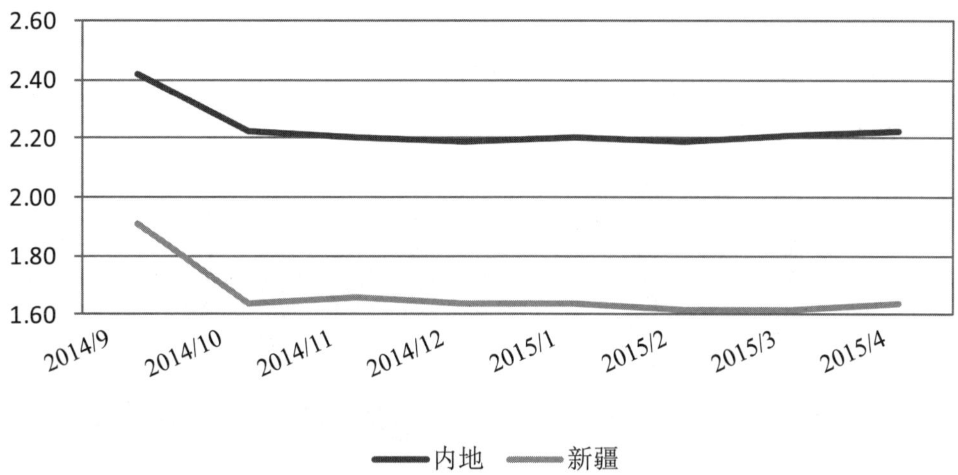

图 4－8　2014/2015 年度内地与新疆棉籽月均价对比

表 4–29　2014/2015 年度中国棉花、纯棉纱及涤纶短纤月平均价格表

单位：元/吨

月份	国家棉花价格 B 指数	32 支纯棉纱	涤纶短纤	棉、涤价差	棉、纱价差
2014 年 9 月	16471	23958	8815	7656	7487
2014 年 10 月	14867	23113	7997	6870	8246
2014 年 11 月	14628	22327	8031	6597	7699
2014 年 12 月	13532	21639	7753	5779	8107
2015 年 1 月	13344	21218	6969	6375	7874
2015 年 2 月	13306	21116	7234	6072	7810
2015 年 3 月	13313	21043	7259	6054	7730
2015 年 4 月	13283	20934	7529	5754	7651
2015 年 5 月	13193	20875	8053	5140	7682
2015 年 6 月	13110	20655	7797	5313	7545
2015 年 7 月	13028	20335	7267	5761	7307
2015 年 8 月	12954	20080	6967	5987	7126

注：1. 数据来源：国家棉花市场监测系统
2. 棉、纱价差＝32 支纯棉纱－国家棉花价格 B 指数
3. 棉、涤价差＝国家棉花价格 B 指数－涤纶短纤

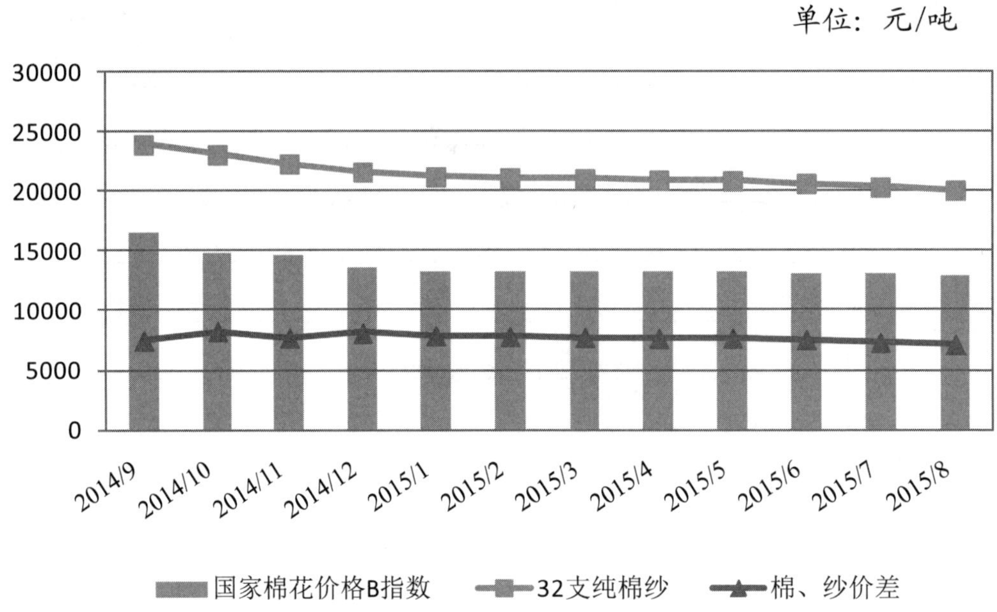

图 4－9　2014/2015 年度国内棉花、棉纱价格差异

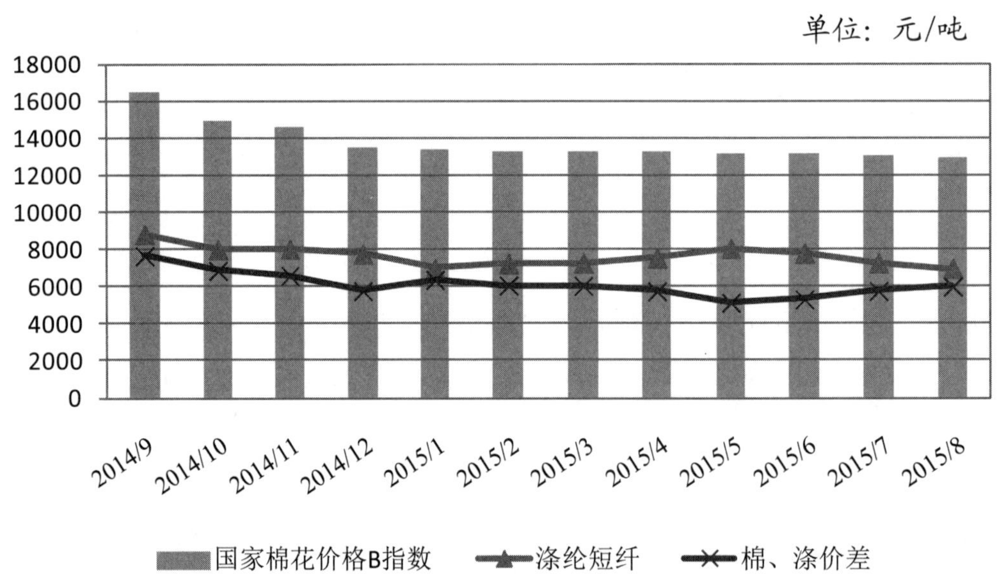

图 4－10　2014/2015 年度国内棉花、涤短价格差异

表 4–30 2014/2015 年度郑州棉花期货主力合约日交易量价统计表

单位：元/吨、手

交易日期	合约代码	开盘	最高	最低	收盘	结算	成交量	持仓量
2014 年								
9 月 1 日	CF1501	14210	14310	13895	13905	14035	483108	446524
9 月 2 日	CF1501	13900	14095	13865	13965	13970	367938	441158
9 月 3 日	CF1501	13900	14195	13865	14040	14065	408190	435916
9 月 4 日	CF1501	14065	14120	13910	13925	14015	314226	459874
9 月 5 日	CF1501	13900	13920	13595	13605	13715	452776	462700
9 月 9 日	CF1501	13680	13820	13440	13645	13635	552682	424742
9 月 10 日	CF1501	13720	13765	13575	13680	13655	321406	424286
9 月 11 日	CF1501	13775	13775	13600	13630	13660	282010	431916
9 月 12 日	CF1501	13700	13775	13570	13580	13685	409002	458300
9 月 15 日	CF1501	13540	13750	13510	13750	13680	336064	442038
9 月 16 日	CF1501	13645	13740	13605	13665	13670	305418	445352
9 月 17 日	CF1501	13690	13915	13590	13910	13775	503926	429674
9 月 18 日	CF1501	13800	13860	13495	13520	13660	683790	528888
9 月 19 日	CF1501	13550	13550	13110	13110	13280	675882	556162
9 月 22 日	CF1501	13095	13180	12805	12960	12970	744524	552952
9 月 23 日	CF1501	12930	13295	12820	13205	13090	979150	575484
9 月 24 日	CF1501	13210	13270	12800	12800	12965	1199276	648590
9 月 25 日	CF1501	12790	12890	12470	12865	12660	1238398	610316
9 月 26 日	CF1501	12890	13170	12790	13170	12970	660340	579674
9 月 29 日	CF1501	13300	13840	12995	13615	13380	1436706	506760
9 月 30 日	CF1501	13575	13575	13265	13345	13410	817862	503852
10 月 8 日	CF1501	13630	13700	13360	13455	13485	470868	508248
10 月 9 日	CF1501	13460	13540	13030	13295	13260	1317664	521450
10 月 10 日	CF1501	13240	13425	13150	13365	13325	834366	499286
10 月 13 日	CF1501	13410	13665	13410	13570	13560	626170	488128
10 月 14 日	CF1501	13620	13765	13495	13710	13620	710726	475354

续表

交易日期	合约代码	开盘	最高	最低	收盘	结算	成交量	持仓量
10月15日	CF1501	13620	13750	13535	13605	13635	716174	489130
10月16日	CF1501	13530	13750	13465	13750	13620	707434	486538
10月17日	CF1501	13800	13960	13690	13750	13810	745188	502390
10月20日	CF1501	13900	14000	13815	13985	13910	690642	471618
10月21日	CF1501	13950	14100	13850	13905	13960	722568	450332
10月22日	CF1501	13900	13935	13795	13845	13850	409126	444778
10月23日	CF1501	13800	13890	13755	13760	13815	375940	439954
10月24日	CF1501	13790	13860	13725	13830	13800	266614	424922
10月27日	CF1501	13800	13845	13505	13550	13630	463162	434528
10月28日	CF1501	13550	13660	13480	13580	13570	399522	424574
10月29日	CF1501	13640	13760	13585	13715	13655	278318	411088
10月30日	CF1501	13675	13895	13655	13705	13770	348888	412820
10月31日	CF1501	13640	13640	13520	13610	13575	272438	406972
11月3日	CF1501	13545	13585	13390	13420	13475	320220	440604
11月4日	CF1505	13280	13370	13200	13275	13300	254108	383342
11月5日	CF1505	13155	13250	13085	13125	13165	264696	386998
11月6日	CF1505	13150	13230	13065	13220	13150	232164	383796
11月7日	CF1505	13225	13280	13175	13220	13230	170754	374618
11月10日	CF1505	13255	13365	13250	13315	13315	205736	383874
11月11日	CF1505	13195	13325	13150	13240	13230	287626	398922
11月12日	CF1505	13295	13355	13240	13315	13300	228728	411012
11月13日	CF1505	13200	13265	13170	13220	13220	232338	414878
11月14日	CF1505	13050	13080	12900	13005	13005	384632	436572
11月17日	CF1505	13020	13075	12735	12750	12835	576456	531132
11月18日	CF1505	12770	12915	12735	12890	12840	474128	481574
11月19日	CF1505	12900	12940	12785	12815	12850	265912	473680
11月20日	CF1505	12760	12815	12560	12620	12655	664734	549472
11月21日	CF1505	12655	12670	12590	12590	12625	250638	544766
11月24日	CF1505	12595	12615	12355	12390	12475	480934	599866
11月25日	CF1505	12350	12860	12320	12770	12615	1077638	524874

续表

交易日期	合约代码	开盘	最高	最低	收盘	结算	成交量	持仓量
11 月 26 日	CF1505	12700	12725	12520	12550	12620	477944	535820
11 月 27 日	CF1505	12620	12895	12600	12860	12770	779278	524566
11 月 28 日	CF1505	12790	12910	12735	12800	12815	524042	516284
12 月 1 日	CF1505	12700	12845	12640	12710	12745	508622	522672
12 月 2 日	CF1505	12745	12815	12670	12755	12750	373422	519886
12 月 3 日	CF1505	12740	12885	12715	12850	12810	493070	542262
12 月 4 日	CF1505	12820	13150	12820	13030	13005	786942	535424
12 月 5 日	CF1505	13080	13140	13010	13090	13080	359796	528200
12 月 8 日	CF1505	13010	13105	12970	13045	13035	341028	503504
12 月 9 日	CF1505	12990	12990	12785	12835	12855	466694	473560
12 月 10 日	CF1505	12880	13060	12830	12930	12945	404262	484698
12 月 11 日	CF1505	12880	12965	12850	12950	12915	214588	485648
12 月 12 日	CF1505	13005	13215	13000	13170	13135	564410	533892
12 月 15 日	CF1505	13175	13210	13025	13095	13100	264678	515816
12 月 16 日	CF1505	13120	13150	12955	13020	13035	272280	492682
12 月 17 日	CF1505	12970	13005	12800	12870	12870	382976	427426
12 月 18 日	CF1505	12865	12960	12745	12835	12860	296258	433630
12 月 19 日	CF1505	12855	12890	12785	12845	12845	202578	429078
12 月 22 日	CF1505	12825	12890	12810	12835	12845	103716	426732
12 月 23 日	CF1505	12870	12950	12830	12865	12895	229630	433636
12 月 24 日	CF1505	12850	12950	12740	12935	12840	354230	452470
12 月 25 日	CF1505	12900	13155	12870	13135	13035	470984	542866
12 月 26 日	CF1505	13125	13145	13030	13040	13080	241642	508512
12 月 29 日	CF1505	13050	13310	13020	13175	13185	360164	526070
12 月 30 日	CF1505	13170	13370	13130	13350	13275	346810	531606
12 月 31 日	CF1505	13330	13405	13230	13260	13310	255628	511990
2015 年								
1 月 5 日	CF1505	13040	13080	12890	13030	13010	247762	473520
1 月 6 日	CF1505	13020	13150	13015	13110	13090	174140	478214
1 月 7 日	CF1505	13120	13210	13050	13070	13130	193080	474024

续表

交易日期	合约代码	开盘	最高	最低	收盘	结算	成交量	持仓量
1月8日	CF1505	13080	13180	13035	13145	13125	174134	479466
1月9日	CF1505	13165	13190	13080	13110	13130	132142	469210
1月12日	CF1505	13130	13150	13055	13085	13105	143944	469506
1月13日	CF1505	13050	13080	12905	12910	12980	284468	436884
1月14日	CF1505	12900	12970	12860	12890	12910	199174	422086
1月15日	CF1505	12875	12995	12860	12970	12925	203934	420962
1月16日	CF1505	12970	13245	12970	13125	13135	274904	407034
1月19日	CF1505	13105	13165	13060	13140	13115	162822	402958
1月20日	CF1505	13125	13190	13075	13105	13120	130830	394596
1月21日	CF1505	13110	13130	12950	13005	13015	269822	388818
1月22日	CF1505	13025	13095	12990	13025	13045	151908	378632
1月23日	CF1505	13030	13070	12910	13025	12975	257488	370792
1月26日	CF1505	13005	13075	12910	12920	12990	207560	359210
1月27日	CF1505	12930	13135	12870	13000	13020	262644	355832
1月28日	CF1505	13015	13140	12995	13135	13065	183894	383908
1月29日	CF1505	13120	13275	13085	13220	13190	375236	418382
1月30日	CF1505	13200	13225	13085	13090	13150	204904	386786
2月2日	CF1505	13075	13120	13040	13085	13080	140726	373942
2月3日	CF1505	13105	13215	13090	13160	13155	177896	390372
2月4日	CF1505	13200	13365	13155	13325	13285	404418	434740
2月5日	CF1505	13320	13320	13125	13135	13215	271384	399990
2月6日	CF1505	13140	13260	13140	13210	13210	153080	399654
2月9日	CF1505	13200	13250	13150	13235	13200	147530	406630
2月10日	CF1505	13205	13330	13205	13260	13280	185404	405198
2月11日	CF1505	13270	13310	13180	13230	13240	158004	384810
2月12日	CF1505	13190	13230	13150	13185	13190	106242	368278
2月13日	CF1505	13185	13325	13185	13275	13270	160548	345076
2月16日	CF1505	13280	13350	13255	13300	13295	98728	326702
2月17日	CF1505	13300	13380	13290	13310	13325	75946	314714
2月25日	CF1505	13375	13400	13270	13330	13350	83962	314554

续表

交易日期	合约代码	开盘	最高	最低	收盘	结算	成交量	持仓量
2月26日	CF1505	13315	13480	13310	13445	13415	243882	344340
2月27日	CF1505	13430	13470	13375	13405	13430	164392	343756
3月2日	CF1505	13400	13445	13330	13370	13385	144482	322120
3月3日	CF1505	13370	13400	13100	13225	13245	299020	280260
3月4日	CF1505	13175	13230	13160	13180	13190	74804	268122
3月5日	CF1505	13180	13205	13145	13160	13165	80892	254446
3月6日	CF1505	13120	13220	13120	13160	13180	70578	242088
3月9日	CF1505	13135	13160	13060	13110	13120	134626	222724
3月10日	CF1505	13110	13120	13065	13075	13090	51594	213388
3月11日	CF1505	13085	13085	13020	13065	13055	50992	202760
3月12日	CF1505	13055	13285	13055	13145	13155	93044	197024
3月13日	CF1509	13510	13535	13460	13480	13505	31948	130168
3月16日	CF1509	13485	13490	13360	13420	13415	42226	133872
3月17日	CF1509	13405	13435	13360	13365	13390	28050	138364
3月18日	CF1509	13365	13365	13265	13305	13320	52334	142824
3月19日	CF1509	13285	13450	13205	13225	13310	100734	166690
3月20日	CF1509	13255	13265	13130	13180	13220	79946	179990
3月23日	CF1509	13185	13315	13170	13310	13250	106198	190054
3月24日	CF1509	13330	13420	13310	13335	13370	102982	194424
3月25日	CF1509	13350	13355	13235	13245	13295	70298	201440
3月26日	CF1509	13210	13245	13140	13210	13200	102452	211450
3月27日	CF1509	13200	13285	13100	13280	13175	114536	213828
3月30日	CF1509	13290	13295	13160	13170	13220	106962	219240
3月31日	CF1509	13170	13210	13075	13085	13145	103924	235026
4月1日	CF1509	13055	13135	12935	13005	13045	160262	237018
4月2日	CF1509	12995	13095	12970	13000	13040	106078	245288
4月3日	CF1509	13040	13080	12925	12955	13010	104306	248592
4月7日	CF1509	13010	13045	12835	12905	12945	126044	258160
4月8日	CF1509	12920	13085	12840	13045	12965	214656	284450
4月9日	CF1509	13060	13135	12995	13035	13065	153918	288460

续表

交易日期	合约代码	开盘	最高	最低	收盘	结算	成交量	持仓量
4月10日	CF1509	13040	13040	12885	12925	12960	118456	284726
4月13日	CF1509	12900	12975	12850	12955	12910	117696	290176
4月14日	CF1509	12950	13015	12920	12985	12970	113018	295184
4月15日	CF1509	13000	13045	12925	12955	12980	90630	293568
4月16日	CF1509	12970	13090	12950	13070	13035	138032	293142
4月17日	CF1509	13050	13095	12980	13020	13040	95304	296008
4月20日	CF1509	13030	13065	12990	13040	13030	79368	290474
4月21日	CF1509	13015	13120	13015	13095	13075	143962	307618
4月22日	CF1509	13080	13355	13075	13320	13235	416086	349386
4月23日	CF1509	13320	13355	13025	13100	13195	372798	327480
4月24日	CF1509	13130	13255	13125	13230	13200	220906	340182
4月27日	CF1509	13280	13495	13210	13435	13380	478196	419422
4月28日	CF1509	13445	13530	13355	13410	13435	328326	422210
4月29日	CF1509	13420	13565	13305	13360	13440	532132	432768
4月30日	CF1509	13400	13500	13350	13405	13430	281782	433802
5月4日	CF1509	13350	13610	13350	13605	13515	301408	483722
5月5日	CF1509	13605	13640	13425	13520	13550	423980	467480
5月6日	CF1509	13530	13590	13485	13535	13545	315662	476474
5月7日	CF1509	13515	13575	13340	13355	13445	326006	448720
5月8日	CF1509	13335	13335	13210	13255	13260	288158	429996
5月11日	CF1509	13275	13370	13255	13325	13315	186934	418936
5月12日	CF1509	13250	13290	13150	13180	13220	281486	389984
5月13日	CF1509	13180	13215	13135	13155	13175	122556	389550
5月14日	CF1509	13175	13250	13155	13235	13205	187152	387482
5月15日	CF1509	13260	13315	13235	13245	13280	197652	360320
5月18日	CF1509	13235	13290	13225	13275	13260	84558	349020
5月19日	CF1509	13250	13275	13140	13140	13195	149254	325660
5月20日	CF1509	13095	13130	13000	13005	13070	161934	300198
5月21日	CF1509	13010	13115	12995	13070	13060	103596	296850
5月22日	CF1509	13090	13125	13010	13020	13060	106344	299142

续表

交易日期	合约代码	开盘	最高	最低	收盘	结算	成交量	持仓量
5月25日	CF1509	13015	13045	12935	12980	12985	138848	302544
5月26日	CF1509	13000	13180	12980	13050	13095	158842	286596
5月27日	CF1509	13105	13120	13035	13060	13075	97892	291352
5月28日	CF1509	13060	13115	13045	13070	13085	100106	293100
5月29日	CF1509	13075	13150	13035	13120	13100	111030	289586
6月1日	CF1509	13160	13200	13050	13125	13115	152420	281922
6月2日	CF1509	13140	13155	13065	13085	13105	84648	283356
6月3日	CF1509	13080	13135	13080	13110	13110	105564	285682
6月4日	CF1509	13115	13140	13055	13070	13090	101698	280700
6月5日	CF1509	13060	13095	13020	13055	13055	80288	278306
6月8日	CF1509	13035	13060	12995	13045	13030	51744	272832
6月9日	CF1509	13050	13070	13025	13040	13045	49114	268294
6月10日	CF1509	13040	13070	13030	13050	13050	42934	264314
6月11日	CF1509	13050	13060	12810	12845	12955	159428	293058
6月12日	CF1509	12860	12870	12690	12740	12760	193274	280688
6月15日	CF1509	12740	12820	12670	12680	12755	107556	278472
6月16日	CF1509	12690	12725	12660	12725	12690	62490	271506
6月17日	CF1509	12730	12780	12670	12755	12730	74092	265178
6月18日	CF1509	12750	12780	12695	12710	12735	53102	262814
6月19日	CF1509	12715	12760	12625	12715	12700	93468	253190
6月23日	CF1509	12730	12795	12715	12725	12750	34264	247680
6月24日	CF1509	12705	12740	12700	12730	12720	36440	245446
6月25日	CF1509	12720	12770	12695	12700	12735	39652	239350
6月26日	CF1509	12705	12770	12695	12755	12740	66308	230546
6月29日	CF1509	12775	12855	12770	12795	12805	86712	224280
6月30日	CF1509	12795	12810	12695	12740	12740	74700	211008
7月1日	CF1601	13220	13355	13210	13295	13280	87762	221516
7月2日	CF1601	13290	13305	13255	13290	13275	37424	223652
7月3日	CF1601	13285	13355	13280	13315	13320	85524	236354
7月6日	CF1601	13320	13320	13160	13175	13235	92574	234788

续表

交易日期	合约代码	开盘	最高	最低	收盘	结算	成交量	持仓量
7月7日	CF1601	13160	13215	13050	13065	13140	114920	224898
7月8日	CF1601	13020	13055	12610	12610	12775	229600	224358
7月9日	CF1601	12510	12995	12310	12910	12765	226260	218310
7月10日	CF1601	12940	13080	12850	12965	12985	176730	253732
7月13日	CF1601	12990	13015	12830	12855	12900	86970	264352
7月14日	CF1601	12840	12890	12710	12765	12810	119976	275416
7月15日	CF1601	12780	12790	12655	12715	12725	95276	283550
7月16日	CF1601	12690	12725	12630	12665	12675	61252	287524
7月17日	CF1601	12660	12720	12640	12660	12675	44036	290766
7月20日	CF1601	12635	12765	12520	12725	12710	107220	302032
7月21日	CF1601	12730	12775	12690	12725	12730	57264	300864
7月22日	CF1601	12725	12755	12670	12695	12715	49562	299506
7月23日	CF1601	12685	12730	12660	12690	12700	49430	298036
7月24日	CF1601	12700	12790	12670	12745	12730	97754	296684
7月27日	CF1601	12770	12780	12690	12710	12725	72040	299696
7月28日	CF1601	12680	12810	12680	12805	12740	105540	309606
7月29日	CF1601	12800	12805	12735	12760	12765	84622	308062
7月30日	CF1601	12745	12770	12715	12750	12745	52000	305416
7月31日	CF1601	12745	12760	12600	12635	12675	117466	333670
8月3日	CF1601	12630	12720	12620	12670	12680	88050	327152
8月4日	CF1601	12650	12680	12540	12630	12610	136728	335524
8月5日	CF1601	12655	12655	12540	12540	12590	73640	346672
8月6日	CF1601	12550	12570	12315	12385	12415	205216	386024
8月7日	CF1601	12365	12440	12365	12415	12405	116928	381876
8月10日	CF1601	12405	12450	12295	12385	12370	112916	389072
8月11日	CF1601	12370	12540	12365	12455	12455	128398	382042
8月12日	CF1601	12440	12480	12400	12435	12445	71046	386004
8月13日	CF1601	12450	12700	12440	12665	12595	225766	375302
8月14日	CF1601	12700	12730	12600	12605	12670	134750	375008
8月17日	CF1601	12620	12670	12600	12665	12635	76070	370706

续表

交易日期	合约代码	开盘	最高	最低	收盘	结算	成交量	持仓量
8月18日	CF1601	12695	12695	12595	12610	12630	64844	370754
8月19日	CF1601	12610	12765	12535	12750	12675	224422	404172
8月20日	CF1601	12755	12780	12620	12665	12685	126018	393814
8月21日	CF1601	12670	12720	12545	12545	12635	102996	386266
8月24日	CF1601	12550	12560	12370	12480	12460	226292	361870
8月25日	CF1601	12400	12470	12340	12415	12405	156492	356116
8月26日	CF1601	12455	12480	12350	12360	12415	91454	352566
8月27日	CF1601	12320	12455	12320	12455	12405	100500	348384
8月28日	CF1601	12460	12585	12405	12415	12490	126460	353322
8月31日	CF1601	12395	12440	12355	12360	12395	76934	355572

数据来源：郑州商品交易所

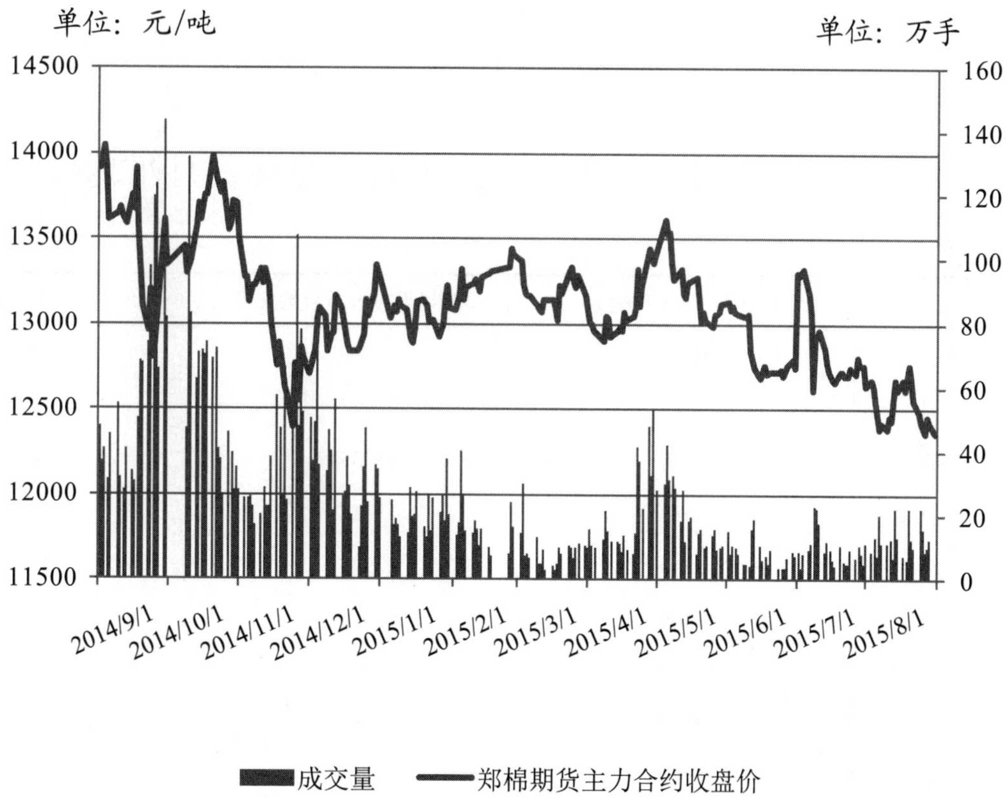

图 4－11　2014/2015 年度郑棉主力合约量价走势

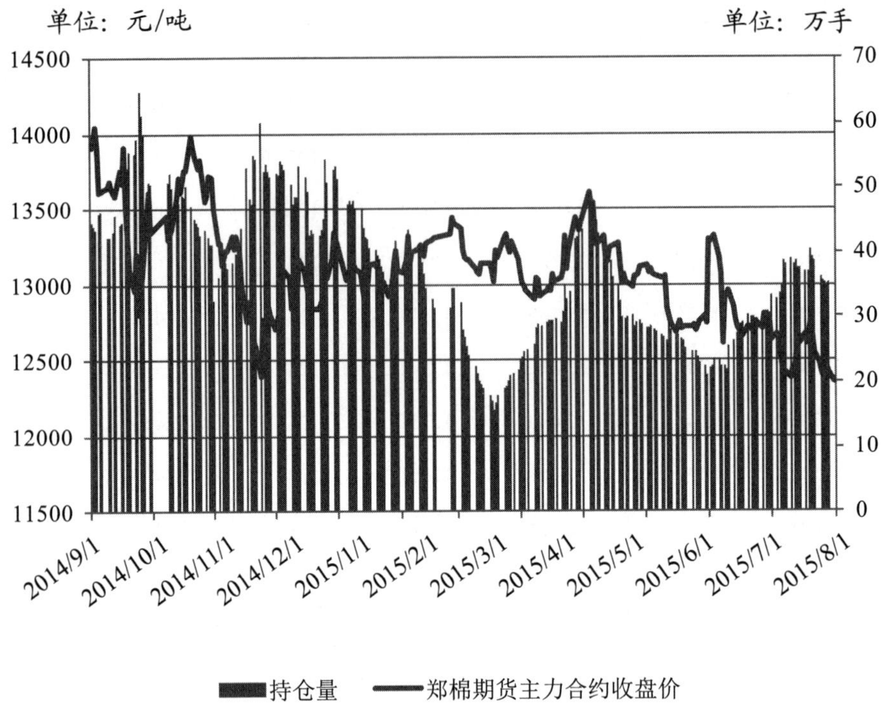

图 4-12 2014/2015 年度郑棉期货交易持仓量变化情况

表 4-31 2014/2015 年度郑州棉花期货与现货月平均价格表

单位：元/吨

月 份	国家棉花价格 B 指数	郑棉期货近月合约	价差（现货－期货）
2014 年 9 月	16471	15776	–695
2014 年 10 月	14867	14742	–125
2014 年 11 月	14628	13539	–1089
2014 年 12 月	13532	13018	–514
2015 年 1 月	13344	12948	–396
2015 年 2 月	13306	13076	–230
2015 年 3 月	13313	12990	–323
2015 年 4 月	13283	12769	–514
2015 年 5 月	13193	12933	–260
2015 年 6 月	13110	12592	–518
2015 年 7 月	13028	12514	–514
2015 年 8 月	12954	12179	–775

数据来源：国家棉花市场监测系统、郑州商品交易所

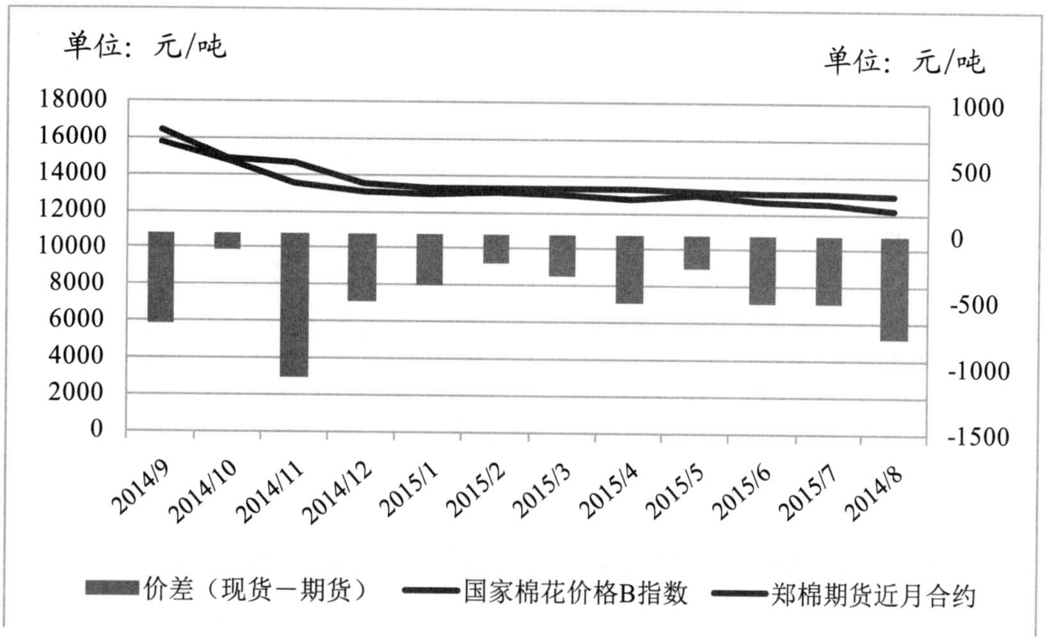

图 4－13　2014/2015 年度国内期、现货价格及差异

表 4–32　2014/2015 年度全国棉花交易市场电子撮合近月合同与现货市场价格统计表

单位：元 / 吨

月　　份	国家棉花价格 A 指数	撮合交易近月合同价	价差
2014 年 9 月	17137	16400	737
2014 年 10 月	15440	14750	690
2014 年 11 月	15181	12815	2366
2014 年 12 月	14155	12940	1215
2015 年 1 月	13993	12370	1623
2015 年 2 月	13956	12575	1381
2015 年 3 月	13962	12350	1612
2015 年 4 月	13936	12220	1716
2015 年 5 月	13882	12310	1572
2015 年 6 月	13790	12110	1680
2015 年 7 月	13757	11965	1792
2015 年 8 月	13685	11850	1835

注：1. 数据来源：国家棉花市场监测系统、全国棉花交易市场
　　2. 价差＝国家棉花价格 A 指数—撮合交易近月合同价

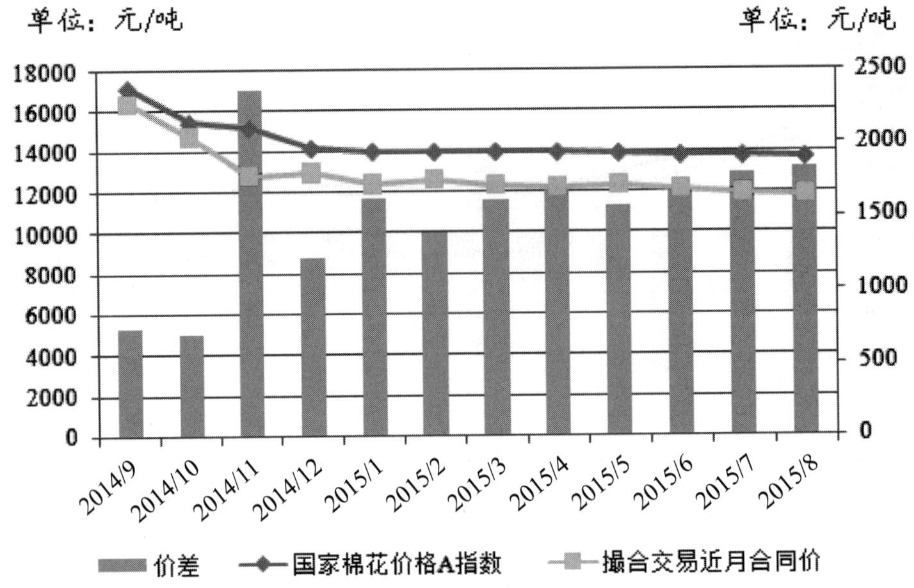

图 4－14 2014/2015 年度全国棉花交易市场电子撮合近月合同与现货价格对比

表 4–33 2014/2015 年度全国棉花交易市场电子撮合 MA 合同综合指数月均价及月单边总成交量表

单位：元/吨、吨

月　　份	MA 合同综合指数	单边总成交量
2014 年 9 月	16542	428240
2014 年 10 月	14251	260180
2014 年 11 月	13643	587700
2014 年 12 月	12945	260610
2015 年 1 月	12624	236940
2015 年 2 月	12525	169070
2015 年 3 月	12687	137170
2015 年 4 月	12368	152190
2015 年 5 月	12453	195380
2015 年 6 月	12349	282230
2015 年 7 月	12317	239700
2015 年 8 月	12097	239760

注：1. 数据来源为全国棉花交易市场。
2. MA 合同综合指数为交割月合约加权平均数，单边总成交量为交割月合约总成交量。

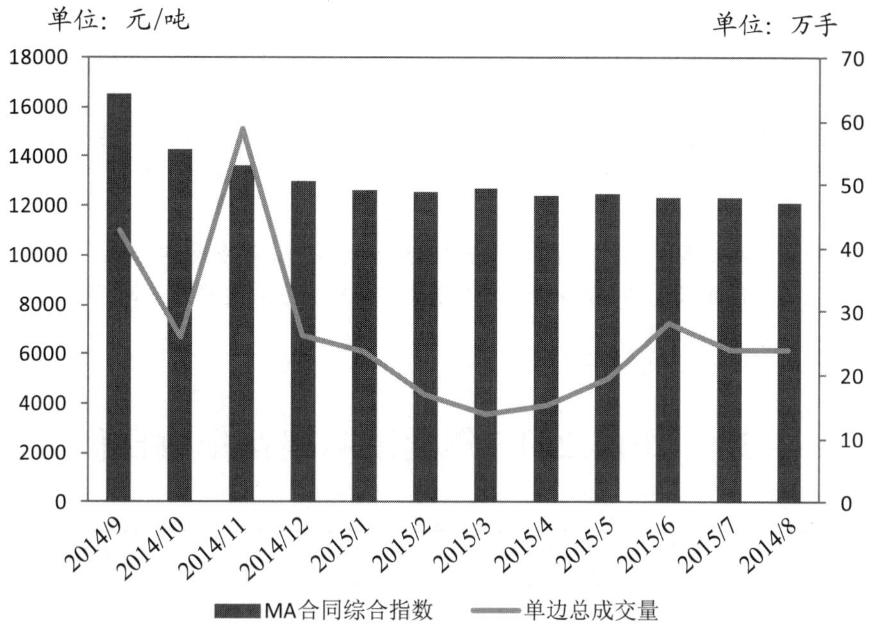

图 4－15 2014/2015 年度全国棉花交易市场电子撮合交易量价走势

表 4–34 2014/2015 年度国内外现货月平均价格对比表

单位：元 / 吨

日 期	国家棉花价格 A 指数	国家棉花价格 B 指数	国际棉花指数 (SM) 折人民币价格	国际棉花指数 (M) 折人民币价格
2014 年 9 月	17137	16471	12614	11972
2014 年 10 月	15440	14867	12337	11661
2014 年 11 月	15181	14628	11805	11041
2014 年 12 月	14155	13532	11901	11156
2015 年 1 月	13993	13344	11669	10917
2015 年 2 月	13956	13306	11994	11226
2015 年 3 月	13962	13313	11821	11055
2015 年 4 月	13936	13283	12237	11483
2015 年 5 月	13882	13193	12109	11599
2015 年 6 月	13790	13110	11934	11531
2015 年 7 月	13757	13028	11879	11492
2015 年 8 月	13685	12954	11588	11192

注：1. 数据来源为国家棉花市场监测系统。

2. 国际棉花指数折成人民币价格所采用的汇率为海关计征汇率，即每月使用上一个月第三个星期三（第三个星期三为法定节假日时，顺延采用第四个星期三的汇率）中国人民银行公布的美元对人民币的基准汇率；关税为配额内关税（1%）；增值税为（13%）；港口费用为 200 元 / 吨。

国际棉花指数简介

国际棉花指数（International Cotton Indices）包括SM级指数（Premium Index）和M级指数（Standard Index）。

1. 产地的选择：各主要棉花出口国家和地区，包括美国、印度、中亚、西非、澳大利亚、巴西等。
2. 等级的选择：SM 1-1/8"（相当于国棉2级）和M 1-3/32"（相当于国棉3级）。
3. 报价的选择：各主要棉商报价的加权平均价。
4. 产地权重的选择：上年度各主要产地的棉花进口总量视为100%进行权重分配。
5. 指数的生成：国际棉花指数包括SM指数和M指数，分别由各主要产地这两个等级棉花报价的加权平均值生成。

表4–35　2014/2015年度国际棉花指数日价格表

单位：美分/磅

日　期	国际棉花指数（SM）	国际棉花指数（M）
2014年		
9月2日	82.22	78.15
9月3日	80.92	76.83
9月4日	81.47	77.35
9月5日	80.87	76.73
9月6日	80.33	76.16
9月9日	81.06	76.90
9月10日	82.20	77.97
9月11日	83.09	78.87
9月12日	82.98	78.74
9月13日	81.06	76.89
9月16日	80.80	76.62
9月17日	81.00	76.82
9月18日	80.40	76.25
9月22日	79.72	75.56
9月23日	77.95	73.81
9月24日	78.25	74.11
9月25日	77.08	72.97
9月26日	77.09	73.01
9月27日	77.09	73.01
9月29日	77.69	73.63

续表

日　期	国际棉花指数（SM）	国际棉花指数（M）
9 月 30 日	77.18	73.11
10 月 8 日	80.27	76.06
10 月 9 日	80.18	76.03
10 月 10 日	79.38	75.25
10 月 11 日	79.38	75.25
10 月 12 日	79.31	75.13
10 月 14 日	80.01	75.78
10 月 15 日	79.12	74.89
10 月 16 日	78.73	74.51
10 月 17 日	78.01	73.69
10 月 18 日	77.58	73.28
10 月 21 日	77.00	72.72
10 月 22 日	77.37	73.02
10 月 23 日	76.96	72.55
10 月 24 日	76.98	72.50
10 月 25 日	77.39	72.87
10 月 28 日	76.97	72.34
10 月 29 日	77.59	72.94
10 月 30 日	78.24	73.61
10 月 31 日	77.77	73.09
11 月 1 日	77.77	73.09
11 月 4 日	77.42	72.58
11 月 5 日	76.39	71.43
11 月 6 日	76.42	71.52
11 月 7 日	76.82	71.90
11 月 8 日	77.04	72.10
11 月 11 日	75.58	70.56
11 月 12 日	75.80	70.77
11 月 13 日	74.74	69.81
11 月 14 日	73.08	68.09

续表

日　期	国际棉花指数（SM）	国际棉花指数（M）
11 月 15 日	73.08	68.09
11 月 18 日	73.79	68.81
11 月 19 日	73.69	68.79
11 月 20 日	74.10	69.12
11 月 21 日	73.47	68.52
11 月 22 日	73.38	68.45
11 月 25 日	74.04	69.13
11 月 26 日	73.32	68.40
11 月 27 日	73.81	68.91
11 月 28 日	74.56	69.64
11 月 29 日	74.56	69.64
12 月 2 日	74.60	69.67
12 月 3 日	74.21	69.41
12 月 4 日	74.15	69.27
12 月 5 日	74.48	69.64
12 月 6 日	75.24	70.39
12 月 9 日	74.51	69.64
12 月 10 日	74.05	69.21
12 月 11 日	74.70	69.89
12 月 12 日	74.32	69.49
12 月 13 日	75.53	70.74
12 月 16 日	75.55	70.77
12 月 17 日	75.73	70.94
12 月 18 日	74.89	70.12
12 月 19 日	75.68	70.90
12 月 20 日	75.77	70.98
12 月 23 日	75.79	70.99
12 月 24 日	76.96	72.17
12 月 25 日	76.81	72.01
12 月 26 日	76.76	71.98

续表

日　期	国际棉花指数（SM）	国际棉花指数（M）
12月27日	76.76	71.98
12月30日	76.61	71.82
12月31日	76.95	72.15
2015年		
1月5日	74.33	69.50
1月6日	75.50	70.68
1月7日	75.17	70.38
1月8日	75.41	70.61
1月9日	75.33	70.50
1月12日	75.51	70.69
1月13日	74.63	69.81
1月14日	75.08	70.28
1月15日	74.05	69.27
1月16日	74.55	69.77
1月19日	74.04	69.21
1月20日	74.06	69.24
1月21日	72.58	67.75
1月22日	72.81	67.97
1月23日	72.57	67.75
1月26日	71.48	66.53
1月27日	72.78	67.83
1月28日	73.00	68.04
1月29日	73.69	68.75
1月30日	73.74	68.77
2月2日	73.51	68.54
2月3日	74.12	69.18
2月4日	75.60	70.65
2月5日	75.40	70.45
2月6日	75.87	70.95
2月9日	75.68	70.75

续表

日　期	国际棉花指数（SM）	国际棉花指数（M）
2月10日	75.89	70.85
2月11日	76.25	71.26
2月12日	75.61	70.64
2月13日	76.19	71.21
2月15日	76.19	71.21
2月16日	76.54	71.52
2月17日	76.54	71.52
2月25日	77.70	72.85
2月26日	77.88	72.94
2月27日	77.54	72.60
2月28日	77.54	72.60
3月2日	77.29	72.34
3月3日	77.13	72.17
3月4日	76.01	71.07
3月5日	75.88	70.92
3月6日	75.53	70.58
3月9日	75.27	70.31
3月10日	74.57	69.63
3月11日	73.15	68.19
3月12日	72.63	67.66
3月13日	73.54	68.60
3月16日	72.83	67.87
3月17日	72.83	67.87
3月18日	72.54	67.59
3月19日	74.81	69.85
3月20日	75.37	70.44
3月23日	75.30	70.38
3月24日	76.55	71.63
3月25日	76.43	71.51
3月26日	75.72	70.81

续表

日　期	国际棉花指数（SM）	国际棉花指数（M）
3月27日	75.57	70.65
3月30日	76.00	71.09
3月31日	75.02	70.11
4月1日	75.56	70.62
4月2日	75.08	70.16
4月3日	76.13	71.21
4月7日	77.54	72.56
4月8日	79.18	74.29
4月9日	79.56	74.71
4月10日	79.14	74.31
4月13日	78.15	73.27
4月14日	78.38	73.54
4月15日	77.89	73.04
4月16日	77.88	73.02
4月17日	77.42	72.57
4月20日	76.12	71.27
4月21日	76.28	71.42
4月22日	75.85	70.99
4月23日	75.97	71.16
4月24日	78.39	73.56
4月27日	79.21	74.34
4月28日	79.01	74.12
4月29日	79.11	74.23
4月30日	79.72	74.81
5月4日	79.30	74.57
5月5日	79.51	74.80
5月11日	77.10	73.89
5月12日	76.38	73.15
5月13日	75.80	72.72
5月14日	76.77	73.70

续表

日　　期	国际棉花指数（SM）	国际棉花指数（M）
5 月 15 日	77.30	74.55
5 月 18 日	77.66	74.93
5 月 19 日	76.61	74.01
5 月 20 日	76.27	73.68
5 月 21 日	76.01	73.31
5 月 22 日	75.84	73.18
5 月 25 日	75.57	72.94
5 月 26 日	75.60	72.95
5 月 27 日	74.83	72.06
5 月 28 日	74.70	71.91
5 月 29 日	75.67	72.80
6 月 1 日	75.67	72.80
6 月 2 日	75.07	72.20
6 月 3 日	74.80	71.92
6 月 4 日	76.33	73.51
6 月 5 日	76.25	73.49
6 月 8 日	75.30	72.70
6 月 9 日	76.16	73.58
6 月 10 日	76.13	73.54
6 月 11 日	76.44	73.81
6 月 12 日	75.55	73.07
6 月 15 日	75.20	72.68
6 月 16 日	74.46	72.02
6 月 17 日	75.46	72.93
6 月 18 日	75.13	72.63
6 月 19 日	75.40	72.92
6 月 23 日	75.31	72.78
6 月 24 日	75.08	72.56
6 月 25 日	75.08	72.56
6 月 26 日	75.93	73.56

续表

日　期	国际棉花指数（SM）	国际棉花指数（M）
6月29日	77.91	75.34
6月30日	77.63	75.09
7月1日	78.41	75.84
7月2日	77.75	75.34
7月3日	77.78	75.41
7月6日	77.16	74.63
7月7日	76.64	74.09
7月8日	76.03	73.58
7月9日	75.54	73.14
7月10日	76.09	73.68
7月13日	75.44	72.95
7月14日	75.44	72.95
7月15日	75.86	73.32
7月16日	74.94	72.49
7月17日	74.86	72.29
7月20日	74.85	72.28
7月21日	74.54	72.04
7月22日	74.20	71.73
7月23日	74.49	72.01
7月24日	74.72	72.24
7月27日	74.29	71.73
7月28日	73.68	71.18
7月29日	74.20	71.63
7月30日	73.60	71.06
7月31日	73.23	70.68
8月3日	73.77	71.18
8月4日	73.61	71.05
8月5日	73.34	70.79
8月6日	73.22	70.67
8月7日	72.43	70.01

续表

日　期	国际棉花指数（SM）	国际棉花指数（M）
8月10日	72.11	69.72
8月11日	72.41	70.06
8月12日	72.05	69.65
8月13日	73.60	70.85
8月14日	74.04	71.11
8月17日	74.44	71.75
8月18日	74.71	71.96
8月19日	74.85	72.11
8月20日	74.78	72.05
8月21日	75.14	72.39
8月24日	75.13	72.39
8月25日	73.59	71.20
8月26日	72.89	70.55
8月27日	72.17	69.80
8月28日	72.78	70.36
8月31日	72.53	70.14

数据来源：国家棉花市场监测系统、中国棉花网

表 4–36　2014/2015 年度国际期、现货月平均价格对比表

单位：美分 / 磅

日　期	国际棉花指数（SM）	国际棉花指数 (M)	ICE 期货近月合约结算价
2014年9月	80.12	75.98	66.12
2014年10月	78.33	73.97	63.90
2014年11月	74.90	69.97	61.13
2014年12月	75.52	70.71	60.86
2015年1月	74.02	69.17	59.32
2015年2月	76.12	71.16	63.18
2015年3月	75.00	70.06	62.51
2015年4月	77.69	72.82	65.02

续表

日　　期	国际棉花指数（SM）	国际棉花指数 (M)	ICE 期货近月合约结算价
2015 年 5 月	76.86	73.57	65.18
2015 年 6 月	75.73	73.13	64.55
2015 年 7 月	75.38	72.88	65.30
2015 年 8 月	73.50	70.94	65.14

数据来源：国家棉花市场监测系统、美国洲际交易所（ICE）

表 4–37　2014/2015 年度 ICE 棉花期货近月合约日结算价格表

单位：美分 / 磅

日　　期	结算价	日　　期	结算价	日　　期	结算价
2014 年				10 月 28 日	64.47
9 月 2 日	66.34	9 月 30 日	61.96	10 月 29 日	65.35
9 月 3 日	66.70	10 月 1 日	62.76	10 月 30 日	64.50
9 月 4 日	66.77	10 月 2 日	62.45	10 月 31 日	64.45
9 月 5 日	66.08	10 月 3 日	63.07	11 月 3 日	64.25
9 月 8 日	66.56	10 月 6 日	64.98	11 月 4 日	62.80
9 月 9 日	67.78	10 月 7 日	65.83	11 月 5 日	62.71
9 月 10 日	70.14	10 月 8 日	65.51	11 月 6 日	63.19
9 月 11 日	70.79	10 月 9 日	64.55	11 月 7 日	63.96
9 月 12 日	70.61	10 月 10 日	64.10	11 月 10 日	62.43
9 月 15 日	68.18	10 月 13 日	65.02	11 月 11 日	63.30
9 月 16 日	68.28	10 月 14 日	64.16	11 月 12 日	61.94
9 月 17 日	69.90	10 月 15 日	63.71	11 月 13 日	59.73
9 月 18 日	66.90	10 月 16 日	63.56	11 月 14 日	59.80
9 月 19 日	65.99	10 月 17 日	63.00	11 月 17 日	58.81
9 月 22 日	64.86	10 月 20 日	62.29	11 月 18 日	59.97
9 月 23 日	62.93	10 月 21 日	62.79	11 月 19 日	59.11
9 月 24 日	61.66	10 月 22 日	62.68	11 月 20 日	58.54
9 月 25 日	61.49	10 月 23 日	63.04	11 月 21 日	59.76
9 月 26 日	62.48	10 月 24 日	63.81	11 月 24 日	59.16
9 月 29 日	62.06	10 月 27 日	63.67	11 月 25 日	59.66

续表

日　期	结算价	日　期	结算价	日　期	结算价
11 月 26 日	61.41	1 月 13 日	60.15	2 月 26 日	65.17
11 月 28 日	60.96	1 月 14 日	58.98	2 月 27 日	64.73
12 月 1 日	60.18	1 月 15 日	59.49	3 月 2 日	64.63
12 月 2 日	60.75	1 月 16 日	59.23	3 月 3 日	63.73
12 月 3 日	61.01	1 月 20 日	57.79	3 月 4 日	63.61
12 月 4 日	61.52	1 月 21 日	58.01	3 月 5 日	63.21
12 月 5 日	60.54	1 月 22 日	57.76	3 月 6 日	62.95
12 月 8 日	60.21	1 月 23 日	57.30	3 月 9 日	61.92
12 月 9 日	59.88	1 月 26 日	58.62	3 月 10 日	60.87
12 月 10 日	59.57	1 月 27 日	58.78	3 月 11 日	60.33
12 月 11 日	60.48	1 月 28 日	59.44	3 月 12 日	61.22
12 月 12 日	60.54	1 月 29 日	59.57	3 月 13 日	60.50
12 月 15 日	60.65	1 月 30 日	59.36	3 月 16 日	60.49
12 月 16 日	59.78	2 月 2 日	59.89	3 月 17 日	60.21
12 月 17 日	60.65	4 月 30 日	68.12	6 月 12 日	64.07
12 月 18 日	60.82	5 月 1 日	66.85	6 月 15 日	63.21
12 月 19 日	60.89	2 月 3 日	61.45	3 月 18 日	62.48
12 月 22 日	62.04	2 月 4 日	61.23	3 月 19 日	62.95
12 月 23 日	61.82	2 月 5 日	61.79	3 月 20 日	62.82
12 月 24 日	61.78	2 月 6 日	61.59	3 月 23 日	64.05
12 月 26 日	61.63	2 月 9 日	62.30	3 月 24 日	63.91
12 月 29 日	62.01	2 月 10 日	62.51	3 月 25 日	63.16
12 月 30 日	61.98	2 月 11 日	62.02	3 月 26 日	63.08
12 月 31 日	60.27	2 月 12 日	62.48	3 月 27 日	63.55
2015 年		2 月 13 日	62.70	3 月 30 日	62.52
1 月 2 日	59.58	2 月 17 日	63.80	3 月 31 日	63.10
1 月 5 日	60.71	2 月 18 日	64.62	4 月 1 日	62.58
1 月 6 日	60.20	2 月 19 日	64.44	4 月 2 日	63.69
1 月 7 日	60.43	2 月 20 日	64.67	4 月 6 日	65.34
1 月 8 日	60.56	2 月 23 日	64.75	4 月 7 日	66.42
1 月 9 日	60.76	2 月 24 日	64.76	4 月 8 日	66.73
1 月 12 日	59.73	2 月 25 日	65.52	4 月 9 日	66.22

续表

日　期	结算价	日　期	结算价	日　期	结算价
4月10日	65.06	5月27日	63.05	7月15日	65.32
4月13日	65.13	5月28日	64.33	7月16日	65.30
4月14日	64.69	5月29日	64.35	7月17日	65.87
4月15日	64.59	6月1日	63.75	7月20日	65.85
4月16日	64.01	6月2日	63.60	7月21日	65.40
4月17日	63.29	6月3日	65.24	7月22日	65.64
4月20日	63.04	6月4日	65.12	7月23日	65.92
4月21日	62.63	6月5日	64.01	7月24日	65.84
4月22日	62.49	6月8日	64.80	7月29日	63.89
4月23日	64.59	6月9日	64.55	7月30日	63.66
4月24日	66.50	6月10日	64.89	7月31日	64.01
4月27日	66.39	6月11日	63.53	8月3日	65.36
4月28日	66.62	6月16日	64.43	8月4日	64.91
4月29日	67.32	6月17日	63.88	8月5日	64.75
7月27日	64.31	6月18日	64.08	8月6日	63.50
7月28日	64.38	6月19日	63.32	8月7日	62.77
5月4日	66.91	6月22日	64.03	8月10日	63.12
5月5日	66.99	6月23日	63.58	8月11日	62.71
5月6日	66.10	6月24日	63.76	8月12日	65.71
5月7日	65.53	6月25日	64.88	8月13日	67.15
5月8日	66.16	6月26日	67.16	8月14日	67.16
5月11日	65.39	6月29日	66.80	8月17日	67.98
5月12日	65.02	6月30日	67.51	8月18日	67.93
5月13日	65.77	7月1日	66.09	8月19日	67.36
5月14日	66.53	7月2日	66.36	8月20日	67.66
5月15日	66.84	7月6日	66.43	8月21日	67.64
5月18日	64.92	7月7日	65.53	8月24日	64.64
5月19日	64.35	7月8日	64.59	8月25日	63.76
5月20日	64.15	7月9日	64.83	8月26日	62.56
5月21日	63.73	7月10日	65.51	8月27日	63.83
5月22日	63.30	7月13日	65.73	8月28日	63.75
5月26日	63.31	7月14日	66.17	8月31日	63.74

数据来源：美国洲际交易所（ICE）

棉花进出口

表 4–38 2014/2015 年度中国棉花进口分贸易方式统计表

单位：吨

项目＼年度	2014/2015	2013/2014	同比（±）	幅度（±%）
合计	**1831703**	**3002194**	**–1170491**	**–38.99**
一般贸易	389102	710948	–321846	–45.27
保税仓库进出境货物	267021	480260	–213239	–44.40
保税区仓储转口货物	574866	789100	–214234	–27.15
来料加工装配贸易	6361	23929	–17568	–73.42
进料加工贸易	594353	997957	–403604	–40.44
其他	0	0	0	0.00

数据来源：中国海关总署

表 4–39 2014/2015 年度中国棉花进口分国别统计表

单位：吨

国别	数量	国别	数量
合计	1668861	布基纳法索	18432
印度	272122	巴西	182886
美国	592813	贝宁	9862
澳大利亚	268664	喀麦隆	28657
乌兹别克斯坦	183953	其他国家和地区	111472

数据来源：中国海关总署（不含已梳的棉花）

表 4–40　2014/2015 年度中国棉花进口分港别统计表

单位：吨

港别	数量	港别	数量
总计	**1830068**	南昌海关	21166
青岛海关	727921	合肥海关	6580
上海海关	358523	厦门海关	4166
南京海关	402355	汕头海关	0
济南海关	192975	西安海关	4904
黄埔海关	61159	杭州海关	0
天津海关	28192	石家庄海关	2192
武汉海关	14793	福州海关	3020
郑州海关	54302	深圳海关	442
宁波海关	16750	拱北海关	14837
乌鲁木齐海关	22952	重庆海关	3070
湛江海关	13394	南宁海关	5613
江门海关	11637	广州海关	4936
长沙海关	4245	银川海关	0

数据来源：中国海关总署（不含已梳的棉花）

表 4–41　2014/2015 年度中国棉花出口分贸易方式统计表

单位：吨

项目＼年度	2014/2015	2013/2014	同比（±）	幅度（±%）
合计	**26758**	**9323**	17435	187.01
一般贸易	0	0	0	0.00
进料加工贸易	84	979	–895	–91.42
边境小额贸易	940	1665	–725	–43.54
保税监管场所进出境货物	3994	2283	1711	74.95
特殊监管区域物流货物	21740	4396	17344	394.54

数据来源：中国海关总署

表 4–42　2014/2015 年度中国棉花出口分国别和地区统计表

单位：吨

国别和地区	数量	国别和地区	数量
总计	**24863**	中国台澎金马关税区	397
朝鲜	1433	韩国	3719
越南	11440	中国香港	0
孟加拉国	4421	印度尼西亚	2413
印度	291	毛里求斯	0

数据来源：中国海关总署（不含已梳的棉花）

表 4–43　2014/2015 年度中国棉花出口分港别统计表

单位：吨

港别	数量	港别	数量
总计	**24863**	上海海关	3854
青岛海关	16946	天津海关	0
大连海关	939	南京海关	3121

数据来源：中国海关总署（不含已梳的棉花）

表 4–44　2014/2015 年度中国棉花进出口额分省（区、市）统计表

单位：万美元

省份（市、区）	进出口额	同比（±%）	进口额	同比（±%）	出口额	同比（±%）
全国	**305483.68**	**–51.96%**	**301458.02**	**–52.46%**	**4025.66**	**120.47%**
北京市	6722.27	–9.10%	6696.22	–9.45%	26.04	—
天津市	915.07	–81.46%	915.07	–81.38%	—	—
河北省	5298.01	–64.70%	5202.81	–64.90%	95.20	–48.22%
山西省	77.65	–63.54%	77.65	–63.54%	—	—
辽宁省	1494.39	–53.50%	1494.39	–52.89%	—	—

续表

省份（市、区）	进出口额	同比（±%）	进口额	同比（±%）	出口额	同比（±%）
吉林省	391.57	10.02	391.57	10.02	—	—
黑龙江	—	—	—	—	—	—
上海市	27387.50	–48.46	26703.50	–49.54	684.00	206.17
江苏省	72285.27	–53.88	72091.07	–53.98	194.20	110.69
浙江省	6682.40	–62.10	6682.40	–62.10	—	—
安徽省	1671.25	–61.30	1671.25	–61.30	—	—
福建省	1233.37	–73.77	1233.37	–73.77	—	—
江西省	2820.59	–28.65	2820.59	–28.65	—	—
山东省	132312.94	–50.94	129337.47	–51.85	2975.47	182.52
河南省	12212.76	–46.07	12211.83	–46.07	0.94	—
湖北省	6314.73	–68.57	6314.73	–68.57	—	—
湖南省	806.03	–85.91	806.03	–85.91	—	—
广东省	15722.11	–36.42	15722.11	–36.37	—	—
广西	1124.48	–1.49	1124.48	–1.49	—	—
重庆市	999.81	–56.23	999.81	–56.23	—	—
四川省	664.07	–57.62	664.07	–57.62	—	—
贵州省	0.00	–100.00	—	—	—	—
云南省	0.00	—	—	—	—	—
陕西省	940.95	–65.12	940.95	–65.12	—	—
宁夏	82.62	—	82.62	—	—	—
新疆	7323.83	–45.60	7274.02	–45.20	49.81	–73.74

数据来源：中国海关总署

表 4–45　2003/2004 年度以来进口棉占中国用棉总量比例表

单位：万吨

年度	合计	国内产量	进口量	进口比例（%）
2003/2004	684.9	485.9	199.0	29.1
2004/2005	798.3	632.3	166.0	20.8
2005/2006	982.3	571.3	411.0	41.8

续表

年度	合计	国内产量	进口量	进口比例（%）
2006/2007	977.8	749.8	228.0	23.3
2007/2008	1033.0	789.0	244.0	23.6
2008/2009	943.8	799.1	144.7	15.3
2009/2010	926.1	675.7	250.4	27.0
2010/2011	880.7	623.1	257.6	29.2
2011/2012	1298.8	802.8	544.0	41.9
2012/2013	1201.1	761.5	439.6	36.6
2013/2014	1000.1	699.7	300.4	30.0
2014/2015	806.4	651.0	155.4	19.3

数据来源：国家棉花市场监测系统

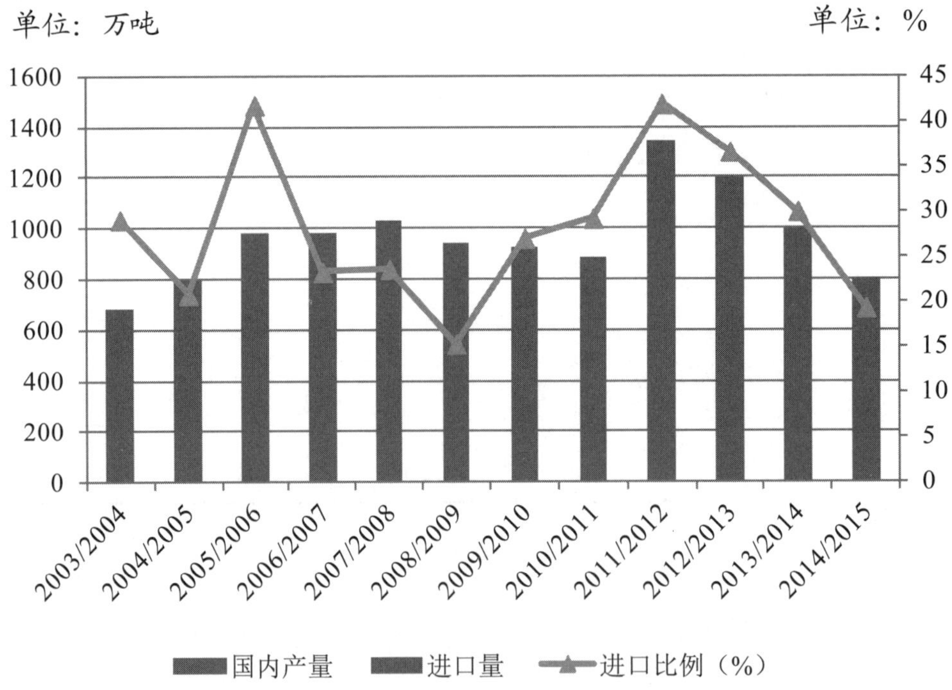

图 4－16　2002/2003 年度以来进口棉占中国用棉总量比例

棉花消费

表 4–46　2014/2015 年度全国纺织生产分月统计表

单位：万吨、亿米

月份	纺纱产量	同比 (±%)	化纤产量	同比 (±%)	棉布产量	同比 (±%)
总　计	**3598.04**	**4.16**	**4618**	**7.29**	**387.27**	**–2.17**
2014 年 9 月	340.52	7.28	376.15	4.65	34.34	–1.27
2014 年 10 月	346.47	5.89	391.3	7.28	34.6	–3.41
2014 年 11 月	357.66	4.04	397.9	7.63	35.58	–5.67
2014 年 12 月	—	—	358	–2.90	33.67	–5.63
2015 年 1—2 月	546.7	6.09	689.73	13.36	52.5	–3.71
2015 年 3 月	315.31	–1.34	392.06	9.55	31.39	1.16
2015 年 4 月	320.85	2.74	400.17	8.22	30.99	–1.18
2015 年 5 月	330.89	2.09	412.69	8.02	31.53	–4.37
2015 年 6 月	356.29	3.86	419.85	8.05	35.27	–0.65
2015 年 7 月	341.46	4.09	388.86	4.69	34.16	0.68
2015 年 8 月	341.89	5.61	391.29	7.62	33.24	2.09

注：1. 数据来源为国家统计局。
2. 纺纱产量总计和总计同比为不含 2014 年 12 月份数据。

表 4–47　2014/2015 年度全国服装生产分月统计表

单位：万件

月　份	服装产量	同比 (±%)	梭织服装	同比 (±%)	针织服装	同比 (±%)
总　计	**3032505**	**0.20**	**1603024**	**–0.34**	**1429494**	**0.80**
2014 年 9 月	271537	11.04	137312	11.33	134237	10.76
2014 年 10 月	277860	12.54	147206	14.80	130654	10.11
2014 年 11 月	272818	9.30	141506	10.61	131313	7.93
2014 年 12 月	285626	8.38	150395	12.31	135231	4.32
2015 年 1—2 月	406332	–19.04	215829	–33.08	190503	6.19
2015 年 3 月	246000	6.39	129722	10.03	116278	2.60
2015 年 4 月	235603	–1.16	126658	2.85	108945	–5.45
2015 年 5 月	245479	–2.51	131212	0.96	114267	–6.21
2015 年 6 月	271470	–0.95	147367	7.13	124103	–9.09
2015 年 7 月	259419	–0.65	138289	3.96	121130	–5.45
2015 年 8 月	260361	–1.21	137528	5.04	122833	–7.39

数据来源：国家统计局

纺织品服装进出口统计

表 4–48 2014/2015 年度全国纺织品进出口额分省（区、市）统计表

单位：万美元

省份	进出口额	同比 (±%)	出口额	同比（±%）	进口额	同比 (±%)
全国	13076136	−0.32	11097700	0.67	1978436	−5.51
浙江	3916255	−1.01	3691414	−0.99	224840.8	−1.30
江苏	2276364	0.21	2023892	1.35	252471.4	−8.13
广东	1925825	2.16	1259064	7.18	666761.2	−6.14
山东	1112955	−7.05	958673	−7.81	154281.5	−1.99
上海	940834.8	11.84	671152.7	7.06	269682.1	25.85
福建	732614.8	−0.80	634242.6	8.47	98372.3	−36.04
广西	273301.1	−12.01	269118.3	278.92	4182.8	−98.25
河北	177751.6	−16.97	168253	25.34	9498.6	−88.10
安徽	191758.6	56.60	155014.9	24.22	36743.7	−1668.23
新疆	144604.9	−31.93	138407.1	−33.30	6197.7	25.18
四川	111984.9	−15.91	109109.2	−14.18	2875.7	−52.29
江西	135663.1	624.70	122802.7	6.17	12860.2	−113.27
黑龙江	71834.6	−43.79	71065.1	−43.13	769.5	−72.76
辽宁	148430.9	−22.39	91119.4	−41.27	57311.6	58.80
天津	124481.2	−10.87	99720	−6.47	24761.2	−25.07
河南	104912.2	6.82	99586.1	1.03	5326.2	−1617.44
重庆	113235	15.53	108304.2	53.94	4930.8	−82.17
湖北	94190	28.68	78462.7	−3.90	15727.2	−286.19
云南	79792.7	22.45	79584.7	22.53	208	−3.70
北京	176028.1	−14.39	66839.7	−65.55	109188.4	841.52
湖南	48492.2	4.51	38331.3	2.81	10160.9	11.45
陕西	27831.1	−12.21	27412.5	19.17	418.6	−95.19
内蒙古	25690.3	73.83	25494.7	66.89	195.5	−139.34
吉林	27852.9	5.36	19338.5	−25.08	8514.5	1266.69
贵州	21905.5	72.20	21838.9	66.15	66.6	−115.74
青海	17615.3	−6.09	17465.9	−5.05	149.4	−58.96
宁夏	15471.2	−10.57	15136.3	−10.97	335	12.79
山西	11556.3	−20.29	11217.5	−21.73	338.8	104.10
甘肃	12768	41.93	12529.7	69.78	238.1	−85.27
西藏	7564	−42.58	7300.8	−40.40	263.1	−71.53
海南	6572.1	−46.77	5807.3	−50.19	764.8	11.49

数据来源：中国海关总署

表 4–49 2014/2015 年度全国服装进出口额分省（区、市）统计表

单位：万美元

省份	进出口额	同比（±%）	出口额	同比（±%）	进口额	同比（±%）
全国	18500179	4.25	17860747	3.54	639432	28.89
广东	4026597	15.26	3927836	15.00	98761	26.59
浙江	3256737	-1.56	3243738	-1.53	12998.9	-10.10
江苏	2468568	-6.15	2430204	-6.32	38364.3	5.97
福建	1637197	-7.08	1634239	14.87	2958.2	-99.13
上海	1705181	-0.71	1341228	-21.77	363952.9	12321.60
山东	1154683	-3.11	1149320	-3.00	5363.7	-23.18
新疆	484397.3	-20.58	483987.3	-20.37	409.9	-81.16
江西	384171.5	7.54	383115.1	7.97	1056.7	-56.26
河北	425415.8	18.51	424876.6	17.89	539.1	-137.73
辽宁	405651	-29.36	370478	-30.25	35172.8	-18.46
黑龙江	192809	-53.23	192661.6	-53.23	147.2	-40.65
广西	347893.4	-30.13	347585	-30.29	308.4	-140.53
湖北	257533.3	18.35	256631.1	21.64	902.1	-86.40
安徽	218010.8	-13.53	217858.7	-13.45	152.1	-61.10
重庆	213338.9	46.79	207697.6	45.74	5641.2	99.76
四川	141455.5	-33.15	136265.7	-30.18	5189.9	-68.43
北京	181191	-13.03	141170.8	-31.35	40020.4	1382.24
湖南	112385.2	54.85	112087.4	54.22	297.9	-383.71
西藏	106454.2	-27.10	105970.9	-28.92	483.2	-115.81
河南	110452.9	-17.94	109864.7	-16.32	588.1	-82.16
天津	129058.1	-38.36	123474.9	-30.19	5583.2	-82.82
贵州	100816	22.58	100761.5	31.36	54.4	-99.02
云南	114476.7	633.97	113898	658.66	578.7	-0.74
内蒙古	88415.1	-11.26	88329.9	-13.22	85.1	-103.97
甘肃	87992.5	37.49	85973.7	37.74	2018.7	27.93
宁夏	48505.8	-29.64	47784.9	-30.96	720.9	-359.32
吉林	55992.2	-45.81	41796.5	-59.49	14195.8	9363.87
陕西	18635.5	-67.85	18460.9	-62.75	174.5	-97.92
海南	10512.5	-35.44	7803.8	-49.03	2708.7	178.67
青海	14248.1	330.98	14247.7	340.02	0.5	-99.26
山西	1402.3	-66.03	1399	-66.60	3.2	-105.16

数据来源：中国海关总署

表 4–50　2014/2015 年度全国纺织品服装进出口额分省（区、市）统计表

位：万美元

省份	进出口额	同比 (±%)	出口额	同比 (±%)	进口额	同比 (±%)
全国	31576315	−1.77	28958446	−1.67	2617868.1	−2.82
浙江	7172992.5	−1.26	6935152.7	−1.24	237839.8	−1.83
广东	5952422.5	15.80	5186900.2	11.42	765522.3	57.97
江苏	4744932.1	−7.70	4454096.4	−1.58	290835.7	−52.69
福建	2369811.8	204.50	2268481.5	196.64	101330.4	647.44
山东	2267637.9	−7.34	2107992.7	−9.43	159645.2	33.32
上海	2646015.5	14.60	2012380.6	−7.10	633634.8	344.16
新疆	629002.1	−76.64	622394.4	−70.08	6607.7	−98.92
河北	603167.5	−7.01	593129.7	−8.36	10037.8	601.94
江西	519834.7	−10.55	505917.8	−10.36	13916.9	−16.78
辽宁	554081.9	−24.56	461597.5	−26.22	92484.4	−15.02
广西	621194.5	4.26	616703.3	5.01	4491.2	−47.58
黑龙江	264643.6	−21.56	263726.8	−19.56	916.7	−90.39
安徽	409769.4	−7.58	372873.7	−8.36	36895.8	1.13
湖北	351723.3	97.85	335093.9	26.10	16629.4	−118.90
四川	253440.5	−46.04	245374.9	−10.06	8065.6	−95.90
重庆	326573.8	53.21	316001.8	52.82	10572	66.02
天津	253539.2	2.95	223194.9	−3.64	30344.4	107.19
河南	215365	−20.19	209450.8	−20.16	5914.2	−21.12
北京	357219.1	−24.40	208010.5	−55.87	149208.8	12502.09
湖南	160877.3	30.96	150418.7	35.15	10458.7	−9.39
云南	194269.4	51.54	193482.7	62.26	786.6	−91.21
西藏	114018.2	−67.40	113271.8	−52.12	746.4	−99.34
贵州	122721.4	54.95	122600.4	58.97	121	−94.18
内蒙古	114105.4	21.95	113824.7	17.95	280.7	−109.56
甘肃	100760.4	20.99	98503.4	16.97	2257.1	−340.63
吉林	83845.2	−43.15	61134.9	−60.38	22710.4	−433.98

续表

省份	进出口额	同比 (±%)	出口额	同比 (±%)	进口额	同比 (±%)
宁夏	63976.9	−14.89	62921.1	4.30	1055.9	−92.88
陕西	46466.6	7.07	45873.4	8.60	593.1	−48.74
青海	31863.5	68.00	31713.6	73.46	149.8	−78.10
海南	17084.7	−1.19	13611.2	−18.46	3473.5	480.85
山西	12958.6	−45.06	12616.5	−42.90	342.1	−77.04

数据来源：中国海关总署

表 4–51　1996—2014 年全国货物贸易商品进出口额统计表

单位：亿美元

年份	进出口额	同比（±%）	出口额	同比（±%）	进口额	同比（±%）	顺差	同比（±%）
1996	2899.0	+3.20	1511.0	+1.55	1388.0	+5.07	123.0	−26.35
1997	3251.0	+12.14	1827.0	+20.91	1424.0	+2.59	403.0	+227.64
1998	3240.0	−0.34	1838.0	+0.60	1402.0	−1.54	436.0	+8.19
1999	3606.0	+11.30	1949.0	+6.04	1657.0	+18.19	292.0	−33.03
2000	4743.0	+31.53	2492.0	+27.86	2251.0	+35.85	241.0	−17.47
2001	5098.0	+7.48	2662.0	+6.82	2436.0	+8.22	226.0	−6.22
2002	6208.0	+21.77	3256.0	+22.31	2952.0	+21.18	304.0	+34.51
2003	8512.0	+37.11	4384.0	+34.64	4128.0	+39.84	256.0	−15.79
2004	11548.0	+35.67	5934.0	+35.36	5614.0	+36.00	320.0	+25.00
2005	14221.0	+23.15	7620.0	+28.41	6601.0	+17.58	1019.0	+218.44
2006	17607.0	+23.81	9691.0	+27.18	7916.0	+19.92	1775.0	+74.19
2007	21738.4	+23.46	12180.2	+25.69	9558.2	+20.75	2622.0	+47.72
2008	25616.3	+17.84	14285.5	+17.28	11330.9	+18.55	2954.6	+12.69
2009	22072.7	−13.90	12016.6	−16.00	10056.0	−11.20	1960.6	−33.64
2010	29727.6	+34.68	15779.3	+31.31	13948.3	+38.71	1831.0	−6.61
2011	36420.6	+22.51	18986.0	+20.32	17434.6	+24.99	1551.4	−15.27
2012	38667.6	+6.17	20489.4	+7.92	18178.3	+4.27	2311.1	+48.97
2013	41603.3	+7.6	22100.4	+7.9	19502.9	+7.3	2597.5	+12.39
2014	43030.4	+3.43	23427.5	+6.00	19602.9	+0.51	3824.6	+47.24

数据来源：中国海关总署

表 4–52 1996—2014 年全国纺织品服装进出口额统计表

单位：亿美元

年份	进出口额	占比（%）	同比（±%）	出口额	占比（%）	同比（±%）	进口额	占比（%）	同比（±%）	顺差	占比（%）	同比（±%）
1996	517	17.83	0.00	350	23.20	–2.51	167	12.00	+5.70	183	149.00	–8.96
1997	604	18.58	+16.83	432	23.70	+23.43	172	12.10	+2.99	260	64.50	42.08
1998	549	16.94	–9.11	405	22.00	–6.25	144	10.30	–16.28	261	59.90	+0.38
1999	523	14.50	–4.74	403	20.70	–0.49	120	7.24	–16.67	283	96.90	+8.43
2000	614	12.95	+17.40	485	19.50	+20.35	129	5.73	+7.50	356	148.00	+25.8
2001	647	12.69	+5.37	519	19.50	+7.01	128	5.25	–0.78	391	173.00	+9.83
2002	766	12.34	+18.39	622	19.10	+19.85	144	4.88	+12.50	478	157.00	+22.25
2003	950	11.16	+24.02	793	18.10	+27.49	157	3.80	+9.03	636	248.00	+33.05
2004	1120	9.70	+17.89	951	16.00	+19.92	169	3.01	+7.64	782	244.00	+22.96
2005	1321	9.29	+17.95	1150	15.10	+20.93	171	2.59	+1.18	979	96.10	+25.19
2006	1620	9.20	+22.63	1440	14.90	+25.22	180	2.27	+5.26	1260	71.00	+28.7
2007	1899	8.73	+17.19	1712.1	14.10	+18.90	186.4	1.95	+3.56	1526	58.20	+21.09
2008	2038	7.95	+7.34	1852.2	13.00	+8.20	185.4	1.64	–0.55	1667	56.40	+9.25
2009	1839	8.30	–8.30	1671	13.90	–9.80	168	1.70	–9.28	1503	76.63	–9.87
2010	2268	7.63	+23.32	2065	13.09	+23.62	202	1.45	+20.33	1863	101.75	+23.95
2011	2710	7.44	+19.49	2480	13.06	+20.10	230	1.32	+13.86	2250	145.03	+20.77
2012	2794.4	7.20	+3.11	2549.8	12.40	+2.81	244.6	1.30	+6.35	2305.2	99.74	+2.45
2013	3110.6	7.5	+11.3	2840.7	12.9	+11.4	269.9	1.4	+10.4	2570.8	98.97	+11.52
2014	3250.4	8.18	+4.49	2984.9	12.74	+5.08	265.5	1.35	–1.65	2719.4	71.1	+5.78

注：1. 数据来源为中国海关总署。
2. 占比为纺织品服装占当年全国货物贸易商品进出口总额的比重。

表 4–53　2014/2015 年度全国货物贸易商品进出口额统计表

单位：亿美元

月份	进出口额	同比（±%）	出口额	同比（±%）	进口额	同比（±%）	顺差	同比（±%）
2014 年 9 月	3964.3	11.3	2136.9	15.1	1827.4	7.2	309.5	103.5
2014 年 10 月	3683.3	8.4	2068.7	11.6	1614.6	4.6	454.1	46.0
2014 年 11 月	3688.5	−0.5	2116.6	4.7	1571.9	−6.7	544.7	61.2
2014 年 12 月	4054	4.0	2275	9.5	1779	−2.3	496	93.4
2015 年 1 月	3404.8	−11.0	2002.6	−3.3	1402.2	−20.0	600.4	88.4
2015 年 2 月	2777.6	10.6	1691.9	48.3	1085.7	−20.8	606.2	−363.7
2015 年 3 月	2860.5	−14.0	1445.7	−15.0	1414.9	−12.9	30.8	−60.1
2015 年 4 月	3185.3	−11.2	1763.3	−6.5	1422	−16.4	341.3	85.0
2015 年 5 月	3220.2	−9.3	1907.5	−2.4	1312.6	−17.7	594.9	65.6
2015 年 6 月	3374.9	−1.3	1920.1	2.8	1454.8	−6.3	465.3	47.4
2015 年 7 月	2123.4	−43.9	1193.2	−44.0	930.2	−43.8	263	−44.4
2015 年 8 月	3335.3	−9.1	1968.8	−5.6	1366.5	−13.9	602.3	20.8

数据来源：中国海关总署

表 4–54　2014/2015 年度全国纺织品服装进出口额统计表

单位：亿美元

月份	进出口额	占比(%)	同比(±%)	出口额	占比(%)	同比(±%)	进口额	占比(%)	同比(±%)	顺差	占比(%)	同比(±%)
2014 年 9 月	309.1	7.8	6.7	285.5	13.4	7.4	23.6	1.3	−3	261.9	84.57	−46.74
2014 年 10 月	287.2	7.8	8.9	265.4	12.8	10.2	21.8	1.4	−4.7	243.6	53.64	−23.45
2014 年 11 月	263.9	7.2	−1.4	243.4	11.5	−0.5	20.5	1.3	−11.1	222.9	40.92	−37.59
2014 年 12 月	280.1	6.9	−1	256.7	11.3	−1.2	23.4	1.3	2	233.3	47.03	−49.14
2015 年 1 月	277.1	8.1	−10	255.4	12.8	−10.8	21.6	1.5	0.1	233.8	38.95	−53.09
2015 年 2 月	231.1	8.3	82.4	216.8	12.8	99.3	14.3	1.3	−20	202.5	33.40	−184.47
2015 年 3 月	150.1	5.2	−28.3	125.6	8.7	−32.6	24.4	1.7	7.2	101.2	328.57	54.85
2015 年 4 月	221.3	6.9	−15.2	198.8	11.3	−16.3	22.5	1.6	−3.9	176.3	51.66	−55.48

续表

月份	进出口额	占比(%)	同比(±%)	出口额	占比(%)	同比(±%)	进口额	占比(%)	同比(±%)	顺差	占比(%)	同比(±%)
2015年5月	254.4	7.9	−6.4	233.9	12.3	−6.3	20.5	1.6	−6.7	213.4	35.87	−43.41
2015年6月	275.6	8.2	−1	253.5	13.2	−1.2	22.1	1.5	0.8	231.4	49.73	−33.08
2015年7月	297.1	8.6	−9.4	272.5	14	−10.2	24.6	1.6	0.8	247.9	57.61	−2.37
2015年8月	310.7	9.3	−5.2	288.2	14.6	−5.6	22.4	1.6	1	265.8	44.13	−22.31

数据来源：中国海关总署

表4–55　2014/2015年度棉纱进出口分月统计表

单位：吨、万美元

月份	进口				出口			
	数量	同比（±%）	金额	同比（±%）	数量	同比（±%）	金额	同比（±%）
合计	**2324758**	−13.41%	**719190**	11.5	34162	−19.41%	172885	−63.9
2014年9月	174001	−5.34%	53181	−18.8	26467	−23.48%	16143	−62.4
2014年10月	172782	−6.69%	51910	−12.4	26136	−39.64%	12499	−64.5
2014年11月	164256	19.46%	48611	−14.0	30451	−33.69%	12374	−71.9
2014年12月	206413	20.39%	59312	8.7	36697	−13.37%	13792	−70.6
2015年1月	217800	−19.08%	61807	8.5	22513	−31.72%	16935	−60.9
2015年2月	124086	39.60%	34593	−26.7	29177	−31.02%	10865	−67.3
2015年3月	248556	18.48%	68753	21.9	32850	−20.95%	14561	−66.1
2015年4月	215566	21.15%	120826	109.4	30991	−20.55%	16590	−63.2
2015年5月	184427	37.75%	51321	5.9	30458	−15.11%	15625	−60.9
2015年6月	193541	38.43%	53347	18.3	30798	−10.95%	14819	−59.5
2015年7月	215666	38.25%	59268	18.3	27827	−15.42%	15299	−56.9
2015年8月	207663	−13.41%	56261	18.5	34162	−19.41%	13383	−60.2

数据来源：中国海关总署

表 4–56 2014/2015 年度棉纱进口分贸易方式统计表

单位：吨

月份	合计	一般贸易	来料加工	进料加工	保税区仓储转口	保税仓库进出境	其他
合计	**2499926**	**1944276**	**28384**	**521253**	**27903**	**17749**	**582.41**
2014 年 9 月	174001	135815	2484	34022	1140	291	93
2014 年 10 月	172782	136060	1727	33792	655	450	99
2014 年 11 月	164256	126521	1432	33731	1748	635	90
2014 年 12 月	206414	159271	2551	40310	2403	1796	82
2015 年 1 月	217835	165511	2848	47203	1513	720	18
2015 年 2 月	124085	94953	905	25914	1857	450	77
2015 年 3 月	248556	193115	2705	50375	1651	702	8
2015 年 4 月	431131	326144	4598	93724	3957	2684	25
2015 年 5 月	184427	139045	2751	38795	2323	1503	10
2015 年 6 月	193540	146415	2002	41125	3210	768	18
2015 年 7 月	215666	163942	2326	42332	5644	1391	30
2015 年 8 月	167233	157484	2055	39930	1802	6359	32.41

数据来源：中国海关总署

表 4–57 2014/2015 年度棉纱出口分贸易方式统计表

单位：吨

月份	合计	一般贸易	来料加工	进料加工	边境小额贸易	对外承包工程出口	保税仓库进出境	其他
合计	358527	173067	1608	181493	1230	14.5	521	113.4
2014 年 9 月	34162	12849	231	20942	101	1	7	12
2014 年 10 月	26467	11623	233	14418	143	2	21	14
2014 年 11 月	26136	8924	131	16779	204	1	67	5
2014 年 12 月	30451	12383	127	17573	119	0.3	197	6
2015 年 1 月	36697	14910	217	21165	169	0	145	14
2015 年 2 月	22513	11487	0	10918	22	0.2	1	8
2015 年 3 月	29177	12796	159	16101	64	0.2	12	0.4
2015 年 4 月	32850	17240	160	15303	70	0	17	9
2015 年 5 月	30991	18714	70	12019	68	3	20	3
2015 年 6 月	30458	17903	70	12283	145	4	13	15
2015 年 7 月	30798	17599	140	12986	45	2.6	9	9
2015 年 8 月	27827	16639	70	11006	80	0.2	12	18

数据来源：中国海关总署

表 4–58 2014/2015 年度棉布进出口分月统计表

单位：万米、万美元

月份	进口				出口			
	数量	同比（±%）	金额	同比（±%）	数量	同比（±%）	金额	同比（±%）
合计	**66155**	**–5.16**	**140421**	**–6.52**	**817913**	**–2.61**	**1386576**	**–1.75**
2014 年 9 月	5283	–19.80	10888	–19.55	72191	–3.78	125201	–1.41
2014 年 10 月	5411	–18.26	11760	–17.11	76488	13.36	130495	13.00
2014 年 11 月	4924	–25.05	12026	–17.42	75935	–3.78	127419	–4.26
2014 年 12 月	5466	–8.38	13106	–6.59	69607	–9.53	117468	–9.62
2015 年 1 月	4588	–11.48	9897	–9.29	65247	–20.64	107879	–22.14
2015 年 2 月	3025	–36.32	6031	–41.56	55826	96.24	93889	184.59
2015 年 3 月	5966	–1.60	11412	–12.49	44246	–33.66	75821	–37.26
2015 年 4 月	11709	62.40	24765	66.10	72065	–10.54	121456	–11.74
2015 年 5 月	4848	–14.36	10373	–14.90	76077	1.43	129557	3.26
2015 年 6 月	5200	5.48	10943	1.71	65872	–0.17	113766	4.72
2015 年 7 月	5330	–2.56	10640	–10.54	69859	3.35	117267	1.73
2015 年 8 月	4405	–7.13	8580	–13.17	74500	–0.66	126358	–0.04

数据来源：中国海关总署

表 4–59 2014/2015 年度棉布进口分贸易方式统计表

单位：万米

月份	合计	一般贸易	来料加工	进料加工	保税仓库进出境	特殊监管区域	其他
合计	**66155**	**19724**	**8697**	**36411**	**539**	**540**	**207**
2014 年 9 月	5283	806	678	3726	35	18	20
2014 年 10 月	5411	1023	814	3470	42	42	20
2014 年 11 月	4924	961	869	2977	66	27	24
2014 年 12 月	5466	1400	951	2968	63	35	9
2015 年 1 月	4588	1568	698	2168	43	80	35
2015 年 2 月	3025	1100	409	1463	21	19	12
2015 年 3 月	5966	2268	656	2970	20	43	7
2015 年 4 月	11709	3667	1420	6317	125	168	12
2015 年 5 月	4848	1718	583	2489	38	16	5
2015 年 6 月	5200	1898	628	2540	30	52	53
2015 年 7 月	5330	1940	597	2742	29	17	5
2015 年 8 月	4405	1375	394	2581	27	23	5

数据来源：中国海关总署

表 4–60 2014/2015 年度棉布出口分贸易方式统计表

单位：万米

月份	合计	一般贸易	来料加工	进料加工	边境小额贸易	保税监管场所进出境	其他
合 计	**817913**	**597684**	**2549**	**192002**	**19788**	**995**	**2203**
2014 年 9 月	72191	49728	193	18926	2165	61	95
2014 年 10 月	76488	54127	181	19590	2449	73	38
2014 年 11 月	75935	54759	159	19478	1355	84	69
2014 年 12 月	69607	52839	147	15455	972	103	39
2015 年 1 月	65247	46579	161	16975	1349	61	29
2015 年 2 月	55826	41621	162	13189	616	94	25
2015 年 3 月	44246	29804	132	11778	2252	51	41
2015 年 4 月	72065	51163	202	17459	2741	96	192
2015 年 5 月	76077	57049	192	16158	2200	122	225
2015 年 6 月	65872	50622	175	13407	1170	75	321
2015 年 7 月	69859	53051	645	15154	255	109	449
2015 年 8 月	74500	56342	200	14433	2264	66	680

数据来源：中国海关总署

中国棉花产销存预测

表 4–61 2001/2002 年度以来国内棉花产销存预测与价格对比表

单位：万吨、元 / 吨

年度	期初库存	产量	进口量	消费量	出口量	期末库存	库存消费比（%）	年度均价
2001/2002	436.49	531.48	11.65	582.26	9.05	447.08	75.61	10140
2002/2003	447.08	491.70	71.90	659.84	15.10	394.55	58.46	12008
2003/2004	394.55	485.90	199.00	674.25	3.00	456.17	67.36	16100
2004/2005	456.17	632.30	166.00	871.54	1.00	440.06	50.43	12432
2005/2006	440.06	571.27	411.00	1032.01	1.00	467.87	45.29	14103
2006/2007	467.87	749.79	228.00	1166.66	1.86	337.51	28.88	13300
2007/2008	337.51	789.00	244.00	1111.56	1.50	351.59	31.59	13767
2008/2009	351.59	799.12	144.65	989.56	1.74	324.18	32.70	12162

续表

年度	期初库存	产量	进口量	消费量	出口量	期末库存	库存消费比（%）	年度均价
2009/2010	324.18	675.70	250.47	1041.06	0.53	231.71	22.25	15753
2010/2011	231.71	623.05	257.63	923.27	2.66	215.84	23.31	25654
2011/2012	215.84	802.80	544.03	790.10	1.23	738.75	93.36	19192
2012/2013	738.75	761.50	439.61	790.82	0.93	1166.53	147.34	19141
2013/2014	1166.53	699.70	300.37	775.37	0.93	1364.77	175.80	18581
2014/2015	1364.77	662.10	167.13	755.32	1.46	1406.84	185.90	13751
2015/2016	1406.84	521.60	123.88	715.62	1.42	1305.89	182.12	12842

注：1. 数据来源为国家棉花市场监测系统（发布时间截至年月）。

2. 年度均价为国家棉花价格B指数的棉花年度均价。

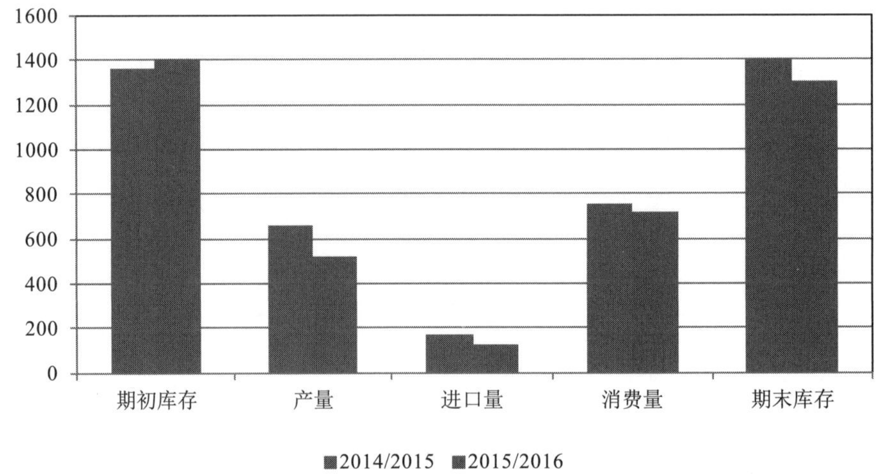

图 4－17　2014/2015 年度与 2015/2016 年度中国产销存预测同比对比

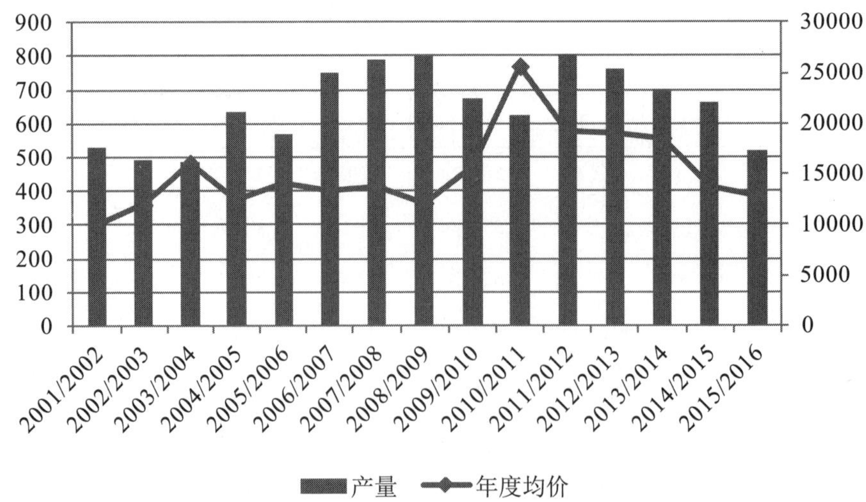

图 4－18　2003/2004 年度以来国内棉价与中国棉花产量预测对比

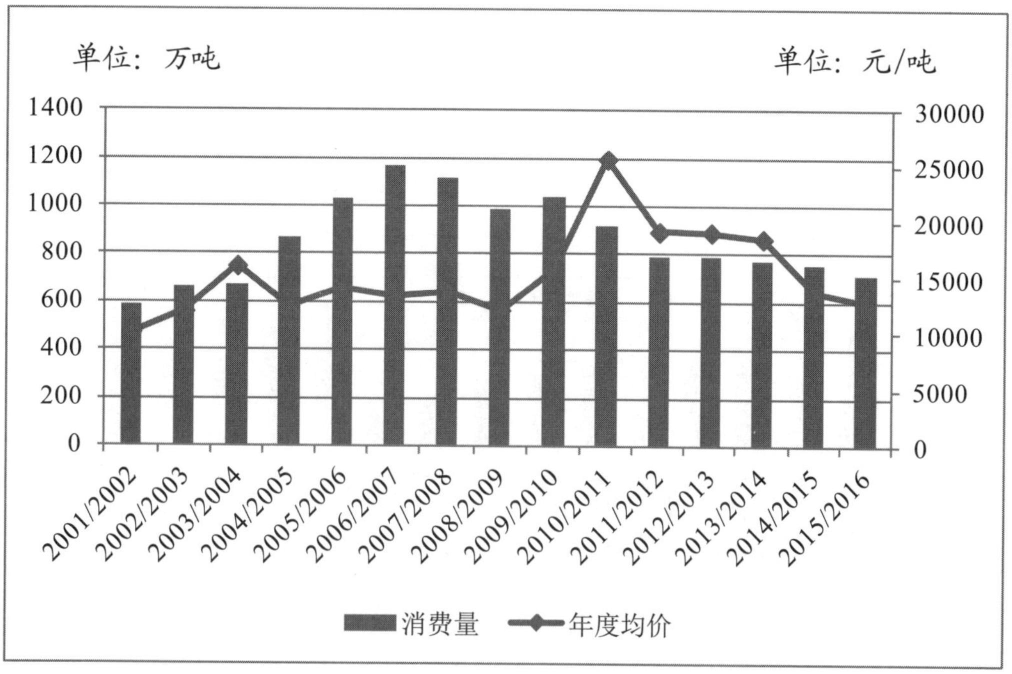

图 4－19　2001/2002 年度以来国内棉价与中国棉花消费量预测对比

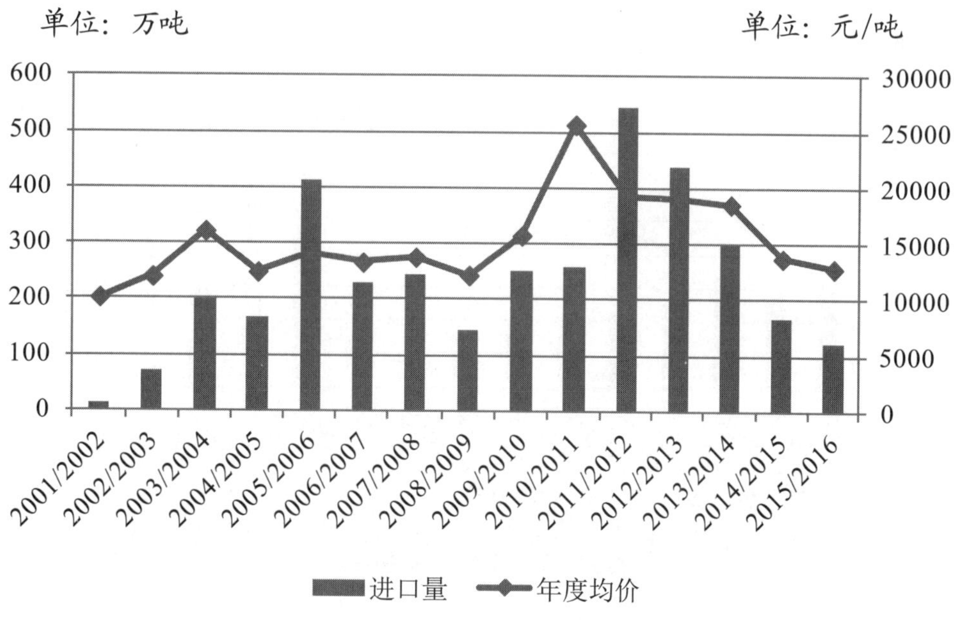

图 4－20　2001/2002 年度以来国内棉价与中国棉花进口量预测对比

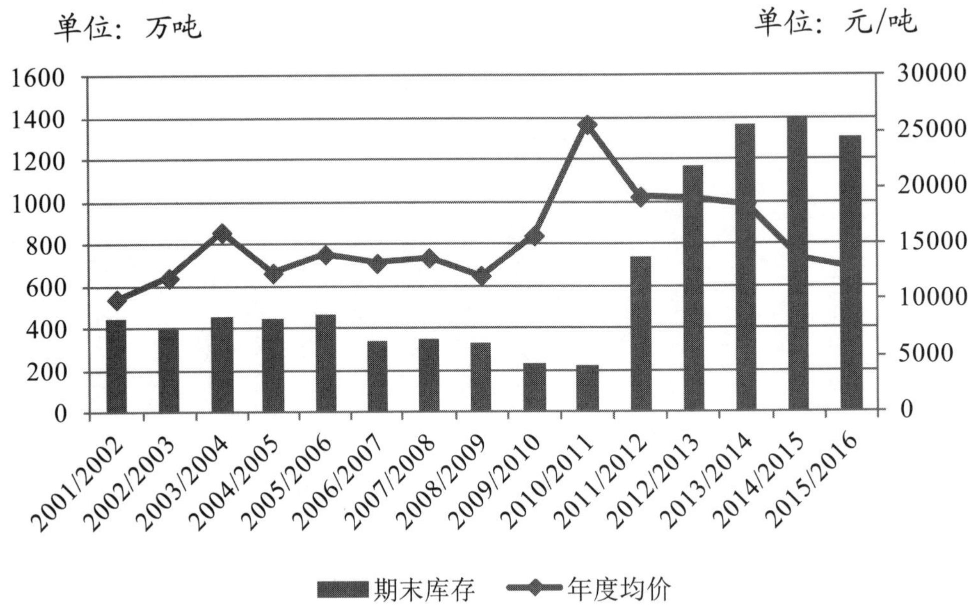

图 4－21　2001/2002 年度以来国内棉价与中国棉花期末库存预测对比

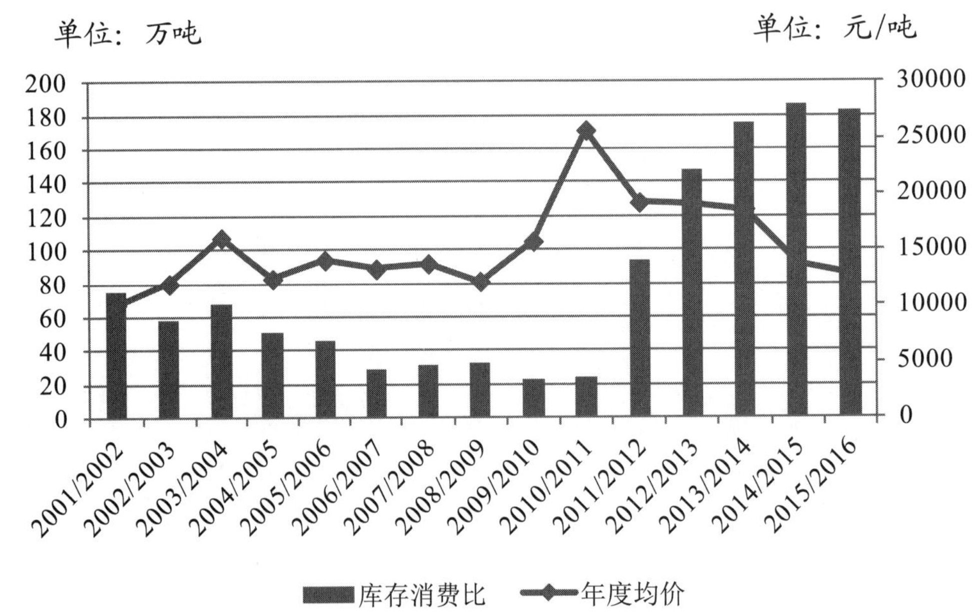

图 4－22　2001/2002 年度以来国内棉价与中国棉花库存消费比对比

全球棉花产销存预测

表 4–62 2003/2004 年度以来全球棉花产销存预测表

单位：万吨、美分 / 磅

年度	期初库存	产量	进口量	消费量	出口量	期末库存	库存消费比(%)	国际棉花指数(M)
2003/2004	1042.5	2105.3	744.1	2135.5	721.8	1034.6	48.4	55.71
2004/2005	1054.4	2645.8	739.9	2378.0	760.9	1301.2	54.7	53.22
2005/2006	1328.2	2532.9	973.1	2546.6	978.1	1309.5	51.4	57.35
2006/2007	1348.6	2678.3	834.0	2705.6	814.3	1341.1	49.6	59.04
2007/2008	1378.4	2625.3	859.2	2695.1	846.8	1321.0	49.0	74.80
2008/2009	1366.6	2358.0	666.2	2403.3	655.4	1332.1	55.4	62.28
2009/2010	1365.6	2250.4	803.8	2603.8	777.0	1039.0	39.9	80.00
2010/2011	1040.3	2561.1	789.5	2515.0	758.2	1117.8	44.4	166.55
2011/2012	1117.7	2774.3	989.7	2266.6	1002.9	1612.3	71.1	105.71
2012/2013	1620.2	2697.1	1035.6	2359.8	1013.1	1980.1	83.9	88.76
2013/2014	1997.5	2621.6	898.8	2393.9	888.6	2235.3	93.4	92.25
2014/2015	2243.6	2593.4	777.4	2403.2	770.5	2440.7	101.6	76.43
2015/2016	2438.8	2258.0	769.6	2425.3	769.7	2271.5	93.7	71.99

注：1. 数据来源为美国农业部、中国棉花网。
2. 2004/2005 年度以前为北欧到岸价 A 指数，2004/2005 年度以后为国际棉花指数（M）。

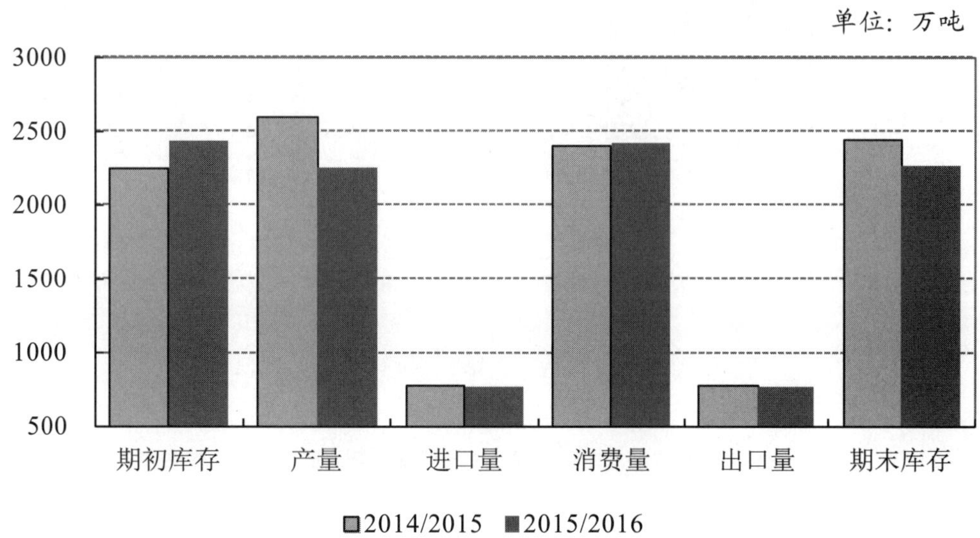

图 4－23 2014/2015 和 2015/2016 年度全球产销存预测比较

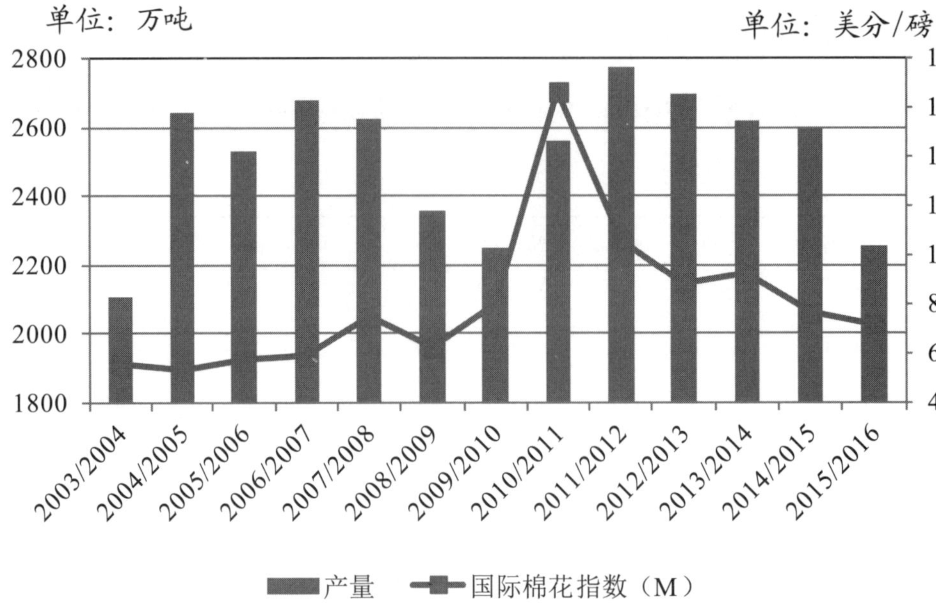

图 4－24　2003/2004 年度以来国际棉价与全球棉花产量变化

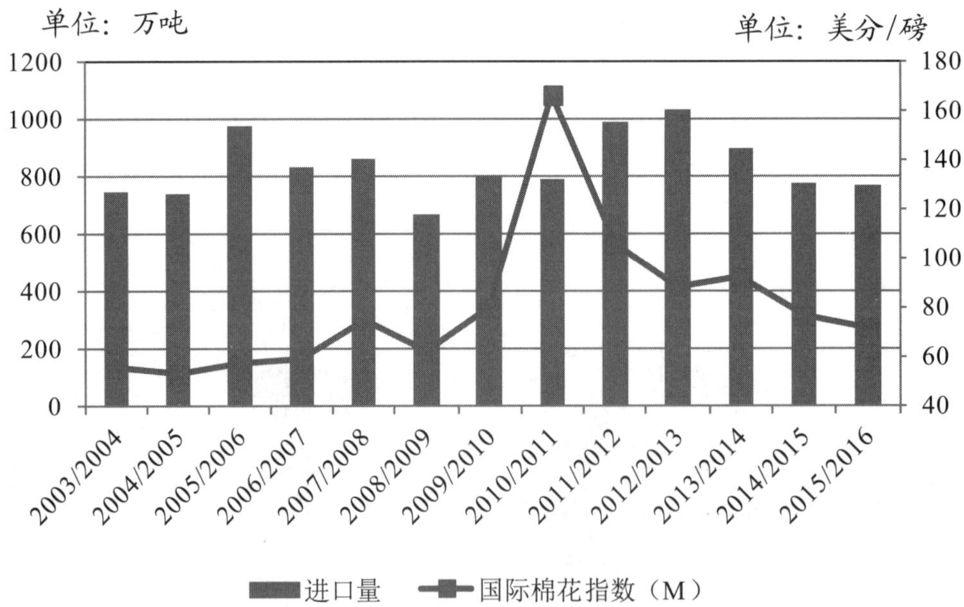

图 4－25　2003/2004 年度以来国际棉价与全球棉花进口量变化

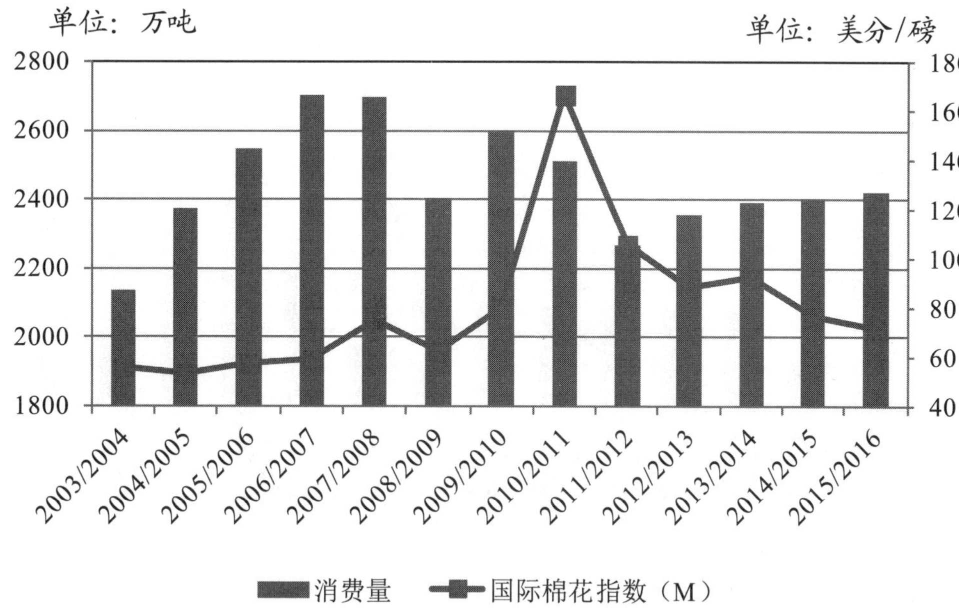

图 4－26　2003/2004 年度以来国际棉价与全球棉花消费量变化

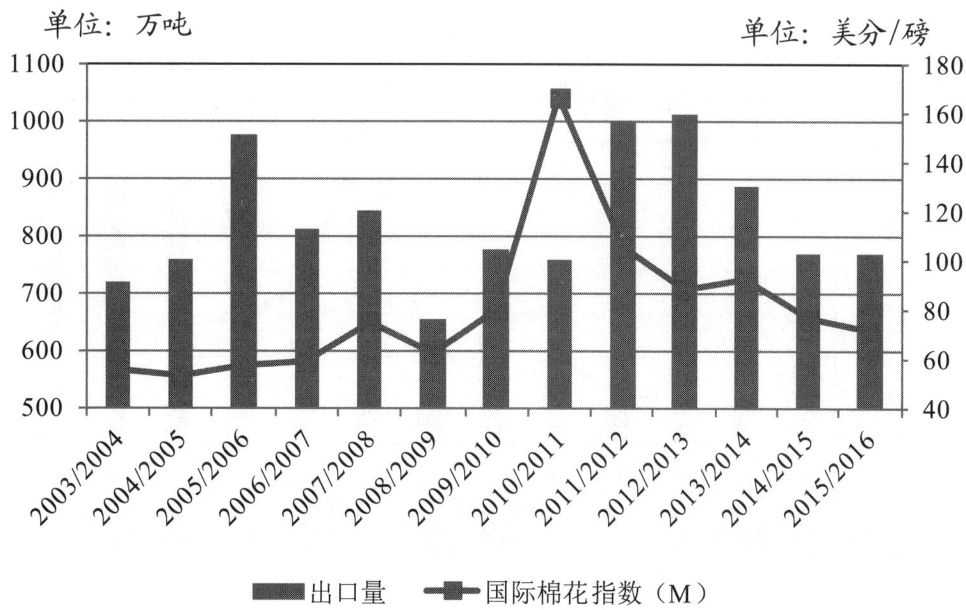

图 4－27　2003/2004 年度以来国际棉价与全球棉花出口量变化

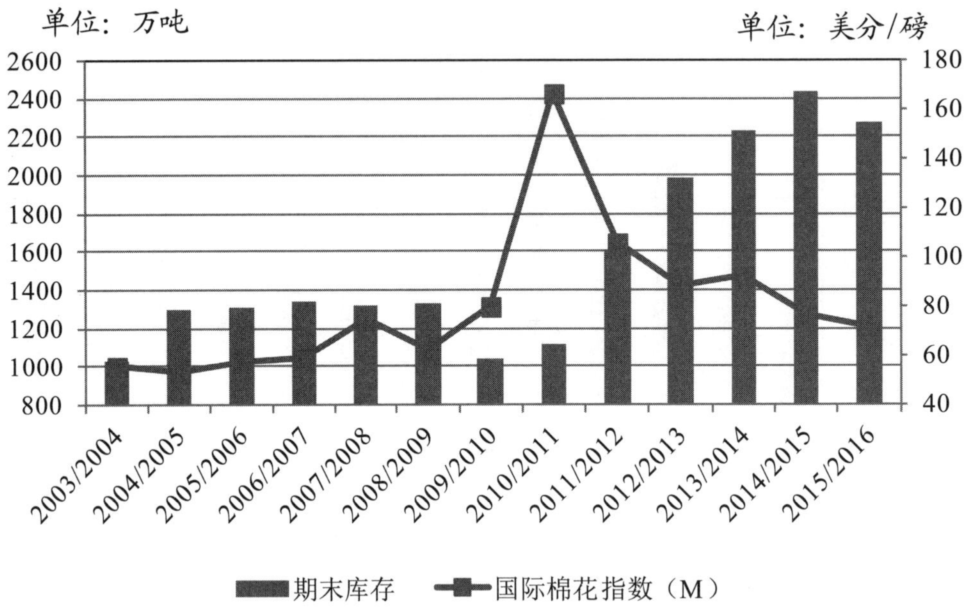

图 4－28　2003/2004 年度以来国际棉价与全球棉花期末库存变化

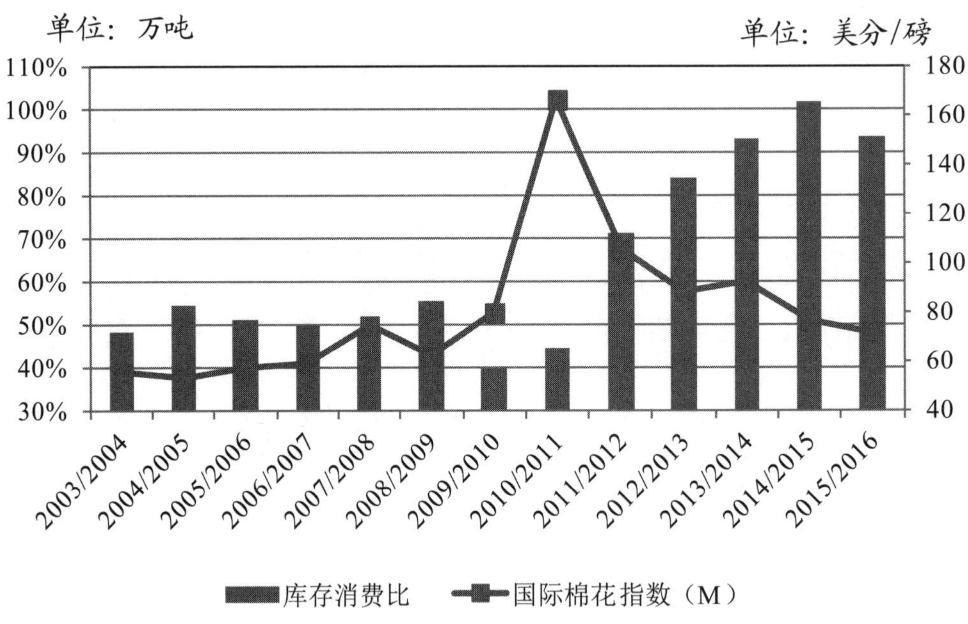

图 4－29　2003/2004 年度以来国际棉价与全球棉花库存消费比变化

表 4–63 2003/2004 年度以来主要国家和地区棉花产量预测统计表

单位：万吨

年度	中国	印度	美国	巴基斯坦	乌兹别克斯坦	巴西	土耳其	澳大利亚	西非
2003/2004	518.2	304.8	397.5	170.8	89.3	131.0	89.3	37.0	92.8
2004/2005	659.7	413.7	506.2	242.5	113.2	128.5	90.4	65.3	100.9
2005/2006	618.3	414.8	520.2	214.5	120.8	102.3	77.3	61.0	90.6
2006/2007	772.9	474.6	470.0	208.6	116.5	152.4	82.7	29.4	81.9
2007/2008	805.6	522.5	418.2	186.2	116.5	160.2	67.5	13.9	57.0
2008/2009	799.1	492.1	279.0	185.9	100.2	119.3	42.0	32.7	57.0
2009/2010	696.7	518.2	265.4	201.2	84.9	118.7	38.1	38.6	55.9
2010/2011	664.1	574.8	394.2	188.1	89.3	196.0	45.9	91.4	56.3
2011/2012	740.3	598.8	339.1	230.8	91.4	189.4	74.9	119.6	70.2
2012/2013	762.0	620.5	377.0	202.5	98.0	130.6	57.7	100.2	90.4
2013/2014	713.1	675.0	281.1	206.8	89.3	174.2	50.1	89.3	91.1
2014/2015	664.1	675.0	353.9	213.4	89.3	152.4	68.6	50.1	96.5
2015/2016	529.1	620.5	283.7	174.2	80.6	141.5	57.7	52.3	100.1

单位：万吨

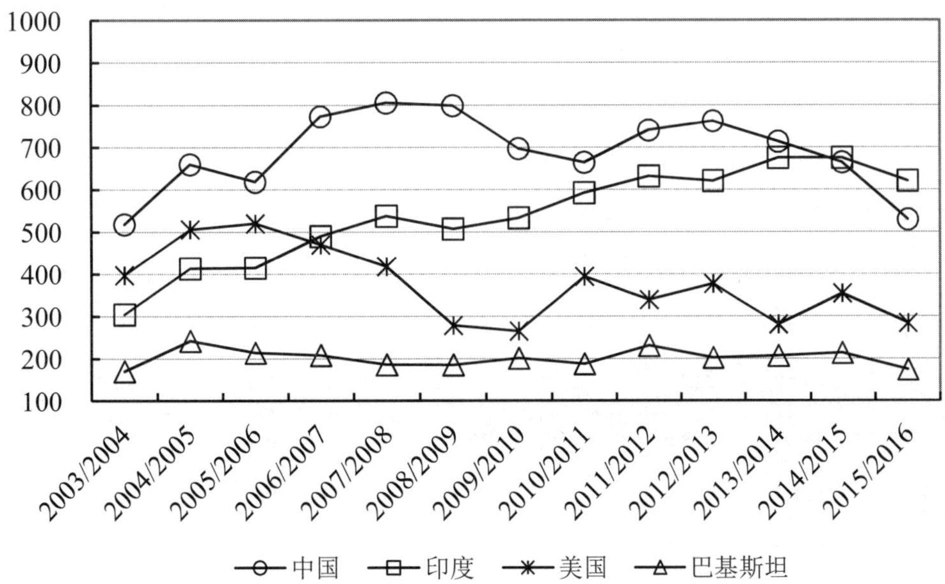

图 4－30 2003/2004 年度以来主要国家棉花产量变化

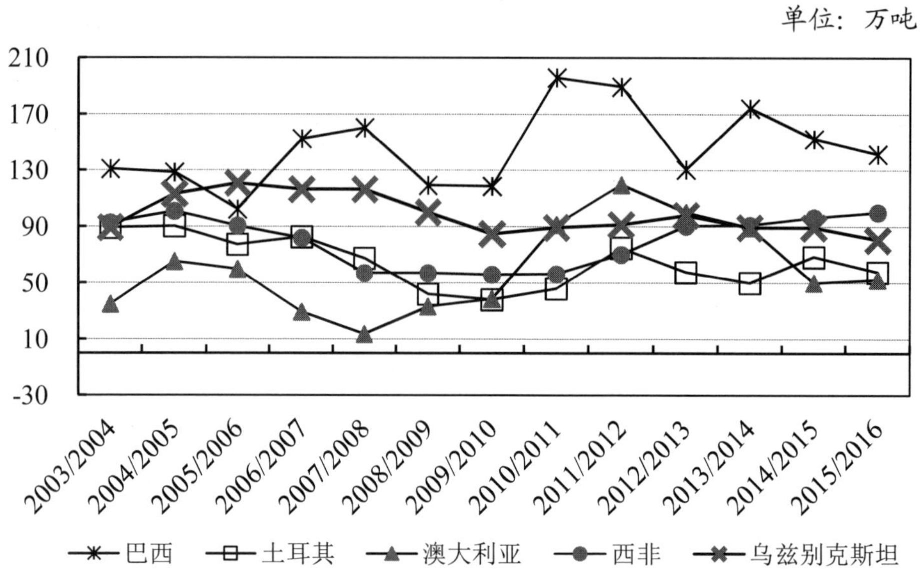

图 4－31　2003/2004 年度以来主要国家和地区棉花产量变化

表 4–64　2003/2004 年度以来主要国家棉花消费量预测统计表

单位：万吨

年度	中国	印度	巴基斯坦	土耳其	美国	巴西	孟加拉国	印度尼西亚	泰国	墨西哥
2003/2004	696.7	293.9	209.0	130.6	136.4	87.4	39.2	46.8	40.3	43.5
2004/2005	838.3	322.2	228.6	154.6	145.7	93.8	47.9	46.8	45.7	45.7
2005/2006	979.8	363.6	250.4	152.4	127.8	96.9	54.4	47.4	44.6	45.7
2006/2007	1088.6	394.1	261.3	158.9	107.4	99.6	69.7	51.7	42.5	45.7
2007/2008	1110.4	405.0	261.3	132.8	99.8	100.2	76.2	56.6	42.5	43.5
2008/2009	958.0	386.5	241.7	107.8	77.1	91.4	82.7	51.2	34.8	40.3
2009/2010	1088.6	430.0	226.4	128.5	77.3	95.8	84.9	53.3	38.6	41.4
2010/2011	1001.5	447.4	215.6	121.9	84.9	93.6	80.6	51.2	37.0	37.0
2011/2012	827.4	430.0	217.7	121.9	71.9	87.1	71.9	49.0	28.3	37.0
2012/2013	783.8	489.9	239.5	130.6	76.2	89.3	78.4	55.5	32.1	39.2
2013/2014	751.2	511.7	226.4	137.2	77.3	91.4	90.4	66.4	32.7	40.3
2014/2015	827.4	533.4	230.8	141.5	82.7	89.3	94.7	66.4	32.7	40.8
2015/2016	707.6	550.8	219.9	139.3	80.6	72.9	127.4	68.6	30.5	41.4

数据来源：美国农业部（USDA）

单位：万吨

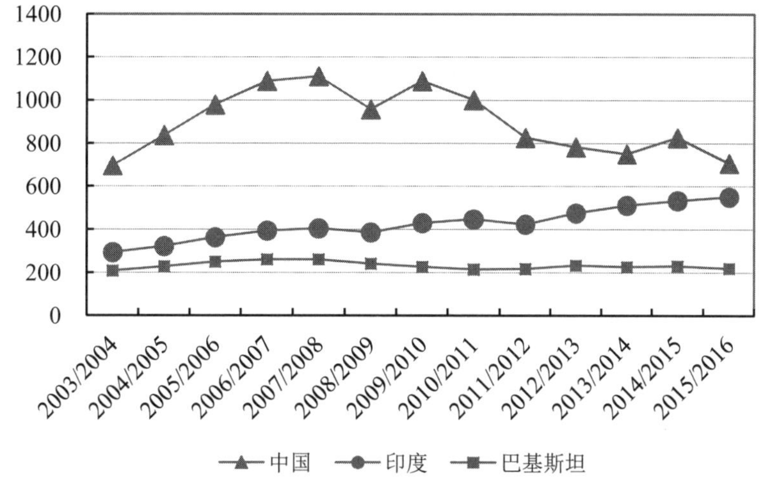

图 4－32 2003/2004 年度以来主要国家棉花消费量变化

单位：万吨

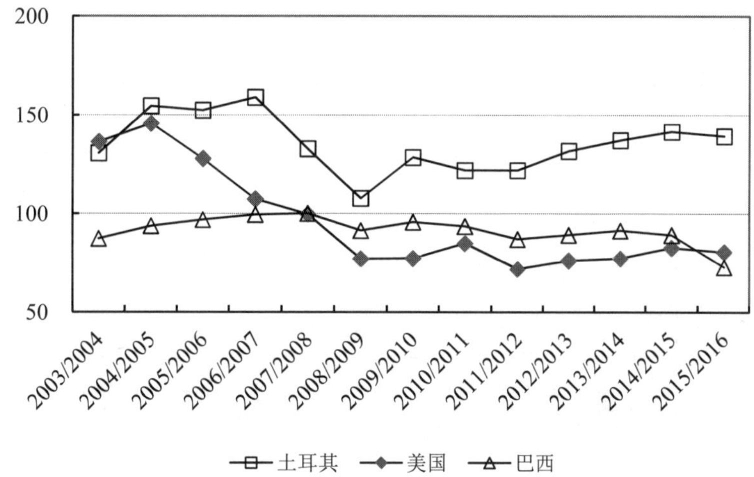

图 4－33 2003/2004 年度以来主要国家棉花消费量变化

单位：万吨

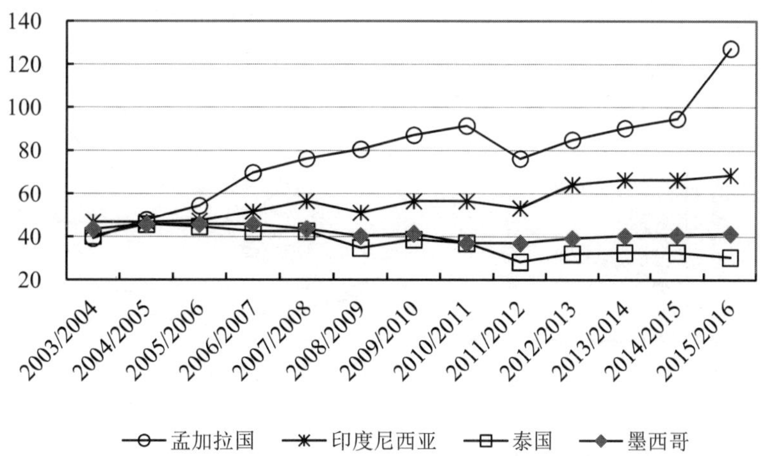

图 4－34 2003/2004 年度以来主要国家棉花消费量变化

表 4–65 2003/2004 年度以来主要国家棉花进口量预测统计表

单位：万吨

年度	中国	土耳其	巴基斯坦	孟加拉国	印度尼西亚	泰国	墨西哥
2003/2004	192.3	51.6	39.3	39.2	46.8	36.5	40.5
2004/2005	139.0	74.3	38.2	49.0	47.9	49.7	39.4
2005/2006	419.9	76.2	35.2	53.3	47.9	41.2	38.0
2006/2007	230.5	87.7	50.2	70.8	52.3	41.5	29.5
2007/2008	251.0	71.1	85.1	78.4	58.8	42.0	33.3
2008/2009	152.3	63.6	41.7	82.7	52.3	34.9	28.6
2009/2010	237.4	95.7	34.3	84.9	54.4	39.3	30.3
2010/2011	260.8	72.9	31.4	80.6	52.3	38.1	26.0
2011/2012	534.2	51.9	19.6	69.7	50.1	27.5	21.8
2012/2013	442.6	82.7	47.9	78.4	56.6	32.9	20.7
2013/2014	307.5	92.4	26.1	89.3	65.3	33.7	22.6
2014/2015	152.4	82.7	32.7	96.9	67.5	34.3	22.3
2015/2016	119.7	82.7	43.5	125.2	67.5	31.6	21.2

数据来源：美国农业部（USDA）

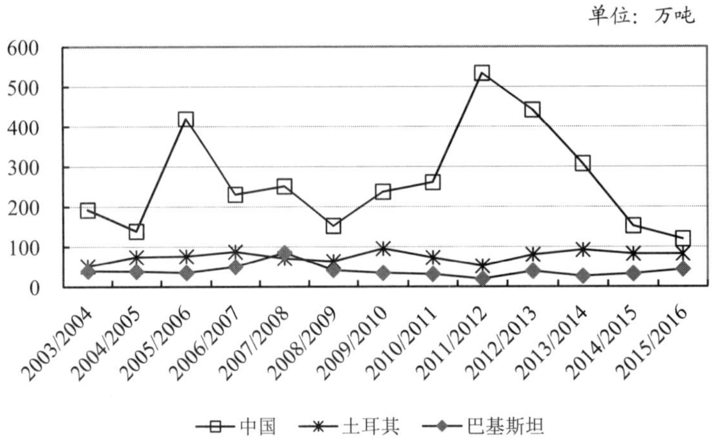

图 4－35 2003/2004 年度以来主要国家棉花进口量变化

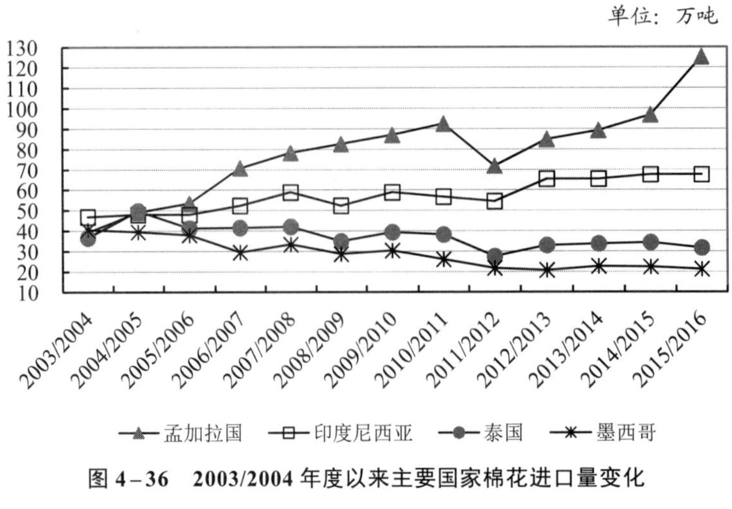

图 4－36 2003/2004 年度以来主要国家棉花进口量变化

表 4–66　2003/2004 年度以来主要国家和地区棉花出口量预测统计表

单位：万吨

年度	美国	印度	乌兹别克斯坦	西非	澳大利亚	巴西
2003/2004	299.6	15.2	67.5	86.8	47.0	21.0
2004/2005	314.3	14.4	86.0	79.2	43.5	33.9
2005/2006	384.8	80.0	104.5	88.4	62.8	42.9
2006/2007	282.2	106.1	98.0	80.0	46.4	28.3
2007/2008	296.9	163.3	91.4	54.9	26.5	48.6
2008/2009	288.7	51.4	65.3	45.5	26.1	59.6
2009/2010	262.1	142.6	82.7	49.9	46.0	43.3
2010/2011	313.0	108.9	57.7	48.3	54.5	43.5
2011/2012	255.0	241.2	54.4	50.5	101.0	104.3
2012/2013	283.6	165.5	69.7	80.3	134.5	93.8
2013/2014	229.3	204.7	58.8	81.9	105.6	48.6
2014/2015	217.7	108.9	50.1	77.9	69.7	74.0
2015/2016	217.7	115.4	50.1	102.9	56.6	91.4

数据来源：美国农业部（USDA）

单位：万吨

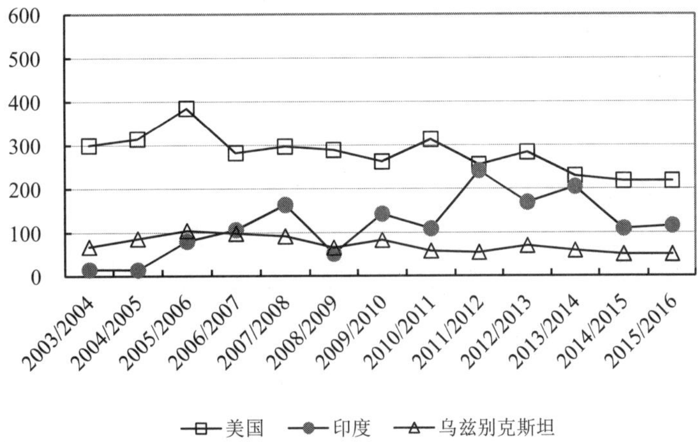

图 4－37　2003/2004 年度以来主要国家棉花出口量变化

单位：万吨

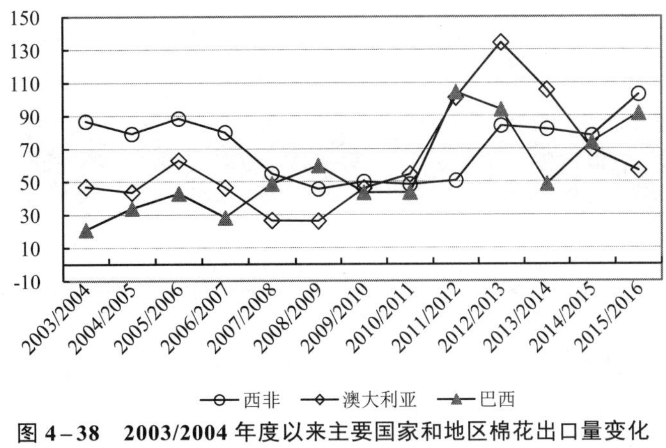

图 4－38　2003/2004 年度以来主要国家和地区棉花出口量变化

表 4–67　2003/2004 年度以来主要国家棉花期末库存预测统计表

单位：万吨

年度	中国	印度	巴基斯坦	土耳其	美国	巴西	孟加拉国	印度尼西亚	泰国	墨西哥
2003/2004	413.3	91.1	68.2	32.2	75.1	97.7	8.2	8.0	8.6	24.9
2004/2005	400.4	190.8	107.7	39.0	119.6	106.3	10.5	8.2	12.5	28.7
2005/2006	490.7	170.7	100.1	35.4	132.1	78.7	10.8	7.9	8.9	28.8
2006/2007	447.1	166.1	92.3	40.3	206.4	117.7	12.9	7.7	7.7	22.4
2007/2008	446.4	146.0	95.9	38.1	218.8	136.1	15.6	9.0	6.9	20.3
2008/2009	465.2	231.7	73.5	32.9	138.0	108.7	16.3	9.2	6.3	16.6
2009/2010	310.2	204.1	66.2	34.9	64.2	94.8	17.2	9.6	6.4	13.4
2010/2011	230.9	243.3	54.9	28.7	56.6	172.1	18.3	9.9	7.0	13.0
2011/2012	676.7	205.6	61.7	27.0	72.9	174.0	17.8	10.4	5.7	15.5
2012/2013	1096.5	260.6	59.0	28.6	82.7	126.3	21.0	13.2	5.8	14.1
2013/2014	1365.3	246.4	53.9	29.5	53.3	167.0	22.2	12.5	6.3	12.5
2014/2015	1353.3	296.5	58.8	35.0	106.7	161.0	26.8	14.0	7.3	15.2
2015/2016	1415.7	269.7	50.3	30.4	65.3	141.1	28.2	11.9	5.1	12.8

数据来源：美国农业部（USDA）

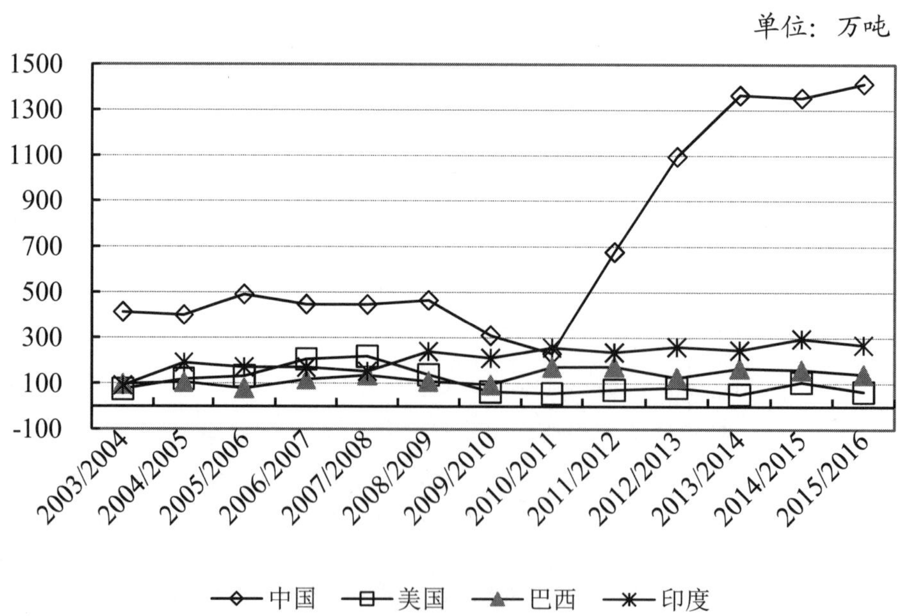

图 4–39　2003/2004 年度以来主要国家棉花期末库存变化

单位：万吨

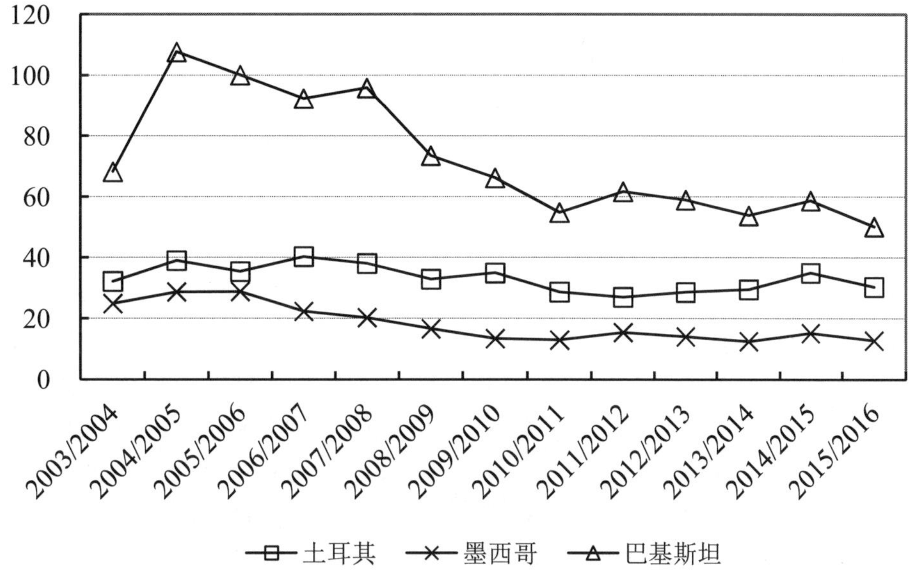

图 4-40　2003/2004 年度以来主要国家棉花期末库存变化

单位：万吨

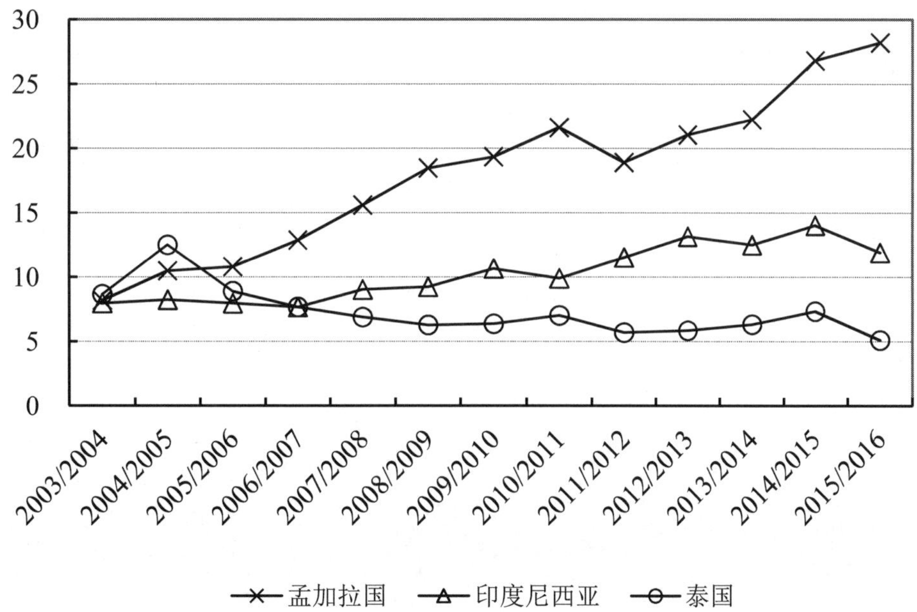

图 4-41　2003/2004 年度以来主要国家棉花期末库存变化

表 4–68　2014/2015 年度主要国家和地区棉花产销存预测表

单位：万吨

国家和地区	期初库存	产量	进口量	消费量	出口量	期末库存
全球	**2434.1**	**2338.0**	**744.5**	**2444.4**	**744.4**	**2329.0**
美国	80.6	290.4	0.2	80.6	222.1	67.5
中亚	25.0	80.6	0.0	34.3	50.1	21.2
西非	37.8	100.1	0.0	2.6	102.9	32.3
澳大利亚	38.8	45.7	0.0	0.8	54.4	31.4
巴西	159.6	141.5	2.2	72.9	82.7	150.9
印度	291.6	631.4	21.8	555.2	95.8	293.8
墨西哥	15.8	22.9	19.1	41.4	3.3	12.6
中国	1478.8	550.8	125.2	729.4	4.4	1421.1
土耳其	34.7	61.0	82.7	139.3	5.4	33.7
巴基斯坦	62.1	206.8	25.0	226.4	9.8	57.2
印度尼西亚	13.3	0.5	69.7	69.7	0.2	13.7
泰国	4.6	0.0	31.6	30.5	0.1	5.1
孟加拉国	28.0	2.7	120.8	123.0	0.0	28.2

数据来源：美国农业部（USDA）

表 4–69　2003/2004 年度以来全球棉花种植面积和单产统计表

单位：亿公顷、千克 / 公顷

年度	种植面积	单产
2003/2004	72.0	651
2004/2005	81.0	741
2005/2006	78.0	729
2006/2007	78.0	774
2007/2008	73.5	798
2008/2009	69.0	768
2009/2010	67.5	743
2010/2011	75.0	761
2011/2012	81.0	771
2012/2013	76.5	780
2013/2014	73.5	798
2014/2015	76.5	759
2015/2016	70.5	723

数据来源：美国农业部（USDA）

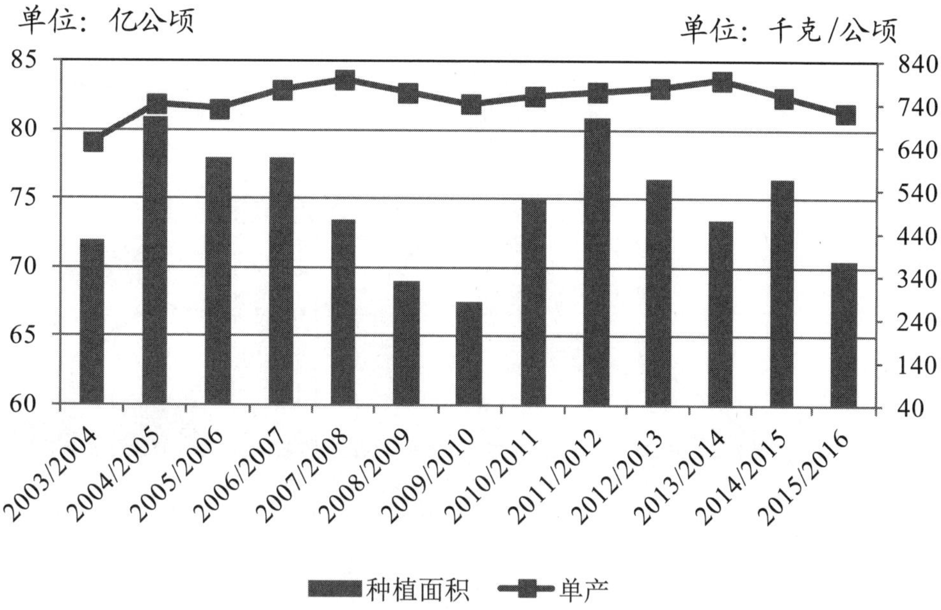

图 4－42　2003/2004 年度以来全球棉花种植面积和单产变化

表 4–70　2008/2009 年度以来 ICE 期货近月合约均价与美棉出口量对比表

单位：万吨、美分/磅

年　　度	美棉出口装运量	ICE 期货价格
2008/2009	288.7	50.50
2009/2010	262.1	73.23
2010/2011	313.0	144.02
2011/2012	255.0	90.72
2012/2013	283.6	79.41
2013/2014	232.0	84.29
2014/2015	240.4	63.55

数据来源：美国农业部（USDA）、美国洲际交易所（ICE）

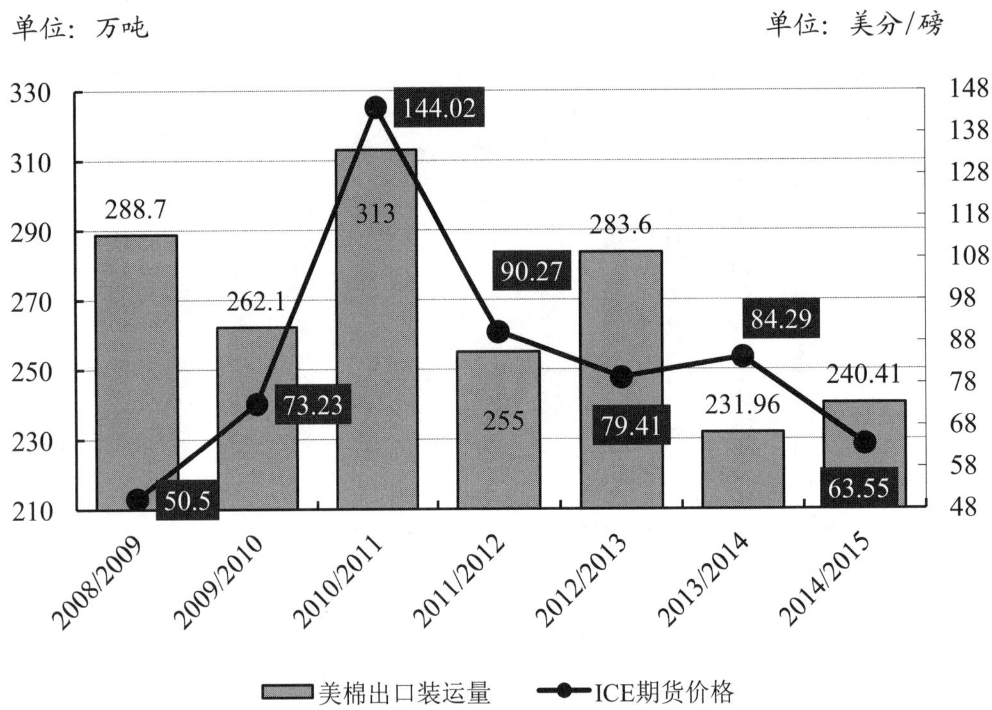

图 4－43　2008/2009 年度以来 ICE 期货近月合约均价与美棉出口量比较

表 4–71　2014/2015 年度美棉出口装运量分月统计表

单位：万吨

月　　份	美棉出口装运量	美棉对中国出口装运量	比重（%）
2014 年 9 月	8.02	1.54	19.20
2014 年 10 月	8.64	1.37	15.86
2014 年 11 月	8.29	2.80	33.78
2014 年 12 月	16.78	5.34	31.82
2015 年 1 月	27.59	5.80	21.02
2015 年 2 月	25.67	5.80	22.59
2015 年 3 月	27.65	7.82	28.28
2015 年 4 月	37.58	11.05	29.40
2015 年 5 月	27.59	7.60	27.55
2015 年 6 月	21.30	4.50	21.13
2015 年 7 月	19.86	2.33	11.73
2015 年 8 月	11.43	0.97	8.49

数据来源：美国农业部（USDA）

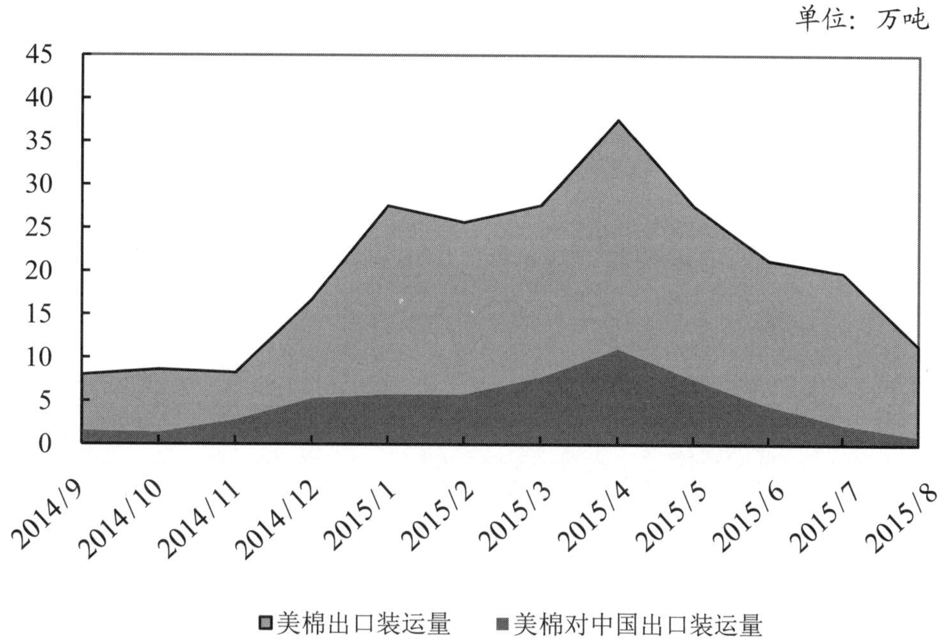

图 4-44 2014/2015 年度美棉出口装运量分月变化情况

大 事 记

第五部分

国 内 棉 花

全国棉花工作电视电话会议

2014年9月25日，国家发展改革委、财政部、农业部、工业和信息化部、国家工商总局、国家质检总局、全国供销合作总社和农业发展银行八部门联合召开全国棉花工作电视电话会议，分析新年度棉花产销形势，并部署改革棉花购销等相关工作。

中央一号文件明确棉花相关政策

2015年2月1日，中共中央、国务院印发了《关于加大改革创新力度加快农业现代化建设的若干意见》指出，我国经济发展进入新常态，正从高速增长转向中高速增长，而国内农业生产成本快速攀升，大宗农产品价格普遍高于国际市场，如何在“双重挤压”下创新农业支持保护政策、提高农业竞争力，是必须面对的一个重大考验。其中涉及棉花政策的有三方面内容：一是完善棉花进口关税配额政策。未来企业进口印度棉等低等级棉空间有限。二是国家完善农机具购置补贴，未来机采棉占比将越来越大。三是完善补贴方式，开展农产品价格保险试点。

国家发布2015年新疆棉花目标价格

2015年4月7日，综合考虑棉花生产成本收益、市场供求等因素，经国务院批准，国家发展改革委发布2015年新疆棉花目标价格水平为每吨19100元，国家继续在新疆实施棉花目标价格改革试点。

棉花目标价格是指棉花价格由市场形成的基础上，国家制定能够保障种植者获得基本收益的目标价格，当采价期内市场平均价格低于目标价格时，国家对棉花种植者给予补贴；当市场价格高于目标价格时，不发放补贴。

2015年国家发布储备棉轮出细则

自2015年7月10日起至8月31日止，将通过全国棉花交易市场（以下简称“交易市场”）以公开竞价方式轮出部分国家储备棉，具体交易时间为国家法定工作日上午10:00起，即上午10:00开始交易，10:30开始1分钟倒计时，11:00开始30秒倒计时，直至闭市。

此次轮出储备棉的公证检验按照GB1103.1-2012《棉花第1部分：锯齿加工细绒棉》国家标准执行，具体批次储备棉的质量、重量以纤维检验部门出具的检验结果为准。

储备棉轮出公证检验项目包括：国产棉检验轧工质量、颜色级，进口棉检验轧工质量、颜色级、长度、马克隆值，其他质量指标以入库公证检验或中国商检检验结果为准。国产棉按照入库公证检验的公定重量销售，进口棉按照中国商检出具的净重检验结果销售。

本次轮出2011年度国产棉33万吨，竞卖底价（折标准级3128B，下同）为13200元/吨；2012年度国产棉47万吨，竞卖底价为14200元/吨；2012年度进口棉20万吨，竞卖底价为15500元/吨。其他类型和级别按照中国棉花协会2015年7月公布的有关颜色级、长度级等指标的差价表计算确定竞卖底价。

2015年储备棉实际成交6.34万吨

截至2015年8月31日，2014年度储备棉轮出工作圆满结束，本次轮出近两个月时间，总计划轮出量为185.47万吨（每日挂牌累计数量），实际成交 6.34 万吨，总成交率 3.42%，其中 2011 年度国产棉共成交 5.27 万吨；进口棉成交 0.97 万吨；2012 年度国产棉因价格过高，质量一般，总成交量不足 1000 吨。

国 内 纺 织

第 116 届、第 117 届广交会采购商和成交量仍现双降

第 116 届广交会于 2014 年 11 月 4 日下午闭幕。继 2014 年 4 月中旬举行的第 115 届广交会采购商与会数和成交数出现环比“双降”后，第 116 届广交会再度遭遇环比“双降”，进一步凸显了当前外贸面临严峻挑战。从国际市场看，需求持续疲软、部分地区遭遇动荡形势、重大疫情影响贸易人员往来等，都是造成这种局面的客观原因。

第 116 届广交会电商平台向参展企业特别推出了“预售体验会员”计划，这一举措使得供应商会员新增约 4000 家。与上届相比，本届广交会电商平台采供双方对接运营效率的关键指标均有明显提高，回复采购商商机的供应商数提高 92%，买家回复率提高 200%，采购商询盘有效性明显上升。

第 117 届广交会于 2015 年 5 月 5 日下午闭幕。广交会被视作中国外贸的晴雨表和风向标，成交情况对国内 6 个月的出口状况具有代表作用。因此，从海关一季度数据和广交会成交情况看，完成年初政府工作报告提出的全年外贸增长 6% 目标，任务艰巨。

与棉花棉纱紧密关联的全球纺织服装行业已经进入“四化”时代，即产品制造全球化、原料成分多样化、品种开发复杂化、采购模式电子化。现在一件服装上采用印度的棉花和棉纱，中国的坯布和印花，在孟加拉做好服装半成品，运到海湾国家或者中东国家的 FTZ 地区缝制，成品再出口到欧美国家，这样的“跨国模式”已经越来越成熟。近年来，消费者对于纺织品的功能要求也日益复杂，由于电子商务技术的不断发展，越来越多的生产商和采购商之间通过电子数据交换系统完成交易的比例越来越大。国内棉花市场棉花如何发展才能让整个棉纺织行业向前迈进呢？

新疆纺织服装产业迅猛发展

借助政策、资源、电价、土地和援疆等优势，新疆纺织服装产业迈进快速发展的新时期。2015 年 1—6 月，新疆棉纱产量 21 万吨，同比增加 18%，达到历年最高值。2015 年 9 月，新疆纺织规模达 600 万锭，2015 年年底纱锭规模预计达到 1000 万锭，按此速度发展，能提前实现 2020 年纺纱规模 2000 万锭的目标。

高征低扣

2014 年底，安徽省、河北省、河南省、浙江省、湖南省、山东省、陕西省、江西省和江苏省等相继加入“高征低扣”试点，把皮棉、棉纱纳入农产品增值税进项税额核定扣除试点范围，即棉纺企业所使用的皮棉可以按照纺织品适用税率 17% 进行计算抵扣。

“互联网 + 纺织”

“互联网 +”是互联网融合传统产业并且将其改造成具备互联网属性的新商业模式的一个过程，而对于纺织产业来说，结合持续的科技创新，推动纺织产业向绿色低碳、数字化、智能化和柔性化等方向发展，是中国纺织产业“十二五”期间一种最积极的探索，也是实现中国纺织由大变强的必由路径。

国 际 市 场

全球棉花基本面没有明显改观

2014/2015 年度，全球棉花基本面没有发生明显变化。虽然 2014/2015 年度全球各主产棉国产量均大幅下降，但消费量停滞不前，全球棉花进出口量也大幅减少，最终的结果是全球期末库存仍维持在历史高位。根据 ICAC 的最新预测，2015/2016 年度全球棉花产量减少 307 万吨，全球消费增加 13 万吨，全球进口和出口分别减少 25 万吨和 36 万吨，全球库存减少 127 万吨，但仍高达 2065 万吨，为历史第二高。虽然全球消费量超过产量 126 万吨，但总体看棉花市场没有明显的缺口，市场供应仍然严重过剩。

ICE 棉花期货长期盘整

自 2015 年年初在低于 60 美分的价位探底成功之后，ICE 期货一直在 60—68 美分震荡，而且绝大多数时间里在 62—66 美分这个更为狭小的区间。尽管价格长期维持在历史低位，但始终没有向下突破，主要原因有以下几点：（1）全球种植面积和产量下降；（2）高等级棉供应紧张，美棉出口占据主动；（3）中国储备未形成实际的供应压力，中国以外地区的库存下降。

东南亚消费和进口迅速崛起

2015 年，东南亚国家的棉花消费量明显增加，为全球棉花消费注入新的活力。美国和印度是全球棉花出口最大的国家，其出口量的变化对全球棉花市场意义重大。根据 USDA 的最新预测，2014/2015 年度孟加拉国将首次超越中国成为棉花进口量最大的国家，越南的进口量也在逼近中国。未来，中国纺织产业外迁会加速这些国家纺织业的扩张，这是几十年来棉花行业发生的最大变化之一。

进口棉销售进入“冰河世纪”

据统计，2014/2015 年度我国棉花进口量 159.9 万吨，同比减少 42.87%，仅为 2011/2012 年度的 30%。其中，澳棉进口量 23.6 万吨，同比减少 55.57%，美棉进口量 57 万吨，同比减少 2.91%，印度棉进口量 26.87 万吨，同比减少 75.18%。棉花进口量大幅减少的主要原因是：（1）2014 年以来我国对配额实施从严从紧政策，除入市承诺的 89.4 万吨 1% 关税配额外，不再增发其他形式配额；（2）中国 1300 多万吨的棉花库存亟待消化，国内棉花供应充足；（3）国内外棉花差价从 4000 元以上下降到 1000 元左右。2016 年，国内棉花政策的重点还是在国产棉和储备棉，对进口棉的限制还将继续。

进口纱难现繁荣

2015 年，32 支国产纱价格从年初的 21500 元/吨到 12 月份的 19000 元 / 吨，跌幅达到 10%，32 支进口棉纱的价格从年初的 2.85 美元 / 千克到年底的 2.35 美元 / 千克，跌幅达到 18%。随着人民币的贬值，中国企业的用棉成本将会下降，国产棉的价格优势会进一步扩大，内外纱的价差进一步缩小，未来国产纱可以夺回部分市场，纺织产能外迁的潮流会渐渐冷却。人民币贬值对中国纺织企业来说帮助巨大。

ICE 棉花期货国际合约诞生

酝酿数年，为全球涉棉企业“量身定制”的 ICE 棉花期货国际合约终于在 2015 年 11 月 2 日正式推出。新合约可交割的产地包括美国、澳大利亚、巴西、印度和几个非洲国家，基准等级是M 1-1/8″，交割地是马来西亚、中国台湾、美国和澳大利亚。新合约让棉商和纺织厂在一个以全球供需为基础的平台上进行套期保值，而且把交割地设在全球纺织中心——亚洲，从长远看对全球纺织厂来说更有用处。

印度大规模收购棉花

2014/2015年度，为保护国内棉农利益，印度CCI棉花收购量累计达到147.9万吨，2015年2月开始抛售储备库存。截至2015年12月底，印度CCI库存已基本全部消化。由于越南和孟加拉国需求增加抵消了中国市场需求的减少，因此，印度抛储的最终结果是国内库存顺利消化，消除了国际市场对印度棉库存过高的担忧，不仅没有给国际市场带来压力，反而支撑了国际棉价。

TPP协议诞生

TPP协议是一项由美国主导、12个国家间共同签订的贸易协定。当前，TPP的成员国包括澳大利亚、文莱、加拿大、智利、日本、马来西亚、墨西哥、新西兰、秘鲁、新加坡、美国和越南。这些国家纺纱产量对全球总产量的贡献约为40%，占全球贸易量的1/3左右，是全球最大的自由贸易区之一。TPP协议细则中对“纱线条款”有规定，只有使用来自TPP成员国的原材料进行加工的商品才能享受成员国间零关税优惠。

WTO取消农产品出口补贴

2015年12月20日，世贸组织（WTO）在肯尼亚内罗毕召开的部长级会议上决定，从2016年起允许最不发达国家向发达国家出口棉花而不需要关税和配额，要求发达国家立即取消棉花出口补贴，而且发展中国家日后也取消同样的补贴。根据WTO农业出口协定，发达国家必须立即取消农产品补贴政策，发展中国家必须在2018年底前终结对农产品的直接出口支持，但并非所有成员国都必须在2018年前全面取消此类措施，一些成员国被允许放宽到2023年。WTO总干事罗伯托•阿泽维多表示，有关棉花出口补贴的决定是WTO成立20年以来在农业领域达成的最为重要的成果，取消农产品补贴意义非凡，此举将消除市场扭曲，营造公平竞争，同时将改善非洲等发展中和最不发达国家的民生。这个决定是一次性地彻底解决。

宏 观 经 济

国务院部署加快发展生产性服务业

2014年8月6日，国务院印发了《关于加快发展生产性服务业促进产业结构调整升级的指导意见》，强调促进我国产业逐步由生产制造型向生产服务型转变：一是鼓励企业向产业价值链高端发展；二是推进农业生产和工业制造现代化；三是加快生产制造与信息技术服务融合。这是国务院首次对生产性服务业发展做出全面部署。

习近平出席上合组织峰会并访问塔吉克斯坦与南亚三国

2014年9月11日至19日，国家主席习近平应邀赴杜尚别出席上海合作组织成员国元首理事会第十四次会议，并对塔吉克斯坦、马尔代夫、斯里兰卡、印度进行国事访问，掀开我国睦邻友好合作新篇章，开启“一带一路”建设新航程。

国务院推动长江经济带发展

2014年9月25日，国务院印发《关于依托黄金水道推动长江经济带发展的指导意见》，部署将长江经济带建设成为具有全球影响力的内河经济带、东中西互动合作的协调发展带、沿海沿江沿边全面推进的对内对外开放带和生态文明建设的先行示范带。意见提出了七项重点任务：提升长江黄金水道功能；建设综合立体交通走廊；创新驱动促进产业转型升级；全面推进新型城镇化；培育全方位对外开放新优势；建设绿色生态廊道；创新区域协调发展体制机制。

美国宣布退出量化宽松政策

2014年10月29日，美国联邦储备委员会宣布，10月结束资产购买计划，但将继续维持所持到期证券本金进行再投资的政策。这标志着美国货币政策逐步向正常化迈进，但结束购债计划并不代表美联储会立即收紧货币政策。受美国经济复苏以及量化宽松政策影响，2014年以来道琼斯工业指数和标普500指数屡创新高。

党的十八届四中全会审议通过了《中共中央关于全面推进依法治国若干重大问题的决定》

2014年10月20—23日，中国共产党第十八届中央委员会第四次全体会议在北京举行。全会听取和讨论了习近平受中央政治局委托作的工作报告，审议通过了《中共中央关于全面推进依法治国若干重大问题的决定》。全会提出，全面推进依法治国，总目标是建设中国特色社会主义法治体系，建设社会主义法治国家。全会强调，党的领导是中国特色社会主义最本质的特征，是社会主义法治最根本的保证。全会明确了全面推进依法治国的重大任务。

中国与澳大利亚实质性结束自贸协定谈判

2014年11月17日，中国国家主席习近平与澳大利亚总理阿博特在澳大利亚首都堪培拉举行会谈，双方共同确认实质性结束中澳自由贸易协定谈判。根据谈判结果，在开放水平方面，澳大利亚对中国所有产品关税最终均降为零，中国对澳大利亚绝大多数产品关税最终降为零。投资领域，双方在协定生效日起相互给予最惠国待遇，同时大幅降低企业投资审查门槛，增加企业投资的市场准入机会、可预见性和透明度。协定范围涵盖货物贸易、服务贸易、投资和规则共10多个领域，包含了电子商务、政府采购等“21世纪经贸议题”。

中办国办发文土地经营权应有序流转

2014年11月20日，中共中央办公厅、国务院办公厅印发了《关于引导农村土地经营权有序流转发展农业适度规模经营的意见》。意见提出，坚持农村土地集体所有，实现所有权、承包权、经营权三权分置，引导土地经营权有序流转，坚持家庭经营的基础性地位，积极培育新型经营主体，发展多种形式的适度规模经营，巩固和完善农村基本经营制度。

央行降低存款利率0.25个百分点

2014年11月22日，中国人民银行决定下调金融机构人民币贷款和存款基准利率。金融机构一年期贷款基准利率下调0.4个百分点至5.6%；一年期存款基准利率下调0.25个百分点至2.75%，同时结合推进利率市场化改革，将金融机构存款利率浮动区间的上限由存款基准利率的1.1倍调整为1.2倍；其他各档次贷款和存款基准利率相应调整，并对基准利率期限档次作适当简并。

中央农村工作会议在京召开

2014年12月22日，中央农村工作会议在北京举行。会议强调，推进农业现代化，要坚持把保障国家粮食安全作为首要任务，确保谷物基本自给、口粮绝对安全。要大力发展农业产业化，积极发展多种形式适度规模经营，建设资源节约、环境友好农业，加大农业政策和资金投入力度，用好两个市场两种资源。会议要求发挥好新型城镇化对农业现代化的辐射带动作用。

全球新兴市场再遇货币贬值

2014 年 12 月 12 日，经济参考报称，受多重利空因素影响，近几个月新兴市场货币全面下跌。其中，俄罗斯卢布对美元已累计下跌约 40%，巴西雷亚尔对美元汇率在最近 3 个月也下跌了 17%。其他新兴经济体货币也有不同程度的跌幅。在 11 月 24—30 日的一周里，美元对伊朗里亚尔汇率持续走高，里亚尔累计贬值幅度达到 5%。与 8 月份相比，南非兰特下跌约 7%，印尼卢比下跌 6.5%，马来西亚林吉特下跌 4%。货币贬值加剧了新兴市场资本外逃、股市下跌、通胀高企、债务上涨等问题，各新兴经济体政府被迫纷纷出手上调利率或采取多种干预汇市措施。

欧版 QE 启动或治标不治本

2015 年 1 月 22 日，欧洲央行宣布，维持当前利率不变；同时宣布将开始购买主权债券，这意味着欧洲央行正式启动了全面量化宽松政策（QE）。欧洲央行行长德拉吉随后称，欧洲央行将从 3 月开始每月购买主权债券 600 亿欧元，持续至 2016 年 9 月，QE 规模逾万亿欧元，远超市场先前预期。尽管如此，多位经济学家认为，“欧版 QE”并不能从根本上解决欧元区的积弊，经济和结构性改革仍应得到各成员国以及决策者的重视。

央行下调金融机构人民币存款准备金率 0.5 个百分点

2015 年 2 月 4 日，中国人民银行宣布自 2015 年 2 月 5 日起下调金融机构人民币存款准备金率 0.5 个百分点。央行同时表示，为进一步增强金融机构支持结构调整的能力，加大对小微企业、“三农”以及重大水利工程建设的支持力度，对小微企业贷款占比达到定向降准标准的城市商业银行、非县域农村商业银行额外降低人民币存款准备金率 0.5 个百分点，对中国农业发展银行额外降低人民币存款准备金率 4 个百分点。

央行决定普降存准率 1 个百分点并定向降准

2015 年 4 月 20 日，中国人民银行决定自 2015 年 4 月 20 日起下调各类存款类金融机构人民币存款准备金率 1 个百分点。在此基础上，为进一步增强金融机构支持结构调整的能力，加大对小微企业、“三农”以及重大水利工程建设等的支持力度，自 4 月 20 日起对农信社、村镇银行等农村金融机构额外降低人民币存款准备金率 1 个百分点，并统一下调农村合作银行存款准备金率至农信社水平。

我国自贸区建设正式迎来“2.0”时代

2015 年 4 月 21 日，中国（广东）自由贸易试验区、中国（天津）自由贸易试验区、中国（福建）自由贸易试验区同步挂牌，标志着我国自贸区建设正式迎来“2.0”时代。加上上海，我国由南到北四大自贸区“连点成线”，勾画出改革开放、创新发展的新格局。

央行下调金融机构人民币贷款和存款基准利率 0.25 个百分点

2015 年 5 月 11 日，中国人民银行决定下调金融机构人民币贷款和存款基准利率。金融机构一年期贷款基准利率下调 0.25 个百分点至 5.1%；一年期存款基准利率下调 0.25 个百分点至 2.25%，同时结合推进利率市场化改革，将金融机构存款利率浮动区间的上限由存款基准利率的 1.3 倍调整为 1.5 倍。

国务院印发《中国制造 2025》的通知

2015 年 5 月 19 日，国务院印发《中国制造 2025》的通知，这是我国实施制造强国战略的第一个十年行动纲领。《中国制造 2025》明确，通过政府引导、整合资源，实施国家制造业创新中心建设、智能制造、工业强基、绿色制造、高端装备创新五项重大工程，实现长期制约制造业发展的关键共性技术突破，提升我国制造业的整体竞争力。

世界银行将2015年世界经济增长率调低至2.8%

2015年6月10日，世界银行最新预测将2015年世界经济增长率由1月预测的3%调低至2.8%，2016和2017年分别增长3.3%和3.2%。由于国际金融危机之后的世界经济结构调整仍没有结束，地缘政治风险等不确定性因素仍然存在。

央行自6月28日降低存款利率0.25个百分点

2015年6月27日，央行宣布自28日起定向降准并同时下调存贷款基准利率。调整后，一年期存贷款基准利率下调0.25个百分点，分别至2%和4.85%。2015年以来，央行频频出手，2月4日，下调金融机构人民币存款准备金率0.5个百分点；2月28日，下调金融机构人民币贷款和存款基准利率0.25个百分点；4月20日，下调各类存款类金融机构人民币存款准备金率1个百分点；5月11日，下调金融机构人民币贷款和存款基准利率0.25个百分点。

《亚洲基础设施投资银行协定》正式签署

2015年6月29日，《亚洲基础设施投资银行协定》签署仪式在北京举行。亚投行57个意向创始成员国财长或授权代表出席了签署仪式。中国政府正式提名金立群为亚投行候任行长中方候选人。亚投行的运营将有望增强对“一带一路”项目的融资支持。此前，在3月28日，《推动共建丝绸之路经济带和21世纪海上丝绸之路的愿景与行动》正式发布。

中国人民银行决定完善人民币兑美元汇率中间价报价

2015年8月11日，为增强人民币兑美元汇率中间价的市场化程度和基准性，中国人民银行决定完善人民币兑美元汇率中间价报价。自2015年8月11日起，做市商在每日银行间外汇市场开盘前，参考上日银行间外汇市场收盘汇率，综合考虑外汇供求情况以及国际主要货币汇率变化向中国外汇交易中心提供中间价报价。

中国人民银行下调人民币贷款和存款基准利率0.25个百分点

2015年8月25日，中国人民银行决定自8月26日起下调金融机构人民币贷款和存款基准利率0.25个百分点。下调金融机构人民币存款准备金率0.5个百分点。为进一步增强金融机构支持“三农”和小微企业的能力，额外降低县域农村商业银行、农村合作银行、农村信用社和村镇银行等农村金融机构准备金率0.5个百分点。额外下调金融租赁公司和汽车金融公司准备金率3个百分点。

第六部分

政 策 文 件

国家发展改革委关于2015年粮食、棉花进口关税配额数量，申请条件和分配原则的公告

【发布单位】国家发展改革委

【发布日期】2014年12月10日

根据《农产品进口关税配额管理暂行办法》，制定了《2015年粮食进口关税配额申领条件和分配原则》和《2015年棉花进口关税配额申领条件和分配原则》，现予以公告。

附件：1. 2015年粮食进口关税配额申领条件和分配原则

2. 2015年棉花进口关税配额申领条件和分配原则

附件1

2015年粮食进口关税配额申领条件和分配原则

根据《农产品进口关税配额管理暂行办法》（商务部、国家发展和改革委员会令2003年第4号），现将2015年粮食进口关税配额数量、申领条件和分配原则公布如下：

一、配额数量

2015年粮食进口关税配额量为：小麦963.6万吨，非国营贸易比例10%；玉米720万吨，非国营贸易比例40%；大米532万吨（其中：长粒米266万吨、中短粒米266万吨），非国营贸易比例50%。

二、申领条件

2015年粮食进口关税配额申请者基本条件为：2014年10月1日前在工商管理部门登记注册；具有良好的财务状况、纳税记录和诚信情况；严格执行粮食流通统计制度、遵守粮食经营者最低最高库存规定；2012至2014年，在海关、工商、税务、外汇、检验检疫、粮食流通、环保等方面无违规记录，无不良贷款信用记录，没有违反《农产品进口关税配额管理暂行办法》的行为。

在具备上述条件的前提下，进口关税配额申请者还必须符合下列条件之一：

（一）小麦

1. 国营贸易企业；

2. 2014年有进口实绩（不包括代理进口）的企业；

3. 2013年或2014年小麦用量10万吨以上的面粉生产企业；

4. 2013年或2014年面粉用量5万吨以上的食品生产企业；

5. 2014年无进口实绩，但具有进出口经营权并由所在地商务部门出具加工贸易生产能力证明、以小麦或面粉为原料从事加工贸易的企业。

（二）玉米

1. 国营贸易企业；

2. 2014 年有进口实绩（不包括代理进口）的企业；

3. 2013 年或 2014 年玉米用量 5 万吨以上的饲料生产企业；

4. 2013 年或 2014 年玉米用量 15 万吨以上的其他生产企业；

5. 2014 年无进口实绩，但具有进出口经营权并由所在地商务部门出具加工贸易生产能力证明、以玉米为原料从事加工贸易的企业。

（三）大米（长粒米和中短粒米需分别申请）

1. 国营贸易企业；

2. 2014 年有进口实绩（不包括代理进口）的企业；

3. 具有粮食批发零售资格，2013 年或 2014 年大米销售额 1 亿元人民币以上的粮食企业；

4. 2013 年或 2014 年大米用量 5 万吨以上的食品生产企业；

5. 2014 年无进口实绩，但具有进出口经营权并由所在地商务部门出具加工贸易生产能力证明、以大米为原料从事加工贸易的企业。

拥有多家加工厂的集团企业，须以各个加工厂名义独立申报、独立使用进口配额。申请大米进口关税配额的贸易型企业，可选择以集团总部或下属企业的名义申请，但总部和下属企业不得同时申请。

三、申请时间

2015 年粮食进口关税配额申请时间为 2014 年 12 月 11 日至 25 日。

申请者可到国家发展改革委授权机构领取，或从国家发展改革委网站（http://www.ndrc.gov.cn）下载《农产品进口关税配额申请表》，并如实填写。

国家发展改革委各授权机构负责受理属地范围内的企业申请，并于 2014 年 12 月 31 日前将符合公布条件的申请送达国家发展改革委，同时抄报商务部。

企业的申报信息将在国家发展改革委网站上公示。

四、分配原则

上述粮食进口关税配额将根据申请者的实际生产经营能力（包括历史生产加工、进口实绩、经营情况等）和其他相关商业标准进行分配。

五、分配结果

申请者可在国家发展改革委网站查询获得的 2015 年粮食进口关税配额数量。

六、配额使用

申请者获得的上述粮食进口关税配额必须自用，进口的货物需由本企业加工经营。其中，进口的小麦、玉米需在本厂加工使用；进口的大米需以本企业名义组织销售。

附件

粮食进口关税配额申请表

申请企业盖章：　　　　　　　企业法人代表签字：

企业名称：		工商注册号：
企业注册地址：		组织机构代码：
企业性质：□ 国有　□股份制　□民营　□外商投资		联系电话：
注册资本（万元）：	□ 2013 年□ 2014 年纳税额（万元）：	□ 2013 年底□ 2014 年底资产负债率：

续表

<table>
<tr><td colspan="6">2012 至 2014 年在以下方面有无违规记录，有的在“□”内打 √
□ 海关　□ 工商　□ 税务　□ 外汇　□ 检验检疫　□ 粮食流通　□ 环保</td></tr>
<tr><td colspan="3">银行信用等级：</td><td colspan="3">有无不良贷款信用记录：□ 有　□ 无</td></tr>
<tr><td colspan="3" rowspan="2">申请农产品配额名称：</td><td colspan="2" rowspan="2">申请数量（吨）</td><td>一般贸易：</td></tr>
<tr><td>加工贸易：</td></tr>
<tr><td colspan="2">□ 2014 年有该农产品一般贸易进口实绩者</td><td colspan="2">□ 2014 年有该农产品加工贸易进口实绩者</td><td colspan="2">□ 2014 年无该农产品进口实绩者</td></tr>
<tr><td colspan="6">以下由生产企业填写</td></tr>
<tr><td rowspan="9">企业生产经营情况</td><td rowspan="5">一般贸易</td><td colspan="4">□ 2013 年　□ 2014 年</td></tr>
<tr><td colspan="2">产品名称：</td><td colspan="2">加工原料名称：</td></tr>
<tr><td colspan="2">年生产能力（吨）：</td><td colspan="2">年处理能力（吨）：</td></tr>
<tr><td colspan="2">年实际产量（吨）：</td><td colspan="2">年实际用量（吨）：</td></tr>
<tr><td colspan="4">该产品年销售额（万元）：</td></tr>
<tr><td rowspan="4">加工贸易</td><td colspan="4">□ 2013 年　□ 2014 年　□新企业</td></tr>
<tr><td colspan="2">出口产品名称：</td><td colspan="2">进口原料名称：</td></tr>
<tr><td colspan="2">年实际出口量（吨）：</td><td colspan="2">年实际进口量（吨）：</td></tr>
<tr><td colspan="2">年加工出口能力（吨）：</td><td colspan="2">年进口处理需求（吨）：</td></tr>
<tr><td colspan="6">以下由具有大米批发零售资格的粮食企业填写</td></tr>
<tr><td colspan="3">2013 年大米贸易年销售额（万元）：</td><td colspan="3">2014 年大米贸易完成销售额（万元）：</td></tr>
<tr><td colspan="6">以下由有进口实绩（不包括代理进口）的企业填写</td></tr>
<tr><td rowspan="7">企业实际进口情况</td><td></td><td colspan="2">2013 年分配</td><td colspan="2">2014 年分配</td></tr>
<tr><td rowspan="3">一般贸易配额</td><td colspan="2">分配量（吨）：</td><td colspan="2">分配量（吨）：</td></tr>
<tr><td colspan="2">实际进口量（吨）：</td><td colspan="2">已完成进口量（吨）：</td></tr>
<tr><td colspan="2">调整期退回量（吨）：</td><td colspan="2">调整期退回量（吨）：</td></tr>
<tr><td rowspan="3">加工贸易配额</td><td colspan="2">分配量（吨）：</td><td colspan="2">分配量（吨）：</td></tr>
<tr><td colspan="2">实际进口量（吨）：</td><td colspan="2">已完成进口量（吨）：</td></tr>
<tr><td colspan="2">调整期退回量（吨）：</td><td colspan="2">调整期退回量（吨）：</td></tr>
<tr><td colspan="6">授权机构审核意见：</td></tr>
</table>

填表说明：1.“企业生产经营情况”：指企业 2013 年或 2014 年以申请进口的农产品（包括粉、粒）为主要原料加工产品实际生产经营情况。2. 申请加工贸易的新企业按照当地商务部门出具的加工贸易能力证明，填写产品“年加工出口能力”和原料“年进口处理需求”。3.“授权机构审核意见”：指授权机构对申请企业是否符合相关申请条件出具的审核意见。

附件 2

2015 年棉花进口关税配额申领条件和分配原则

根据《农产品进口关税配额管理暂行办法》（商务部、国家发展和改革委员会令 2003 年第 4 号），现将 2015 年棉花进口关税配额数量、申领条件和分配原则公布如下：

一、配额数量

2015 年棉花进口关税配额量为 89.4 万吨，其中国营贸易比例为 33%。

二、申领条件

2015 年棉花进口关税配额申请者基本条件为：2014 年 10 月 1 日前在工商管理部门登记注册；具有良好的财务状况、纳税记录和诚信情况；2012 至 2014 年在海关、工商、税务、外汇、检验检疫、环保等方面无违规记录，无不良贷款信用记录；履行了与业务相关的社会责任；没有违反《农产品进口关税配额管理暂行办法》的行为。

在具备上述条件的前提下，棉花进口关税配额申请者还必须符合下列条件之一：

1. 国营贸易企业；

2. 2014 年有进口实绩（不包括代理进口）的企业；

3. 纺纱设备 5 万锭以上的棉纺企业。

三、申请时间

2015 年棉花进口关税配额申请时间为 2014 年 12 月 11 日至 25 日。

申请者可到国家发展改革委授权机构领取，或从国家发展改革委网站（http://www.ndrc.gov.cn）下载《棉花进口关税配额申请表》，并如实填写。

国家发展改革委各授权机构负责受理属地范围内的企业申请，并于 2014 年 12 月 31 日前将符合公布条件的申请送达国家发展改革委，同时抄报商务部。

企业申报信息将在国家发展改革委网站上公示。

四、分配原则

上述棉花进口关税配额将根据申请者的实际生产经营能力（包括历史生产加工、进口实绩、经营情况等）和其他相关商业标准进行分配。

五、分配结果

申请企业可在国家发展改革委网站查询获得 2015 年棉花进口关税配额数量。

附件

棉花进口关税配额申请表

申请企业盖章：　　　　企业法人代表签字：

企业名称：		工商注册号：
企业注册地址：		组织机构代码：
企业性质：□ 国有　□股份制　□民营　□外商投资		联系电话：
注册资本（万元）：	□ 2013 □ 2014 年纳税额（万元）：	□ 2013 □ 2014 年底资产负债率：
2012 至 2014 年在以下方面有无违规记录，有的在“□”内打 √ □ 海关　□ 工商　□ 税务　□ 外汇　□ 检验检疫　□ 环保		

续表

<table>
<tr><td colspan="2">银行信用等级：</td><td>有无不良贷款信用记录：□ 有　　□ 无</td></tr>
<tr><td colspan="2" rowspan="2">申请棉花配额数量（吨）：</td><td>一般贸易：</td></tr>
<tr><td>加工贸易：</td></tr>
<tr><td>□ 2014 年有棉花一般贸易进口实绩者</td><td>□ 2014 年有棉花加工贸易进口实绩者</td><td>□ 2014 年无棉花进口实绩者</td></tr>
</table>

<table>
<tr><td colspan="4">以下由生产企业填写</td></tr>
<tr><td rowspan="11">企业生产经营情况</td><td rowspan="5">一般贸易</td><td colspan="2">□ 2013 年　　□ 2014 年　　□新企业</td></tr>
<tr><td>产品名称：</td><td>加工原料名称：</td></tr>
<tr><td>纺纱能力（万锭）：</td><td>年处理能力（吨）：</td></tr>
<tr><td>年实际产量（吨）：</td><td>年实际用量（吨）：</td></tr>
<tr><td colspan="2">该产品年销售额（万元）：</td></tr>
<tr><td rowspan="6">加工贸易</td><td colspan="2">□ 2013 年　　□ 2014 年　　□新企业</td></tr>
<tr><td>出口产品名称：</td><td>进口原料名称：</td></tr>
<tr><td>纺纱能力（万锭）：</td><td>年实际进口量（吨）：</td></tr>
<tr><td>年加工出口能力（吨）：</td><td>年进口处理需求（吨）：</td></tr>
<tr><td colspan="2">申请企业与报关企业名称是否一致：□是</td></tr>
<tr><td colspan="2">申请企业与报关企业名称是否一致：□否（报关企业名称：）</td></tr>
</table>

<table>
<tr><td colspan="4">以下由有进口实绩（不包括代理进口）的企业填写</td></tr>
<tr><td rowspan="9">企业实际进口情况</td><td></td><td>2013 年分配</td><td>2014 年分配</td></tr>
<tr><td rowspan="3">一般贸易配额</td><td>分配量（吨）：</td><td>分配量（吨）：</td></tr>
<tr><td>实际进口量（吨）：</td><td>已完成进口量（吨）：</td></tr>
<tr><td>调整期退回量（吨）：</td><td>调整期退回量（吨）：</td></tr>
<tr><td rowspan="5">加工贸易配额</td><td>分配量（吨）：</td><td>分配量（吨）：</td></tr>
<tr><td>实际进口量（吨）：</td><td>已完成进口量（吨）：</td></tr>
<tr><td>调整期退回量（吨）：</td><td>调整期退回量（吨）：</td></tr>
<tr><td colspan="2">申请企业与报关企业名称是否一致：□是</td></tr>
<tr><td colspan="2">申请企业与报关企业名称是否一致：□否（报关企业名称：）</td></tr>
<tr><td colspan="4">授权机构审核意见：</td></tr>
</table>

填表说明：1. “企业生产经营情况”：指企业 2013 年或 2014 年以棉花为主要原料加工产品实际生产经营情况。2. 申请加工贸易的企业按照当地商务部门出具的加工贸易能力证明，填写产品“年加工出口能力”和原料“年进口处理需求”。3. “授权机构审核意见”：指授权机构对申请企业经审核是否符合相关申请条件出具意见。

商务部关于公布《2015 年进口许可证管理货物分级发证目录》的公告

【发布单位】商务部

【发布日期】2014 月 12 年 31 日

【实施日期】2015 年 1 月 1 日

根据《货物进口许可证管理办法》（商务部令 2004 年第 27 号）、《重点旧机电产品进口管理办法》（商务部、海关总署、质检总局令 2008 年第 5 号）和《2015 年进口许可证管理货物目录》（商务部、海关总署、质检总局公告 2014 年第 95 号），现发布《2015 年进口许可证管理货物分级发证目录》(见附件)，并就有关问题公告如下：

一、2015 年实行进口许可证管理的货物共 2 种，由商务部配额许可证事务局（以下简称许可证局）和商务部授权的地方商务主管部门发证机构（以下简称地方发证机构）负责签发相应货物的进口许可证。

（一）许可证局负责签发重点旧机电产品的进口许可证。

（二）地方发证机构负责签发消耗臭氧层物质的进口许可证。

二、在京中央企业的进口许可证由许可证局签发。

三、消耗臭氧层物质的进口许可证实行“一批一证”制。

四、发证机构应严格按照《货物进口许可证管理办法》、《重点旧机电产品进口管理办法》、《2015 年进口许可证管理货物目录》和《进口许可证签发工作规范》（商配发〔2007〕360 号）等有关规定签发进口许可证。

本目录自 2015 年 1 月 1 日起执行。《2014 年进口许可证管理货物分级发证目录》同时废止。

附件

2015 年进口许可证管理货物分级发证目录

货物种类	海关商品编号	商品名称及备注	单位
许可证局负责签发以下货物的进口许可证			
重点旧机电产品进口目录			
一、化工设备	8419409090	其他蒸馏或精馏设备	台
	8419609010	液化器（将来自级联的 UF6 气体压缩并冷凝成液态 UF6）	台
	8419899010	带加热装置的发酵罐（不发散气溶胶，且容积 >20 升）	台

续表

二、金属冶炼设备	8454100000	金属冶炼及铸造用转炉	台
	8454309000	其他金属冶炼及铸造用铸造机	台
三、工程机械类	8425319000	其他电动卷扬机及绞盘	台
	8426200000	塔式起重机	台
	8426411000	轮胎式起重机	台
	8426419000	其他带胶轮的自推进起重机械	台
	8426491000	履带式自推进起重机械	台
	8426499000	其他不带胶轮的自推进起重机械	台
	8426910000	供装于公路车辆的其他起重机械	台
	8426990000	其他起重机械	台
	8427201000	集装箱叉车	台
	8427209000	其他机动叉车及有升降装置工作车（包括装有搬运装置的机动工作车）	台
	8427900000	其他叉车及可升降的工作车(工作车指装有升降或搬运装置)	台
	8428101001	无障碍升降机	台
	8428101090	其他载客电梯	台
	8428109000	其他升降机及倒卸式起重机	台
	8428400000	自动梯及自动人行道	台
	8428602900	非单线循环式客运架空索道	台
四、起重运输设备	8426193000	龙门式起重机	台
	8426194100	门式装卸桥	台
	8426194200	集装箱装卸桥	台
	8427101000	有轨巷道堆垛机	台
	8427102000	无轨巷道堆垛机	台
	8428602100	单线循环式客运架空索道	台
五、造纸设备	8439100000	制造纤维素纸浆的机器	台
	8439200000	纸或纸板的抄造机器	台
	8439300000	纸或纸板的整理机器	台

续表

六、电力、电气设备	8501610000	输出功率≤ 75KVA 交流发电机	台，千瓦
	8501620000	75KVA< 输出功率≤ 375KVA 交流发电机	台，千瓦
	8501630000	375KVA< 输出功率≤ 750KVA 交流发电机	台，千瓦
	8501641000	750KVA< 输出功率≤ 350MVA 交流发电机	台，千瓦
	8501642000	350MVA< 输出功率≤ 665MVA 交流发电机	台，千瓦
	8501643000	输出功率＞ 665MVA 交流发电机	台，千瓦
	8502110000	输出功率≤ 75KVA 柴油发电机组 (包括半柴油发电机组)	台，千瓦
	8502120000	75KVA< 输出功率≤ 375KVA 柴油发电机组（包括半柴油发电机组）	台，千瓦
	8502131000	375KVA< 输出功率≤ 2MVA 柴油发电机组（包括半柴油发电机组）	台，千瓦
	8502132000	输出功率＞ 2MVA 柴油发电机组 (包括半柴油发电机组)	台，千瓦
	8502200000	装有点燃式活塞发动机的发电机组（内燃的）	台，千瓦
	8502390000	其他发电机组（风力驱动除外）	台，千瓦
	8515219100	直缝焊管机（电阻焊接式，全自动或半自动的）	台
	8515212001	汽车生产线电阻焊接机	台
	8515212090	其他电阻焊接机器人	台
	8515219900	其他电阻焊接机器（全自动或半自动的）	台
	8515290000	其他电阻焊接机器及装置	台
	8515312000	电弧（包括等离子弧）焊接机器人	台
	8515319100	螺旋焊管机（全自动或半自动的）	台
	8515319900	其他电弧（包括等离子弧）焊接式，电弧（包括等离子弧）焊接机及装置（全自动或半自动）	台
	8515390000	其他电弧(等离子弧)焊接机器及装置(非全自动或半自动的)	台
	8515809010	电子束、激光自动焊接机（将端塞焊接于燃料细棒或棒的自动焊接机）	台
	8515809090	其他焊接机器及装置	台

续表

七、食品加工及包装设备	8419810000	加工热饮料，烹调，加热食品的机器	台
	8421220000	过滤或净化饮料的机器及装置（过滤或净化水的装置除外 ）	台
	8422301001	乳品加工用自动化灌装设备	台
	8422301090	其他饮料及液体食品灌装设备	台
	8434200000	乳品加工机器	台
	8438100010	糕点生产线	台
	8438100090	通心粉，面条的生产加工机器（包括类似产品的加工机）	台
	8438500000	肉类或家禽加工机器	台 / 千克
八、农业机械类	8433510001	功率≥ 160 马力的联合收割机	台
	8433510090	功率< 160 马力的联合收割机	台
	8433599090	其他收割机及脱粒机	台
	8434100000	挤奶机	台
九、印刷机械类	8443120000	办公室用片取进料式胶印机（片尺寸不超过 22 厘米 ×36 厘米，用品目 84.42 项下商品进行印刷的机器）	台
	8443140000	卷取进料式凸版印刷机，但不包括苯胺印刷机（用品目 84.42 项下商品进行印刷的机器）	台
	8443150000	除卷取进料式以外的凸版印刷机，但不包括苯胺印刷机（用品目 84.42 项下商品进行印刷的机器）	台
	8443160001	苯胺印刷机，线速度≥ 300 米 / 分钟，幅宽≥ 800 毫米（柔性版印刷机，用品目 84.42 项下商品进行印刷的机器）	台
	8443160002	机组式柔性版印刷机，线速度≥ 160m /min，250mm ≤幅宽< 800mm（具有烫印或全息或丝网印刷功能单元的）	台
	8443160090	其他苯胺印刷机（柔性版印刷机，用品目 84.42 项下商品进行印刷的机器）	台
	8443198000	未列名印刷机（网式印刷机除外，用品目 84.42 项下商品进行印刷的机器）	台
十、纺织机械类	8446304000	织物宽度> 30cm 的喷水织机	台
	8447202000	平型纬编机	台
	8451400000	其他洗涤，漂白或染色机器	台
	8453100000	生皮，皮革的处理或加工机器（包括鞣制机）	台

续表

十一、船舶类	8901101010	高速客船（包括主要用于客运的类似船舶）	艘
	8901101090	其他机动巡航船、游览船及各式渡船（包括主要用于客运的类似船舶）	艘
	8903100000	充气的娱乐或运动用快艇（包括充气的划艇及轻舟）	艘
	8903920001	8 米 < 长度 <90 米的汽艇 (装有舷外发动机的除外)	艘
	8903920090	其他汽艇 (装有舷外发动机的除外)	艘
	8903990001	8 米 < 长度 <90 米的娱乐或运动用其他机动船舶或快艇（包括划艇及轻舟）	艘
	8903990090	娱乐或运动用其他船舶或快艇（包括划艇及轻舟）	艘
	8901109000	非机动巡航船、游览船及各式渡船（以及主要用于客运的类似船舶）	艘
	8901909000	非机动货运船舶及客货兼运船舶	艘
十二、硒鼓	8443999010	其他印刷（打印）机、复印机及传真机的感光鼓和含感光鼓的碳粉盒	个
地方发证机构负责签发以下货物的进口许可证			
消耗臭氧层物质			
	消耗臭氧层物质		
	2903191010	1,1,1- 三氯乙烷 (甲基氯仿)，用于清洗剂的除外	千克
	2903191090	1,1,1- 三氯乙烷 (甲基氯仿)，用于清洗剂的	千克
	2903399020	溴甲烷（甲基溴）	千克
	2903710000	一氯二氟甲烷	千克
	2903720000	二氯三氟乙烷	千克
	2903730000	二氯一氟乙烷	千克
	2903740000	一氯二氟乙烷	千克
	2903750010	1,1,1,2,2- 五氟 -3,3- 二氯丙烷	千克
	2903750020	1,1,2,2,3- 五氟 -1,3- 二氯丙烷	千克
	2903750090	其他二氯五氟丙烷	千克
	2903760010	溴氯二氟甲烷	千克
	2903760020	溴三氟甲烷	千克
	2903771000	三氯氟甲烷	千克
	2903772011	二氯二氟甲烷	千克
	2903772012	三氯三氟乙烷，用于清洗剂除外（CFC–113）	千克

续表

	2903772014	二氯四氟乙烷（CFC–114）	千克
	2903772015	一氯五氟乙烷（CFC–115）	千克
	2903772016	一氯三氟甲烷（CFC–13）	千克
	2903791011	一氟二氯甲烷	千克
	2903791012	1,1,1,2– 四氟 –2– 氯乙烷	千克
	2903791013	三氟一氯乙烷	千克
	2903791014	1– 氟 –1,1– 二氯乙烷	千克
	2903791015	1,1– 二氟 –1– 氯乙烷	千克
	2903791090	其他仅含氟和氯的甲烷、乙烷及丙烷的卤化衍生物	千克
	2903799021	其他仅含溴、氟的甲烷、乙烷和丙烷	千克
	3824710011	二氯二氟甲烷和二氟乙烷的混合物（R–500）	千克
	3824710012	一氯二氟甲烷和二氯二氟甲烷的混合物（R–501）	千克
	3824710013	一氯二氟甲烷和一氯五氟乙烷的混合物（R–502）	千克
	3824710014	三氟甲烷和一氯三氟甲烷的混合物（R–503）	千克
	3824710015	二氟甲烷和一氯五氟乙烷的混合物（R–504）	千克
	3824710016	二氯二氟甲烷和一氟一氯甲烷的混合物（R–505）	千克
	3824710017	一氟一氯甲烷和二氯四氟乙烷的混合物（R–506）	千克
	3824710018	二氯二氟甲烷和二氯四氟乙烷的混合物（R–400）	千克
	3824740011	二氟一氯甲烷、二氟乙烷和一氯四氟乙烷的混合物（R–401）	千克
	3824740012	五氟乙烷、丙烷和二氟一氯甲烷的混合物（R–402）	千克
	3824740013	丙烷、二氟一氯甲烷和八氟丙烷的混合物（R–403）	千克
	3824740014	二氟一氯甲烷、二氟乙烷、一氯二氟乙烷和八氟环丁烷的混合物（R–405）	千克
	3824740015	二氟一氯甲烷、2– 甲基丙烷（异丁烷）和一氯二氟乙烷的混合物（R–406）	千克
	3824740016	五氟乙烷、三氟乙烷和二氟一氯甲烷的混合物（R–408）	千克
	3824740017	二氟一氯甲烷、一氯四氟乙烷和一氯二氟乙烷的混合物（R–409）	千克
	3824740018	丙烯、二氟一氯甲烷和二氟乙烷的混合物（R–411）	千克
	3824740019	二氟一氯甲烷、八氟丙烷和一氯二氟乙烷的混合物（R–412）	千克
	3824740021	二氟一氯甲烷、一氯四氟乙烷、一氯二氟乙烷和 2– 甲基丙烷的混合物（R–414）	千克

续表

	3824740022	二氟一氯甲烷和二氟乙烷的混合物（R–415）	千克
	3824740023	四氟乙烷、一氯四氟乙烷和丁烷的混合物（R–416）	千克
	3824740024	丙烷、二氟一氯甲烷和二氟乙烷的混合物（R–418）	千克
	3824740025	二氟一氯甲烷和八氟丙烷的混合物（R–509）	千克
	3824740026	二氟一氯甲烷和一氯二氟乙烷的混合物	千克
	3824740090	其他含甲烷、乙烷或丙烷的氢氯氟烃混合物（不论是否含甲烷、乙烷或丙烷的全氟烃或氢氟烃，但不含全氯氟烃）	千克

商务部、中国海关总署发布《2014 年出口许可证管理货物目录》的公告

【发布单位】商务部　海关总署

【发布日期】2014 年 12 月 31 日

【实施日期】2015 年 1 月 1 日

依据《中华人民共和国对外贸易法》、《中华人民共和国货物进出口管理条例》和有关规章，现公布《2015 年出口许可证管理货物目录》，自 2015 年 1 月 1 日起执行。《2014 年出口许可证管理货物目录》同时废止。有关事项公告如下：

一、2015 年实行出口许可证管理的 48 种货物，分别实行出口配额许可证、出口配额招标和出口许可证管理。

（一）实行出口配额许可证管理的货物是：小麦、玉米、大米、小麦粉、玉米粉、大米粉、棉花、锯材、活牛（对港澳）、活猪（对港澳）、活鸡（对港澳）、煤炭、原油、成品油、锑及锑制品、锡及锡制品、白银、铟及铟制品、磷矿石。

（二）实行出口配额招标的货物是：蔺草及蔺草制品、滑石块（粉）、镁砂、甘草及甘草制品。

（三）实行出口许可证管理的货物是：活牛（对港澳以外市场）、活猪（对港澳以外市场）、活鸡（对港澳以外市场）、冰鲜牛肉、冻牛肉、冰鲜猪肉、冻猪肉、冰鲜鸡肉、冻鸡肉、矾土、稀土、焦炭、石蜡、钨及钨制品、碳化硅、消耗臭氧层物质、铂金（以加工贸易方式出口）、部分金属及制品、钼、钼制品、天然砂（含标准砂）、柠檬酸、青霉素工业盐、维生素 C、硫酸二钠、氟石、摩托车（含全地形车）及其发动机和车架、汽车（包括成套散件）及其底盘。

二、对港澳出口的活牛、活猪、活鸡实行全球许可证下的国别（地区）配额许可证管理；对港、澳、台出口天然砂实行出口许可证管理，对标准砂实行全球出口许可证管理。

三、对玉米、大米、煤炭、原油、成品油、棉花、锑及锑制品、钨及钨制品、白银实行国营贸易管理。

四、实行出口配额招标的货物，无论何种贸易方式，各授权发证机构均凭商务部下发的中标企业名单及其中标数量和招标办公室出具的《申

领配额招标货物出口许可证证明书》签发出口许可证。

五、以加工贸易方式出口下列货物，按以下规定办理。

（一）除本条第（二）、（三）、（四）、（五）款规定的以外，以加工贸易方式出口属出口配额许可证管理的货物，发证机构凭出口配额、《加工贸易业务批准证》及出口合同（正本复印件）核发出口许可证。

（二）进口用于生产铂金的原料加工复出口铂金（铂或白金），发证机构凭经营企业注册地商务主管部门的《加工贸易业务批准证》、海关加工贸易进口报关单、出口合同（正本复印件）核发出口许可证。

（三）进口原油加工复出口石蜡，进口含白银货物（银粉、未锻造银等及银的半制成品除外）加工复出口白银，发证机构凭经营企业注册地省级商务主管部门的《加工贸易业务批准证》、海关加工贸易进口报关单、出口合同（正本复印件）核发出口许可证。其中，签发白银出口许可证需加验商务部批件。

（四）以加工贸易方式出口甘草及甘草制品，发证机构凭经营企业注册地省级商务主管部门的《加工贸易业务批准证》、中国医药保健品进出口商会的《申领加工贸易货物出口许可证证明书》、海关加工贸易进口报关单和出口合同（正本复印件）核发出口许可证。

（五）进口原油加工复出口成品油，免领成品油出口许可证。关于加工贸易项下润滑油（脂）、润滑油基础油出口，按2008年商务部、发展改革委、海关总署第30号公告的有关规定执行。

（六）本条第（一）、（二）、（三）、（四）款所述出口许可证的有效期，按《加工贸易业务批准证》核定的出口期限核发，但不得超过当年12月31日。如《加工贸易业务批准证》核定的出口期限超过当年12月31日，经营者应在原出口许可证有效期内向发证机构换发新一年出口许可证，发证机构收回原证，在发证系统中对原证进行注销，扣除已使用的数量后，按《加工贸易业务批准证》核定的出口期限重新签发新一年度出口许可证，并在备注栏中注明原证证号。

六、根据国务院《关于边境贸易有关问题的通知》（国发〔1996〕2号）精神，边境小额贸易企业凡出口配额招标的货物、消耗臭氧层物质、汽车（包括成套散件）及其底盘、摩托车（含全地形车）及其发动机和车架，仍按现行有关规定，在商务部授权的发证机构办理出口许可证。边境小额贸易企业出口许可证管理货物中属出口配额许可证管理的，由商务部授权的省级商务主管部门根据商务部下达的边境小额贸易出口配额签发出口许可证。边境小额贸易企业出口除本条所述以外的其余列入《2015年出口许可证管理货物目录》的货物，一律免领出口许可证。

七、为保证进出口许可证联网核销的实施，对不实行“一批一证”管理的货物，发证机构在签发出口许可证时必须在许可证“备注”栏内填注“非一批一证”。“非一批一证”的出口许可证可在同一口岸多次报关，但不得超过12次。12次报关后，出口许可证即使尚存余额，海关也停止接受报关。

实行“非一批一证”管理的货物为：

（一）外商投资企业出口货物；

（二）加工贸易方式出口货物；

（三）补偿贸易项下出口货物；

（四）小麦、玉米、大米、小麦粉、玉米粉、大米粉、活牛、活猪、活鸡、牛肉、猪肉、鸡肉、原油、成品油、煤炭、汽车（包括成套散件）及其底盘、摩托车（含全地形车）及其发动机和车架。

八、消耗臭氧层物质的货样广告品需凭出口许可证出口。

九、企业以一般贸易、加工贸易、边境贸易和捐赠贸易方式出口汽车产品需申领出口许可证；企业以工程承包方式出口汽车产品应申领出口许可证，但不受出口资质管理限制。

十、企业出口在附件中带有“▲”标注的货物（矾土、稀土、焦炭、钨及钨制品、碳化硅、锰、钼、氟石），凭出口合同申领出口许可证，无须提供批准文件。

十一、我国政府在对外援助项下提供的本目录内产品不纳入配额和许可证管理。

附件：1. 2015 年出口许可证管理货物目录

2. 2015 年边境小额贸易出口许可证管理货物目录

附件 1

2015 年出口许可证管理货物目录

序号	货物种类	海关商品编号	货物名称	单位
1	活牛	0102290000	非改良种用家牛	千克 / 头
		0102390010	非改良种用濒危水牛	千克 / 头
		0102390090	非改良种用其他水牛	千克 / 头
		0102909010	非改良种用濒危野牛	千克 / 头
		0102909090	非改良种用其他牛	千克 / 头
2	活猪			
	活大猪	0103920010	重量在 50 千克及以上的其他野猪（改良种用的除外）	千克 / 头
		0103920090	重量在 50 千克及以上的其他猪（改良种用的除外）	千克 / 头
	活中猪	0103912010	10 ≤重量＜ 50 千克的其他野猪（改良种用的除外）	千克 / 头
		0103912090	10 ≤重量＜ 50 千克的其他猪（改良种用的除外）	千克 / 头
	活乳猪	0103911010	重量在 10 千克以下的其他野猪（改良种用的除外）	千克 / 头
		0103911090	重量在 10 千克以下的其他猪（改良种用的除外）	千克 / 头
3	活鸡	0105941000	超过 185 克改良种用鸡	千克 / 只
		0105949000	超过 185 克其他鸡（改良种用的除外）	千克 / 只
		0105999300	超过 185 克的非改良种用珍珠鸡	千克 / 只
4	冰鲜牛肉	0201100010	整头及半头鲜或冷藏的野牛肉	千克
		0201100090	其他整头及半头鲜或冷藏的牛肉	千克
		0201200010	鲜或冷藏的带骨野牛肉	千克
		0201200090	其他鲜或冷藏的带骨牛肉	千克
		0201300010	鲜或冷藏的去骨野牛肉	千克
		0201300090	其他鲜或冷藏的去骨牛肉	千克
		0206100000	鲜或冷藏的牛杂碎	千克
5	冻牛肉	0202100010	冻藏的整头及半头野牛肉	千克

续表

		0202100090	其他冻藏的整头及半头牛肉	千克
		0202200010	冻藏的带骨野牛肉	千克
		0202200090	其他冻藏的带骨牛肉	千克
		0202300010	冻藏的去骨野牛肉	千克
		0202300090	其他冻藏的去骨牛肉	千克
		0206210000	冻牛舌	千克
		0206220000	冻牛肝	千克
		0206290000	其他冻牛杂碎	千克
6	冰鲜猪肉	0203111010	鲜或冷藏整头及半头野乳猪肉	千克
		0203111090	其他鲜或冷藏的整头及半头乳猪肉	千克
		0203119010	其他鲜或冷藏整头及半头野猪肉	千克
		.0203119090	其他鲜或冷藏的整头及半头猪肉	千克
		0203120010	鲜或冷的带骨野猪前腿，后腿及肉块	千克
		0203120090	鲜或冷的带骨猪前腿、后腿及肉块	千克
		0203190010	其他鲜或冷藏的野猪肉	千克
		0203190090	其他鲜或冷藏的猪肉	千克
		0206300000	鲜或冷藏的猪杂碎	千克
7	冻猪肉	0203219010	其他冻整头及半头野猪肉	千克
		0203219090	其他冻整头及半头猪肉	千克
		0203220010	冻带骨野猪前腿、后腿及肉	千克
		0203220090	冻藏的带骨猪前腿、后腿及其肉块	千克
		0203290010	冻藏野猪其他肉	千克
		0203290090	其他冻藏猪肉	千克
		0206410000	冻猪肝	千克
		0206490000	其他冻猪杂碎	千克
		0203211010	冻整头及半头野乳猪肉	千克
		0203211090	冻整头及半头乳猪肉	千克
8	冰鲜鸡肉	0207110000	鲜或冷藏的整只鸡	千克
		0207131100	鲜或冷的带骨的鸡块	千克
		0207131900	其他鲜或冷的鸡块	千克
		0207132100	鲜或冷的鸡翼（不包括翼尖）	千克
		0207132900	其他鲜或冷的鸡杂碎	千克

续表

9	冻鸡肉	0207120000	冻的整只鸡	千克
		0207141100	冻的带骨鸡块（包括鸡胸脯、鸡大腿等）	千克
		0207141900	冻的不带骨鸡块（包括鸡胸脯、鸡大腿等）	千克
		0207142100	冻的鸡翼（不包括翼尖）	千克
		0207142200	冻的鸡爪	千克
		0207142900	冻的其他食用鸡杂碎（包括鸡翼尖、鸡肝等）	千克
10	小麦	1001110001	种用硬粒小麦	千克
		1001110090	种用硬粒小麦	千克
		1001190001	其他硬粒小麦	千克
		1001190090	其他硬粒小麦	千克
		1001910001	其他种用小麦及混合麦	千克
		1001910090	其他种用小麦及混合麦	千克
		1001990001	其他小麦及混合麦	千克
		1001990090	其他小麦及混合麦	千克
11	小麦粉	1101000001	小麦或混合麦的细粉	千克
		1101000090	小麦或混合麦的细粉	千克
		1103110001	小麦粗粒及粗粉	千克
		1103110090	小麦粗粒及粗粉	千克
		1103201001	小麦团粒	千克
		1103201090	小麦团粒	千克
12	玉米	1005100001	种用玉米	千克
		1005100090	种用玉米	千克
		1005900001	其他玉米	千克
		1005900090	其他玉米	千克
13	玉米粉	1102200001	玉米细粉	千克
		1102200090	玉米细粉	千克
		1103130001	玉米粗粒及粗粉	千克
		1103130090	玉米粗粒及粗粉	千克
		1104199010	滚压或制片的玉米	千克
		1104230001	经其他加工的玉米	千克
		1104230090	经其他加工的玉米	千克

续表

14	大米	1006101101	种用籼米稻谷	千克
		1006101190	种用籼米稻谷	千克
		1006101901	其他种用稻谷	千克
		1006101990	其他种用稻谷	千克
		1006109101	其他籼米稻谷	千克
		1006109190	其他籼米稻谷	千克
		1006109901	其他稻谷	千克
		1006109990	其他稻谷	千克
		1006201001	籼米糙米	千克
		1006201090	籼米糙米	千克
		1006209001	其他糙米	千克
		1006209090	其他糙米	千克
		1006301001	籼米精米（不论是否磨光或上光）	千克
		1006301090	籼米精米（不论是否磨光或上光）	千克
		1006309001	其他精米（不论是否磨光或上光）	千克
		1006309090	其他精米（不论是否磨光或上光）	千克
		1006401001	籼米碎米	千克
		1006401090	籼米碎米	千克
		1006409001	其他碎米	千克
		1006409090	其他碎米	千克
15	大米粉	1102901101	籼米大米细粉	千克
		1102901190	籼米大米细粉	千克
		1102901901	其他大米细粉	千克
		1102901990	其他大米细粉	千克
		1103192101	籼米大米粗粒及粗粉	千克
		1103192190	籼米大米粗粒及粗粉	千克
		1103192901	其他大米粗粒及粗粉	千克
		1103192990	其他大米粗粒及粗粉	千克

续表

16	甘草及甘草制品	1211903600	鲜或干的甘草（不论是否切割，压碎或研磨成粉）	千克
		1302120000	甘草液汁及浸膏	千克
		2938909010	甘草酸粉	千克
		2938909020	甘草酸盐类	千克
		2938909030	甘草次酸及其衍生物	千克
17	蔺草及蔺草制品	1401903100	蔺草（已净、漂白或染色的）	千克
		4601291111	蔺草制的提花席、双苜席、垫子（单位面积＞1平方米，不论是否包边）	千克 / 张
		4601291112	蔺草制的其他席子（单位面积＞1平方米，不论是否包边）	千克 / 张
		9404210010	蔺草包面的垫子（单件面积大于1平方米，无论是否包边）	个 / 千克
18	矾土 ▲	2508300000	耐火黏土（不论是否煅烧）（包括矾土、焦宝石及其他耐火黏土）	千克
		2606000000	铝矿砂及其精矿	千克
19	镁砂	2519100000	天然碳酸镁（菱镁矿）	千克
		2519901000	熔凝镁氧矿（电熔镁，包括喷补料）	千克
		2519902000	烧结镁氧矿（重烧镁，包括喷补料）	千克
		2519903000	碱烧镁（轻烧镁）	千克
		2519909910	其他氧化镁含量在70%以上的矿产品	千克
		2530909910	废镁砖	千克
		2530909930	未煅烧的水镁石	千克
		3824909200	按重量计含氧化镁70%以上的混合物	千克
20	滑石块（粉）	2526102000	未破碎及未研粉的滑石（不论是否粗加修整或仅用锯或其他方法切割成矩形板块）	千克
		2526202001	滑石粉（体积百分比90%及以上的产品颗粒度小于等于18微米的）	千克
		2526202090	已破碎或已研粉的其他天然滑石	千克
		3824909100	按重量计含滑石50%以上的混合物	千克

续表

	稀土 ▲			
21	中重稀土	2530902010	按重量计中重稀土总含量≥ 30% 的稀土金属矿	千克
		2612200000	钍矿砂及其精矿	千克
		2805301200	镝（未相互混合或相互熔合）	千克
		2805301300	铽（未相互混合或相互熔合）	千克
		2805301700	金属钇（未相互混合或相互熔合）	千克
		2805301913	金属钐（未相互混合或相互熔合）	千克
		2805301914	金属铕（未相互混合或相互熔合）	千克
		2805301915	金属钪（未相互混合或相互熔合）	千克
		2805302110	按重量计中重稀土总含量≥ 30% 的电池级的稀土金属、钪及钇（已相互混合或相互熔合）	千克
		2805302910	按重量计中重稀土总含量≥ 30% 的其他稀土金属、钪及钇（已相互混合或相互熔合）	千克
		2846901100	氧化钇	千克
		2846901400	氧化铕	千克
		2846901500	氧化镝	千克
		2846901600	氧化铽	千克
		2846901920	氧化铒	千克
		2846901930	氧化钆	千克
		2846901940	氧化钐	千克
		2846901970	氧化镱	千克
		2846901980	氧化钪	千克
		2846901991	灯用红粉	千克
		2846901992	按重量计中重稀土总含量≥ 30% 的其他氧化稀土（灯用红粉、氧化铈除外）	千克
		2846902100	氯化铽	千克
		2846902200	氯化镝	千克
		2846902600	氯化钇	千克
		2846902810	按重量计中重稀土总含量≥ 30% 的混合氯化稀土	千克
		2846902900	其他未混合氯化稀土	千克
		2846903100	氟化铽	千克

续表

		2846903200	氟化镝	千克
		2846903600	氟化钇	千克
		2846904200	碳酸铽	千克
		2846904300	碳酸镝	千克
		2846904600	碳酸钇	千克
		2846904810	按重量计中重稀土总含量≥ 30% 的混合碳酸稀土	千克
		2846904900	其他未混合碳酸稀土	千克
		2846909300	铽的其他化合物	千克
		2846909400	镝的其他化合物	千克
		2846909690	钇的其他化合物（LED 用荧光粉除外）	千克
		2846909910	按重量计中重稀土总含量≥ 30% 的稀土金属、钪的其他化合物（LED 用荧光粉、铈的化合物除外）	千克
		7202999110	按重量计中重稀土总含量≥ 30% 的铁合金（按重量计稀土元素总含量在 10% 以上）	千克
	轻稀土	2530902090	其他稀土金属矿	千克
		2805301100	钕（未相互混合或相互熔合）	千克
		2805301400	镧（未相互混合或相互熔合）	千克
		2805301510*	颗粒＜ 500μm 的铈及其合金（含量≥ 97%，不论球形，椭球体，雾化，片状，研碎金属燃料；未相互混合或相互熔合）	千克
		2805301590	其他金属铈（未相互混合或相互熔合）	千克
		2805301600	金属镨（未相互混合或相互熔合）	千克
		2805301990	其他稀土金属（未相互混合或相互熔合）	千克
		2805302190	其他电池级的稀土金属、钪及钇（已相互混合或相互熔合）	千克
		2805302990	其他稀土金属、钪及钇（已相互混合或相互熔合）	千克
		2846101000	氧化铈	千克
		2846102000	氢氧化铈	千克
		2846103000	碳酸铈	千克
		2846109010	氟化铈	千克
		2846109090	铈的其他化合物	千克

续表

		2846901200	氧化镧	千克
		2846901300	氧化钕	千克
		2846901700	氧化镨	千克
		2846901999	其他氧化稀土（灯用红粉、氧化铈除外）	千克
		2846902300	氯化镧	千克
		2846902400	氯化钕	千克
		2846902500	氯化镨	千克
		2846902890	其他混合氯化稀土	千克
		2846903300	氟化镧	千克
		2846903400	氟化钕	千克
		2846903500	氟化镨	千克
		2846903900	其他氟化稀土	千克
		2846904100	碳酸镧	千克
		2846904400	碳酸钕	千克
		2846904500	碳酸镨	千克
		2846904890	其他混合碳酸稀土	千克
		2846909100	镧的其他化合物	千克
		2846909200	钕的其他化合物	千克
		2846909500	镨的其他化合物	千克
		2846909990	其他稀土金属、钪的其他化合物（LED 用荧光粉、铈的化合物除外）	千克
		7202999191	稀土硅铁合金（按重量计稀土元素总含量在 10% 以上）	千克
		7202999199	其他按重量计稀土元素总含量在 10% 以上的铁合金	千克

续表

22	锡及锡制品			
	锡矿砂	2609000000	锡矿砂及其精矿	千克
	锡及锡基合金	2825903100	二氧化锡	千克
		2825903900	其他锡的氧化物及氢氧化物	千克
		8001100000	未锻轧非合金锡	千克
		8001201000	锡基巴毕脱合金	千克
		8001202100	按重量计含铅量在 0.1% 以下的焊锡	千克
		8001202900	其他焊锡	千克
		8001209000	其他锡合金	千克
		8002000000	锡废碎料	千克
		8003000000	锡及锡合金条、杆、型材、丝	千克
		8007002000	锡板、片及带，厚度超过 0.2 毫米	千克
		8007004000	锡管及管子附件（例如，接头，肘管，管套）	千克
23	锑及锑制品			
	锑砂	2617101000	生锑（锑精矿，选矿产品）	千克
		2617109001	其他锑矿砂及其精矿（黄金价值部分）	千克
		2617109090	其他锑矿砂及其精矿（非黄金价值部分）	千克
	氧化锑	2825800000	锑的氧化物	千克
	锑（包括锑合金）及锑制品	8110101000	未锻轧锑	千克
		8110102000	锑粉末	千克
		8110200000	锑废碎料	千克
		8110900000	其他锑及锑制品	千克
24	煤炭	2701110010	无烟煤（不论是否粉化，但未制成型）	千克
		2701121000	未制成型的炼焦煤（不论是否粉化）	千克
		2701129000	其他烟煤（不论是否粉化，但未制成型）	千克
		2701190000	其他煤（不论是否粉化，但未制成型）	千克
		2702100000	褐煤（不论是否粉化，但未制成型）	千克
25	焦炭 ▲	2704001000	焦炭或半焦炭（煤，褐煤或泥煤制成的，不论是否成型）	千克
26	原油	2709000000	石油原油（包括从沥青矿物提取的原油）	千克

续表

27	成品油	2710121000	车用汽油及航空汽油，不含生物柴油	千克 / 升
		2710122000	石脑油，不含生物柴油	千克 / 升
		2710129101	壬烯（碳九异构体混合物含量高于 90%），不含生物柴油	千克
		2710129190	其他壬烯，不含生物柴油	千克
		2710129910	异戊烯同分异构体混合物，不含生物柴油	千克
		2710129990	其他轻油及制品（包括按重量计含油≥ 70% 的制品），不含生物柴油	千克
		2710191100	航空煤油，不含生物柴油	千克 / 升
		2710191200	灯用煤油，不含生物柴油	千克 / 升
		2710191910	正构烷烃（C9–C13），不含生物柴油	千克 / 升
		2710191990	其他煤油馏分的油及制品，不含生物柴油	千克 / 升
		2710192300	柴油	千克 / 升
		2710199100	润滑油，不含生物柴油	千克 / 升
		2710199200	润滑脂，不含生物柴油	千克 / 升
		2710199300	润滑油基础油，不含生物柴油	千克 / 升
		2710200000	石油及从沥青矿物提取的油类（但原油除外）以及以上述油为基本成分（按重量计≥ 70%）的其他税目未列名制品（含生物柴油＜ 30%，废油除外）	千克 / 升
		2711110000	液化天然气	千克
28	石蜡	2712200000	石蜡，不论是否着色（按重量计含油量小于 0.75%）	千克
		2712901000	微晶石蜡	千克
29	钨及钨制品 ▲			
	钨砂	2611000000	钨矿砂及其精矿	千克
		2620991000	其他主要含钨的矿渣、矿灰及残渣	千克

续表

	仲、偏钨酸铵	2841801000	仲钨酸铵	千克
		2841804000	偏钨酸铵	千克
	三氧化钨及蓝色氧化钨	2825901200	三氧化钨	千克
		2825901910	蓝色氧化钨	千克
	钨酸及其盐类	2825901100	钨酸	千克
		2841802000	钨酸钠	千克
		2841803000	钨酸钙	千克
	钨粉及其制品	2849902000	碳化钨	千克
		8101100010*	其他颗粒＜500μm 的钨及其合金（含量≥97%，不论球形，椭球体，雾化，片状，研碎金属燃料）	千克
		8101100090	其他钨粉末	千克
		8101940000	未锻轧钨（包括简单烧结的条、杆）	千克
		8101970000	钨废碎料	千克
30	碳化硅 ▲	2849200000	碳化硅	千克
		3824909910	粗制碳化硅（其中碳化硅含量大于 15%，按重量计）	千克
31	消耗臭氧层物质	2903140010	非用于清洗剂的四氯化碳	千克
		2903191010	1, 1, 1– 三氯乙烷（甲基氯仿），用于清洗剂的除外	千克
		2903399020	溴甲烷（甲基溴）	千克
		2903710000	一氯二氟甲烷	千克
		2903720000	二氯三氟乙烷	千克
		2903730000	二氯一氟乙烷	千克
		2903740000	一氯二氟乙烷	千克
		2903750010	1, 1, 1, 2, 2– 五氟 –3, 3– 二氯丙烷	千克
		2903750020	1, 1, 2, 2, 3– 五氟 –1, 3– 二氯丙烷	千克
		2903750090	其他二氯五氟丙烷	千克
		2903760010	溴氯二氟甲烷（halon–1211）	千克
		2903760020	溴三氟甲烷（halon–1301）	千克
		2903771000	三氯氟甲烷（CFC–11）	千克
		2903772011	二氯二氟甲烷（CFC–12）	千克
		2903772012	三氯三氟乙烷，用于清洗剂除外（CFC–113）	千克

续表

		2903772014	二氯四氟乙烷（CFC–114）	千克
		2903772015	一氯五氟乙烷（CFC–115）	千克
		2903772016	一氯三氟甲烷（CFC–113）	千克
		2903791011	一氟二氯甲烷	千克
		2903791012	1, 1, 1, 2– 四氟 –2– 氯乙烷	千克
		2903791013	三氟一氯乙烷	千克
		2903791014	1– 氟 –1, 1– 二氯乙烷	千克
		2903791015	1, 1– 二氟 –1– 氯乙烷	千克
		2903791090	其他仅含氟和氯的甲烷、乙烷及丙烷的卤化衍生物	千克
		2903799021	其他仅含溴、氟的甲烷、乙烷和丙烷	千克
		3824710011	二氯二氟甲烷和二氟乙烷的混合物（R–500）	千克
		3824710012	一氯二氟甲烷和二氯二氟甲烷的混合物（R–501）	千克
		3824710013	一氯二氟甲烷和一氯五氟乙烷的混合物（R–502）	千克
		3824710014	三氟甲烷和一氯三氟甲烷的混合物（R–503）	千克
		3824710015	二氟甲烷和一氯五氟乙烷的混合物（R–504）	千克
		3824710016	二氯二氟甲烷和一氟一氯甲烷的混合物（R–505）	千克
		3824710017	一氟一氯甲烷和二氯四氟乙烷的混合物（R–506）	千克
		3824710018	二氯二氟甲烷和二氯四氟乙烷的混合物（R–400）	千克
		3824740011	二氟一氯甲烷、二氟乙烷和一氯四氟乙烷的混合物（R–401）	千克
		3824740012	五氟乙烷、丙烷和二氟一氯甲烷的混合物（R–402）	千克
		3824740013	丙烷、二氟一氯甲烷和八氟丙烷的混合物（R–403）	千克
		3824740014	二氟一氯甲烷、二氟乙烷、一氯二氟乙烷和八氟环丁烷的混合物（R–405）	千克
		3824740015	二氟一氯甲烷、2– 甲基丙烷（异丁烷）和一氯二氟乙烷的混合物（R–406）	千克
		3824740016	五氟乙烷、三氟乙烷和二氟一氯甲烷的混合物（R–408）	千克
		3824740017	二氟一氯甲烷、一氯四氟乙烷和一氯二氟乙烷的混合物（R–409）	千克
		3824740018	丙烯、二氟一氯甲烷和二氟乙烷的混合物（R–411）	千克
		3824740019	二氟一氯甲烷、八氟丙烷和一氯二氟乙烷的混合物（R–412）	千克

续表

		3824740021	二氟一氯甲烷、一氯四氟乙烷、一氯二氟乙烷和 2– 甲基丙烷的混合物（R–414）	千克
		3824740022	二氟一氯甲烷和二氟乙烷的混合物（R–415）	千克
		3824740023	四氟乙烷、一氯四氟乙烷和丁烷的混合物（R–416）	千克
		3824740024	丙烷、二氟一氯甲烷和二氟乙烷的混合物（R–418）	千克
		3824740025	二氟一氯甲烷和八氟丙烷的混合物（R–509）	千克
		3824740026	二氟一氯甲烷和一氯二氟乙烷的混合物	千克
		3824740090	其他含甲烷、乙烷或丙烷的氢氯氟烃混合物（不论是否含甲烷、乙烷或丙烷的全氟烃或氢氟烃，但不含全氯氟烃）	千克
32	锯材	4406100000	未浸渍的铁道及电车道枕木	千克 / 立方米
		4407101091	非端部接合的红松厚板材（经纵锯、纵切、刨切或旋切的，厚度超过 6 毫米）	千克 / 立方米
		4407101099	非端部接合的樟子松厚板材（经纵锯、纵切、刨切或旋切的，厚度超过 6 毫米）	千克 / 立方米
		4407102091	非端部接合濒危白松（云杉，冷杉）厚板材（经纵锯、纵切、刨切或旋切的，厚度超过 6 毫米）	千克 / 立方米
		4407102099	非端部接合其他白松（云杉，冷杉）厚板材（经纵锯、纵切、刨切或旋切的，厚度超过 6 毫米）	千克 / 立方米
		4407103090	非端部接合的辐射松厚板材（经纵锯、纵切、刨切或旋切的，厚度超过 6 毫米）	千克 / 立方米
		4407104090	非端部接合的花旗松厚板材（经纵锯、纵切、刨切或旋切的，厚度超过 6 毫米）	千克 / 立方米
		4407109091	非端部接合其他濒危针叶木厚板材（经纵锯、纵切、刨切或旋切的，厚度超过 6 毫米）	千克 / 立方米
		4407109099	非端部接合的其他针叶木厚板材（经纵锯、纵切、刨切或旋切的，厚度超过 6 毫米）	千克 / 立方米
		4407210090	非端部接合美洲桃花心木（经纵锯、纵切、刨切或旋切的，厚度超过 6 毫米）	千克 / 立方米
		4407220090	非端部接合的苏里南肉豆蔻木、巴西胡桃木及美洲轻木（经纵锯、纵切、刨切或旋切的，厚度超过 6 毫米）	千克 / 立方米
		4407250090	非端部接合的红柳桉木板材（指深红色、浅红色及巴栲红柳桉木，经纵锯、纵切、刨切或旋切的，厚度超过 6 毫米）	千克 / 立方米

续表

		4407260090	非端部接合的白柳桉、其他柳桉木和阿兰木板材（经纵锯、纵切、刨切或旋切的，厚度超过 6 毫米）	千克 / 立方米
		4407270090	非端部接合的沙比利木板材（经纵锯、纵切、刨切或旋切的，厚度超过 6 毫米）	千克 / 立方米
		4407280090	非端部接合的伊罗科木板材（经纵锯、纵切、刨切或旋切的，厚度超过 6 毫米）	千克 / 立方米
		4407280090	非端部接合的伊罗科木板材（经纵锯、纵切、刨切或旋切的，厚度超过 7 毫米）	千克 / 立方米
		4407299091	非端部接合其他未列名本章子目注释二濒危热带木板材（经纵锯、纵切、刨切或旋切的，厚度超过 6 毫米）	千克 / 立方米
		4407299099	非端部接合其他未列名本章子目注释二热带木板材（经纵锯、纵切、刨切或旋切的，厚度超过 6 毫米）	千克 / 立方米
		4407910091	非端部接合的蒙古栎厚板材	千克 / 立方米
		4407910099	非端部接合的其他栎木（橡木）厚板材	千克 / 立方米
		4407920090	非端部接合的山毛榉木厚板材（经纵锯、纵切、刨切或旋切的，厚度超过 6 毫米）	千克 / 立方米
		4407930090	非端部接合的枫木厚板材（经纵锯、纵切、刨切或旋切的，厚度超过 6 毫米）	千克 / 立方米
		4407940090	非端部接合的樱桃木厚板材（经纵锯、纵切、刨切或旋切的，厚度超过 6 毫米）	千克 / 立方米
		4407950091	非端部接合的水曲柳厚板材	千克 / 立方米
		4407950099	非端部接合的其他白蜡木厚板材	千克 / 立方米
		4407991090	非端部接合的樟木 / 楠木 / 红木厚板材（经纵锯、纵切、刨切或旋切的，厚度超过 6 毫米）	千克 / 立方米
		4407998091	非端部接合其他温带濒危非针叶厚板材（经纵锯、纵切、刨切或旋切的，厚度超过 6 毫米）	千克 / 立方米
		4407998099	非端部接合的其他温带非针叶厚板材（经纵锯、纵切、刨切或旋切的，厚度超过 6 毫米）	千克 / 立方米
		4407999091	非端部接合的南美蒺藜木（玉檀木）厚板材（经纵锯、纵切、刨切或旋切的，厚度超过 6 毫米）	千克 / 立方米
		4407999092	非端部接合的沉香木及拟沉香木厚板材（经纵锯、纵切、刨切或旋切的，厚度超过 6 毫米）	千克 / 立方米

续表

		4407999095	非端部接合的其他濒危木厚板材（经纵锯、纵切、刨切或旋切的，厚度超过 6 毫米）	千克 / 立方米
		4407999099	非端部接合的其他木厚板材（经纵锯、纵切、刨切或旋切的，厚度超过 6 毫米）	千克 / 立方米
33	棉花	5201000001	未梳的棉花，包括脱脂棉花	千克
		5201000080	未梳的棉花，包括脱脂棉花	千克
		5201000090	未梳的棉花，包括脱脂棉花	千克
		5203000001	已梳的棉花	千克
		5203000090	已梳的棉花	千克
34	白银	7106101100	平均粒径＜ 3 微米非片状银粉	克
		7106101900	平均粒径≥ 3 微米的非片状银粉	克
		7106102100	平均粒径＜ 10 微米片状银粉	克
		7106102900	平均粒径≥ 10 微米的片状银粉	克
		7106911000	纯度达 99.99% 及以上未锻造银，包括镀金、镀铂的银	克
		7106919000	其他未锻造银，包括镀金、镀铂的银	克
		7106921000	纯度达 99.99% 及以上半制成银，包括镀金、镀铂的银	克
		7106929000	其他半制成银，包括镀金、镀铂的银	克
35	铂金（铂或白金）	7110110000	未锻造或粉末状铂（加工贸易方式）	克
		7110191000	板、片状铂（加工贸易方式）	克
36	部分金属及制品			
	锆	8109200090*	其他未锻轧锆；粉末	千克
		8109300000*	锆废碎料	千克
		8109900090*	其他锻轧锆及锆制品	千克
		2825600090*	二氧化锆	千克
	钽	8103201100	松装密度小于 2.2g/cm^3 的钽粉	千克
		8103201900	其他钽粉	千克
		8103209000	其他未锻轧钽，包括简单烧结而成的条、杆	千克
		8103300000	钽废碎料	千克
		8103909090	其他锻轧钽及其制品	千克
		8103901100	直径小于 0.5mm 的钽丝	千克
		8103901900	其他钽丝	千克

续表

	锗	8112921010	未锻轧锗废碎料	千克
		8112921090	未锻轧的锗；锗粉末	千克
		8112991000	其他锗及其制品	千克
		2825600001	锗的氧化物	千克
	钒	8112922001	未锻轧、废碎料或粉末状的钒氮合金	千克
		8112992001	其他钒氮合金	千克
		8112922010	未锻轧的钒废碎料	千克
		8112922090	未锻轧的钒；钒粉末	千克
		8112992090	其他钒及其制品	千克
		2825301000	五氧化二钒	千克
		2825309000	其他钒的氧化物及氢氧化物	千克
	铋	2825902100	三氧化二铋	千克
		2825902900	其他铋的氧化物及氢氧化物	千克
		8106001091	其他未锻轧铋	千克
		8106001092	其他未锻轧铋废碎料	千克
		8106001099	其他未锻轧铋粉末	千克
		8106009090	其他铋及铋制品	千克
	钨	3824300010	混合的未烧结金属碳化钨 （包括自身混合或与金属黏合剂混合的）	千克
	钛	3206111000	钛白粉	千克
		8108202100	未锻轧海绵钛	千克
		8108202990	其他未锻轧钛	千克
		8108203000	钛的粉末	千克
		8108300000	钛废碎料	千克
	镓、铼、铌	8112924010	铌废碎料	千克
		8112924090	未锻轧的铌；粉末	千克
		8112929091	未锻轧的镓、铼废碎料	千克
		8112929099	未锻轧的镓、铼；粉末	千克
		8112994000	锻轧的铌及其制品	千克
		8112999090	锻轧的镓、铼及其制品	千克

续表

	钴	8105201000	钴湿法冶炼中间品	千克
		8105202000	未锻轧钴	千克
		8105209001	钴锍及其他冶炼钴时所得的中间产品	千克
		8105209090	其他钴锍、未锻轧钴、粉末	千克
		8105300000	钴锍废碎料	千克
		8105900000	其他钴及制品	千克
		2827393000	氯化钴	千克
		2917112000	草酸钴	千克
		2836993000	碳酸钴	千克
		2822001000	四氧化三钴	千克
		2822009000	其他钴的氧化物及氢氧化物 （包括商品氧化钴，但四氧化三钴除外）	千克
		2833299010	硫酸钴	千克
	铍	8112120000*	未锻轧铍、铍粉末	千克
		8112130000*	铍废碎料	千克
		8112190000*	其他铍及其制品	千克
	镍	7501100000	镍锍	千克
		7501201000	镍湿法冶炼中间品	千克
		7501209000	其他氧化镍烧结物、镍的其他中间产品	千克
		7502101000	未锻轧非合金镍，按重量计镍、钴总量≥ 99.99%， 但钴含量≤ 0.005%	千克
		7502109000	其他未锻轧非合金镍	千克
		7502200000	未锻轧镍合金	千克
		7503000000	镍废碎料	千克
	锰 ▲	8111001010	未锻轧锰废碎料	千克
		8111001090	未锻轧锰；粉末	千克
		8111009000	其他锰及制品	千克
	铬	8112210000	未锻轧铬；铬粉末	千克
		8112220000	铬废碎料	千克
		8112290000	其他铬及其制品	千克

续表

	铂	7110199000	其他半制成铂	克
		7112921000	铂及包铂的废碎料（但含有其他贵金属除外）	克
		7112922001	铂含量在3%以上的其他含有铂及铂化合物的废碎料（但含有其他贵金属除外，主要用于回收铂）	克
		7112922090	其他含有铂及铂化合物的废碎料（但含有其他贵金属除外，主要用于回收铂）	克
		7111000000	以贱金属、银或金为底的包铂材料	克
		7115100000	金属丝布或格栅形状的铂催化剂	克
		2843900020	氯化铂	克
		2843900030	其他铂化合物	克
		2843900090	其他贵金属化合物，贵金属汞齐（不论是否已有化学定义）	克
	钯	7110210000	未锻造或粉末状钯	克
		7110291000	板、片状钯	克
		7110299000	其他半制成钯	克
	铑	7110310000	未锻造或粉末状铑	克
		7110391000	板、片状铑	克
		7110399000	其他半制成铑	克
	钌、铱、锇	7110410000	未锻造或粉末状铱、锇、钌	克
		7110491000	板、片状铱、锇、钌	克
		7110499000	其他半制成铱、锇、钌	克
	铁合金	7202210010	硅铁，含硅量大于55%，小于90%	千克
		7202210090	硅铁，含硅量大于90%	千克
		7202290010	硅铁，含硅量大于等于30%且不超过55%	千克
		7202290090	硅铁，含硅量小于30%	千克
		7202110000	锰铁，按重量计含碳量在2%以上	千克
		7202190000	锰铁，按重量计含碳量不超过2%	千克
		7202300000	硅锰铁	千克
		7202410000	铬铁，按重量计含碳量在4%以上	千克
		7202490000	铬铁，按重量计含碳量不超过4%	千克
		7202500000	硅铬铁	千克

续表

		7202600000	镍铁	千克
		7202801000	钨铁	千克
		7202802000	硅钨铁	千克
		7202910000	钛铁及硅钛铁	千克
		7202921000	按重量计含钒量在 75% 及以上钒铁	千克
		7202929000	其他钒铁	千克
		7202930010	铁钽铌合金（钽含量＜ 10%）	千克
		7202930090	其他铌铁	千克
		7202991100	钕铁硼合金速凝永磁片	千克
		7202991200	钕铁硼合金磁粉	千克
		7202991900	其他钕铁硼合金	千克
		7202999900	其他铁合金	千克
37	钼 ▲	2613100000	已焙烧的钼矿砂及其精矿	千克
		2613900000	其他钼矿砂及其精矿	千克
		2825700000	钼的氧化物及氢氧化物	千克
		2841709000	其他钼酸盐	千克
		2841701000	钼酸铵	千克
		7202700000	钼铁	千克
		8102100000	钼粉	千克
		8102940000	未锻轧钼，包括简单烧结的条、杆	千克
		8102970000	钼废碎料	千克
38	钼制品	8102990000	钼制品	千克
39	铟及铟制品	8112923001	未锻轧的铟	千克
		8112923002	铟粉末	千克
		8112923090	未锻轧的铟废碎料	千克
		8112993000	锻轧的铟及其制品	千克
40	天然砂	2505100000	硅砂及石英砂（不论是否着色）	千克
		2505900010	标准砂（不论是否着色，二十六章的金属矿砂除外）	千克
		2505900090	其他天然砂（不论是否着色，二十六章的金属矿砂除外）	千克
41	柠檬酸	2918140000	柠檬酸	千克
		2918150000	柠檬酸盐及柠檬酸酯	千克

续表

42	青霉素工业盐	2941109900	其他青霉素或衍生物及其盐（包括具有青霉烷酸结构和青霉素衍生物及其盐）	千克
43	维生素 C	2936270010	未混合的维生素 C 原粉（不论是否溶于溶剂）	千克
		2936270020	未混合的维生素 C 钙、维生素 C 钠（不论是否溶于溶剂）	千克
		2936270030	颗粒或包衣维生素 C（不论是否溶于溶剂）	千克
		2936270090	维生素 C 酯类及其他（不论是否溶于溶剂）	千克
44	硫酸二钠	2833110000	硫酸二钠	千克
45	氟石（萤石）▲	2529210000	按重量计氟化钙含量在 97% 及以下	千克
		2529220000	按重量计氟化钙含量在 97% 以上	千克
46	磷矿石	2510101000	未碾磨磷灰石	千克
		2510109000	其他未碾磨天然磷酸钙（包括天然磷酸铝钙及磷酸盐白垩，磷灰石除外）	千克
		2510201000	已碾磨磷灰石	千克
		2510209000	其他已碾磨天然磷酸钙(包括天然磷酸铝钙及磷酸盐白垩)	千克
47	摩托车（含全地形车）及其发动机、车架	8407310000	往复式活塞引擎（第 87 章所列车辆用的点燃往复式活塞发动机，排气量≤ 50 毫升）	台 / 千瓦
		8407320000	往复式活塞引擎（第 87 章所列车辆用的点燃往复式活塞发动机，50 毫升＜排气量≤ 250 毫升）	台 / 千瓦
		8714100010	摩托车架	千克
		8711100010	微马力摩托车及脚踏两用车（装有往复式活塞内燃发动机，微马力指排气量＝ 50 毫升）	辆
		8711201000	小马力摩托车及脚踏两用车（装有往复式活塞内燃发动机，小马力指 50 毫升＜排气量≤ 100 毫升）	辆
		8711202000	小马力摩托车及脚踏两用车（装有往复式活塞内燃发动机，小马力指 100 毫升＜排气量≤ 125 毫升）	辆
		8711203000	小马力摩托车及脚踏两用车（装有往复式活塞内燃发动机，小马力指 125 毫升＜排气量≤ 150 毫升）	辆
		8711204000	小马力摩托车及脚踏两用车（装有往复式活塞内燃发动机，小马力指 150 毫升＜排气量≤ 200 毫升）	辆
		8711205010	小马力摩托车及脚踏两用车（装有往复式活塞内燃发动机，小马力指 200 毫升＜排气量＜ 250 毫升）	辆
		8711205090	小马力摩托车及脚踏两用车（装有往复式活塞内燃发动机，小马力指排气量＝ 250 毫升）	辆

续表

47	摩托车（含全地形车）及其发动机、车架	8711301000	小马力摩托车及脚踏两用车（装有往复式活塞内燃发动机，小马力指 250 毫升＜排气量≤ 400 毫升）	辆
		8711302000	小马力摩托车及脚踏两用车（装有往复式活塞内燃发动机，小马力指 400 毫升＜排气量≤ 500 毫升）	辆
		8711400000	摩托车及脚踏两用车（装有往复式活塞内燃发动机，500 ＜排气量≤ 800 毫升）	辆
		8711500000	摩托车及脚踏两用车（装有往复式活塞内燃发动机，排气量＞ 800 毫升）	辆
		8703101100	全地形车	辆
48	汽车（包括成套散件）及其底盘	8701200000	半挂车用的公路牵引车	辆
		8702109100	30 座及以上大型客车（柴油型，指装有柴油或半柴油发动机的 30 座及以上的客运车）	辆
		8702109201	20 ≤座≤ 23 装有压燃式活塞内燃发动机的客车	辆
		8702109290	24 ≤座≤ 29 装有压燃式活塞内燃发动机的客车	辆
		8702109300	10 ≤座≤ 19 装有压燃式活塞内燃发动机的客车	辆
		8702901000	30 座及以上大型客车（其他型，指装有其他发动机的 30 座及以上的客运车）	辆
		8702902001	20 ≤座≤ 23 装有非压燃式活塞内燃发动机的客车	辆
		8702902090	24 ≤座≤ 29 装有非压燃式活塞内燃发动机的客车	辆
		8702903000	10 ≤座≤ 19 装有非压燃式活塞内燃发动机的客车	辆
		8703213001	排气量≤ 1 升的装有点燃往复式活塞内燃发动机的小轿车	辆
		8703213090	排气量≤ 1 升的装有点燃往复式活塞内燃发动机小轿车的成套散件	辆
		8703214001	排气量≤ 1 升的带点燃往复式活塞内燃发动机的越野车（4 轮驱动）	辆
		8703214090	排气量≤ 1 升的带点燃往复式活塞内燃发动机的越野车（4 轮驱动）的成套散件	辆
		8703215001	排气量≤ 1 升的带点燃往复式活塞内燃发动机的小客车（9 座及以下）	辆
		8703215090	排气量≤ 1 升的带点燃往复式活塞内燃发动机的小客车的成套散件（9 座及以下）	辆
		8703219001	排气量≤ 1 升的带点燃往复式活塞内燃发动机的其他车辆	辆
		8703219090	排气量≤ 1 升的带点燃往复式活塞内燃发动机的其他车辆的成套散件	辆

续表

		8703223001	1 <排气量≤ 1.5 升带点燃往复式活塞内燃发动机小轿车	辆
		8703223090	1 <排气量≤ 1.5 升带点燃往复式活塞内燃发动机小轿车的成套散件	辆
		8703224001	1 <排气量≤ 1.5 升带点燃往复活塞内燃发动机四轮驱动越野车	辆
		8703224090	1 <排气量≤ 1.5 升带点燃往复活塞内燃发动机四轮驱动越野车的成套散件	辆
		8703225001	1 <排气量≤ 1.5 升带点燃往复式活塞内燃发动机小客车（≤ 9 座）	辆
		8703225090	1 <排气量≤ 1.5 升带点燃往复式活塞内燃发动机小客车的成套散件（≤ 9 座）	辆
		8703229001	1 <排气量≤ 1.5 升带点燃往复式活塞内燃发动机其他车	辆
		8703229090	1 <排气量≤ 1.5 升带点燃往复式活塞内燃发动机其他车的成套散件	辆
		8703234101	1.5 <排气量≤ 2 升装点燃往复式活塞内燃发动机小轿车	辆
		8703234190	1.5 <排气量≤ 2 升装点燃往复式活塞内燃发动机小轿车的成套散件	辆
		8703234201	1.5 <排气量≤ 2 升装点燃往复式活塞内燃发动机越野车（4 轮驱动）	辆
		8703234290	1.5 <排气量≤ 2 升装点燃往复式活塞内燃发动机越野车的成套散件（4 轮驱动）	辆
		8703234301	1.5 <排气量≤ 2 升装点燃往复式活塞内燃发动机小客车（9 座及以下的）	辆
		8703234390	1.5 <排气量≤ 2 升装点燃往复式活塞内燃发动机小客车的成套散件（9 座及以下的）	辆
		8703234901	1.5 <排气量≤ 2 升装点燃往复式活塞内燃发动机的其他载人车辆	辆
		8703234990	1.5 <排气量≤ 2 升装点燃往复式活塞内燃发动机的其他载人车辆的成套散件	辆
		8703235101	2 <排气量≤ 2.5 升装点燃往复式活塞内燃发动机小轿车	辆
		8703235190	2 <排气量≤ 2.5 升装点燃往复式活塞内燃发动机小轿车的成套散件	辆
		8703235201	2 <排气量≤ 2.5 升装点燃往复式活塞内燃发动机越野车（4 轮驱动）	辆

续表

		8703235290	2 <排气量≤ 2.5 升装点燃往复式活塞内燃发动机越野车的成套散件（4 轮驱动）	辆
		8703235301	2 <排气量≤ 2.5 升装点燃往复式活塞内燃发动机小客车（9 座及以下的）	辆
		8703235390	2 <排气量≤ 2.5 升装点燃往复式活塞内燃发动机的小客车的成套散件（9 座及以下的）	辆
		8703235901	2 <排气量≤ 2.5 升装点燃往复式活塞内燃发动机的其他载人车辆	辆
		8703235990	2 <排气量≤ 2.5 升装点燃往复式活塞内燃发动机的其他载人车辆的成套散件	辆
		8703236101	2.5 <排气量≤ 3 升装点燃往复式活塞内燃发动机小轿车	辆
		8703236190	2.5 <排气量≤ 3 升装点燃往复式活塞内燃发动机小轿车的成套散件	辆
		8703236201	2.5 <排气量≤ 3 升装点燃往复式活塞内燃发动机越野车（4 轮驱动）	辆
		8703236290	2.5 <排气量≤ 3 升装点燃往复式活塞内燃发动机越野车的成套散件（4 轮驱动）	辆
		8703236301	2.5 <排气量≤ 3 升装点燃往复式活塞内燃发动机小客车（9 座及以下的）	辆
		8703236390	2.5 <排气量≤ 3 升装点燃往复式活塞内燃发动机小客车的成套散件（9 座及以下的）	辆
		8703236901	2.5 <排气量≤ 3 升装点燃往复式活塞内燃发动机的其他载人车辆	辆
		8703236999	2.5 <排气量≤ 3 升装点燃往复式活塞内燃发动机的其他载人车辆的成套散件	辆
		8703241101	3 <排气量≤ 4 升装点燃往复式活塞内燃发动机小轿车	辆
		8703241190	3 <排气量≤ 4 升装点燃往复式活塞内燃发动机小轿车的成套散件	辆
		8703241201	3 <排气量≤ 4 升装点燃往复式活塞内燃发动机越野车（4 轮驱动）	辆
		8703241290	3 <排气量≤ 4 升装点燃往复式活塞内燃发动机越野车的成套散件（4 轮驱动）	辆

续表

		8703241301	3＜排气量≤4升装点燃往复式活塞内燃发动机的小客车（9座及以下的）	辆
		8703241390	3＜排气量≤4升装点燃往复式活塞内燃发动机的小客车的成套散件（9座及以下的）	辆
		8703241901	3＜排气量≤4升装点燃往复式活塞内燃发动机的其他载人车辆	辆
		8703241999	3＜排气量≤4升装点燃往复式活塞内燃发动机的其他载人车辆的成套散件	辆
		8703242101	排气量＞4升装点燃往复式活塞内燃发动机小轿车	辆
		8703242190	排气量＞4升装点燃往复式活塞内燃发动机小轿车的成套散件	辆
		8703242201	排气量＞4升装点燃往复式活塞内燃发动机越野车（4轮驱动）	辆
		8703242290	排气量＞4升装点燃往复式活塞内燃发动机越野车的成套散件（4轮驱动）	辆
		8703242301	排气量＞4升装点燃往复式活塞内燃发动机的小客车（9座及以下的）	辆
		8703242390	排气量＞4升装点燃往复式活塞内燃发动机的小客车的成套散件（9座及以下的）	辆
		8703242901	排气量＞4升装点燃往复式活塞内燃发动机的其他载人车辆	辆
		8703242999	排气量＞4升装点燃往复式活塞内燃发动机的其他载人车辆的成套散件	辆
		8703311101	排气量≤1升的装有压燃往复式活塞内燃发动机小轿车	辆
		8703311190	排气量≤1升的装有压燃往复式活塞内燃发动机小轿车的成套散件	辆
		8703311901	排气量≤1升的装有压燃往复式活塞内燃发动机的其他载人车辆	辆
		8703311990	排气量≤1升的装有压燃往复式活塞内燃发动机的其他载人车辆的成套散件	辆
		8703312101	1升＜排气量≤1.5升装压燃往复式活塞内燃发动机小轿车	辆

续表

		8703312190	1 升＜排气量≤ 1.5 升装压燃往复式活塞内燃发动机小轿车的成套散件	辆
		8703312201	1 升＜排气量≤ 1.5 升装压燃式活塞内燃发动机越野车（4 轮驱动）	辆
		8703312290	1 升＜排气量≤ 1.5 升装压燃式活塞内燃发动机越野车的成套散件（4 轮驱动）	辆
		8703312301	1 升＜排气量≤ 1.5 升装压燃往复式活塞内燃发动机小客车（9 座及以下的）	辆
		8703312390	1 升＜排气量≤ 1.5 升装压燃往复式活塞内燃发动机小客车的成套散件（9 座及以下的）	辆
		8703312901	1 升＜排气量≤ 1.5 升装压燃往复式活塞内燃发动机的其他载人车辆	辆
		8703312990	1 升＜排气量≤ 1.5 升装压燃往复式活塞内燃发动机的其他载人车辆的成套散件	辆
		8703321101	1.5 ＜排气量≤ 2 升装压燃往复式活塞内燃发动机小轿车	辆
		8703321190	1.5 ＜排气量≤ 2 升装压燃往复式活塞内燃发动机小轿车的成套散件	辆
		8703321201	1.5 ＜排气量≤ 2 升装压燃往复式活塞内燃发动机越野车（4 轮驱动）	辆
		8703321290	1.5 ＜排气量≤ 2 升装压燃往复式活塞内燃发动机越野车的成套散件（4 轮驱动）	辆
		8703321301	1.5 ＜排气量≤ 2 升装压燃往复式活塞内燃发动机小客车（9 座及以下的）	辆
		8703321390	1.5 ＜排气量≤ 2 升装压燃往复式活塞内燃发动机小客车的成套散件（9 座及以下的）	辆
		8703321901	1.5 ＜排气量≤ 2 升装压燃往复式活塞内燃发动机的其他载人车辆	辆
		8703321990	1.5 ＜排气量≤ 2 升装压燃往复式活塞内燃发动机的其他载人车辆的成套散件	辆
		8703322101	2 ＜排气量≤ 2.5 升装压燃往复式活塞内燃发动机小轿车	辆
		8703322190	2 ＜排气量≤ 2.5 升装压燃往复式活塞内燃发动机小轿车的成套散件	辆
		8703322201	2 ＜排气量≤ 2.5 升装压燃往复式活塞内燃发动机越野车（4 轮驱动）	辆

续表

		8703322290	2＜排气量≤2.5 升装压燃往复式活塞内燃发动机越野车的成套散件（4 轮驱动）	辆
		8703322301	2＜排气量≤2.5 升装压燃往复式活塞内燃发动机小客车（9 座及以下的）	辆
		8703322390	2＜排气量≤2.5 升装压燃往复式活塞内燃发动机小客车的成套散件（9 座及以下的）	辆
		8703322901	2＜排气量≤2.5 升装压燃往复式活塞内燃发动机的其他载人车辆	辆
		8703322990	2＜排气量≤2.5 升装压燃往复式活塞内燃发动机的其他载人车辆的成套散件	辆
		8703331101	2.5＜排气量≤3 升装压燃往复式活塞内燃发动机小轿车	辆
		8703331190	2.5＜排气量≤3 升装压燃往复式活塞内燃发动机小轿车的成套散件	辆
		8703331201	2.5＜排气量≤3 升装压燃往复式活塞内燃发动机越野车（4 轮驱动）	辆
		8703331290	2.5＜排气量≤3 升装压燃往复式活塞内燃发动机越野车的成套散件（4 轮驱动）	辆
		8703331301	2.5＜排气量≤3 升装压燃往复式活塞内燃发动机小客车（9 座及以下的）	辆
		8703331390	2.5＜排气量≤3 升装压燃往复式活塞内燃发动机小客车的成套散件（9 座及以下的）	辆
		8703331901	2.5＜排气量≤3 升装压燃往复式活塞内燃发动机的其他载人车辆	辆
		8703331999	2.5＜排气量≤3 升装压燃往复式活塞内燃发动机的其他载人车辆的成套散件	辆
		8703332101	3＜排气量≤4 升装压燃往复式活塞内燃发动机小轿车	辆
		8703332190	3＜排气量≤4 升装压燃往复式活塞内燃发动机小轿车的成套散件	辆
		8703332201	3＜排气量≤4 升装压燃往复式活塞内燃发动机越野车（4 轮驱动）	辆
		8703332290	3＜排气量≤4 升装压燃往复式活塞内燃发动机越野车的成套散件（4 轮驱动）	辆
		8703332301	3＜排气量≤4 升装压燃往复式活塞内燃发动机小客车（9 座及以下的）	辆

续表

		8703332390	3＜排气量≤4升装压燃往复式活塞内燃发动机小客车的成套散件（9座及以下的）	辆
		8703332901	3＜排气量≤4升装压燃往复式活塞内燃发动机的其他载人车辆	辆
		8703332999	3＜排气量≤4升装压燃往复式活塞内燃发动机的其他载人车辆的成套散件	辆
		8703336101	排气量＞4升装压燃往复式活塞内燃发动机小轿车	辆
		8703336190	排气量＞4升装压燃往复式活塞内燃发动机小轿车的成套散件	辆
		8703336201	排气量＞4升装压燃往复式活塞内燃发动机越野车（4轮驱动）	辆
		8703336290	排气量＞4升装压燃往复式活塞内燃发动机越野车的成套散件（4轮驱动）	辆
		8703336301	排气量＞4升装压燃往复式活塞内燃发动机小客车（9座及以下的）	辆
		8703336390	排气量＞4升装压燃往复式活塞内燃发动机小客车的成套散件（9座及以下的）	辆
		8703336901	排气量＞4升装压燃往复式活塞内燃发动机其他载人车辆	辆
		8703336999	排气量＞4升装压燃往复式活塞内燃发动机其他载人车辆的成套散件	辆
		8703900001	其他型排气量≤1升的其他载人车辆	辆
		8703900002	其他型1.5升＜排气量≤2升的其他载人车辆	辆
		8703900003	其他型2升＜排气量≤2.5升的其他载人车辆	辆
		8703900004	其他型2.5升＜排气量≤3升的其他载人车辆	辆
		8703900005	其他型3升＜排气量≤4升的其他载人车辆	辆
		8703900006	其他型排气量＞4升的其他载人车辆	辆
		8703900007	其他型1升＜排气量≤1.5升的其他载人车辆	辆
		8704210000	柴油型其他小型货车（装有压燃式活塞内燃发动机，小型指车辆总重量≤5吨）	辆
		8704223000	柴油型其他中型货车（装有压燃式活塞内燃发动机，中型指5＜车辆总重量＜14吨）	辆
		8704224000	柴油型其他重型货车（装有压燃式活塞内燃发动机，重型指14≤车辆总重≤20吨）	辆

续表

		8704230010	固井水泥车、压裂车、混砂车、连续油管车、液氮泵车用底盘	辆
		8704230020	起重≥ 55 吨汽车起重机用底盘	辆
		8704230030	车辆总重量≥ 31 吨清障车专用底盘	辆
		8704230090	柴油型的其他超重型货车（装有压燃式活塞内燃发动机，超重型指车辆总重量＞ 20 吨）	辆
		8704310000	总重量≤ 5 吨的其他货车（汽油型，装有点燃式活塞内燃发动机）	辆
		8704323000	5 吨＜总重量≤ 8 吨的其他货车（汽油型，装有点燃式活塞内燃发动机）	辆
		8704324000	总重量＞ 8 吨的其他货车（汽油型，装有点燃式活塞内燃发动机）	辆
		8704900000	装有其他发动机的货车	辆
		8706002100	车辆总重量≥ 14 吨的货车底盘（装有发动机的）	台
		8706002200	车辆总重量＜ 14 吨的货车底盘（装有发动机的）	台
		8706003000	大型客车底盘（装有发动机的）	台
		8706009000	其他机动车辆底盘（装有发动机的，编号 8701，8703 和 8705 所列车辆用）	台

附件 2

2015 年边境小额贸易出口许可证管理货物目录

序号	货物种类	海关商品编号	货物名称	单位
1	小麦	1001110001	种用硬粒小麦	千克
		1001110090	种用硬粒小麦	千克
		1001190001	其他硬粒小麦	千克
		1001190090	其他硬粒小麦	千克
		1001910001	其他种用小麦及混合麦	千克
		1001910090	其他种用小麦及混合麦	千克
		1001990001	其他小麦及混合麦	千克
		1001990090	其他小麦及混合麦	千克

续表

2	小麦粉	1101000001	小麦或混合麦的细粉	千克
		1101000090	小麦或混合麦的细粉	千克
		1103110001	小麦粗粒及粗粉	千克
		1103110090	小麦粗粒及粗粉	千克
		1103201001	小麦团粒	千克
		1103201090	小麦团粒	千克
3	玉米	1005100001	种用玉米	千克
		1005100090	种用玉米	千克
		1005900001	其他玉米	千克
		1005900090	其他玉米	千克
4	玉米粉	1102200001	玉米细粉	千克
		1102200090	玉米细粉	千克
		1103130001	玉米粗粒及粗粉	千克
		1103130090	玉米粗粒及粗粉	千克
		1104199010	滚压或制片的玉米	千克
		1104230001	经其他加工的玉米	千克
		1104230090	经其他加工的玉米	千克
5	大米	1006101101	种用籼米稻谷	千克
		1006101190	种用籼米稻谷	千克
		1006101901	其他种用稻谷	千克
		1006101990	其他种用稻谷	千克
		1006109101	其他籼米稻谷	千克
		1006109190	其他籼米稻谷	千克
		1006109901	其他稻谷	千克
		1006109990	其他稻谷	千克
		1006201001	籼米糙米	千克
		1006201090	籼米糙米	千克
		1006209001	其他糙米	千克
		1006209090	其他糙米	千克
		1006301001	籼米精米（不论是否磨光或上光）	千克
		1006301090	籼米精米（不论是否磨光或上光）	千克

续表

5	大米	1006309001	其他精米（不论是否磨光或上光）	千克
		1006309090	其他精米（不论是否磨光或上光）	千克
		1006401001	籼米碎米	千克
		1006401090	籼米碎米	千克
		1006409001	其他碎米	千克
		1006409090	其他碎米	千克
6	大米粉	1102901101	籼米大米细粉	千克
		1102901190	籼米大米细粉	千克
		1102901901	其他大米细粉	千克
		1102901990	其他大米细粉	千克
		1103192101	籼米大米粗粒及粗粉	千克
		1103192190	籼米大米粗粒及粗粉	千克
		1103192901	其他大米粗粒及粗粉	千克
		1103192990	其他大米粗粒及粗粉	千克
7	稀土 ▲			
	中重稀土	2530902010	按重量计中重稀土总含量≥ 30% 的稀土金属矿	千克
		2612200000	钍矿砂及其精矿	千克
		2805301200	镝（未相互混合或相互熔合）	千克
		2805301300	铽（未相互混合或相互熔合）	千克
		2805301700	金属钇（未相互混合或相互熔合）	千克
		2805301913	金属钐（未相互混合或相互熔合）	千克
		2805301914	金属铕（未相互混合或相互熔合）	千克
		2805301915	金属钪（未相互混合或相互熔合）	千克
		2805302110	按重量计中重稀土总含量≥ 30% 的电池级的稀土金属、钪及钇（已相互混合或相互熔合）	千克
		2805302910	按重量计中重稀土总含量≥ 30% 的其他稀土金属、钪及钇（已相互混合或相互熔合）	千克
		2846901100	氧化钇	千克
		2846901400	氧化铕	千克
		2846901500	氧化镝	千克
		2846901600	氧化铽	千克

续表

		2846901920	氧化铒	千克
		2846901930	氧化钆	千克
		2846901940	氧化钐	千克
		2846901970	氧化镱	千克
		2846901980	氧化钪	千克
		2846901991	灯用红粉	千克
		2846901992	按重量计中重稀土总含量≥ 30% 的其他氧化稀土（灯用红粉、氧化铈除外）	千克
		2846902100	氯化铽	千克
		2846902200	氯化镝	千克
		2846902600	氯化钇	千克
		2846902810	按重量计中重稀土总含量≥ 30% 的混合氯化稀土	千克
		2846902900	其他未混合氯化稀土	千克
		2846903100	氟化铽	千克
		2846903200	氟化镝	千克
		2846903600	氟化钇	千克
		2846904200	碳酸铽	千克
		2846904300	碳酸镝	千克
		2846904600	碳酸钇	千克
		2846904810	按重量计中重稀土总含量≥ 30% 的混合碳酸稀土	千克
		2846904900	其他未混合碳酸稀土	千克
		2846909300	铽的其他化合物	千克
		2846909400	镝的其他化合物	千克
		2846909690	钇的其他化合物（LED 用荧光粉除外）	千克
		2846909910	按重量计中重稀土总含量≥ 30% 的稀土金属、钪的其他化合物（铈的化合物除外）	千克
		7202999110	按重量计中重稀土总含量≥ 30% 的铁合金（按重量计稀土元素总含量在 10% 以上）	千克
	轻稀土	2530902090	其他稀土金属矿	千克
		2805301100	钕（未相互混合或相互熔合）	千克
		2805301400	镧（未相互混合或相互熔合）	千克

续表

	轻稀土	2805301510*	颗粒＜500μm的铈及其合金（含量≥97%，不论球形，椭球体，雾化，片状，研碎金属燃料；未相互混合或相互熔合）	千克
		2805301590	其他金属铈（未相互混合或相互熔合）	千克
		2805301600	金属镨（未相互混合或相互熔合）	千克
		2805301990	其他稀土金属（未相互混合或相互熔合）	千克
		2805302190	其他电池级的稀土金属、钪及钇（已相互混合或相互熔合）	千克
		2805302990	其他稀土金属、钪及钇（已相互混合或相互熔合）	千克
		2846101000	氧化铈	千克
		2846102000	氢氧化铈	千克
		2846103000	碳酸铈	千克
		2846109010	氰化铈	千克
		2846109090	铈的其他化合物	千克
		2846901200	氧化镧	千克
		2846901300	氧化钕	千克
		2846901700	氧化镨	千克
		2846901999	其他氧化稀土（灯用红粉、氧化铈除外）	千克
		2846902300	氯化镧	千克
		2846902400	氯化钕	千克
		2846902500	氯化镨	千克
		2846902890	其他混合氯化稀土	千克
		2846903300	氟化镧	千克
		2846903400	氟化钕	千克
		2846903500	氟化镨	千克
		2846903900	其他氟化稀土	千克
		2846904100	碳酸镧	千克
		2846904400	碳酸钕	千克
		2846904500	碳酸镨	千克
		2846904890	其他混合碳酸稀土	千克
		2846909100	镧的其他化合物	千克
		2846909200	钕的其他化合物	千克

续表

		2846909500	镨的其他化合物	千克
		2846909990	其他稀土金属、钪的其他化合物（铈的化合物除外）	千克
		7202999191	稀土硅铁合金（按重量计稀土元素总含量在 10% 以上）	千克
		7202999199	其他按重量计稀土元素总含量在 10% 以上的铁合金	千克
8	锡及锡制品			
	锡矿砂	2609000000	锡矿砂及其精矿	千克
	锡及锡基合金	2825903100	二氧化锡	千克
		2825903900	其他锡的氧化物及氢氧化物	千克
		8001100000	未锻轧非合金锡	千克
		8001201000	锡基巴毕脱合金	千克
		8001202100	按重量计含铅量在 0.1% 以下的焊锡	千克
		8001202900	其他焊锡	千克
		8001209000	其他锡合金	千克
		8002000000	锡废碎料	千克
		8003000000	锡及锡合金条、杆、型材、丝	千克
		8007002000	锡板、片及带，厚度超过 0.2 毫米	千克
		8007004000	锡管及管子附件（例如，接头，肘管，管套）	千克
9	锑及锑制品			
	锑砂	2617101000	生锑（锑精矿，选矿产品）	千克
		2617109001	其他锑矿砂及其精矿（黄金价值部分）	千克
		2617109090	其他锑矿砂及其精矿（非黄金价值部分）	千克
	氧化锑	2825800000	锑的氧化物	千克
	锑（包括锑合金）及锑制品	8110101000	未锻轧锑	千克
		8110102000	锑粉末	千克
		8110200000	锑废碎料	千克
		8110900000	其他锑及锑制品	千克
10	煤炭	2701110010	无烟煤（不论是否粉化，但未制成型）	千克
		2701121000	未制成型的炼焦煤（不论是否粉化）	千克
		2701129000	其他烟煤（不论是否粉化，但未制成型）	千克
		2701190000	其他煤（不论是否粉化，但未制成型）	千克
		2702100000	褐煤（不论是否粉化，但未制成型）	千克

续表

11	焦炭 ▲	2704001000	焦炭或半焦炭（煤，褐煤或泥煤制成的，不论是否成型）	千克
12	原油	2709000000	石油原油（包括从沥青矿物提取的原油）	千克
13	成品油	2710121000	车用汽油及航空汽油，不含生物柴油	千克/升
		2710122000	石脑油，不含生物柴油	千克/升
		2710129101	壬烯（碳九异构体混合物含量高于 90%），不含生物柴油	千克
		2710129190	其他壬烯，不含生物柴油	千克
		2710129910	异戊烯同分异构体混合物，不含生物柴油	千克
		2710129990	其他轻油及制品（包括按重量计含油≥ 70% 的制品），不含生物柴油	千克
		2710191100	航空煤油，不含生物柴油	千克/升
		2710191200	灯用煤油，不含生物柴油	千克/升
		2710191910	正构烷烃（C9–C13），不含生物柴油	千克/升
		2710191990	其他煤油馏分的油及制品，不含生物柴油	千克/升
		2710192300	柴油	千克/升
		2710199100	润滑油，不含生物柴油	千克/升
		2710199200	润滑脂，不含生物柴油	千克/升
		2710199300	润滑油基础油，不含生物柴油	千克/升
		2710200000	石油及从沥青矿物提取的油类（但原油除外）以及以上述油为基本成分（按重量计≥ 70%）的其他税目未列名制品（含生物柴油＜ 30%，废油除外）	千克/升
		2711110000	液化天然气	千克
14	钨及钨制品 ▲			
	钨砂	2611000000	钨矿砂及其精矿	千克
		2620991000	其他主要含钨的矿渣、矿灰及残渣	千克
	仲、偏钨酸铵	2841801000	仲钨酸铵	千克
		2841804000	偏钨酸铵	千克
	三氧化钨及蓝色氧化钨	2825901200	三氧化钨	千克
		2825901910	蓝色氧化钨	千克

续表

	钨酸及其盐类	2825901100	钨酸	千克
		2841802000	钨酸钠	千克
		2841803000	钨酸钙	千克
	钨粉及其制品	2849902000	碳化钨	千克
		8101100010*	其他颗粒＜ 500μm 的钨及其合金（含量≥ 97%，不论球形，椭球体，雾化，片状，研碎金属燃料）※	千克
		8101100090	其他钨粉末	千克
		8101940000	未锻轧钨（包括简单烧结的条、杆）	千克
		8101970000	钨废碎料	千克
15	锯材	4406100000	未浸渍的铁道及电车道枕木	千克 / 立方米
		4407101091	非端部接合的红松厚板材（经纵锯、纵切、刨切或旋切的，厚度超过 6 毫米）	千克 / 立方米
		4407101099	非端部接合的樟子松厚板材（经纵锯、纵切、刨切或旋切的，厚度超过 6 毫米）	千克 / 立方米
		4407102091	非端部接合濒危白松（云杉，冷杉）厚板材（经纵锯、纵切、刨切或旋切的，厚度超过 6 毫米）	千克 / 立方米
		4407102099	非端部接合其他白松（云杉，冷杉）厚板材（经纵锯、纵切、刨切或旋切的，厚度超过 6 毫米）	千克 / 立方米
		4407103090	非端部接合的辐射松厚板材（经纵锯、纵切、刨切或旋切的，厚度超过 6 毫米）	千克 / 立方米
		4407104090	非端部接合的花旗松厚板材（经纵锯、纵切、刨切或旋切的，厚度超过 6 毫米）	千克 / 立方米
		4407109091	非端部接合其他濒危针叶木厚板材（经纵锯、纵切、刨切或旋切的，厚度超过 6 毫米）	千克 / 立方米
		4407109099	非端部接合的其他针叶木厚板材（经纵锯、纵切、刨切或旋切的，厚度超过 6 毫米）	千克 / 立方米
		4407210090	非端部接合美洲桃花心木（经纵锯、纵切、刨切或旋切的，厚度超过 6 毫米）	千克 / 立方米
		4407220090	非端部接合的苏里南肉豆蔻木、巴西胡桃木及美洲轻木（经纵锯、纵切、刨切或旋切的，厚度超过 6 毫米）	千克 / 立方米
		4407250090	非端部接合的红柳桉木板材（指深红色、浅红色及巴栲红柳桉木，经纵锯、纵切、刨切或旋切的，厚度超过 6 毫米）	千克 / 立方米

续表

		4407260090	非端部接合的白柳桉、其他柳桉木和阿兰木板材（经纵锯、纵切、刨切或旋切的，厚度超过 6 毫米）	千克 / 立方米
		4407270090	非端部接合的沙比利木板材（经纵锯、纵切、刨切或旋切的，厚度超过 6 毫米）	千克 / 立方米
		4407280090	非端部接合的伊罗科木板材（经纵锯、纵切、刨切或旋切的，厚度超过 6 毫米）	千克 / 立方米
		4407291090	非端部接合的柚木板材（经纵锯、纵切、刨切或旋切的，厚度超过 6 毫米）	千克 / 立方米
		4407299091	非端部接合其他未列名本章子目注释二濒危热带木板材（经纵锯、纵切、刨切或旋切的，厚度超过 6 毫米）	千克 / 立方米
		4407299099	非端部接合其他未列名本章子目注释二热带木板材（经纵锯、纵切、刨切或旋切的，厚度超过 6 毫米）	千克 / 立方米
		4407910091	非端部接合的蒙古栎厚板材	千克 / 立方米
		4407910099	非端部接合的其他栎木（橡木）厚板材	千克 / 立方米
		4407920090	非端部接合的山毛榉木厚板材（经纵锯、纵切、刨切或旋切的，厚度超过 6 毫米）	千克 / 立方米
		4407930090	非端部接合的枫木厚板材（经纵锯、纵切、刨切或旋切的，厚度超过 6 毫米）	千克 / 立方米
		4407940090	非端部接合的樱桃木厚板材（经纵锯、纵切、刨切或旋切的，厚度超过 6 毫米）	千克 / 立方米
		4407950091	非端部接合的水曲柳厚板材	
		4407950099	非端部接合的其他白蜡木厚板材	千克 / 立方米
		4407991090	非端部接合的樟木 / 楠木 / 红木厚板材（经纵锯、纵切、刨切或旋切的，厚度超过 6 毫米）	千克 / 立方米
		4407998091	非端部接合其他温带濒危非针叶厚板材（经纵锯、纵切、刨切或旋切的，厚度超过 6 毫米）	千克 / 立方米
		4407998099	非端部接合的其他温带非针叶厚板材（经纵锯、纵切、刨切或旋切的，厚度超过 6 毫米）	千克 / 立方米
		4407999091	非端部接合的南美蒺藜木（玉檀木）厚板材（经纵锯、纵切、刨切或旋切的，厚度超过 6 毫米）	千克 / 立方米
		4407999092	非端部接合的沉香木及拟沉香木厚板材（经纵锯、纵切、刨切或旋切的，厚度超过 6 毫米）	千克 / 立方米
		4407999095	非端部接合的其他濒危木厚板材（经纵锯、纵切、刨切或旋切的，厚度超过 6 毫米）	千克 / 立方米
		4407999099	非端部接合的其他木厚板材（经纵锯、纵切、刨切或旋切的，厚度超过 6 毫米）	千克 / 立方米

续表

16	白银	7106101100	平均粒径＜3微米非片状银粉	克
		7106101900	平均粒径≥3微米的非片状银粉	克
		7106102100	平均粒径＜10微米片状银粉	克
		7106102900	平均粒径≥10微米的片状银粉	克
		7106911000	纯度达99.99%及以上未锻造银，包括镀金、镀铂的银	克
		7106919000	其他未锻造银，包括镀金、镀铂的银	克
		7106921000	纯度达99.99%及以上半制成银，包括镀金、镀铂的银	克
		7106929000	其他半制成银，包括镀金、镀铂的银	克
17	部分金属及制品			
	锆	8109200090*	其他未锻轧锆；粉末	千克
		8109300000*	锆废碎料	千克
		8109900090*	其他锻轧锆及锆制品	千克
		2825600090*	二氧化锆	千克
	钽	8103201100	松装密度小于 $2.2g/cm^3$ 的钽粉	千克
		8103201900	其他钽粉	千克
		8103209000	其他未锻轧钽，包括简单烧结而成的条、杆	千克
		8103300000	钽废碎料	千克
		8103909090	其他锻轧钽及其制品	千克
		8103901100	直径小于0.5mm的钽丝	千克
		8103901900	其他钽丝	千克
	锗	8112921010	未锻轧锗废碎料	千克
		8112921090	未锻轧的锗；锗粉末	千克
		8112991000	其他锗及其制品	千克
		2825600001	锗的氧化物	千克
	钒	8112922001	未锻轧、废碎料或粉末状的钒氮合金	
		8112992001	其他钒氮合金	
		8112922010	未锻轧的钒废碎料	
		8112922090	未锻轧的钒；钒粉末	
		8112992090	其他钒及其制品	
		2825301000	五氧化二钒	
		2825309000	其他钒的氧化物及氢氧化物	

续表

	铋	2825902100	三氧化二铋	千克
		2825902900	其他铋的氧化物及氢氧化物	千克
		8106001091	其他未锻轧铋	千克
		8106001092	其他未锻轧铋废碎料	千克
		8106001099	其他未锻轧铋粉末	千克
		8106009090	其他铋及铋制品	千克
	钨	3824300010	混合的未烧结金属碳化钨 （包括自身混合或与金属黏合剂混合的）	千克
	钛	3206111000	钛白粉	千克
		8108202100	未锻轧海绵钛	千克
		8108202990	其他未锻轧钛	千克
		8108203000	钛的粉末	千克
		8108300000	钛废碎料	千克
	镓、铼、铌	8112924010	铌废碎料	千克
		8112924090	未锻轧的铌；粉末	千克
		8112929091	未锻轧的镓、铼废碎料	千克
		8112929099	未锻轧的镓、铼；粉末	千克
		8112994000	锻轧的铌及其制品	千克
		8112999090	锻轧的镓、铼及其制品	千克
	钴	8105201000	钴湿法冶炼中间品	千克
		8105202000	未锻轧钴	千克
		8105209001	钴锍及其他冶炼钴时所得的中间产品	千克
		8105209090	其他钴锍、未锻轧钴、粉末	千克
		8105300000	钴锍废碎料	千克
		8105900000	其他钴及制品	千克
		2827393000	氯化钴	千克
		2917112000	草酸钴	千克
		2836993000	碳酸钴	千克
		2822001000	四氧化三钴	千克
		2822009000	其他钴的氧化物及氢氧化物 （包括商品氧化钴，但四氧化三钴除外）	千克
		2833299010	硫酸钴	千克

续表

	铍	8112120000*	未锻轧铍、铍粉末	千克
		8112130000*	铍废碎料	千克
		8112190000*	其他铍及其制品	千克
	镍	7501100000	镍锍	千克
		7501201000	镍湿法冶炼中间品	千克
		7501209000	其他氧化镍烧结物、镍的其他中间产品	千克
		7502101000	未锻轧非合金镍，按重量计镍、钴总量≥ 99.99%，但钴含量≤ 0.005%	千克
		7502109000	其他未锻轧非合金镍	千克
		7502200000	未锻轧镍合金	千克
		7503000000	镍废碎料	千克
	锰 ▲	8111001010	未锻轧锰废碎料	千克
		8111001090	未锻轧锰；粉末	千克
		8111009000	其他锰及制品	千克
	铬	8112210000	未锻轧铬；铬粉末	千克
		8112220000	铬废碎料	千克
		8112290000	其他铬及其制品	千克
	铂	7110199000	其他半制成铂	克
		7112921000	铂及包铂的废碎料（但含有其他贵金属除外）	克
		7112922001	铂含量在 3% 以上的其他含有铂及铂化合物的废碎料（但含有其他贵金属除外，主要用于回收铂）	克
		7112922090	其他含有铂及铂化合物的废碎料（但含有其他贵金属除外，主要用于回收铂）	克
		7111000000	以贱金属、银或金为底的包铂材料	克
		7115100000	金属丝布或格栅形状的铂催化剂	克
		2843900020	氯化铂	克
		2843900030	其他铂化合物	克
		2843900090	其他贵金属化合物，贵金属汞齐（不论是否已有化学定义）	克
	钯	7110210000	未锻造或粉末状钯	克
		7110291000	板、片状钯	克
		7110299000	其他半制成钯	克

续表

	铑	7110310000	未锻造或粉末状铑	克
		7110391000	板、片状铑	克
		7110399000	其他半制成铑	克
	钌、铱、锇	7110410000	未锻造或粉末状铱、锇、钌	克
		7110491000	板、片状铱、锇、钌	克
		7110499000	其他半制成铱、锇、钌	克
	铁合金	7202210010	硅铁，含硅量大于 55%，小于 90%	千克
		7202210090	硅铁，含硅量大于 90%	千克
		7202290010	硅铁，含硅量大于等于 30% 且不超过 55%	千克
		7202290090	硅铁，含硅量小于 30%	千克
		7202110000	锰铁，按重量计含碳量在 2 %以上	千克
		7202190000	锰铁，按重量计含碳量不超过 2%	千克
		7202300000	硅锰铁	千克
		7202410000	铬铁，按重量计含碳量在 4 %以上	千克
		7202490000	铬铁，按重量计含碳量不超过 4%	千克
		7202500000	硅铬铁	千克
		7202600000	镍铁	千克
		7202801000	钨铁	千克
		7202802000	硅钨铁	千克
		7202910000	钛铁及硅钛铁	千克
		7202921000	按重量计含钒量在 7 5 %及以上钒铁	千克
		7202929000	其他钒铁	千克
		7202930010	铁钽铌合金（钽含量＜ 10%）	千克
		7202930090	其他铌铁	千克
		7202991100	钕铁硼合金速凝永磁片	千克
		7202991200	钕铁硼合金磁粉	千克
		7202991900	其他钕铁硼合金	千克
		7202999900	其他铁合金	千克
18	钼 ▲	2613100000	已焙烧的钼矿砂及其精矿	千克
		2613900000	其他钼矿砂及其精矿	千克
		2825700000	钼的氧化物及氢氧化物	千克

续表

		2841709000	其他钼酸盐	千克
		2841701000	钼酸铵	千克
		7202700000	钼铁	千克
		8102100000	钼粉	千克
		8102940000	未锻轧钼，包括简单烧结的条、杆	千克
		8102970000	钼废碎料	千克
19	钼制品	8102990000	钼制品	千克
20	铟及铟制品	8112923001	未锻轧的铟	千克
		8112923002	铟粉末	千克
		8112923090	未锻轧的铟废碎料	千克
		8112993000	锻轧的铟及其制品	千克
21	天然砂	2505100000	硅砂及石英砂（不论是否着色）	千克
		2505900010	标准砂（不论是否着色，二十六章的金属矿砂除外）	千克
		2505900090	其他天然砂（不论是否着色，二十六章的金属矿砂除外）	千克
22	柠檬酸	2918140000	柠檬酸	千克
		2918150000	柠檬酸盐及柠檬酸酯	千克
23	青霉素工业盐	2941109900	其他青霉素或衍生物及其盐（包括具有青霉烷酸结构和青霉素衍生物及其盐）	千克
24	维生素 C	2936270010	未混合的维生素 C 原粉（不论是否溶于溶剂）	千克
		2936270020	未混合的维生素 C 钙、维生素 C 钠（不论是否溶于溶剂）	千克
		2936270030	颗粒或包衣维生素 C（不论是否溶于溶剂）	千克
		2936270090	维生素 C 酯类及其他（不论是否溶于溶剂）	千克
25	硫酸二钠	2833110000	硫酸二钠	千克
26	磷矿石	2510101000	未碾磨磷灰石	千克
		2510109000	其他未碾磨天然磷酸钙（包括天然磷酸铝钙及磷酸盐白垩，磷灰石除外）	千克
		2510201000	已碾磨磷灰石	千克
		2510209000	其他已碾磨天然磷酸钙（包括天然磷酸铝钙及磷酸盐白垩）	千克
27	碳化硅 ▲	2849200000	碳化硅	千克
		3824909910	粗制碳化硅（其中碳化硅含量大于 15%，按重量计）	千克

续表

28	甘草 及甘草制品	1211903600	鲜或干的甘草（不论是否切割，压碎或研磨成粉）	千克
		1302120000	甘草液汁及浸膏	千克
		2938909010	甘草酸粉	千克
		2938909020	甘草酸盐类	千克
		2938909030	甘草次酸及其衍生物	千克
29	蔺草 及蔺草制品	1401903100	蔺草（已净、漂白或染色的）	千克
		4601291111	蔺草制的提花席、双苜席、垫子 （单位面积＞1 平方米，不论是否包边）	千克 / 张
		4601291112	蔺草制的其他席子 （单位面积＞1 平方米，不论是否包边）	千克 / 张
		9404210010	蔺草包面的垫子 （单件面积大于 1 平方米，无论是否包边）	个 / 千克
30	矾土 ▲	2508300000	耐火黏土（不论是否煅烧） （包括矾土、焦宝石及其他耐火黏土）	千克
		2606000000	铝矿砂及其精矿	千克
31	镁砂	2519100000	天然碳酸镁（菱镁矿）	千克
		2519901000	熔凝镁氧矿（电熔镁，包括喷补料）	千克
		2519902000	烧结镁氧矿（重烧镁，包括喷补料）	千克
		2519903000	碱烧镁（轻烧镁）	千克
		2519909910	其他氧化镁含量在 70% 以上的矿产品	千克
		2530909910	废镁砖	千克
		2530909930	未煅烧的水镁石	千克
		3824909200	按重量计含氧化镁 70% 以上的混合物	千克
32	滑石块（粉）	2526102000	未破碎及未研粉的滑石 （不论是否粗加修整或仅用锯或其他方法切割成矩形板块）	千克
		2526202001	滑石粉 （体积百分比 90% 及以上的产品颗粒度小于等于 18 微米的）	千克
		2526202090	已破碎或已研粉的其他天然滑石	千克
		3824909100	按重量计含滑石 50% 以上的混合物	千克
33	氟石（萤石） ▲	2529210000	按重量计氟化钙含量在 97% 及以下	千克
		2529220000	按重量计氟化钙含量在 97% 以上	千克

续表

34	消耗臭氧层物质	2903140010	非用于清洗剂的四氯化碳	千克
		2903191010	1, 1, 1– 三氯乙烷（甲基氯仿），用于清洗剂的除外	千克
		2903399020	溴甲烷（甲基溴）	千克
		2903710000	一氯二氟甲烷	千克
		2903720000	二氯三氟乙烷	千克
		2903730000	二氯一氟乙烷	千克
		2903740000	一氯二氟乙烷	千克
		2903750010	1, 1, 1, 2, 2– 五氟 –3, 3– 二氯丙烷	千克
		2903750020	1, 1, 2, 2, 3– 五氟 –1, 3– 二氯丙烷	千克
		2903750090	其他二氯五氟丙烷	千克
		2903760010	溴氯二氟甲烷（halon–1211）	千克
		2903760020	溴三氟甲烷（halon–1301）	千克
		2903771000	三氯氟甲烷（CFC–11）	千克
		2903772011	二氯二氟甲烷（CFC–12）	千克
		2903772012	三氯三氟乙烷，用于清洗剂除外（CFC–113）	千克
		2903772014	二氯四氟乙烷（CFC–114）	千克
		2903772015	一氯五氟乙烷（CFC–115）	千克
		2903772016	一氯三氟甲烷（CFC–113）	千克
		2903791011	一氟二氯甲烷	千克
		2903791012	1, 1, 1, 2– 四氟 –2– 氯乙烷	千克
		2903791013	三氟一氯乙烷	千克
		2903791014	1– 氟 –1，1– 二氯乙烷	千克
		2903791015	1, 1– 二氟 –1– 氯乙烷	千克
		2903791090	其他仅含氟和氯的甲烷、乙烷及丙烷的卤化衍生物	千克
		2903799021	其他仅含溴、氟的甲烷、乙烷和丙烷	千克
		3824710011	二氯二氟甲烷和二氟乙烷的混合物（R–500）	千克
		3824710012	一氯二氟甲烷和二氯二氟甲烷的混合物（R–501）	千克
		3824710013	一氯二氟甲烷和一氯五氟乙烷的混合物（R–502）	千克
		3824710014	三氟甲烷和一氯三氟甲烷的混合物（R–503）	千克

续表

		3824710015	二氟甲烷和一氯五氟乙烷的混合物（R–504）	千克
		3824710016	二氯二氟甲烷和一氟一氯甲烷的混合物（R–505）	千克
		3824710017	一氟一氯甲烷和二氯四氟乙烷的混合物（R–506）	千克
		3824710018	二氯二氟甲烷和二氯四氟乙烷的混合物（R–400）	千克
		3824740011	二氟一氯甲烷、二氟乙烷和一氯四氟乙烷的混合物（R–401）	千克
		3824740012	五氟乙烷、丙烷和二氟一氯甲烷的混合物（R–402）	千克
		3824740013	丙烷、二氟一氯甲烷和八氟丙烷的混合物（R–403）	千克
		3824740014	二氟一氯甲烷、二氟乙烷、一氯二氟乙烷和八氟环丁烷的混合物（R–405）	千克
		3824740015	二氟一氯甲烷、2– 甲基丙烷（异丁烷）和一氯二氟乙烷的混合物（R–406）	千克
		3824740016	五氟乙烷、三氟乙烷和二氟一氯甲烷的混合物（R–408）	千克
		3824740017	二氟一氯甲烷、一氯四氟乙烷和一氯二氟乙烷的混合物（R–409）	千克
		3824740018	丙烯、二氟一氯甲烷和二氟乙烷的混合物（R–411）	千克
		3824740019	二氟一氯甲烷、八氟丙烷和一氯二氟乙烷的混合物（R–412）	千克
		3824740021	二氟一氯甲烷、一氯四氟乙烷、一氯二氟乙烷和 2–甲基丙烷的混合物（R–414）	千克
		3824740022	二氟一氯甲烷和二氟乙烷的混合物（R–415）	千克
		3824740023	四氟乙烷、一氯四氟乙烷和丁烷的混合物（R–416）	千克
		3824740024	丙烷、二氟一氯甲烷和二氟乙烷的混合物（R–418）	千克
		3824740025	二氟一氯甲烷和八氟丙烷的混合物（R–509）	千克
		3824740026	二氟一氯甲烷和一氯二氟乙烷的混合物	千克
		3824740090	其他含甲烷、乙烷或丙烷的氢氯氟烃混合物（不论是否含甲烷、乙烷或丙烷的全氟烃或氢氟烃，但不含全氯氟烃）	千克
35	摩托车（含全地形车）及其发动机、车架	8407310000	排气量≤ 50 毫升往复式活塞引擎（第 87 章所列车辆用的点燃往复式活塞发动机，不超过 50 毫升）	台 / 千瓦
		8407320000	50 毫升＜排气量≤ 250 毫升往复式活塞引擎（第 87 章所列车辆用的点燃往复式活塞发动机）	台 / 千瓦

续表

		8714100010	摩托车架	千克
		8711100010	微马力摩托车及脚踏两用车（装有往复式活塞内燃发动机，微马力指排气量＝ 50 毫升）	辆
		8711201000	小马力摩托车及脚踏两用车（装有往复式活塞内燃发动机，小马力指 50 毫升＜排气量≤ 100 毫升）	辆
		8711202000	小马力摩托车及脚踏两用车（装有往复式活塞内燃发动机，小马力指 100 毫升＜排气量≤ 125 毫升）	辆
		8711203000	小马力摩托车及脚踏两用车（装有往复式活塞内燃发动机，小马力指 125 毫升＜排气量≤ 150 毫升）	辆
		8711204000	小马力摩托车及脚踏两用车（装有往复式活塞内燃发动机，小马力指 150 毫升＜排气量≤ 200 毫升）	辆
		8711205000	小马力摩托车及脚踏两用车（装有往复式活塞内燃发动机，小马力指 200 毫升＜排气量≤ 250 毫升）	辆
		8711301000	小马力摩托车及脚踏两用车（装有往复式活塞内燃发动机，250 毫升＜排气量≤ 400 毫升）	辆
		8711302000	小马力摩托车及脚踏两用车（装有往复式活塞内燃发动机，400 毫升＜排气量≤ 500 毫升）	辆
		8711400000	500 ＜排气量≤ 800 毫升装往复式活塞内燃发动机摩托车及脚踏两用车	辆
		8711500000	800 毫升＜排气量装往复式活塞内燃发动机摩托车及脚踏两用车	辆
		8703101100	全地形车	辆
36	汽车（包括成套散件）及其底盘	8701200000	半挂车用的公路牵引车	辆
		8702109100	30 座及以上大型客车（柴油型，指装有柴油或半柴油发动机的 30 座及以上的客运车）	辆
		8702109201	20 ≤座≤ 23 装有压燃式活塞内燃发动机的客车	辆
		8702109290	24 ≤座≤ 29 装有压燃式活塞内燃发动机的客车	辆
		8702109300	10 ≤座≤ 19 装有压燃式活塞内燃发动机的客车	辆
		8702901000	30 座及以上大型客车（其他型，指装有其他发动机的 30 座及以上的客运车）	辆
		8702902001	20 ≤座≤ 23 装有非压燃式活塞内燃发动机的客车	辆
		8702902090	24 ≤座≤ 29 装有非压燃式活塞内燃发动机的客车	辆
		8702903000	10 ≤座≤ 19 装有非压燃式活塞内燃发动机的客车	辆
		8703213001	排气量≤ 1 升的装有点燃往复式活塞内燃发动机的小轿车	辆

续表

		8703213090	排气量≤ 1 升的装有点燃往复式活塞内燃发动机小轿车的成套散件	辆
		8703214001	排气量≤ 1 升的带点燃往复式活塞内燃发动机的越野车（4 轮驱动）	辆
		8703214090	排气量≤ 1 升的带点燃往复式活塞内燃发动机的越野车（4 轮驱动）的成套散件	辆
		8703215001	排气量≤ 1 升的带点燃往复式活塞内燃发动机的小客车（9 座及以下）	辆
		8703215090	排气量≤ 1 升的带点燃往复式活塞内燃发动机的小客车的成套散件（9 座及以下）	辆
		8703219001	排气量≤ 1 升的带点燃往复式活塞内燃发动机的其他车辆	辆
		8703219090	排气量≤ 1 升的带点燃往复式活塞内燃发动机的其他车辆的成套散件	辆
		8703223001	1 ＜排气量≤ 1.5 升带点燃往复式活塞内燃发动机小轿车	辆
		8703223090	1 ＜排气量≤ 1.5 升带点燃往复式活塞内燃发动机小轿车的成套散件	辆
		8703224001	1 ＜排气量≤ 1.5 升带点燃往复活塞内燃发动机四轮驱动越野车	辆
		8703224090	1 ＜排气量≤ 1.5 升带点燃往复活塞内燃发动机四轮驱动越野车的成套散件	辆
		8703225001	1 ＜排气量≤ 1.5 升带点燃往复式活塞内燃发动机小客车（≤ 9 座）	辆
		8703225090	1 ＜排气量≤ 1.5 升带点燃往复式活塞内燃发动机小客车的成套散件（≤ 9 座）	辆
		8703229001	1 ＜排气量≤ 1.5 升带点燃往复式活塞内燃发动机其他车	辆
		8703229090	1 ＜排气量≤ 1.5 升带点燃往复式活塞内燃发动机其他车的成套散件	辆
		8703234101	1.5 ＜排气量≤ 2 升装点燃往复式活塞内燃发动机小轿车	辆
		8703234190	1.5 ＜排气量≤ 2 升装点燃往复式活塞内燃发动机小轿车的成套散件	辆
		8703234201	1.5 ＜排气量≤ 2 升装点燃往复式活塞内燃发动机越野车（4 轮驱动）	辆
		8703234290	1.5 ＜排气量≤ 2 升装点燃往复式活塞内燃发动机越野车的成套散件（4 轮驱动）	辆

续表

		8703234301	1.5＜排气量≤2升装点燃往复式活塞内燃发动机小客车（9座及以下的）	辆
		8703234390	1.5＜排气量≤2升装点燃往复式活塞内燃发动机小客车的成套散件（9座及以下的）	辆
		8703234901	1.5＜排气量≤2升装点燃往复式活塞内燃发动机的其他载人车辆	辆
		8703234990	1.5＜排气量≤2升装点燃往复式活塞内燃发动机的其他载人车辆的成套散件	辆
		8703235101	2＜排气量≤2.5升装点燃往复式活塞内燃发动机小轿车	辆
		8703235190	2＜排气量≤2.5升装点燃往复式活塞内燃发动机小轿车的成套散件	辆
		8703235201	2＜排气量≤2.5升装点燃往复式活塞内燃发动机越野车（4轮驱动）	辆
		8703235290	2＜排气量≤2.5升装点燃往复式活塞内燃发动机越野车的成套散件（4轮驱动）	辆
		8703235301	2＜排气量≤2.5升装点燃往复式活塞内燃发动机小客车（9座及以下的）	辆
		8703235390	2＜排气量≤2.5升装点燃往复式活塞内燃发动机的小客车的成套散件（9座及以下的）	辆
		8703235901	2＜排气量≤2.5升装点燃往复式活塞内燃发动机的其他载人车辆	辆
		8703235990	2＜排气量≤2.5升装点燃往复式活塞内燃发动机的其他载人车辆的成套散件	辆
		8703236101	2.5＜排气量≤3升装点燃往复式活塞内燃发动机小轿车	辆
		8703236190	2.5＜排气量≤3升装点燃往复式活塞内燃发动机小轿车的成套散件	辆
		8703236201	2.5＜排气量≤3升装点燃往复式活塞内燃发动机越野车（4轮驱动）	辆
		8703236290	2.5＜排气量≤3升装点燃往复式活塞内燃发动机越野车的成套散件（4轮驱动）	辆
		8703236301	2.5＜排气量≤3升装点燃往复式活塞内燃发动机小客车（9座及以下的）	辆
		8703236390	2.5＜排气量≤3升装点燃往复式活塞内燃发动机小客车的成套散件（9座及以下的）	辆

续表

		8703236901	2.5＜排气量≤3 升装点燃往复式活塞内燃发动机的其他载人车辆	辆
		8703236999	2.5＜排气量≤3 升装点燃往复式活塞内燃发动机的其他载人车辆的成套散件	辆
		8703241101	3＜排气量≤4 升装点燃往复式活塞内燃发动机小轿车	辆
		8703241190	3＜排气量≤4 升装点燃往复式活塞内燃发动机小轿车的成套散件	辆
		8703241201	3＜排气量≤4 升装点燃往复式活塞内燃发动机越野车（4 轮驱动）	辆
		8703241290	3＜排气量≤4 升装点燃往复式活塞内燃发动机越野车的成套散件（4 轮驱动）	辆
		8703241301	3＜排气量≤4 升装点燃往复式活塞内燃发动机的小客车（9 座及以下的）	辆
		8703241390	3＜排气量≤4 升装点燃往复式活塞内燃发动机的小客车的成套散件（9 座及以下的）	辆
		8703241901	3＜排气量≤4 升装点燃往复式活塞内燃发动机的其他载人车辆	辆
		8703241999	3＜排气量≤4 升装点燃往复式活塞内燃发动机的其他载人车辆的成套散件	辆
		8703242101	排气量＞4 升装点燃往复式活塞内燃发动机小轿车	辆
		8703242190	排气量＞4 升装点燃往复式活塞内燃发动机小轿车的成套散件	辆
		8703242201	排气量＞4 升装点燃往复式活塞内燃发动机越野车（4 轮驱动）	辆
		8703242290	排气量＞4 升装点燃往复式活塞内燃发动机越野车的成套散件（4 轮驱动）	辆
		8703242301	排气量＞4 升装点燃往复式活塞内燃发动机的小客车（9 座及以下的）	辆
		8703242390	排气量＞4 升装点燃往复式活塞内燃发动机的小客车的成套散件（9 座及以下的）	辆
		8703242901	排气量＞4 升装点燃往复式活塞内燃发动机的其他载人车辆	辆
		8703242999	排气量＞4 升装点燃往复式活塞内燃发动机的其他载人车辆的成套散件	辆

续表

		8703311101	排气量≤1升的装有压燃往复式活塞内燃发动机小轿车	辆
		8703311190	排气量≤1升的装有压燃往复式活塞内燃发动机小轿车的成套散件	辆
		8703311901	排气量≤1升的装有压燃往复式活塞内燃发动机的其他载人车辆	辆
		8703311990	排气量≤1升的装有压燃往复式活塞内燃发动机的其他载人车辆的成套散件	辆
		8703312101	1升＜排气量≤1.5升装压燃往复式活塞内燃发动机小轿车	辆
		8703312190	1升＜排气量≤1.5升装压燃往复式活塞内燃发动机小轿车的成套散件	辆
		8703312201	1升＜排气量≤1.5升装压燃式活塞内燃发动机越野车（4轮驱动）	辆
		8703312290	1升＜排气量≤1.5升装压燃式活塞内燃发动机越野车的成套散件（4轮驱动）	辆
		8703312301	1升＜排气量≤1.5升装压燃往复式活塞内燃发动机小客车（9座及以下的）	辆
		8703312390	1升＜排气量≤1.5升装压燃往复式活塞内燃发动机小客车的成套散件（9座及以下的）	辆
		8703312901	1升＜排气量≤1.5升装压燃往复式活塞内燃发动机的其他载人车辆	辆
		8703312990	1升＜排气量≤1.5升装压燃往复式活塞内燃发动机的其他载人车辆的成套散件	辆
		8703321101	1.5＜排气量≤2升装压燃往复式活塞内燃发动机小轿车	辆
		8703321190	1.5＜排气量≤2升装压燃往复式活塞内燃发动机小轿车的成套散件	辆
		8703321201	1.5＜排气量≤2升装压燃往复式活塞内燃发动机越野车（4轮驱动）	辆
		8703321290	1.5＜排气量≤2升装压燃往复式活塞内燃发动机越野车的成套散件（4轮驱动）	辆
		8703321301	1.5＜排气量≤2升装压燃往复式活塞内燃发动机小客车（9座及以下的）	辆
		8703321390	1.5＜排气量≤2升装压燃往复式活塞内燃发动机小客车的成套散件（9座及以下的）	辆

续表

		8703321901	1.5 <排气量≤ 2 升装压燃往复式活塞内燃发动机的其他载人车辆	辆
		8703321990	1.5 <排气量≤ 2 升装压燃往复式活塞内燃发动机的其他载人车辆的成套散件	辆
		8703322101	2 <排气量≤ 2.5 升装压燃往复式活塞内燃发动机小轿车	辆
		8703322190	2 <排气量≤ 2.5 升装压燃往复式活塞内燃发动机小轿车的成套散件	辆
		8703322201	2 <排气量≤ 2.5 升装压燃往复式活塞内燃发动机越野车（4 轮驱动）	辆
		8703322290	2 <排气量≤ 2.5 升装压燃往复式活塞内燃发动机越野车的成套散件（4 轮驱动）	辆
		8703322301	2 <排气量≤ 2.5 升装压燃往复式活塞内燃发动机小客车（9 座及以下的）	辆
		8703322390	2 <排气量≤ 2.5 升装压燃往复式活塞内燃发动机小客车的成套散件（9 座及以下的）	辆
		8703322901	2 <排气量≤ 2.5 升装压燃往复式活塞内燃发动机的其他载人车辆	辆
		8703322990	2 <排气量≤ 2.5 升装压燃往复式活塞内燃发动机的其他载人车辆的成套散件	辆
		8703331101	2.5 <排气量≤ 3 升装压燃往复式活塞内燃发动机小轿车	辆
		8703331190	2.5 <排气量≤ 3 升装压燃往复式活塞内燃发动机小轿车的成套散件	辆
		8703331201	2.5 <排气量≤ 3 升装压燃往复式活塞内燃发动机越野车（4 轮驱动）	辆
		8703331290	2.5 <排气量≤ 3 升装压燃往复式活塞内燃发动机越野车的成套散件（4 轮驱动）	辆
		8703331301	2.5 <排气量≤ 3 升装压燃往复式活塞内燃发动机小客车（9 座及以下的）	辆
		8703331390	2.5 <排气量≤ 3 升装压燃往复式活塞内燃发动机小客车的成套散件（9 座及以下的）	辆
		8703331901	2.5 <排气量≤ 3 升装压燃往复式活塞内燃发动机的其他载人车辆	辆
		8703331999	2.5 <排气量≤ 3 升装压燃往复式活塞内燃发动机的其他载人车辆的成套散件	辆

续表

		8703332101	3＜排气量≤4升装压燃往复式活塞内燃发动机小轿车	辆
		8703332190	3＜排气量≤4升装压燃往复式活塞内燃发动机小轿车的成套散件	辆
		8703332201	3＜排气量≤4升装压燃往复式活塞内燃发动机越野车（4轮驱动）	辆
		8703332290	3＜排气量≤4升装压燃往复式活塞内燃发动机越野车的成套散件（4轮驱动）	辆
		8703332301	3＜排气量≤4升装压燃往复式活塞内燃发动机小客车（9座及以下的）	辆
		8703332390	3＜排气量≤4升装压燃往复式活塞内燃发动机小客车的成套散件（9座及以下的）	辆
		8703332901	3＜排气量≤4升装压燃往复式活塞内燃发动机的其他载人车辆	辆
		8703332999	3＜排气量≤4升装压燃往复式活塞内燃发动机的其他载人车辆的成套散件	辆
		8703336101	排气量＞4升装压燃往复式活塞内燃发动机小轿车	辆
		8703336190	排气量＞4升装压燃往复式活塞内燃发动机小轿车的成套散件	辆
		8703336201	排气量＞4升装压燃往复式活塞内燃发动机越野车（4轮驱动）	辆
		8703336290	排气量＞4升装压燃往复式活塞内燃发动机越野车的成套散件（4轮驱动）	辆
		8703336301	排气量＞4升装压燃往复式活塞内燃发动机小客车（9座及以下的）	辆
		8703336390	排气量＞4升装压燃往复式活塞内燃发动机小客车的成套散件（9座及以下的）	辆
		8703336901	排气量＞4升装压燃往复式活塞内燃发动机其他载人车辆	辆
		8703336999	排气量＞4升装压燃往复式活塞内燃发动机其他载人车辆的成套散件	辆
		8703900001	其他型排气量≤1升的其他载人车辆	辆
		8703900002	其他型1.5升＜排气量≤2升的其他载人车辆	辆
		8703900003	其他型2升＜排气量≤2.5升的其他载人车辆	辆
		8703900004	其他型2.5升＜排气量≤3升的其他载人车辆	辆

续表

		8703900005	其他型 3 升＜排气量≤ 4 升的其他载人车辆	辆
		8703900006	其他型排气量＞ 4 升的其他载人车辆	辆
		8703900007	其他型 1 升＜排气量≤ 1.5 升的其他载人车辆	辆
		8704210000	柴油型其他小型货车（装有压燃式活塞内燃发动机，小型指车辆总重量≤ 5 吨）	辆
		8704223000	柴油型其他中型货车（装有压燃式活塞内燃发动机，中型指 5 ＜车辆总重量＜ 14 吨）	辆
		8704224000	柴油型其他重型货车（装有压燃式活塞内燃发动机，重型指 14 ≤车辆总重≤ 20 吨）	辆
		8704230010	固井水泥车、压裂车、混砂车、连续油管车、液氮泵车用底盘	辆
		8704230020	起重≥ 55 吨汽车起重机用底盘	辆
		8704230030	车辆总重量≥ 31 吨清障车专用底盘	辆
		8704230090	柴油型的其他超重型货车（装有压燃式活塞内燃发动机，超重型指车辆总重量＞ 20 吨）	辆
		8704310000	总重量≤ 5 吨的其他货车（汽油型，装有点燃式活塞内燃发动机）	辆
		8704323000	5 吨＜总重量≤ 8 吨的其他货车（汽油型，装有点燃式活塞内燃发动机）	辆
		8704324000	总重量＞ 8 吨的其他货车（汽油型，装有点燃式活塞内燃发动机）	辆
		8704900000	装有其他发动机的货车	辆
		8706002100	车辆总重量≥ 14 吨的货车底盘（装有发动机的）	台
		8706002200	车辆总重量＜ 14 吨的货车底盘（装有发动机的）	台
		8706003000	大型客车底盘（装有发动机的）	台
		8706009000	其他机动车辆底盘（装有发动机的，编号 8701，8703 和 8705 所列车辆用）	台

说明：标有“*”的货物，按照商务部、海关总署公告 2014 年第 96 号执行

国家发展改革委、商务部公布《2015年农产品进口关税配额再分配公告》

【发布单位】国家发展改革委　商务部
【发布日期】2015年8月6日

根据《农产品进口关税配额管理暂行办法》，特制定《2015年农产品进口关税配额再分配公告》，现予以公布。

2015年农产品进口关税配额再分配公告

根据《农产品进口关税配额管理暂行办法》（商务部、国家发展和改革委员会令2003年第4号，以下简称《暂行办法》）、《2015年粮食进口关税配额申领条件和分配原则》和《2015年棉花进口关税配额申领条件和分配原则》（国家发展和改革委员会公告2014年第22号，以下简称《分配原则》）、《2015年食糖进口关税配额申请和分配细则》（商务部公告2014年第66号，以下简称《分配细则》）中的有关规定，现将2015年农产品进口关税配额再分配的有关事项公告如下：

一、持有2015年小麦、玉米、稻谷及大米、食糖、棉花进口关税配额的最终用户，当年未就全部配额数量签订进口合同，或已签订进口合同但预计年底前无法从始发港出运的，均应将其持有的关税配额量中未完成或不能完成的部分于9月15日前交还所在地的省（自治区、直辖市、计划单列市）发展改革委、商务主管部门。国家发展改革委、商务部将对交还的配额进行再分配。对最终用户9月15日前没有交还且年底前未充分使用的配额，国家发展改革委、商务部在分配下一年农产品进口关税配额时按比例相应扣减。

二、获得本公告第一条所列商品2015年进口关税配额并全部使用完毕（需提供进口报关单复印件）的最终用户，以及符合《分配原则》、《分配细则》中所列申请条件但在年初前分配时未申请2015年进口关税配额的新用户，可以向所在地省（自治区、直辖市、计划单列市）发展改革委、商务主管部门提出农产品进口关税配额再分配申请。

三、申请者需在9月1日至15日以书面形式向所在地省（自治区、直辖市、计划单列市）发展改革委、商务主管部门递交关税配额再分配申请。相关商品申请格式见附件。

四、各省（自治区、直辖市、计划单列市）发展改革委、商务主管部门对申请者的申请进行初步审核后，于9月1日开始将符合条件的申请通过农产品进口关税配额计算机管理系统分别进行申报，并于9月20日前将申请按时间顺序汇总后，以书面形式分别上报国家发展改革委、商务部。

五、国家发展改革委、商务部按照网上申报的顺序对用户交回的配额进行再分配。10月1日前将关税配额再分配的结果通知到最终用户。

当符合条件的申请数量总和小于关税配额再分配量时，每个申请者的申请均可获得满足；当符合条件的申请数量总和大于关税配额再分配量时，根据《分配原则》、《分配细则》中的有关规定，按照先来先领的原则进行再分配。

六、再分配关税配额的有效期等其他事项按照《暂行办法》、《分配原则》、《分配细则》执行。

七、小麦、玉米、稻谷及大米、棉花进口关税配额的再分配，由国家发展改革委会同商务部以及各省（自治区、直辖市、计划单 3 列市）发展改革委组织实施；食糖进口关税配额再分配，由商务部以及各省（自治区、直辖市、计划单列市）商务主管部门组织实施。

附件：1. 2015 年粮食进口关税配额再分配申请表
　　　2. 2015 年棉花进口关税配额再分配申请表
　　　3. 2015 年食糖进口关税配额再分配申请表

附件 1

2015 年粮食进口关税配额再分配申请表

申请企业盖章：　　　　　　　　企业法人代表签字：

<table>
<tr><td colspan="5">企业名称：</td><td>工商注册号：</td></tr>
<tr><td colspan="5">企业注册地址：</td><td>组织机构代码：</td></tr>
<tr><td colspan="5">企业性质：□ 国有　□ 股份制　□ 民营　□ 外商投资</td><td>联系电话：</td></tr>
<tr><td colspan="3">注册资本（万元）：</td><td colspan="2">2014 年纳税额（万元）：</td><td>2014 年底资产负债率：</td></tr>
<tr><td colspan="6">2012 至 2014 年在以下方面有无违规记录，有的在“□”内打 √
□ 海关　□ 工商　□ 税务　□ 外汇　□ 检验检疫　□ 粮食流通　□ 环保</td></tr>
<tr><td colspan="3">银行信用等级：</td><td colspan="3">有无不良贷款信用记录：□ 有　□ 无</td></tr>
<tr><td colspan="3" rowspan="2">申请农产品配额名称：</td><td colspan="2" rowspan="2">申请数量（吨）</td><td>一般贸易：</td></tr>
<tr><td>加工贸易：</td></tr>
<tr><td colspan="3">□ 2014 年有该农产品一般贸易进口实绩者</td><td colspan="2">□ 2014 年有该农产品加工贸易进口实绩者</td><td>□ 2014 年无该农产品进口实绩者</td></tr>
<tr><td colspan="6">以下由生产企业填写</td></tr>
<tr><td rowspan="9">企业生产经营情况</td><td rowspan="5">一般贸易</td><td colspan="4">□ 2014 年　□新企业</td></tr>
<tr><td colspan="3">产品名称：</td><td>加工原料名称：</td></tr>
<tr><td colspan="3">年生产能力（吨）：</td><td>年处理能力（吨）：</td></tr>
<tr><td colspan="3">年实际产量（吨）：</td><td>年实际用量（吨）：</td></tr>
<tr><td colspan="4">该产品年销售额（万元）：</td></tr>
<tr><td rowspan="4">加工贸易</td><td colspan="4">□ 2014 年　□新企业</td></tr>
<tr><td colspan="3">出口产品名称：</td><td>进口原料名称：</td></tr>
<tr><td colspan="3">年实际出口量（吨）：</td><td>年实际进口量（吨）：</td></tr>
<tr><td colspan="3">年加工出口能力（吨）：</td><td>年进口处理需求（吨）：</td></tr>
<tr><td colspan="6">以下由具有大米批发零售资格的粮食企业填写</td></tr>
</table>

续表

<table>
<tr><td colspan="2">2013 年大米贸易年销售额（万元）：</td><td colspan="2">2014 年大米贸易完成销售额（万元）：</td></tr>
<tr><td colspan="4">以下由有进口实绩（不包括代理进口）的企业填写</td></tr>
<tr><td rowspan="7">企业实际进口情况</td><td></td><td>2014 年分配</td><td>2015 年分配</td></tr>
<tr><td rowspan="3">一般贸易配额</td><td>分配量（吨）：</td><td>分配量（吨）：</td></tr>
<tr><td>实际进口量（吨）：</td><td>已完成进口量（吨）：</td></tr>
<tr><td>调整期退回量（吨）：</td><td>调整期退回量（吨）：</td></tr>
<tr><td rowspan="3">加工贸易配额</td><td>分配量（吨）：</td><td>分配量（吨）：</td></tr>
<tr><td>实际进口量（吨）：</td><td>已完成进口量（吨）：</td></tr>
<tr><td>调整期退回量（吨）：</td><td>调整期退回量（吨）：</td></tr>
<tr><td colspan="4">授权机构审核意见：</td></tr>
</table>

填表说明：1．“企业生产经营情况”：指企业 2013 年或 2014 年以申请进口的农产品（包括粉、粒）为主要原料加工产品实际生产经营情况。2．申请加工贸易的新企业按照当地商务部门出具的加工贸易能力证明，填写产品“年加工出口能力”和原料“年进口处理需求”。3．“授权机构审核意见”：指授权机构对申请企业是否符合相关申请条件出具的审核意见。

附件 2

2015 年棉花进口关税配额再分配申请表

申请企业盖章：　　　　　　企业法人代表签字：

<table>
<tr><td colspan="2">企业名称：</td><td>工商注册号：</td></tr>
<tr><td colspan="2">企业注册地址：</td><td>组织机构代码：</td></tr>
<tr><td colspan="2">企业性质：□ 国有　□ 股份制　□ 民营　□ 外商投资</td><td>联系电话：</td></tr>
<tr><td>注册资本（万元）：</td><td>2014 年纳税额（万元）：</td><td>2014 年底资产负债率：</td></tr>
<tr><td colspan="3">2012 至 2014 年在以下方面有无违规记录，有的在“□”内打 √
□ 海关　□ 工商　□ 税务　□ 外汇　□ 检验检疫　□ 环保</td></tr>
<tr><td>银行信用等级：</td><td colspan="2">有无不良贷款信用记录：□ 有　□ 无</td></tr>
<tr><td rowspan="2">棉花配额再分配申请数量（吨）：</td><td colspan="2">一般贸易：</td></tr>
<tr><td colspan="2">加工贸易：</td></tr>
<tr><td>□ 2014 年有棉花一般贸易进口实绩者</td><td>□ 2014 年有棉花加工贸易进口实绩者</td><td>□ 2014 年无棉花进口实绩者</td></tr>
<tr><td colspan="3">以下由生产企业填写</td></tr>
</table>

续表

<table>
<tr><td rowspan="10">企业生产经营情况</td><td rowspan="5">一般贸易</td><td colspan="2">□ 2014 年　　□新企业</td></tr>
<tr><td>产品名称：</td><td>加工原料名称：</td></tr>
<tr><td>纺纱能力（万锭）：</td><td>年处理能力（吨）：</td></tr>
<tr><td>年实际产量（吨）：</td><td>年实际用量（吨）：</td></tr>
<tr><td colspan="2">该产品年销售额（万元）：</td></tr>
<tr><td rowspan="5">加工贸易</td><td colspan="2">□ 2014 年　　□新企业</td></tr>
<tr><td>出口产品名称：</td><td>进口原料名称：</td></tr>
<tr><td>纺纱能力（万锭）：</td><td>年实际进口量（吨）：</td></tr>
<tr><td>年加工出口能力（吨）：</td><td>年进口处理需求（吨）：</td></tr>
<tr><td colspan="2">申请企业与报关企业名称是否一致：□是
申请企业与报关企业名称是否一致：□否（报关企业名称：）</td></tr>
<tr><td colspan="4">以下由有进口实绩（不包括代理进口）的企业填写</td></tr>
<tr><td rowspan="8">企业实际进口情况</td><td></td><td>2014 年分配</td><td>2015 年分配</td></tr>
<tr><td rowspan="3">一般贸易配额</td><td>分配量（吨）：</td><td>分配量（吨）：</td></tr>
<tr><td>实际进口量（吨）：</td><td>已完成进口量（吨）：</td></tr>
<tr><td>调整期退回量（吨）：</td><td>调整期退回量（吨）：</td></tr>
<tr><td rowspan="4">加工贸易配额</td><td>分配量（吨）：</td><td>分配量（吨）：</td></tr>
<tr><td>实际进口量（吨）：</td><td>已完成进口量（吨）：</td></tr>
<tr><td>调整期退回量（吨）：</td><td>调整期退回量（吨）：</td></tr>
<tr><td colspan="2">申请企业与报关企业名称是否一致：□是
□否（报关企业名称：）</td></tr>
<tr><td colspan="4">授权机构审核意见：</td></tr>
</table>

填表说明：1. “企业生产经营情况”：指企业 2014 年以棉花为主要原料加工产品实际生产经营情况。2. 申请加工贸易的企业按照当地商务部门出具的加工贸易能力证明，填写产品“年加工出口能力”和原料“年进口处理需求”。3. “授权机构审核意见”：指授权机构对申请企业经审核是否符合相关申请条件出具意见。

附件 3

2015 年食糖进口关税配额再分配申请表

申请企业盖章：　　　　　　　企业法人代表签字：

<table>
<tr><td colspan="4">企业名称：</td></tr>
<tr><td>申请配额名称：</td><td>□ 2014 年有食糖一般贸易进口实绩者</td><td>□ 2014 年有食糖加工贸易进口实绩者</td><td>□ 2014 年无食糖进口实绩者</td></tr>
</table>

续表

一般贸易	申请数量：	加工贸易	申请数量：
	报关口岸：①②		报关口岸：①②
企业注册地址：		企业组织机构代码：	

注册资本：	工商注册号：	联系电话：

企业性质：☐ 国有　☐ 股份制　☐ 民营　☐ 外商投资

企业类型：☐ 生产企业　☐ 贸易企业

以下由生产企业填写：

2014 年企业产品及生产能力	产品名称：	
	日产量（吨）：	日食糖使用量（吨）：
	年产量（吨）：	年食糖使用量（吨）：
	该产品年销售额（万元）：	

以下由有加工贸易进口实绩的企业填写：

2014 年加工贸易配额	申请到配额量（吨）：	2015 年加工贸易配额	已申领到配额量（吨）：
	实际进口量（吨）：		已完成进口量（吨）：
	调整期退回量（吨）：		调整期退回量（吨）：

以下由有一般贸易进口实绩的企业填写（不包括代理进口）：

2014 年一般贸易配额	分配量（吨）：	2015 年一般贸易配额	分配量（吨）：
	实际进口量（吨）：		已完成进口量（吨）：
	调整期退回量（吨）：		调整期退回量（吨）：

是否同意对外提供本企业基本信息和配额申领数量　☐ 是　☐ 否

授权机构审核意见：

填表说明：“2014 年企业产品及生产能力”，指以食糖为主要原料生产的产品及生产能力。

关于开展丝绸之路经济带海关区域通关一体化改革的公告

【发布单位】海关总署

【发布文号】总署公告〔2015〕9号

【发布日期】2015年3月30日

【生效日期】2015年5月1日

为落实“一带一路”国家发展战略，顺应中国经济新常态和贸易发展新业态，尊重企业的自主选择与物流运作规律，加快经济紧密联系地区区域通关一体化改革步伐，海关总署决定在山东、河南、山西、陕西、甘肃、宁夏、青海、新疆、西藏（以下称丝绸之路经济带）九省（区）内的青岛、济南、郑州、太原、西安、兰州、银川、西宁、乌鲁木齐、拉萨十个海关（以下称丝绸之路经济带海关）启动丝绸之路经济带海关区域通关一体化改革。现将有关事项公告如下：

一、自2015年5月1日起，启用丝绸之路经济带海关区域通关一体化通关方式。

二、丝绸之路经济带海关区域通关一体化通关方式适用于丝绸之路经济带企业在丝绸之路经济带各口岸海关进出口的货物。丝绸之路经济带企业可自主选择向经营单位注册地、货物实际进出境地海关或其直属海关集中报关点办理申报、纳税和查验放行手续。

企业可根据实际需要，自主选择口岸清关、转关、区域通关一体化等任何一种通关方式。

三、取消丝绸之路经济带报关企业跨关区从事报关服务的限制，允许报关企业“一地注册、多地报关”；允许区域外报关企业在区域内设立的分支机构，在区域海关直接报关；允许许可证件证面签注口岸为丝绸之路经济带任一口岸的货物（除国家明确实施口岸限制管理措施的货物外），在区域内任一海关办理申报验放手续。

四、丝绸之路经济带海关间互认商品预归类、价格预审核、原产地预确定和归类、价格、原产地等专业认定结果以及暂时进出境等行政许可决定；待系统完善后，在银行总担保及汇总征税项目的基础上，实现企业的一份税款保函在丝绸之路经济带海关互认通用。

五、丝绸之路经济带海关区域通关一体化报关单审核、税单打印、税费核注核销、无纸转有纸、汇总征税试点等操作按现行规定办理。

六、丝绸之路经济带海关区域通关一体化报关单所涉货物可由企业根据物流实际需求，自主选择在口岸或属地海关监管场所实施查验。对需转运分流到属地监管场所实施查验的，进出境货物及其运输工具应符合海关途中监管的要求。

七、丝绸之路经济带海关可凭电子放行信息办理货物出场（库、区）手续，实现卡口自动核放。

八、丝绸之路经济带海关通过“中国海关网上服务大厅”和海关“12360”服务热线，为企业提供通关、舱单状态查询、疑难咨询等公共服务。

特此公告。

海关总署商务部公告2015年第35号
关于进一步扩大自动进口许可证通关作业无纸化试点的公告

【发布单位】海关总署　商务部

【发布文号】公告2015年第35号

【发布日期】2015年7月29日

为进一步推进通关作业无纸化改革工作，促进贸易便利化，海关总署和商务部决定在前期中国（上海）自由贸易试验区（以下简称“上海自贸区”）改革试点的基础上，扩大自动进口许可证通关作业无纸化试点。现就有关事宜公告如下：

一、自2015年8月1日起，试点海关由上海自贸区相关海关扩展至包括天津、福建、广东3个新设自由贸易试验区和宁波、苏州2个国家级进口贸易促进创新示范区在内的十个海关，分别为天津、上海、南京、宁波、福州、厦门、广州、深圳、拱北、黄埔海关。试点范围为实施自动进口许可“一批一证”管理的货物（原油、燃料油除外），且每份进口货物报关单仅使用一份自动进口许可证。

二、对满足试点条件的，企业可依据《货物进出口许可证电子证书申请签发使用规范（试行）》（商办配函〔2015〕494号）申请电子许可证，根据海关相关规定采用无纸方式向海关申报，免于交验纸质自动进口许可证。海关将通过自动进口许可证联网核查方式验核电子许可证，不再进行纸面签注。

三、因海关和商务部门审核需要、计算机管理系统故障、其他管理部门需要验凭纸质自动进口许可证等原因，可以转为有纸报关作业或补充提交纸质自动进口许可证。

四、自动进口许可货物通关无纸化应用试点以外事项，按照《货物自动进口许可管理办法》（商务部　海关总署令2004年第26号）、自动进口许可证联网核查系统公告（商务部　海关总署公告2013年第2号）和海关深入推进通关作业无纸化改革工作有关事项公告（海关总署公告2014年第25号）执行。

关于储备棉销售违约情况的公告

【发布单位】中国储备棉管理总公司

【发布时间】2014 年 9 月 1 日

各纺织企业：

根据《关于组织国家储备棉出库销售的公告》和《国家储备棉竞卖交易办法》有关规定，截止目前以下企业未按时付清货款，相应合同按照违约处理，扣除每吨 1000 元违约金，同时合同废止。

中国储备棉管理总公司根据《国家储备棉财务管理办法》（财建〔2013〕364 号）有关规定，将违约金上缴中央财政。

特此公告。

合同号	捆号	客户	成交重量（吨）
CT201408200434	43290112067	湖北孝棉实业集团有限责任公司	128.8917
CT201408210284	47500112235	黄冈三泰纺织有限公司	308.3248
CT201408220127	22650112010	广东忠华棉纺织实业有限公司	214.4525
CT201408220284	26100112071	湖南德昌纺织集团有限公司	349.4754

关于释放 2013 年度临时收储包装质量保证金的公告（一）

【发布单位】中国储备棉管理总公司

【发布时间】2014 年 11 月 17 日

根据《2013 年度棉花临时收储交易办法》的有关规定，交储棉花按成交数量扣划每吨 100 元包装质量保证金，新疆库点收储棉花在发运至内地承储库后，崩包（炸包）比例不超过 3% 的予以释放。目前部分新疆库点已发运完毕，将逐步清理并释放包装质量保证金，第一批释放包装质量保证金的企业及金额详见附件。包装质量保证金将直接汇至各企业交储货款结算账户。其余保证金待相关新疆库点发运完毕后予以释放。

特此公告。

附件

2013年度临时收储包装质量保证金第一批释放合同明细表

单位：元

序号	交储企业	第一批退还金额
	合计	142815793.39
1	阿克苏贝乐棉业有限公司	272000.00
2	阿克苏大自然棉业有限公司	192000.00
3	阿克苏地区宏丰棉业有限责任公司	132000.00
4	阿克苏地区宏欣棉业有限公司	40000.00
5	阿克苏地区华丰棉业有限公司	216000.00
6	阿克苏地区金泰棉业有限责任公司	476000.00
7	阿克苏地区天宇棉业有限责任公司	472000.00
8	阿克苏地区友邦棉业有限责任公司	404000.00
9	阿克苏金土地棉业有限责任公司	300000.00
10	阿克苏久如棉业有限责任公司	40000.00
11	阿克苏联发棉业有限公司	224000.00
12	阿克苏市同旺纺织有限责任公司	480000.00
13	阿克苏泰星棉业有限公司	476000.00
14	阿克苏天山棉业有限责任公司	152000.00
15	阿克苏永翔棉业有限责任公司	288000.00
16	阿克陶县天人棉业有限责任公司	188000.00
17	阿瓦提县棉麻公司	848000.00
18	阿瓦提县天韵棉业有限责任公司	396000.00
19	阿瓦提县新雅宏伟棉业有限公司	44000.00
20	安徽豪庆贸易发展有限公司	1176000.00
21	安徽省合肥棉麻中转储备库	92000.00
22	巴州德福农贸有限责任公司	68000.00
23	巴州德润商贸有限公司普惠棉花加工厂	44000.00
24	巴州丰润棉业有限责任公司	88000.00
25	巴州冠农棉业有限责任公司	252000.00
26	巴州恒熙棉业有限公司	80000.00

续表

27	巴州鸿泰棉业有限公司	40000.00
28	巴州孔雀棉业有限责任公司	20000.00
29	巴州正圣棉业有限公司	112000.00
30	保定银祥棉业有限公司	1988000.00
31	北京中棉华泰国际贸易有限公司	20000.00
32	北京中棉通泰经贸有限公司	1728000.00
33	博尔塔拉蒙古自治州恒昌棉业有限责任公司	680000.00
34	博尔塔拉蒙古自治州中亚有限责任公司	100000.00
35	博湖宝丰棉业有限责任公司	64000.00
36	博乐捷福棉业有限公司	160000.00
37	博乐市宝林棉油加工有限责任公司	212000.00
38	博乐市康瑞棉花加工有限公司	296000.00
39	博乐银丰棉花加工有限责任公司	355174.66
40	博州亚东有限责任公司	152000.00
41	察布查尔锡伯自治县正元棉业有限责任公司	136000.00
42	昌吉金西域棉业有限责任公司	536000.00
43	昌吉金西域棉业有限责任公司玛纳斯县分公司	360000.00
44	昌吉利华棉业有限责任公司	932000.00
45	昌吉利华棉业有限责任公司昌吉市老龙河分公司	644000.00
46	昌吉鑫京园棉业有限公司	288000.00
47	常州科腾纺织品有限公司	200000.00
48	伽师县中加棉业有限公司	24000.00
49	甘肃瑞鹏棉麻有限责任公司	228000.00
50	甘肃瑞祥棉麻有限责任公司	420000.00
51	合肥银鹏棉花有限公司	100000.00
52	和布克赛尔蒙古自治县华丰有限责任公司	60000.00
53	和布克赛尔蒙古自治县新久棉业有限公司	652000.00
54	和硕县清水河宏岳棉花加工有限责任公司	68000.00
55	和田县白金棉业有限公司	288000.00
56	河北银浪棉业有限公司	1032000.00
57	呼图壁县大丰棉业有限公司	232000.00

续表

58	呼图壁县东泉棉业有限公司	188000.00
59	呼图壁县红柳塘棉业有限公司	468000.00
60	呼图壁县宏盛棉业有限公司	388000.00
61	呼图壁县嘉丰棉业有限公司	264000.00
62	呼图壁县隆祥轧花有限责任公司	204000.00
63	呼图壁县天鼎棉业有限公司	416000.00
64	呼图壁县天源棉业有限公司	116000.00
65	呼图壁县万源棉业有限公司	252000.00
66	呼图壁县新浙农业开发有限责任公司	216000.00
67	呼图壁县银丰棉业有限公司	40000.00
68	呼图壁县银瑞棉业有限责任公司	124000.00
69	呼图壁县云龙棉业有限公司	244000.00
70	湖北银丰棉花股份有限公司	594812.54
71	湖南省棉麻企业股份有限公司	196000.00
72	湖南省银华棉麻产业集团股份公司	80000.00
73	江苏金陵棉业有限公司	120000.00
74	江阴华西棉麻有限公司	796000.00
75	精河县贝正棉花加工有限公司	72000.00
76	精河县精棉棉业有限责任公司	268000.00
77	精河县天顺祥棉花加工有限公司	356000.00
78	精河县托里二牧场棉业有限公司	116000.00
79	柯坪县汇隆棉业有限责任公司	28000.00
80	柯坪县金泰棉业有限公司	304000.00
81	克拉玛依市独山子华银棉花产业有限责任公司	528000.00
82	克拉玛依市天地农牧实业有限公司	708000.00
83	克拉玛依市乌尔禾区锦宏棉业有限公司	56000.00
84	库车天润棉业有限公司	28000.00
85	库车县恒丰棉业有限责任公司	60000.00
86	库车县纵横棉业有限责任公司	20000.00
87	库车银花棉业有限责任公司	68000.00
88	库车中棉棉业科技有限公司	120000.00

续表

89	库尔勒宝丰棉业有限责任公司	128000.00
90	库尔勒惠祥棉种有限公司	48000.00
91	库尔勒市良种棉轧花厂	60000.00
92	库尔勒新丰普惠棉业有限责任公司	56000.00
93	库尔勒鑫福棉业有限责任公司	48000.00
94	库尔勒兴宇棉花加工有限公司	300000.00
95	库尔勒银州棉业有限公司	24000.00
96	奎屯创锦棉业有限公司	64000.00
97	奎屯锦孚棉业有限公司	176000.00
98	奎屯锦和棉业有限责任公司	216000.00
99	奎屯康泰棉麻有限公司	28000.00
100	奎屯瑞丰轧花有限公司	228000.00
101	奎屯世丰棉业有限公司	804000.00
102	奎屯顺裕棉业有限公司	756000.00
103	奎屯天凯棉业加工有限责任公司	24000.00
104	奎屯准噶尔棉业有限公司	248000.00
105	轮台鸿泰种业有限公司原种棉轧花厂	96000.00
106	轮台县家家旺棉业有限责任公司	32000.00
107	轮台县银恒棉业有限公司	20000.00
108	轮台县永盛棉花工贸有限责任公司	112000.00
109	轮台县远江农工贸有限责任公司	20000.00
110	玛纳斯万盈棉业有限公司	408000.00
111	玛纳斯县丰棉棉业有限公司	452000.00
112	玛纳斯县丰元棉花育种基地良种棉轧花厂	88000.00
113	玛纳斯县沣泽棉业有限责任公司	140000.00
114	玛纳斯县金海利棉业有限公司	216000.00
115	玛纳斯县兰桥棉业有限公司	412000.00
116	玛纳斯县新民畜产品有限责任公司	308000.00
117	玛纳斯新众棉业有限责任公司	440000.00
118	玛纳斯银天棉业有限公司	856000.00
119	麦盖提九九棉业有限公司	20000.00

续表

120	麦盖提良种棉业有限公司	768000.00
121	农二师群克棉业有限公司	48000.00
122	农五师师直棉花加工厂	52000.00
123	且末县玖润棉业有限公司	80000.00
124	且末县昆仑棉业有限责任公司	40000.00
125	青岛棉麻物流有限公司	336000.00
126	沙湾县华瑞棉业有限责任公司	136000.00
127	沙湾县康华工贸有限责任公司	148000.00
128	沙湾县棉花产业有限责任公司	2600000.00
129	沙湾县鑫达有限公司	852000.00
130	沙湾县元一棉业有限责任公司	192000.00
131	沙雅富力棉花有限责任公司	68000.00
132	沙雅九九棉业有限公司	100000.00
133	沙雅正大棉业有限责任公司	24000.00
134	莎车县中加棉业有限公司	20000.00
135	山东省棉麻有限公司	1932000.00
136	石河子开发区华丰棉业有限责任公司	728000.00
137	石河子开发区银祥棉业有限责任公司	264000.00
138	石河子市石城棉业有限责任公司	352000.00
139	四川省棉麻公司	572000.00
140	四川省棉麻集团有限公司	56000.00
141	天津市嘉华棉业有限公司	968000.00
142	托克逊县工尚棉花加工有限责任公司	52000.00
143	托克逊县西域棉业有限责任公司	28000.00
144	托里县兵锦棉业有限公司	464000.00
145	托里县顺志棉业加工有限公司	180000.00
146	尉犁县林丰棉业有限公司	144000.00
147	尉犁县棉麻公司	248000.00
148	尉犁县瑞华棉业有限责任公司	76000.00
149	尉犁县中良棉业有限责任公司	40000.00
150	尉犁县诸旺农牧业有限公司	80000.00

续表

151	尉犁兴平棉业有限责任公司	40000.00
152	温宿博嘉棉业有限责任公司	148000.00
153	温宿银花棉业有限责任公司	76000.00
154	乌鲁木齐利华新创棉业有限责任公司	144000.00
155	乌鲁木齐市米东区供销棉麻有限责任公司	616000.00
156	乌鲁木齐鑫丰益棉业有限责任公司	416000.00
157	乌什县供销棉麻公司	260000.00
158	乌苏市阿克其棉业有限公司	24000.00
159	乌苏市创锦棉业有限公司	80000.00
160	乌苏市甘河子恒丰棉业有限公司	260000.00
161	乌苏市古尔图锦纺棉业有限责任公司	132000.00
162	乌苏市皇宫银海棉业有限公司	176000.00
163	乌苏市汇康棉业有限责任公司	64000.00
164	乌苏市汇通棉花加工厂	364000.00
165	乌苏市锦鹏棉纺织有限公司	68000.00
166	乌苏市立新棉花加工有限责任公司	144000.00
167	乌苏市利达棉花加工有限责任公司	300000.00
168	乌苏市隆兴棉业有限责任公司	164000.00
169	乌苏市石桥银翔棉业有限责任公司	248000.00
170	乌苏市顺达棉业有限公司	504000.00
171	乌苏市新鑫棉业有限责任公司	260000.00
172	乌苏市星光棉麻有限责任公司	1288000.00
173	乌苏市星亚棉花加工有限责任公司	484000.00
174	乌苏市杨帅棉花加工有限责任公司	364000.00
175	乌苏市种子加工厂	188000.00
176	新和金泰实业有限公司	168000.00
177	新和县永红有限责任公司	248000.00
178	新和益新棉业有限公司	28000.00
179	新疆百花村股份有限公司	60000.00
180	新疆兵团农四师棉麻公司六十五团轧花二厂	180000.00
181	新疆昌吉州棉麻有限责任公司	132000.00

续表

182	新疆承天农牧业发展股份有限公司	188000.00
183	新疆大草原棉业有限公司	188000.00
184	新疆大禾油脂有限公司克拉玛依市棉业分公司	216000.00
185	新疆大禾油脂有限公司沙湾县景远棉业分公司	268000.00
186	新疆大陆桥集团有限责任公司	316000.00
187	新疆丰汇棉业有限公司	292000.00
188	新疆国际棉业有限责任公司	12986000.00
189	新疆宏祥棉业有限公司	68000.00
190	新疆鸿昌棉业有限公司	388000.00
191	新疆华纺纺织有限公司	424000.00
192	新疆华孚纺织有限公司	388000.00
193	新疆华孚恒丰棉业有限公司	228000.00
194	新疆华天种业有限公司	728000.00
195	新疆汇联棉花加工有限公司	164000.00
196	新疆惠农棉业有限公司	196000.00
197	新疆金丰源种业股份有限公司	280000.00
198	新疆金宏祥高科农业股份有限公司	176000.00
199	新疆锦棉棉业股份有限公司	321262.95
200	新疆奎屯云森纺织有限公司	276000.00
201	新疆利华棉业股份有限公司	1496000.00
202	新疆鲁泰丰收棉业有限责任公司	540000.00
203	新疆农资集团北疆农佳乐有限责任公司	220000.00
204	新疆千棉棉业有限责任公司	100000.00
205	新疆桑塔木种业股份有限公司	148000.00
206	新疆沙雅白云商贸有限责任公司	64000.00
207	新疆生产建设兵团第六师棉麻公司	1608000.00
208	新疆生产建设兵团第四师创锦棉业有限公司	944000.00
209	新疆生产建设兵团二二二团棉麻公司	80000.00
210	新疆生产建设兵团棉麻公司	40164000.00
211	新疆生产建设兵团农二师昆山棉业有限公司	48000.00
212	新疆生产建设兵团农二师卫东棉业有限公司	404000.00

续表

213	新疆生产建设兵团农二师银莱棉业有限公司	112000.00
214	新疆生产建设兵团农五师棉麻公司	12108.73
215	新疆生产建设兵团农五师种棉加工厂	120000.00
216	新疆生产建设兵团农一师棉麻公司	108000.00
217	新疆守信种业科技有限责任公司	60000.00
218	新疆天飞达棉业有限公司	408000.00
219	新疆维吾尔自治区国家农作物原种场库尔勒哈拉苏轧花厂	24000.00
220	新疆西部汇富棉业有限公司	6972000.00
221	新疆西部银力棉业（集团）有限责任公司	1242074.60
222	新疆新棉商贸发展有限责任公司	7000000.00
223	新疆新赛精纺有限公司	96000.00
224	新疆新赛棉业有限公司	148000.00
225	新疆鑫棉科技发展有限责任公司	316000.00
226	新疆亚鑫棉业有限责任公司	144000.00
227	新疆焉耆县棉麻有限责任公司	20000.00
228	新疆银力棉业股份有限公司	1036000.00
229	新疆银硕棉业有限责任公司	168000.00
230	新疆银星棉花加工有限责任公司	240000.00
231	新疆中纺锦华棉业有限公司	1680000.00
232	伊犁八棉锡达棉业有限公司	200000.00
233	伊犁哈萨克自治州伊欣棉业有限责任公司	233928.34
234	浙江特产新天地纺织原料有限公司	484000.00
235	中纺棉国际贸易有限公司	2050699.64
236	中国供销集团南通供销产业发展有限公司	595731.93
237	中国国投国际贸易广州公司	152000.00
238	中国国投国际贸易南京有限公司	184000.00
239	中棉工业新疆棉业有限公司	324000.00
240	中棉集团阿克苏棉花有限责任公司	364000.00
241	中棉集团廊坊储运有限公司	128000.00
242	中棉集团上海棉花有限公司	260000.00
243	中棉集团新疆棉花有限公司	916000.00

关于设立中储棉客户服务中心的公告

【发布单位】中国储备棉管理总公司

【发布时间】2015 年 6 月 30 日

各涉棉企业和机构：

为做好储备棉业务客户服务工作，加强与客户间及时沟通，提升储备棉政策执行效率，中国储备棉管理总公司委托中储棉花信息中心设立中储棉客户服务中心。客户服务中心主要职能包括：

1. 建立中储棉总公司客户信息平台，负责中储棉总公司的客户关系管理；

2. 配合中储棉总公司相关部门开展储备棉政策和业务流程宣传、培训；

3. 建立客服热线、微信群等沟通平台，及时解答客户对储备棉政策和出入库业务的各类疑问；

4. 接受和记录企业对储备棉业务的投诉、建议，及时提交至中储棉总公司相关部门，并负责将处理结果及时反馈投诉方；

5. 搜集储备棉客户企业的相关需求，及时反馈给中储棉总公司相关部门；

6. 发挥网络信息平台优势，为客户企业提供个性化信息服务，提升客户企业相关业务效率。

中储棉客户服务中心客服热线：010-59793586；传真：010-58931123；客服邮箱：jubao@cncrc.com.cn。

地址：北京市海淀区紫竹院路 116 号嘉豪国际中心 B 座 15 层，邮编：100097。

欢迎广大涉棉企业对中储棉客户服务中心的工作进行监督！

特此公告。

关于组织国家储备棉轮出销售的公告

【发布单位】中国储备棉管理总公司　全国棉花交易市场

【发布文号】2015 年第 1 号

【发布日期】2015 年 7 月 7 日

各涉棉企业：

经国务院批准，有关部门决定，近期通过全国棉花交易市场（以下简称“交易市场”）以公开竞价方式轮出部分国家储备棉。现将有关事项公告如下：

一、时间和方式

自 2015 年 7 月 10 日起至 8 月 31 日止，具体交易时间为国家法定工作日上午 10:00 起，即上午 10:00 开始交易，10:30 开始 1 分钟倒计时，11:00 开始 30 秒倒计时，直至闭市。

具体交易办法按有关部门批准的《国家储备棉竞卖交易办法》（见附件1）执行。

二、购买方资格

参与本次储备棉轮出交易的买方必须为经国家工商管理部门登记注册，企业资信状况良好，无不良经营记录，且为交易市场交易商。如企业尚未成为交易市场交易商，请按照交易市场有关规定办理入市手续，交易市场为其开通交易权限。

三、质量重量检验

此次轮出储备棉的公证检验按照GB1103.1-2012《棉花第1部分：锯齿加工细绒棉》国家标准执行，具体批次储备棉的质量、重量以纤维检验部门出具的检验结果为准。

储备棉轮出公证检验项目包括：国产棉检验轧工质量、颜色级，进口棉检验轧工质量、颜色级、长度、马克隆值，其他质量指标以入库公证检验或中国商检检验结果为准。国产棉按照入库公证检验的公定重量销售，进口棉按照中国商检出具的净重检验结果销售。

四、储备棉轮出品种及竞卖底价

本次轮出2011年度国产棉33万吨，竞卖底价（折标准级3128B，下同）为13200元/吨；2012年度国产棉47万吨，竞卖底价为14200元/吨；2012年度进口棉20万吨，竞卖底价为15500元/吨。其他类型和级别按照中国棉花协会2015年7月公布的有关颜色级、长度级等指标的差价表计算确定竞卖底价（见附件2）。每日上市数量和实际批次棉花的竞卖底价以届时公布的详细资料为准。

五、保证金

为确保履约，买方在参加交易前须在交易市场预存不少于30万元的保证金，以保证正常交易。成交时，交易市场根据成交数量按500元/吨标准暂扣交易商预存保证金作为履约保证金。交易商保证金不足，将暂停交易，直至补足为止。请交易商根据资金余额和预计交易数量预存足额保证金，确保交易正常进行。

交易市场预存储备棉交易保证金专户为：

收款单位：北京全国棉花交易市场集团有限公司

开户行：工行金融街支行

账 号：0200216819200056225

或：

开户行：建设银行北京苏州桥支行

账 号：11001079800053005023

或：

开户行：中国光大银行北京长虹桥支行

账 号：35200188000087429

或：

开户行：中国农业银行北京民航大厦支行

账 号：021001040003041

或：

开户行：中国农业发展银行总行营业部

账 号：20399990010100000038471

如交易商拟将其存放于交易市场其他账户上的保证金划转到储备棉交易保证金账户，可通过交易商自助管理系统在线提交资金划转申请。

按有关规定，交易市场只接受本单位的汇款作为交易履约保证金。

中国储备棉管理总公司（以下简称“中储棉总公司”）于储备棉提货完毕且开具对应的增值税发票后，通知交易市场释放买方交易保证金。交易市场每两周将买方违约金划转至中储棉总公司指定账户。

六、合同签订和货款支付时间

（一）限期签订合同

所有成交的买方必须于成交后3个工作日内签订经国家工商行政管理局登记备案的《国家储备棉购销合同》，否则，按买方违约处理，扣除相应合同违约金，相关批次棉花重新上市交易。

（二）限期支付货款

买方须于成交后5个工作日内将成交货款汇

至中储棉总公司“储备棉结算专户”，账号为：

收款单位：中国储备棉管理总公司

开户行：中国农业发展银行总行营业部

行　号：203100000027

账　号：203 9999 00101 00000 242801

为加快结算速度，减少资金在途时间，买方要按照合同金额汇款，并在汇款备注栏标注成交合同号，中储棉总公司确认资金到账后的2个工作日内开具《储备棉出库单》。

七、提货时间

除不可抗力外，买方应于有关批次《储备棉出库单》开具之日起10个工作日（含）内提货；超过10个工作日（不含）未提货的，承储库需转作商品棉保管，有关费用由买方承担。

八、质量纠纷处理

此次轮出储备棉的质量和重量以中国纤维检验局公证检验结果以及原验的公定重量（国产棉）、净重（进口棉）为准，除本公告附件1《国家储备棉竞卖交易办法》第三十四条规定情形外，不予退货。如买方坚持退货，按500元/吨扣除买方履约保证金。

买方应在提货前在现场进行验收，发现提货批次中存在崩包、炸包情况的，买方与承储库现场沟通解决，确认后办理出库手续。棉花出库后，除对公证检验结果存在异议外，不受理其他投诉。若对公证检验结果有异议，应在中储棉总公司开具提货单之日起的10日内向中国纤维检验局申请复检，中国纤维检验局按照《2015年国家储备棉出库公证检验实施办法》和《棉花质量监督管理条例》予以处理。

九、信息发布

（一）交易市场、中储棉总公司每日通过中国棉花信息网和中国棉花网发布相关公告、上市数据和成交结果。

（二）交易市场通过中国棉花信息网“2015年储备棉轮出”专栏提供储备棉交易实时行情。

十、其他事项

（一）此次储备棉轮出以打“捆”方式销售，每捆棉花具体情况以交易市场和中储棉总公司每日公布的上市数据为准。

（二）首次开具增值税发票时，买方委托人须向中储棉总公司提供买方单位加盖公章的开票资料，开票资料须包括单位名称、是增值税一般纳税人或小规模纳税人、纳税人识别号、地址、电话、开户行、账号、财务联系人、财务联系电话等信息。开票资料一经提供，原则上不得改动。

（三）储备棉出库费为45元/吨（国家法定节日出库费为60元/吨），由提货企业自行负担。严禁仓库超标准收费，如有发现，可向中储棉总公司举报，经查属实的，中储棉总公司按照有关规定处理。

（四）此次参与储备棉轮出交易的买方须出具委托书，委托指定经办人员办理《储备棉出库单》以及增值税专用发票领取等手续。被委托人一经确认，不得随意变更。

（五）为简化操作手续，买方可通过在《国家储备棉购销合同》上加盖电子印章方式完成成交合同的签订。中储棉总公司委托中储棉花信息中心对《储备棉出库单》实行电子认证，买方可凭《储备棉出库单》验证码短信到相关仓库办理提货手续，也可凭中储棉总公司出具的纸质《储备棉出库单》原件到相关仓库办理提货手续。具体操作方式另行公告。

（六）交易市场咨询电话：4008106850。

（七）中储棉总公司咨询、举报电话：010-59793586；传真：010-58931123。

（八）未尽事项，按《国家储备棉竞卖交易办法》和有关公告执行。

特此公告。

附件：1. 国家储备棉竞卖交易办法

2. 锯齿加工细绒棉质量差价表

附件 1

国家储备棉竞卖交易办法

第一章　总则

第一条　为保证国家储备棉（以下简称“储备棉”）竞卖交易按照“公开、公正、公平”的原则进行，根据《中华人民共和国合同法》及有关规定，制订本办法。

第二条　本办法适用于国家储备棉竞卖交易行为。

第二章　交易地点和时间

第三条　储备棉竞卖交易由国家有关部门委托全国棉花交易市场（以下简称“交易市场”）组织实施。

第四条　储备棉竞卖交易时间为星期一至星期五上午 10:00 起至倒计时结束（国家法定节假日及特殊情况除外）。

第三章　交易资格

第五条　储备棉竞卖交易的卖方为中国储备棉管理总公司（以下简称“中储棉总公司”），买方为经资格审查符合条件的涉棉企业，需在交易市场办理开户手续，成为交易市场交易商。有关部门另有规定的，按照有关规定执行。

第六条　交易商通过远程网络参与交易。交易商应对其在交易市场的一切交易活动承担经济和法律责任。

第四章　交易方式

第七条　储备棉通过竞卖交易方式销售。

竞卖交易是指拟销售的储备棉质量和数量等基础数据通过交易市场预先公布后挂牌报价，由符合资格的买方自主加价，按价格优先、时间优先原则，以最高购买价成交，双方通过交易市场签订购销合同的交易方式。

第八条　竞卖交易实行倒计时制。即所有参与交易的买方对当日所有批次的储备棉在规定时间内不再提出任何新的报价，则全场结束竞价，自动成交。

第九条　竞卖交易底价由国家有关部门核定，交易市场公布和实施。买方在竞卖底价基础上自主加价，每次最小加价幅度为 20 元 / 吨。

第十条　竞卖交易使用经国家工商行政管理部门登记备案的《国家储备棉购销合同》（以下简称《购销合同》）。成交后，买方与中储棉总公司签订《购销合同》，交易市场见证。

第十一条　竞卖交易的计量单位为“吨”，计价以“元 / 吨”为单位（含增值税）。

第五章　交易资料披露

第十二条　储备棉竞卖交易资源由国家有关部门委托中储棉总公司负责组织和提交，中储棉总公司作为委托的卖方。具体办法由有关方面另行规定。

第十三条　中储棉总公司按照有关部门规定的格式和时间向交易市场提供拟上市交易的储备棉生产年度、产地、存放仓库、质量、数量、上市日期等基础资料。

第十四条　储备棉在上市前由中国纤维检验局组织公证检验，检验证书作为参与交易和成交结算货款的质量、数量依据。有关部门另有规定的，按有关规定执行。

第十五条　上市交易的储备棉必须附有公证检验证书，实物必须与检验结果相符。

第十六条　中储棉总公司对其提供的储备棉数据负责。

第十七条　交易市场至迟于上市交易 24 小时前对外公布拟上市交易的储备棉资料。

第十八条　交易市场为参与交易的交易商和客户提供实时行情服务。交易市场每日对外公布价格行情及成交量等信息。

第十九条　交易市场及时将成交情况报送国家有关部门和中储棉总公司。

第六章　保证金、货款收付和手续费

第二十条　参加储备棉竞卖交易的买方交易商须于交易前在交易市场指定账户存放不少于30万元的保证金。

第二十一条　交易过程中，如买方交易商保证金不足，将不能参与交易。

第二十二条　成交后，交易市场从买方交易商预存保证金中根据成交数量按500元/吨的标准暂扣其保证金作为履约保证金。

第二十三条　买方必须在成交后3个工作日内签订《购销合同》，并在成交后5个工作日内按照合同规定的款额和账户汇款（以买方汇出凭证原件或复印件为准），否则视为买方违约，交易市场按合同规定扣除买方履约保证金。

第二十四条　中储棉总公司在确认收到买方货款后2个工作日向买方开具《储备棉出库单》，同时向承储仓库发出出库通知。买方凭《储备棉出库单》原件到承储仓库办理提货手续。

第二十五条　中储棉总公司办理完成储备棉提货手续且开具对应的增值税发票后，通知交易市场释放买方交易保证金。储备棉提货完毕且开具对应的增值税发票后，交易市场凭中储棉总公司有关通知释放买方交易保证金。有关部门或公告另有规定的，按有关规定执行。

第二十六条　交易市场按10元/吨（含税）向成交的买方收取交易手续费。中储棉总公司的交易手续费按有关政策规定执行。

第七章　交货及提货

第二十七条　除不可抗力外，买方应于有关批次《储备棉出库单》开具之日起10个工作日（含）内提货完毕，承储仓库应及时办理出库有关事宜，不得无故拒绝、拖延、阻挠。

买方逾期未提货的，相关棉花转作商品棉管理。

第二十八条　应买方要求，承储仓库应在代办运输、申报车皮计划、搬倒、装运等方面提供必要协助。

第二十九条　储备棉交货和提货过程中，所有票据的合法性和有效性由提供方负责。

第三十条　储备棉出库费执行国家有关部门统一规定。除双方事先另有约定外，储备棉承储仓库不得额外收取任何费用，不得强行要求买方使用指定的运输工具。

第八章　交易纠纷处理和质量保障

第三十一条　交易市场鼓励交易双方协商解决交易纠纷，协商不成可向交易市场申请调解。

第三十二条　在交易或提货过程中发现交易资料有误时，属于提供资料错误，由中储棉总公司负责；属于交易市场数据处理错误，由交易市场负责。因上述原因造成的退货，不作为买方违约处理。

第三十三条　承储仓库和买方的历史债务纠纷，不得与储备棉交易和提货业务挂钩。

第三十四条　除非另有规定，参与竞卖的储备棉的质量和重量以中国纤维检验局公证检验结果为准。除非发现以下情况，否则不予退货，如买方坚持退货，按500元/吨扣除买方履约保证金。

1. 经中国纤维检验局认定的掺杂使假；
2. 棉包内部有污染、霉变。

第九章　其他

第三十五条　买方对所购买棉花验收无异议，且提货完毕后方可向中储棉总公司申请开具增值税发票。

第三十六条　交易市场于竞卖交易结束后及时向交易商交付各种费用清单和发票。

第十章　附则

第三十七条　储备棉竞卖交易期间，交易市场每日对外公布价格行情、成交量、成交单位、成交价格等信息。公布的价格行情主要包括最高价、最低价、加权平均价等。

第三十八条　根据有关部门规定，储备棉轮出交易过程将通过各种媒体向社会公开，接受公共监督。具体按有关公告执行。

第三十九条　本办法由交易市场负责解释和修订。

第四十条　本办法经国家有关部门批准后实施。

附件 2

锯齿加工细绒棉质量差价表

<table>
<tr><td colspan="23" align="right">单位：元/吨</td></tr>
<tr><td colspan="9">颜色级</td><td colspan="2">长度（mm）</td><td colspan="3">马克隆值</td><td colspan="3">长度整齐度</td><td colspan="3">断裂比强度</td><td colspan="3">轧工质量</td></tr>
<tr><td rowspan="2">级别</td><td colspan="2">白棉</td><td colspan="2">淡点污棉</td><td colspan="2">淡黄染棉</td><td colspan="2">黄染棉</td><td rowspan="2">长度</td><td rowspan="2">差价</td><td rowspan="2">分级</td><td rowspan="2">分档</td><td rowspan="2">差价</td><td rowspan="2">分档</td><td rowspan="2">代号</td><td rowspan="2">差价</td><td rowspan="2">分档</td><td rowspan="2">代号</td><td rowspan="2">差价</td><td rowspan="2">分档</td><td rowspan="2">代号</td><td rowspan="2">差价</td></tr>
<tr><td>代号</td><td>差价</td><td>代号</td><td>差价</td><td>代号</td><td>差价</td><td>代号</td><td>差价</td></tr>
<tr><td>一</td><td>11</td><td>600</td><td>12</td><td>-200</td><td>13</td><td>-700</td><td>14</td><td>-1300</td><td>32</td><td>700</td><td>A级</td><td>A</td><td>150</td><td>很高</td><td>U1</td><td>250</td><td>很强</td><td>S1</td><td>450</td><td rowspan="2">好</td><td rowspan="2">P1</td><td rowspan="2">200</td></tr>
<tr><td>二</td><td>21</td><td>400</td><td>22</td><td>-500</td><td>23</td><td>-1100</td><td>24</td><td>-2400</td><td>31</td><td>550</td><td rowspan="3">B级</td><td>B1</td><td>0</td><td>高</td><td>U2</td><td>150</td><td>强</td><td>S2</td><td>150</td></tr>
<tr><td rowspan="2">三</td><td rowspan="2">31</td><td rowspan="2">0</td><td rowspan="2">32</td><td rowspan="2">-900</td><td rowspan="2">33</td><td rowspan="2">-1600</td><td rowspan="2"></td><td rowspan="2"></td><td>30</td><td>400</td><td rowspan="2">B2</td><td rowspan="2">0</td><td rowspan="2">中等</td><td rowspan="2">U3</td><td rowspan="2">0</td><td rowspan="2">中等</td><td rowspan="2">S3</td><td rowspan="2">0</td><td rowspan="4">中</td><td rowspan="4">P2</td><td rowspan="4">0</td></tr>
<tr><td>29</td><td>250</td></tr>
<tr><td rowspan="2">四</td><td rowspan="2">41</td><td rowspan="2">-500</td><td rowspan="2"></td><td rowspan="2"></td><td rowspan="2"></td><td rowspan="2"></td><td rowspan="2"></td><td rowspan="2"></td><td>28</td><td>0</td><td rowspan="4">C级</td><td rowspan="2">C1</td><td rowspan="2">-550</td><td rowspan="2">低</td><td rowspan="2">U4</td><td rowspan="2">-300</td><td rowspan="2">差</td><td rowspan="2">S4</td><td rowspan="2">-300</td></tr>
<tr><td>27</td><td>-300</td></tr>
<tr><td rowspan="2">五</td><td rowspan="2">51</td><td rowspan="2">-900</td><td rowspan="2"></td><td rowspan="2"></td><td rowspan="2"></td><td rowspan="2"></td><td rowspan="2"></td><td rowspan="2"></td><td>26</td><td>-600</td><td rowspan="2">C2</td><td rowspan="2">-50</td><td rowspan="2">很低</td><td rowspan="2">U5</td><td rowspan="2">-700</td><td rowspan="2">很差</td><td rowspan="2">S5</td><td rowspan="2">-600</td><td rowspan="2">差</td><td rowspan="2">P3</td><td rowspan="2">-300</td></tr>
<tr><td>25</td><td>-1000</td></tr>
</table>

中国纤维检验局发布《2015 年国家储备棉出库公证检验实施办法》

【发布单位】中国纤维检验局

【发布时间】2015 年 7 月 8 日

按照国家有关部门下达的 2015 年国储棉轮出销售计划，做好国储棉出库公证检验，明确工作职责，规范检验流程，中纤局根据 2015 年国储棉轮出工作要求，制定了《2015 年国家储备棉出库公证检验实施办法》，现予以发布。

2015 年国家储备棉出库公证检验实施办法

第一章　总则

第一条　为配合 2015 年国家储备棉（以下简称国储棉）轮出工作，做好国储棉出库公证检验，保证国储棉轮出销售进度，根据《棉花质量监督管理条例》、国家有关部门制定的2015年国储棉轮出计划，特制定本办法。

第二条　本办法适用于2015年轮出国储棉的公证检验。

第二章　组织管理及检验依据

第三条　中国纤维检验局（以下简称中纤局）负责国储棉出库公证检验的管理工作，并依据2015年国储棉轮出计划，负责组织各地专业纤维检验机构（以下简称检验机构）对轮出国储棉实施公证检验。

第四条　2015年轮出的国储棉类别：2011年度国产棉、2012年度进口棉、2012年度国产棉。

第五条　检验依据及检验方式：依据《棉花第1部分：锯齿加工细绒棉》国家标准（GB 1103.1-2012），由检验机构对轮出国储棉逐批抽样实施公证检验。

第六条　公证检验项目：国产棉检验轧工质量、颜色级；进口棉检验轧工质量、颜色级、长度、马克隆值。

第三章　相关单位职责

第七条　中纤局职责

（一）根据中国储备棉管理总公司（以下简称中储棉总公司）提供的轮出国储棉的存放地点及数量，制定公证检验实施办法，组织相应的检验机构，做好相关准备。

（二）根据国家有关部门制定的国储棉轮出计划及销售进度，及时下达公证检验任务并组织检验机构到库开展工作。

（三）负责向国家有关部门提供国储棉出库公证检验进度和相关情况，并及时协调有关单位解决公证检验中的新问题、新情况。

第八条　检验机构职责

（一）按照中纤局的管理要求，提前做好国储棉出库公证检验的各项准备工作。

（二）根据中纤局下达的国储棉出库公证检验任务，及时与承储仓库联系接洽，督促其落实配合公证检验所需的现场工作条件及搬倒设备，确定启动公证检验的时间，按时到库实施公证检验。

（三）负责现场核实轮出国储棉的批号、件数，逐批抽样，完成品质公证检验，出具公证检验证书。

（四）配合承储仓库做好各项安全防范工作。

第九条　中储棉总公司职责

（一）负责提供轮出国储棉的存放地点、数量、台账明细表及承储仓库联系方式。

（二）负责通知承储仓库做好公证检验相关各项准备工作，并抄报中纤局。

（三）负责协调承储仓库配备满足现场检验的工作场地及硬件设备。

（四）协调承储仓库配合检验机构做好公证检验，保证公证检验进度。

第十条　承储仓库职责

（一）负责提供满足现场公证检验所需硬件设备（取样架、软梯、搬倒设备、夹包机等）。

（二）配合检验机构做好公证检验，指定专人负责解决公证检验期间相关事宜。

（三）按照中储棉总公司轮出计划，及时完成国储棉销售打捆工作。

（四）负责提供打捆棉批码垛详情，保障现场检验安全；负责现场抽样棉包的回包、回垛整理等。

第四章　公证检验工作流程

第十一条　现场检验工作流程：

（一）现场检验包括核实批号、逐批抽样、加盖验讫印章。

（二）核实批号：依据中储棉总公司提供的台账明细表，现场核对垛位卡、实物及台账是否一致，若不一致应及时上报中纤局，中纤局负责与中储棉总公司协调。

（三）抽样：根据棉花码放情况，现场抽样采用棉垛甩包和垛上取样两种方式，抽样比率及抽样方法依据棉花国家标准相关规定，抽样棉包的选定由检验机构独立完成，且必须确保代表性随机抽取。

（四）现场抽样发现同一批次内棉花质量一致性差的，检验机构应视现场情况加抽样品，必要时应与承储仓库协商倒垛取样。

（五）加盖验讫印章：对抽样批次（棉包）加盖验讫印章，字迹清晰可辨认。对无法加盖印章的抽样棉包（如塑料材质包装），须标注便于本单位辨认的标记。

印章内容包括：验讫标志、检验机构代码和中储棉总公司英文简称（CNCRC）。印章形状为圆形，直径6cm。印章第一行内容是中储棉总公司英文名称缩写，即CNCRC，第二行内容是检验机构代码，第三行内容是验讫标志。

（六）运送样品：抽取的样品以批次为单位包装、捆扎，不得混批，抽样后及时将样品和文书送回实验室检验。

（七）业务交接：现场抽样结束后，检验机构应及时与承储仓库办理交接手续。

第十二条　依据棉花国家标准、相关技术规范和棉花颜色级、轧工质量实物标准等，在实验室进行品质检验。国产棉感官检验轧工质量、颜色级，进口棉除感官检验轧工质量、颜色级外，同时手扯尺量检验长度，常规仪器设备检验马克隆值。

第十三条　实验室检验在检验机构实验室完成；承担异地检验任务的，若承储仓库能够提供符合国家标准GB/T 13786《棉花分级室的模拟昼光照明》相关规定实验室条件的，可以在承储仓库实验室完成品质检验工作。

第十四条　现场抽样结束后两日内，检验机构应将棉花检验结果报中纤局，将公证检验证书提供承储仓库，同时办理证书交接手续。《国家储备棉出库公证检验证书》出具两联，一联由承储仓库留存，一联随货同行。

第五章　复检规定

第十五条　购棉方（与中储棉总公司签署合同的买受人）应对所购国储棉质量在库进行验收，对轮出国储棉中存在崩包、炸包问题的及时协调仓库予以解决。购棉方若对质量有异议，且提供相关检验结果的，可在《储备棉出库单》开具后十日内向中纤局申请复检，中纤局指定复检机构承担复检工作。

第十六条　复检项目：轧工质量、颜色级、长度、马克隆值。

第十七条　复检原则只对留样进行。对码放在棉垛内且无法随机取样造成公证检验证书结果及实物质量不一致的，购棉方可向中纤局书面申请重新抽样。申请复检的棉花必须按批次单独码放，批次必须完整、不得短件。

第十八条　申请复检应当提交的材料：购买合同复印件、《储备棉出库单》复印件、购棉方对所购棉花质量异议的书面材料以及公证检验证书。

书面材料内容应当包括：棉花批号、提货仓库、棉花所在地、购棉企业质量验收过程及使用的仪器设备型号（检定情况）、异议指标、质量差异的具体情况、联系人、联系方式等，复检材料应当加盖购棉单位公章；通过委托代理方式购买的棉花，材料内容须经签署合同的代理方与购棉企业双方认可，并加盖双方单位公章。

第十九条　复检后由复检单位出具《棉花国家公证检验复检证书》，原公证检验证书作废。一次复检为终局复检。

第二十条　对公证检验过程中发现的掺杂使假等严重质量问题，按照《棉花质量监督管理条例》予以处理。

第二十一条　对超出规定时限的复检申请不予受理。

第二十二条　复检结果与原公证检验结果一致的，由复检申请方承担因复检发生的相关费用；复检结果与原公证检验结果不一致的，复检申请方不承担任何费用。

第二十三条　中纤局欢迎各购棉企业、承储仓库以及涉棉行业的企业单位对检验机构的工作质量、工作作风等进行监督。中纤局监督举报电话：010-51006258，举报邮箱：jubao@cfi.gov.cn。

第六章　附则

第二十四条　本办法由中国纤维检验局负责解释。

第二十五条　本办法自发布之日起实施。

第七部分

附　录

附录 1　国内主要涉棉机构通信录

涉棉机构	通信地址	电话
国家发展和改革委员会经济贸易司	北京市西城区月坛南街 38 号	010–68502000
财政部经济建设司	北京市西城区三里河南三巷 3 号	010–68551114
商务部对外贸易司	北京市东长安街 2 号	010–65197420
农业部种植业司	北京市朝阳区农展馆南里 11 号	010–64193366
农业部农村经济研究中心	北京市西城区西四砖塔胡同 56 号	010–66115901
中国海关总署信息中心	北京市建国门内大街 6 号	010–65195623
国家统计局农村司	北京市西城区月坛南街 57 号	010–68783311
国家统计局工交司	北京市西城区月坛南街 57 号	010–68782859
中国农业发展银行	北京市西城区月坛北街甲 2 号	010–68081453
中国纤维检验局	北京市东城区安定门东大街 5 号	010–51106110
中国棉花协会	北京市复兴门内大街 45 号主楼 7 层	010–66053900
中国棉花协会棉花加工分会	北京市西直门南大街 2 号成铭大厦	010–66118607
中国棉纺织行业协会	北京东长安街 12 号	010–85229479
中国纺织品进出口商会	北京市朝阳区潘家园南里 12 号楼	010–67739316
中国储备棉管理总公司	北京市西城区华远街 17 号	010–58519365
中华棉花集团有限公司	北京市西城区宣武门外大街甲 1 号环球财讯中心 B 座 11—12 层	010–59338189
中棉工业有限责任公司	北京市西城区宣武门外大街甲 1 号环球财讯中心 B 座 6 层	010–59338976
中纺棉花进出口公司	北京市建国门内大街 19 号中纺大厦 7 层	010–85112255
国家棉花市场监测系统	北京市海淀区紫竹院路 116 号嘉豪国际中心 B 座 15 层	010–58931122
全国棉花交易市场	北京市西城区宣武门外大街甲 1 号环球财讯中心 B 座 15 层	010–88086850
郑州商品交易所	河南省郑州市未来路 69 号	0371–65610069
中国农科院棉花研究所	河南省安阳市开发区黄河大道 38 号	0372–2562200
安徽财经大学棉花工程研究所	安徽省蚌埠市宏业路 255 号	0552–3112124
合肥国家棉花交易中心	安徽省合肥市新站区胜利路光大国际广场 B 座 15 层	0551–2117788

附录 2　国内主要棉花纤维检验机构

单位名称	地址	电话
中国纤维检验局	北京市东城区安定门东大街 5 号	010–51106110
北京市纺织纤维检验所	北京市朝阳区朝阳北路 60 号	010–59796990
天津市纺织纤维检验所	天津市南开区科研西路 2 号增 6 号	022–60266979
河北省纤维检验局	河北省石家庄市中华南大街 537 号	0311–67568296
山西省纤维检验局	山西省太原市并州西街 51 号	0351–2024189
内蒙古自治区纤维检验局	内蒙古自治区呼和浩特市新城区内蒙展览馆东路	0471–4963542
辽宁省纤维检验局	辽宁省沈阳市和平区永安北路 8 号	024–23894057
吉林省纤维检验处	吉林省长春市卫星路 7440 号	0431–85315584
黑龙江省纤维检验局	黑龙江省哈尔滨市香坊区珠江路 100 号	0451–82309475
上海市纤维检验所	上海市长乐路 1228 号	021–62495305
江苏省纤维检验所	江苏省南京市光华东街 3 号	025–84670512
浙江省纤维检验局	浙江省杭州市天目山路 222 号	0571–85123534
宁波市纤维检验所	浙江省宁波市江南路 1588 号 F 座	0574– 87326309
安徽省纤维检验局	安徽省合肥市包河工业园省质检中心园区内（延安路 13 号）	0551–63356467
福建省纤维检验局	福建省福州市仓山区照屿路 17 号	0591–83710801 0591–87893952
江西省纤维检验局	江西省南昌市高新技术开发区火炬大街 188 号	0791–8101480
山东省纤维检验局	山东省济南市经二路 343 号（济南二环北路 18 号）	0531–87911540
青岛市纺织纤维检验所	山东省青岛市延安三路 123 号	0532–83890032
河南省纤维检验局	河南省郑州市东明路北 17 号	0371–63297181
湖北省纤维检验局	湖北省武汉市武昌区公平路 8 号	027–88224867
湖南省纤维检验局	湖南省长沙市新建西路 41 号	0731–89967222
广州市纤维产品检测院	广东省广州市海珠区滨江中路草芳围 35–2 号	020–34402303
广西壮族自治区纤维检验所	广西南宁市新竹路 12 号	0771–5869795 0771–5843391
重庆市纤维检验局	重庆市渝北区高新园云杉北路 50 号	023–89232606
四川省纤维检验局	四川省成都市蜀都大道少城路 7 号（人民公园斜对面）	028–86639111
贵州省纤维检验局	贵州省贵阳市云岩区头桥海马冲街 45 号	0851–6518084
云南省纤维检验所	云南省昆明市教场东路 21 号	0871–5191011
陕西省纤维检验局	陕西省西安市西八路尚平路 18 号	029–87444832
甘肃省纤维检验局	甘肃省兰州市金昌南路 208 号质检大楼	0931–8828553
青海省纤维检验局	青海省西宁市西关大街 31 号古城台青海质监大楼	0971–6111169
宁夏回族自治区纤维检验局	宁夏银川市兴庆区凤凰南街 193 号	0951–7860500
新疆维吾尔自治区纤维检验局	新疆乌鲁木齐市新华南路 167 号	0991–2823582

附录3 2014/2015年度全国新体制棉花加工企业名录

（全国统计1542家，时间截至2015年8月31日24点）

序号	棉花加工企业名称	序号	棉花加工企业名称
	新疆607家	23	巴楚县良种轧花厂（有限公司）二厂
1	巴楚县良种轧花厂（有限公司）	24	新和金泰实业有限公司
2	巴楚县华联棉业有限责任公司	25	沙湾县棉花产业有限责任公司秦棉分公司
3	巴楚县嘉德棉业有限责任公司	26	麦盖提九九棉业有限公司
4	巴楚县冠农棉业有限责任公司	27	精河县和丰棉业有限公司
5	库尔勒新丰普惠棉业有限责任公司	28	巴楚县震华棉纺有限责任公司轧花厂
6	沙雅九九棉业有限公司	29	阿克苏地区腾达棉业有限责任公司
7	沙雅益康棉业有限公司红旗轧花厂	30	尉犁县林丰棉业有限公司
8	麦盖提县中联棉纺有限责任公司	31	新疆得力棉业有限公司塔里木轧花厂
9	沙雅富力棉花有限责任公司托依堡轧花厂	32	巴楚县金谷棉业有限公司
10	巴楚县光大棉业有限责任公司	33	新疆鸿力棉业有限公司盖孜库木轧花厂
11	精河县托里二牧场棉业有限公司	34	阿克苏地区宏丰棉业有限责任公司
12	新疆国泰棉业有限公司	35	莎车县叶尔羌棉业有限责任公司二厂
13	克拉玛依市独山子华银棉花产业有限责任公司	36	精河县裕泰棉业有限公司
14	巴楚县鑫鹏棉业有限责任公司	37	阿克苏地区金翔棉业有限责任公司
15	尉犁县中良棉业有限责任公司	38	轮台县远江农工贸有限责任公司棉花加工厂
16	尉犁县棉麻公司琼库勒收购站	39	巴州百家惠纺织有限责任公司
17	新和县宏信棉业有限责任公司	40	乌苏市胜远棉业有限责任公司
18	乌苏市星光棉麻有限责任公司	41	乌鲁木齐利华新创棉业有限责任公司沙雅分公司
19	巴楚县泰昌棉业有限公司	42	尉犁县棉麻公司县城收购站
20	新疆光大西域科技有限公司	43	伽师新雅棉业有限公司
21	库尔勒惠祥棉种有限公司	44	新疆益康集团有限责任公司轧花厂
22	乌鲁木齐鑫丰益棉业有限责任公司乌苏市棉花加工厂	45	新疆鸿力棉业有限公司海楼乡包孜墩轧花厂

序号	棉花加工企业名称	序号	棉花加工企业名称
46	巴州泰昌农业开发有限公司轧花厂	75	巴州鸿泰棉业有限公司轧花三厂
47	莎车县叶尔羌叶河棉业有限责任公司	76	尉犁县棉麻公司塔里木收购站
48	尉犁泰富棉业有限公司	77	轮台鸿泰种业有限公司原种棉轧花厂
49	乌鲁木齐利华新创棉业有限责任公司沙雅第二轧花厂	78	精河县托里棉花加工厂
50	沙雅新垦棉花有限责任公司	79	沙湾县棉花产业有限责任公司恒棉分公司
51	温宿县银丰棉业有限公司	80	阿克苏地区天泉棉业有限责任公司
52	岳普湖县良种棉轧花厂	81	喀什新花棉业有限公司
53	巴州鸿泰棉业有限公司轧花一厂	82	温宿县银利棉业有限公司
54	沙雅益康棉业有限公司托依堡分公司	83	奎屯康泰棉麻有限公司
55	莎车县新龙棉业有限责任公司	84	轮台县永盛棉花工贸有限责任公司
56	尉犁县九九棉业有限公司	85	和田天王纺织有限公司
57	乌苏市锦鹏棉纺织有限公司城镇棉花加工厂	86	新和县宏信机采棉有限公司
58	沙湾县银珠棉业有限责任公司	87	博乐银丰棉花加工有限责任公司
59	轮台县塔河棉业有限责任公司	88	呼图壁县隆祥轧花有限责任公司
60	阿克苏永翔棉业有限责任公司	89	克州百川棉业有限责任公司
61	阿克苏建光棉业有限责任公司	90	巴楚县良种轧花厂（有限公司）三厂
62	沙湾县康华工贸有限责任公司华银棉业分公司	91	新疆鲁泰丰收棉业有限责任公司第一加工厂
63	中棉集团玛纳斯棉业有限公司	92	沙湾县鑫龙棉业有限公司
64	巴楚县正大棉业有限责任公司	93	博尔塔拉蒙古自治州中亚有限责任公司
65	沙雅银泰棉业有限公司	94	乌苏市石桥银翔棉业有限责任公司
66	奎屯浩泰棉业有限公司	95	奎屯瑞丰轧花有限公司
67	奎屯准噶尔棉业有限公司	96	沙湾县旺通棉业有限公司
68	喀什广新纺织股份有限公司	97	玛纳斯县丰棉棉业有限公司
69	库车县白金棉花油脂加工有限责任公司	98	玛纳斯康瑞农业发展有限公司
70	新疆利华棉业股份有限公司第一棉花加工厂	99	奎屯起步达农业发展有限公司
71	巴州丰润棉业有限责任公司	100	新疆桑塔木种业股份有限公司良种棉轧花厂
72	沙湾县天鹰棉花产业有限公司	101	沙雅鸿兴棉业有限公司
73	博州亚东有限责任公司	102	库车天润棉业有限公司
74	喀什诚宇棉业有限责任公司	103	新疆千棉棉业有限责任公司

序号	棉花加工企业名称	序号	棉花加工企业名称
104	沙湾县元一棉业有限责任公司	131	巴州宏业统其克棉花加工有限公司
105	阿瓦提新雅棉业有限公司一厂	132	新和县永红有限责任公司棉花加工厂
106	乌苏市利达棉花加工有限责任公司	133	呼图壁县云龙棉业有限公司
107	玛纳斯县潮鑫棉业有限责任公司	134	伽师县中加棉业有限公司
108	奎屯裕盛棉业有限公司	135	喀什通力棉业有限公司
109	阿瓦提县新雅宏伟棉业有限公司	136	博尔塔拉蒙古自治州恒昌棉业有限责任公司
110	昌吉市下巴湖棉花加工厂	137	阿瓦提新新棉业有限责任公司塔木托拉克棉花收购加工厂
111	克州宏健棉业有限责任公司	138	伊犁哈萨克自治州伊欣棉业有限责任公司棉花油脂蛋白厂
112	莎车县中加棉业有限公司	139	阿克陶县金泰棉业有限公司
113	昌吉利华棉业有限责任公司昌吉市老龙河分公司	140	阿克陶县奔达实业有限公司
114	新疆承天农牧业发展股份有限公司尉犁县棉业分公司	141	阿克苏市纵横棉业有限责任公司
115	沙雅纵横棉花有限责任公司	142	库尔勒市银翔棉业有限公司
116	沙雅恒洋棉业有限责任公司	143	博乐市银鑫棉业有限公司
117	新和益新棉业有限公司	144	乌鲁木齐市米东区供销棉麻有限责任公司蒋家湾轧花厂
118	新疆银汇棉纺织有限公司	145	库车利生棉业有限责任公司
119	乌苏市光辉棉花加工有限责任公司	146	乌苏市创锦棉业有限公司
120	库车联发棉业有限公司	147	阿瓦提县金泰棉业有限公司
121	巴州鸿泰棉业有限公司轧花二厂	148	尉犁县诸旺农牧业有限公司
122	且末县昆仑棉业有限责任公司棉花加工二厂	149	库车县棉麻公司轧花一厂
123	沙雅银鑫棉业公司县城一厂	150	库车永翔棉业有限责任公司
124	阿克苏地区百隆棉业有限责任公司	151	乌苏市百泉棉业有限责任公司
125	新疆棉花产业集团伽师棉业有限公司县城轧花厂	152	沙湾县棉花产业有限责任公司云棉分公司
126	沙湾县棉花产业有限责任公司兴棉分公司	153	博乐市康瑞棉花加工有限公司
127	哈密天云棉业有限公司	154	库车县金朋棉业有限责任公司轧花厂
128	喀什新粤纺织有限公司	155	新疆金丰源种业股份有限公司良种棉加工二厂
129	麦盖提县金丰棉业有限责任公司	156	哈密信合棉业有限公司
130	博乐市银博棉业有限责任公司	157	阿图什市海纳棉业有限公司

序号	棉花加工企业名称	序号	棉花加工企业名称
158	乌苏市星亚棉花加工有限责任公司	185	库车中棉棉业科技有限公司
159	新疆守信种业科技有限责任公司	186	新疆棉花产业集团岳普湖棉业有限公司绿洲轧花厂
160	博尔塔拉蒙古自治州华棉棉业有限责任公司	187	沙湾县棉花产业有限责任公司惠棉分公司
161	玛纳斯银天棉业有限公司乐土驿轧花厂	188	克拉玛依市天地农牧实业有限公司棉花加工厂
162	阿克苏地区宏欣棉业有限公司	189	沙湾县棉花产业有限责任公司荣棉分公司
163	阿瓦提新雅棉业有限公司	190	乌苏市康瑞棉花加工有限责任公司
164	新疆棉花产业集团伽师棉业有限公司卧里托呼拉克乡轧花厂	191	阿克陶县盛丰棉业有限责任公司
165	沙湾德盛棉业有限责任公司	192	阿克苏润德棉业有限公司
166	新疆华纺纺织有限公司	193	巴州同庆丰棉业有限公司
167	阿克苏永华棉业有限责任公司	194	玛纳斯县拓宏棉业有限责任公司
168	库车县白泉棉业有限责任公司	195	克州欣汇联实业有限公司
169	新疆沙雅白云商贸有限责任公司央塔克巴什轧花厂	196	喀什星宇农业开发有限公司
170	沙湾县华瑞棉业有限责任公司	197	巴楚县克拉克勤农牧有限责任公司
171	阿克苏市金田农场有限责任公司	198	奎屯世丰棉业有限公司
172	新疆棉花产业集团岳普湖棉业有限公司铁力木乡轧花厂	199	托克逊县西域棉业有限责任公司
173	阿克苏泰星棉业有限公司	200	托克逊县工尚棉花加工有限责任公司
174	阿克陶县天人棉业有限责任公司	201	疏勒县润丰棉业有限公司
175	阿克苏地区金诚棉业有限责任公司	202	新疆利华棉业股份有限公司第五棉花加工厂
176	奎屯世丰棉业有限公司瑞雪分公司	203	温宿银花棉业有限责任公司
177	新疆曼福农业科技开发有限公司	204	新疆棉花产业集团伽师棉业有限公司夏普吐勒乡轧花厂
178	吐鲁番市华泰棉业有限责任公司艾丁湖乡棉花加工厂	205	阿克苏地区金泰棉业有限责任公司
179	奎屯康瑞棉花加工有限公司	206	沙雅银花棉业有限责任公司
180	轮台县家家旺棉业有限责任公司	207	新疆棉花产业集团岳普湖棉业有限公司巴依瓦提轧花厂
181	喀什金盛棉业有限责任公司	208	尉犁县棉麻公司统其克第二收购站
182	哈密双银棉业有限责任公司大泉湾棉花加工厂	209	阿克苏地区天宇棉业有限责任公司
183	阿克陶县盛丰棉业有限责任公司第二轧花厂	210	沙湾县棉花产业有限责任公司泰棉分公司
184	新和县永红有限责任公司玉奇喀特乡棉花加工厂	211	玛纳斯县兰桥棉业有限公司

序号	棉花加工企业名称	序号	棉花加工企业名称
212	新疆奎屯云森纺织有限公司	240	巴州德润商贸有限公司普惠棉花加工厂
213	玛纳斯县大漠棉业有限责任公司	241	呼图壁县东泉棉业有限公司
214	哈密双银棉业有限责任公司二堡棉花加工厂	242	尉犁县瑞华棉业有限责任公司
215	新疆棉花产业集团岳普湖棉业有限公司下巴扎乡轧花厂	243	阿克苏贝乐棉业有限公司
216	沙湾县棉花产业有限责任公司优质棉分公司	244	阿克苏地区友邦棉业有限责任公司
217	伊犁州奎屯银和棉业有限公司	245	新疆阿克苏天山种业有限责任公司良种棉加工三厂
218	阿克苏新得利棉业有限公司	246	麦盖提易丰棉业有限公司
219	库车金鑫棉业有限公司	247	乌苏市锦绣棉业有限公司
220	喀什牌楼农场有限责任公司轧花厂	248	新和佳利农业发展有限公司塔木托克拉克乡轧花厂
221	阿克苏鑫牛棉业有限公司	249	玛纳斯县沣泽棉业有限责任公司
222	奎屯银瑞棉花贸易有限公司	250	莎车县昆仑棉业有限责任公司
223	库车县天富棉业有限公司	251	呼图壁县鑫欧棉业有限公司
224	巴州鸿泰棉业有限公司轧花四厂	252	麦盖提基地军联棉业有限责任公司
225	莎车县叶尔羌棉业有限责任公司	253	阿克苏英达雅军垦农场棉业有限公司
226	沙湾县棉花产业有限责任公司丰棉分公司	254	沙湾县康瑞棉花加工有限责任公司
227	呼图壁县天鼎棉业有限公司	255	阿瓦提县棉麻公司多浪棉花收购加工厂
228	新疆棉花产业集团岳普湖棉业有限公司县城轧花厂	256	沙湾县泰和棉业有限公司
229	巴州国棉配送棉业有限公司	257	库尔勒鑫福棉业有限责任公司
230	沙雅塔里木兴农棉花有限责任公司	258	巴州孔雀棉业有限责任公司
231	乌苏市鼎瑞棉业有限责任公司	259	新疆恺缌珈棉业有限责任公司
232	新疆利华棉业股份有限公司第三棉花加工厂	260	库尔勒宝丰棉业有限责任公司
233	托里县兵锦棉业有限公司	261	沙雅银鑫棉业公司洋塔霞轧花厂
234	博乐捷福棉业有限公司乌镇轧花厂	262	新疆银星棉花加工有限责任公司
235	新疆利华棉业股份有限公司第四棉花加工厂	263	新疆棉花产业（集团）叶城棉业有限责任公司零公里轧花厂
236	阿瓦提县天韵棉业有限责任公司	264	新疆棉花产业（集团）莎车棉业有限责任公司荒地轧花厂
237	喀什实信棉业有限责任公司	265	巴州顺泰棉业有限责任公司
238	库车县恒丰棉业有限责任公司	266	精河县精棉棉业有限责任公司黑树窝子轧花厂
239	和田县白金棉业有限公司	267	博尔塔拉蒙古自治州恒昌棉业有限责任公司套特轧花厂

序号	棉花加工企业名称	序号	棉花加工企业名称
268	阿克苏地区华丰棉业有限公司	294	新疆棉花产业（集团）莎车棉业有限责任公司再热甫夏提轧花厂
269	莎车县利成海棉纺有限责任公司	295	中棉集团新和棉业有限公司
270	乌苏市锦泰棉花加工有限责任公司	296	乌苏市昌茂纺织有限责任公司九间楼棉花加工厂
271	乌苏市锦鹏棉纺织有限公司宏发棉花加工厂	297	新疆宏祥棉业有限公司
272	乌苏市甘河子恒丰棉业有限公司	298	新疆银通棉业有限公司库尔勒轧花厂
273	阿克苏瑞丰棉业有限公司	299	阿克陶县托塔依农场轧花厂
274	精河县康瑞棉花加工有限公司	300	阿克苏地区供销社兴农合作农场棉花加工厂
275	喀什天利纺织原料有限公司莎车县分公司	301	呼图壁县新浙农业开发有限责任公司
276	精河县精棉棉业有限责任公司八家户轧花厂	302	新疆棉花产业集团伽师棉业有限公司克孜勒苏乡轧花厂
277	和布克赛尔蒙古自治县新久棉业有限公司	303	新疆阿图什金泉商贸有限责任公司阿克陶县轧花厂
278	昌吉州大渊博农业发展有限责任公司	304	中棉集团昌吉市棉花有限公司老龙河轧花厂
279	乌苏市江华棉业有限责任公司	305	乌苏市银河棉业有限责任公司
280	泽普县富强棉业有限责任公司	306	阿克苏市同旺纺织有限责任公司棉花加工厂
281	库车银花棉业有限责任公司	307	新疆利华棉业股份有限公司第二棉花加工厂
282	乌苏市新棉创业棉业有限责任公司	308	阿克陶县昌盛棉业有限责任公司
283	乌苏市哈图布呼农牧发展有限责任公司	309	乌苏市明新棉业有限责任公司
284	阿克苏天玉种业有限公司原（良）种棉加工厂	310	哈密协力棉业有限责任公司棉花加工厂
285	乌苏市康隆棉业有限责任公司	311	新疆棉花产业（集团）麦盖提棉业有限责任公司克孜勒阿瓦提轧花厂
286	博乐捷福棉业有限公司贝乡轧花厂	312	阿克陶县鲁丰棉业有限责任公司
287	巴州恒熙棉业有限公司	313	乌苏市汇通棉花加工厂
288	乌苏市创新棉业有限公司	314	库车县棉麻公司英叶轧花十一厂
289	库车县兴合棉花有限责任公司	315	乌苏市阿克其棉业有限公司
290	新疆棉花产业（集团）莎车棉业有限责任公司艾力西湖轧花厂	316	阿图什市供销合作社联合社棉麻公司
291	新疆棉花产业集团泽普棉业有限公司阿克塔木乡轧花厂	317	乌苏市顺达棉业有限公司
292	和布克赛尔蒙古自治县华丰有限责任公司察和特棉花加工厂	318	乌苏市新鑫棉业有限责任公司
293	阿克苏大海实业有限公司	319	玛纳斯县金海利棉业有限公司

序号	棉花加工企业名称	序号	棉花加工企业名称
320	新疆沙雅白云商贸有限责任公司努尔巴格轧花厂	346	新疆成岳棉花产业有限公司巴润哈尔莫墩镇轧花厂
321	沙雅塔里木润城农牧有限责任公司监狱轧花厂	347	新疆阿克苏天山种业有限责任公司良种棉加工一厂
322	库车县龟兹种业公司良种棉轧花厂	348	疏附县良种轧花厂
323	乌苏市新棉红星棉业有限责任公司	349	新疆佰郑棉纺有限公司
324	阿克苏地区永衡棉业有限责任公司	350	乌苏市立新棉花加工有限责任公司
325	新疆棉花产业（集团）巴楚棉业有限责任公司阿克萨克马热勒轧花厂	351	和硕县清水河宏岳棉花加工有限责任公司
326	精河县天顺祥棉花加工有限公司	352	新疆棉花产业集团泽普棉业有限公司依玛乡轧花厂
327	玛纳斯银天棉业有限公司北五岔轧花厂	353	温宿德丰棉花产业有限责任公司佳木轧花厂
328	巴州正圣棉业有限公司	354	新疆鑫隆棉业有限公司
329	新疆棉花产业（集团）莎车棉业有限责任公司依干其轧花厂	355	新疆鑫棉科技发展有限责任公司六户地镇轧花厂
330	新疆天山纺织集团棉业有限公司	356	新疆太和龙瑞农业发展有限责任公司
331	新疆宝地种业有限责任公司棉花加工厂	357	伽师县银丰棉花有限责任公司
332	库尔勒旭鑫棉花加工有限责任公司	358	和静银星棉业有限责任公司县城棉花收购加工轧花厂
333	沙湾县思远棉业有限责任公司	359	玛纳斯新众棉业有限责任公司
334	奎屯诚丰棉业有限公司	360	新疆利嘉棉业有限公司哈密市二堡镇轧花厂
335	乌鲁木齐市米东区供销棉麻有限责任公司昌吉市黎明轧花厂	361	柯坪县金泰棉业有限公司
336	巴州冠农库尔楚棉业有限公司	362	新疆棉花产业（集团）麦盖提棉业有限责任公司吐曼塔勒轧花厂
337	阿克苏大自然棉业有限公司	363	奎屯叁强棉麻工贸有限公司
338	乌苏市光辉棉花加工有限责任公司新棉分公司	364	新疆广物棉业有限责任公司
339	奎屯瑞丰轧花有限公司锦丰分公司	365	新疆大草原棉业有限公司
340	巴州德福农贸有限责任公司	366	昌吉利华棉业有限责任公司昌吉市佃坝轧花厂
341	精河县精棉棉业有限责任公司托托轧花厂	367	中棉工业新疆棉业有限公司阿瓦提棉花加工厂
342	沙湾县鑫达有限公司	368	呼图壁县银瑞棉业有限责任公司
343	库车县棉麻公司草湖轧花十二厂	369	库尔勒兴宇棉花加工有限公司
344	阿克苏联发棉业有限公司	370	乌苏市皇宫银海棉业有限公司
345	玛纳斯万盈棉业有限公司	371	乌鲁木齐市米东区供销棉麻有限责任公司昌吉市五十户轧花厂

序号	棉花加工企业名称	序号	棉花加工企业名称
372	博乐市协力棉花加工有限责任公司	398	库尔勒玖润棉业有限公司
373	新疆棉花产业集团泽普棉业有限公司古鲁巴格乡轧花厂	399	沙湾县棉花产业有限责任公司中棉分公司
374	中棉集团阿瓦提棉花产业化有限公司	400	哈密市良种棉加工厂
375	呼图壁县大丰棉业有限公司	401	博湖县桦峰棉业有限责任公司
376	精河县天福棉花加工有限责任公司	402	温宿德丰棉花产业有限责任公司青年加工厂
377	沙雅银鑫棉业公司托依堡轧花厂	403	阿瓦提县棉麻公司庆丰棉花收购加工厂
378	新疆汇联棉花加工有限公司	404	乌苏市杨帅棉花加工有限责任公司
379	阿克陶县昌隆棉业有限公司	405	莎车县良种场轧花厂
380	库车县棉麻公司哈尼喀塔木轧花三厂	406	新疆阿克苏市广联实业有限公司
381	玛纳斯乐丰棉业有限公司	407	沙湾县康华工贸有限责任公司康华棉业分公司
382	新疆棉花产业（集团）麦盖提棉业有限责任公司库尔玛轧花厂	408	精河县贝正棉花加工有限公司南方分公司
383	玛纳斯银天棉业有限公司县城轧花厂	409	鄯善县新昱棉麻有限责任公司新城棉花加工厂
384	库车县棉麻公司玉奇吾斯塘轧花五厂	410	阿克苏恒信棉业有限公司
385	阿瓦提禾源棉业有限公司棉花加工厂	411	新疆棉花产业（集团）莎车棉业有限责任公司巴格阿瓦提轧花厂
386	新疆银通棉业有限公司哈拉玉宫轧花厂	412	新疆棉花产业（集团）莎车棉业有限责任公司阿斯兰巴格轧花厂
387	库车新盛农牧有限责任公司轧花厂	413	乌苏市光辉棉花加工有限责任公司隆兴分公司
388	巴州宏益棉业有限公司轧花厂	414	新疆丰汇棉业有限公司
389	库车县棉麻公司阿拉哈格轧花七厂	415	喀什中利农业开发有限公司
390	新疆金丰源种业股份有限公司良种棉加工一厂	416	呼图壁县隆华棉业有限公司
391	新疆棉花产业（集团）莎车棉业有限责任公司伯什坎轧花厂	417	尉犁县瑞成棉业有限责任公司
392	新和银花棉业有限责任公司	418	新疆棉花产业集团英夏尔棉业有限公司英尔力克乡轧花厂
393	新疆棉花产业（集团）莎车棉业有限责任公司阿拉买提轧花厂	419	和田银丰棉业有限责任公司
394	新疆裕隆华顺纺织有限公司轧花厂	420	且末县新垦棉业有限责任公司
395	吐鲁番同润棉业有限责任公司	421	乌苏市古尔图锦纺棉业有限责任公司
396	呼图壁县天丰棉业有限公司	422	乌苏市光辉棉花加工有限责任公司汇银分公司
397	新疆棉花产业集团伽师棉业有限公司和夏瓦提乡轧花厂	423	新疆棉花产业（集团）莎车棉业有限责任公司依什库力轧花厂

序号	棉花加工企业名称	序号	棉花加工企业名称
424	阿克陶县恒丰棉麻有限公司	448	呼图壁县嘉丰棉业有限公司
425	新疆棉花产业（集团）莎车棉业有限责任公司阿扎提巴格轧花厂	449	新疆棉花产业（集团）巴楚棉业有限责任公司英吾斯坦轧花厂
426	新疆棉花产业（集团）巴楚棉业有限责任公司色力布亚轧花厂	450	巴州美华棉业有限责任公司托布力其棉花加工厂
427	库车县棉麻公司东城轧花九厂	451	且末县玖润棉业有限公司
428	新疆棉花产业（集团）莎车棉业有限责任公司阿瓦提轧花厂	452	温宿信泰棉业有限责任公司
429	阿克苏地区友谊棉花加工有限责任公司	453	阿克苏昌盛棉业有限责任公司
430	博湖宝丰棉业有限责任公司博斯腾湖棉花收购加工厂	454	呼图壁县红柳塘棉业有限公司
431	新疆棉花产业（集团）莎车棉业有限责任公司吾达力克轧花厂	455	库车县棉麻公司莫明特力克轧花十四厂
432	新疆棉花产业集团英夏尔棉业有限公司牙甫泉镇轧花厂	456	呼图壁县金穗农业发展有限公司
433	且末县昆仑棉业有限责任公司棉花加工一厂	457	沙雅正大棉业有限责任公司
434	阿克陶县恒丰棉麻有限公司轧花厂	458	呼图壁县西域良种棉有限责任公司
435	玛纳斯县新民畜产品有限责任公司	459	托克逊县银星棉业有限责任公司
436	精河县贝正棉花加工有限公司	460	库尔勒包头湖棉花加工有限责任公司
437	博乐市宝林棉油加工有限责任公司	461	新疆棉花产业（集团）莎车棉业有限责任公司恰热克轧花厂
438	新疆中纺锦华棉业有限公司东戈壁棉花加工厂	462	且末县昆仑棉业有限责任公司棉花加工三厂
439	新疆金宏祥高科农业股份有限公司	463	库车县棉麻公司齐满轧花二厂
440	昌吉利华棉业有限责任公司昌吉市开发区轧花厂	464	中棉集团克州棉业有限公司
441	柯坪县汇隆棉业有限责任公司	465	沙湾县秦岭棉业有限责任公司
442	新疆中纺锦华棉业有限公司二十里店棉花加工厂	466	新疆棉花产业（集团）麦盖提棉业有限责任公司希依提墩轧花厂
443	托里县顺志棉业加工有限公司	467	新疆昌吉州棉麻有限责任公司二分公司
444	博乐科纺棉花有限公司	468	新疆棉花产业（集团）巴楚棉业有限责任公司唐巴扎轧花厂
445	英吉沙县棉麻公司克孜勒加工厂	469	库尔勒顺盛棉业有限责任公司
446	新疆棉花产业集团英夏尔棉业有限公司城区轧花厂	470	新疆维吾尔自治区国家农作物原种场库尔勒哈拉苏轧花厂
447	新疆棉花产业集团英夏尔棉业有限公司阿拉甫乡轧花厂	471	克拉玛依鑫达棉业有限公司

序号	棉花加工企业名称	序号	棉花加工企业名称
472	新疆银硕棉业有限责任公司	496	若羌玖润棉业有限公司棉花加工二厂
473	柯坪县海峰棉业有限责任公司	497	阿克苏永兴棉业有限责任公司
474	英吉沙县棉麻公司芒申加工厂	498	新疆棉花产业（集团）巴楚棉业有限责任公司下马力轧花厂
475	哈密三达棉业有限责任公司	499	乌苏市汇康棉业有限责任公司
476	新疆鸿昌棉业有限公司轧花厂	500	新疆中纺锦华棉业有限公司祁家户棉花加工厂
477	阿瓦提县棉麻公司阿依巴格乡棉花收购加工厂	501	新疆沙龙棉业有限责任公司柳毛湾分公司
478	轮台县银恒棉业有限公司	502	巴州尉杨棉业有限公司
479	新疆棉花产业（集团）巴楚棉业有限责任公司群库恰克轧花厂	503	乌苏市帛鑫棉业有限公司
480	新疆棉花产业（集团）麦盖提棉业有限责任公司央塔克轧花厂	504	新疆焉耆县棉麻有限责任公司
481	和硕县棉麻公司县城轧花厂	505	阿克苏天成棉业有限责任公司
482	阿克苏昌盛实业轧花有限公司	506	乌苏市隆兴棉业有限责任公司
483	沙湾县棉花产业有限责任公司沙棉分公司	507	巴州美华棉业有限责任公司普惠棉花加工厂
484	吐鲁番市华泰棉业有限责任公司胜金乡棉花加工厂	508	新疆中纺锦华棉业有限公司大桥棉花加工厂
485	皮山县利兴棉业有限责任公司	509	呼图壁县天源棉业有限公司
486	中棉集团昌吉市棉花有限公司榆树沟轧花厂	510	新疆棉花产业集团英夏尔棉业有限公司羊大曼轧花厂
487	呼图壁县银丰棉业有限公司	511	库车县龟兹种业公司比西巴格轧花厂
488	伊犁哈萨克自治州伊欣棉业有限责任公司奎屯棉花加工厂	512	鄯善县新昱棉麻有限责任公司达浪坎棉花加工厂
489	新疆福利棉花工贸有限公司	513	阿克苏久如棉业有限责任公司
490	新疆棉花产业集团泽普棉业有限公司县城轧花厂	514	沙雅新源棉业有限责任公司
491	精河县精棉棉业有限责任公司茫丁轧花厂	515	伊犁八棉锡达棉业有限公司
492	英吉沙县棉麻公司苏盖提加工厂	516	新疆棉花产业（集团）叶城棉业有限责任公司江格勒斯轧花厂
493	新疆棉花产业集团伽师棉业有限公司玉代克力克乡轧花厂	517	新和佳利农业发展有限公司玉其哈特乡轧花厂
494	新疆棉花产业（集团）叶城棉业有限责任公司库其轧花厂	518	克拉玛依市小拐乡聚源机械化采棉农民专业合作社
495	新疆棉花产业（集团）巴楚棉业有限责任公司阿瓦提轧花厂	519	尉犁兴平棉业有限责任公司

序号	棉花加工企业名称	序号	棉花加工企业名称
520	吐鲁番市大林棉业有限公司	544	呼图壁县宏昌棉业有限公司
521	呼图壁县银弘棉业有限公司	545	新疆棉花产业（集团）疏附棉业有限责任公司阿瓦提轧花厂
522	库尔勒市良种棉轧花厂	546	新疆棉花产业集团泽普棉业有限公司阿依库勒乡轧花厂
523	新疆棉花产业集团英夏尔棉业有限公司罕南力克镇轧花厂	547	阿克苏华荣工贸有限责任公司
524	新疆棉花产业集团英夏尔棉业有限公司塔孜洪乡轧花厂	548	哈密市中发农产品专业合作社
525	新疆棉花产业（集团）麦盖提棉业有限责任公司县城轧花厂	549	和田县种子经营中心斯玛瓦提良种棉加工厂
526	新疆国家棉花原原种繁殖基地库尔勒市阿瓦提乡轧花厂	550	新疆棉花产业（集团）巴楚棉业有限责任公司阿拉根轧花厂
527	新疆棉花产业（集团）叶城棉业有限责任公司恰瓦克轧花厂	551	新疆棉花产业（集团）疏附棉业有限责任公司托克扎克轧花厂
528	新疆惠农棉业有限公司棉种轧花厂	552	英吉沙县棉麻公司城镇加工厂
529	昌吉鑫京园棉业有限公司	553	昌吉州海天棉花加工有限责任公司滨湖棉花加工厂
530	阿瓦提县卡尔墩农场有限责任公司	554	阿克苏立友棉业有限责任公司
531	中棉集团昌吉市棉花有限公司滨湖轧花厂	555	克州建名棉业有限责任公司
532	奎屯巨达农业科技发展有限公司	556	新疆国欣种业有限公司
533	昌吉一通工贸有限公司大西渠轧花厂	557	新疆棉花产业（集团）麦盖提棉业有限责任公司尕孜库勒轧花厂
534	呼图壁县新米棉业有限责任公司	558	浙江巨鹰集团股份有限公司阿克苏第二轧花厂
535	呼图壁县万源棉业有限公司	559	新疆惠农棉业有限公司大河沿子轧花厂
536	吉木萨尔县庭州棉麻有限责任公司	560	柯坪县兴丰棉业有限责任公司
537	玛纳斯县丰元棉花育种基地良种棉轧花厂	561	阿瓦提新新棉业有限责任公司乌鲁却勒棉花收购加工厂
538	新疆泰昌实业有限责任公司轧花厂	562	麦盖提县宏昌棉业有限责任公司
539	喀什天利纺织原料有限公司	563	察布查尔锡伯自治县正元棉业有限责任公司
540	尉犁县中良棉业有限责任公司库尔勒分厂	564	新疆大禾油脂有限公司沙湾县景远棉业分公司
541	托克逊县天马棉业有限责任公司	565	阿克苏西部棉业有限责任公司
542	和静冠农棉业有限责任公司	566	新疆棉花产业（集团）叶城棉业有限责任公司加依提勒克轧花厂
543	温宿德丰棉花产业有限责任公司共青团加工厂	567	新疆惠农棉业有限公司阿合其轧花厂

序号	棉花加工企业名称	序号	棉花加工企业名称
568	和布克赛尔县察和特开发区禹杰棉花加工厂	595	阿克苏市侨兴棉业有限责任公司
569	新疆中纺锦华棉业有限公司北戈壁棉花加工厂	596	阿瓦提县棉麻公司英艾日克棉花收购加工厂
570	新疆棉花产业（集团）巴楚棉业有限责任公司恰瓦克轧花厂	597	新疆华孚恒丰棉业有限公司九连棉花加工厂
571	阿克陶县海盛棉业有限公司	598	呼图壁县康瑞棉花加工有限公司
572	巴州浩鑫棉业有限公司轧花厂	599	阿克苏巨鹰棉业有限责任公司轧花厂
573	克拉玛依市银磊棉业有限公司	600	呼图壁县农佳乐棉业有限责任公司
574	托克逊县天马棉业有限责任公司第一分公司	601	阿克陶县新陆棉业有限公司
575	新疆棉花产业（集团）疏附棉业有限责任公司英吾斯坦轧花厂	602	阿克苏天山棉业有限责任公司
576	哈密市奔达棉业有限公司	603	乌什县供销棉麻公司二厂
577	克州卓达棉业有限公司	604	麦盖提良种棉业有限公司
578	新疆福日棉业有限公司	605	新疆维吾尔自治区棉麻公司阿克苏棉麻站棉花加工厂
579	阿克苏市潘氏棉业有限公司	606	托克逊县种子公司良种棉加工厂
580	温宿博嘉棉业有限责任公司	607	阿克苏溢达农业发展有限公司
581	若羌玖润棉业有限公司棉花加工一厂		**建设兵团 198 家**
582	新疆华孚恒丰棉业有限公司棉花加工厂	1	石河子炮台农场炮台联合加工厂
583	阿瓦提县棉麻公司玉昌棉花收购加工厂	2	农七师柳沟总场加工厂
584	新疆鑫康农业科技开发有限公司	3	石河子一四四团加工厂
585	新疆棉花产业（集团）疏附棉业有限责任公司栏杆轧花厂	4	新疆生产建设兵团第一师阿拉尔市十团加工厂
586	疏勒县利云棉业有限责任公司	5	石河子总场泉水地加工厂
587	新疆农佳乐沙湾棉花加工有限责任公司	6	克拉玛依一三六团联合加工厂
588	阿克苏地区实验林场苏盖铁日克村轧花厂	7	克拉玛依市共青镇农工商联合企业总公司加工厂
589	和田巴格其棉业有限责任公司	8	新疆克拉玛依市五五农工商联合企业总公司棉花加工厂
590	阿克苏地区兴盛棉业有限责任公司	9	新疆石河子一四七团联合加工厂
591	阿克苏金土地棉业有限责任公司	10	石河子下野地农场沙门子镇加工厂
592	新疆农佳乐新丰棉花加工有限责任公司	11	新疆生产建设兵团第一师三团粮油加工厂
593	阿瓦提县农科院丰元科技有限责任公司	12	图木舒克市五十一团综合加工厂
594	阿瓦提县富力棉业有限责任公司	13	石河子桃花农场加工总厂二分厂

序号	棉花加工企业名称	序号	棉花加工企业名称
14	新疆生产建设兵团农一师一团加工厂	42	第二师三十三团加工厂
15	车排子农工商联合企业总公司加工厂	43	新疆生产建设兵团第一师十三团红桥加工厂
16	农一师七团加工厂	44	新疆生产建设兵团农一师十二团棉花加工厂
17	石河子炮台农场东野联合加工厂	45	农一师十四团加工厂
18	石河子新安农场第一加工厂	46	新疆生产建设兵团农一师八团棉花加工厂
19	新疆生产建设兵团第五师八十三团场轧花厂一分厂	47	新疆生产建设兵团第二师二十九团棉花加工厂
20	新疆华侨农场联合加工厂	48	图木舒克市四十九团综合加工厂
21	农七师前山总场综合加工厂	49	莎车县三得利棉业有限责任公司
22	新疆生产建设兵团第五师八十九团	50	第八师石河子市一四八团三加工厂
23	农一师十六团新开岭加工厂	51	第八师石河子市一四八团一加工厂
24	石河子一三四团加工厂	52	第八师一四九团联合加工厂
25	新疆生产建设兵团第五师九零团	53	新疆塔里木农业综合开发股份有限公司南口加工厂
26	图木舒克市五十团综合加工厂	54	新疆生产建设兵团农一师阿拉尔市十三团幸福城加工厂
27	新疆生产建设兵团农一师二团加工厂	55	新疆生产建设兵团农业建设第二师卫东棉业有限公司
28	新疆生产建设兵团农一师十一团棉副产品加工厂	56	第八师一五〇团加工一厂
29	图木舒克市四十四团中心团场齐干却勒加工厂	57	新疆生产建设兵团第一师五团加工厂
30	图木舒克市五十三团综合加工厂	58	昌吉金西域棉业有限责任公司玛纳斯县分公司
31	第八师一四九团棉花加工二厂	59	新疆生产建设兵团农六师新湖农场二场轧花厂
32	石河子北野农场加工厂	60	新疆生产建设兵团农六师新湖农场一场轧花厂
33	第三师四十五团综合加工一厂	61	新疆华天种业有限公司
34	新疆生产建设兵团第一师幸福农场棉业加工厂	62	第八师一五〇团加工三厂
35	新疆生产建设兵团伽师总场综合加工厂	63	第八师一五〇团加工二厂
36	石河子桃花农场加工总厂一分厂	64	第八师石河子市一四八团二加工厂
37	新疆生产建设兵团农一师二团棉花加工二厂	65	新疆生产建设兵团第一师阿拉尔农场阿拉尔加工一厂
38	新疆赛里木现代农业股份有限公司霍热分公司	66	奎屯惠民棉业有限公司
39	农七师苏兴滩总场加工厂	67	新疆生产建设兵团农五师八十五团轧花厂
40	新疆生产建设兵团第二师三十四团轧花厂	68	农五师八十六团综合加工厂
41	农七师科克兰木总场加工厂	69	阿拉尔农一师棉麻鹏飞棉业有限责任公司

序号	棉花加工企业名称	序号	棉花加工企业名称
70	新疆鹏飞棉业有限公司	99	新疆生产建设兵团第六师芳草湖农场监狱轧花厂
71	新疆生产建设兵团第六师一〇团轧花厂	100	新疆生产建设兵团农四师六十四团加工厂
72	新疆屯南棉麻有限责任公司	101	新疆生产建设兵团第六师芳草湖农场五场轧花厂
73	石河子新安农场第三加工厂	102	石河子桃花农场加工总厂三分厂
74	新疆前海惠农生物科技股份有限公司	103	奎屯农工商总场加工厂
75	新疆生产建设兵团第六师芳草湖农场二场轧花厂	104	奎屯顺裕棉业有限公司
76	新疆锦棉棉业股份有限公司高泉棉花加工厂	105	新疆博赛银丰棉业有限公司
77	第二师三十三团乌鲁克机采棉花加工厂	106	石河子新安棉花加工厂
78	新疆生产建设兵团第六师芳草湖农场三场轧花厂	107	新疆生产建设兵团第七师奎东农场棉花加工厂
79	玛纳斯县旺隆农业开发有限公司	108	新疆生产建设兵团农五师九十一团轧花厂
80	新疆生产建设兵团第一师六团加工厂	109	沙雅宏信棉花有限责任公司
81	第三师四十五团轧花二厂	110	新疆生产建设兵团第十三师红星四场粮棉加工厂
82	新疆生产建设兵团农六师新湖农场三场轧花厂	111	石河子新安农场第二加工厂
83	麦盖提县邦顺棉业有限公司	112	农四师六十七团棉花加工厂
84	新疆生产建设兵团第三师四十二团加工厂	113	新疆塔里木河种业股份有限公司阿拉尔分公司
85	新疆生产建设兵团第六师芳草湖农场一场轧花厂	114	新疆生产建设兵团第十三师火箭农场粮棉油加工厂
86	第六师共青团农场综合加工厂	115	第二师三十五团加工厂
87	新疆生产建设兵团第二师三十团棉花加工一分厂	116	图木舒克市四十九团综合加工二厂
88	新疆生产建设兵团第一师阿拉尔农场阿拉尔加工二厂	117	新疆生产建设兵团第二师三十团棉花加工二分厂
89	新疆生产建设兵团农一师八团棉花加工二厂	118	新疆生产建设兵团农七师棉麻公司轧花厂
90	新疆生产建设兵团第六师一〇六团加工厂	119	新疆生产建设兵团第二师三十一团卡拉加工厂
91	霍城县六十三团综合加工厂	120	新疆生产建设兵团农六师新湖农场四场轧花厂
92	新疆生产建设兵团第六师芳草湖农场四场轧花厂	121	新疆生产建设兵团农五师八十二团联合加工厂
93	石河子新安农场第四加工厂	122	石河子市宏兴和棉业有限公司
94	新疆生产建设兵团第十三师红星二场粮棉加工厂	123	奎屯锦和棉业有限责任公司
95	新疆生产建设兵团第二师三十一团机采棉加工厂	124	新疆丰达农业有限公司（轧花厂）
96	新疆生产建设兵团农二师银莱棉业有限公司	125	新疆生产建设兵团第二师二十九团棉种加工厂
97	新疆生产建设兵团第十三师红星一场粮棉加工厂	126	新疆昌吉枣园加工厂
98	石河子开发区华丰棉业有限责任公司	127	新疆生产建设兵团第二师三十一团加工厂

序号	棉花加工企业名称	序号	棉花加工企业名称
128	新疆锦棉种业科技股份有限公司良种加工二厂	155	沙湾县新赛棉业有限责任公司
129	巴州冠农棉业有限责任公司	156	新疆前海新农棉业股份有限公司
130	新疆生产建设兵团第六师一〇五团轧花厂	157	新疆生产建设兵团第十三师立亨棉业有限公司
131	克拉玛依市锦田棉业有限公司	158	新疆生产建设兵团第十三师红星三场棉花收购加工厂
132	新疆塔里木河种业股份有限公司阿拉尔良种繁育场	159	奎屯创锦棉业有限公司
133	新疆生产建设兵团第十三师黄田农场加工厂	160	呼图壁县宏盛棉业有限公司
134	新疆生产建设兵团农六师新湖六场轧花厂	161	阿克苏锦阿棉业有限责任公司
135	石河子开发区银祥棉业有限责任公司	162	玛纳斯县鑫裕棉业有限公司
136	新疆生产建设兵团农六师新湖农场七场轧花厂	163	阜康市六运湖天山棉业有限公司
137	新疆前海泽农棉业股份有限公司	164	尉犁银丰棉业有限公司
138	巴州冠农棉业有限责任公司普惠轧花厂	165	农五师八十四团保尔德轧花厂
139	奎屯天裕棉业有限公司	166	呼图壁县锦源棉业有限责任公司
140	新疆银力棉业股份有限公司第一加工厂	167	石河子市农丰良种棉脱棉加工有限公司
141	新疆生产建设兵团棉麻公司哈密加工经销站	168	新疆生产建设兵团农五师种棉加工厂
142	新疆生产建设兵团农业建设第六师一〇二团轧花厂	169	新疆兵团农十四师天骄棉麻有限公司
143	新疆锦棉种业科技股份有限公司良种加工一厂	170	和田德华棉业有限责任公司
144	新疆西部银力棉业（集团）有限责任公司棉花加工厂	171	石河子华宇良种繁育科技产业基地轧花厂
145	新疆新赛精纺有限公司	172	巴州冠农十八团渠棉业有限责任公司
146	新疆生产建设兵团第六师芳草湖农场六场轧花厂	173	新疆前海利农棉业股份有限公司
147	伊犁州奎屯河水利工程灌溉管理处加工厂	174	石河子市白杨月兴棉业有限公司
148	吐鲁番市雪绒棉业有限责任公司	175	新疆生产建设兵团第二师三十六团加工厂
149	第三师四十八团综合加工厂	176	新疆生产建设兵团第二师永兴供销有限责任公司棉麻二分公司
150	新疆塔里木河种业股份有限公司金银川分公司	177	新疆明瑞棉业有限公司
151	新疆生产建设兵团第二师玖祥棉业有限责任公司	178	阿克苏地区天绒棉业有限责任公司
152	石河子市石城棉业有限公司棉花加工厂	179	农二师群克棉业有限公司
153	新疆生产建设兵团第十三师天元供销（集团）有限公司棉花加工厂	180	农五师师直棉花加工厂
154	新疆生产建设兵团第二师万佳棉业有限责任公司	181	新疆石大棉业有限责任公司

序号	棉花加工企业名称
182	哈密天宇农业科技发展有限责任公司棉花加工厂
183	新疆兵团农四师棉麻公司六十五团轧花二厂
184	新疆生产建设兵团第十三师红星二牧场棉花加工厂
185	新疆大禾油脂有限公司克拉玛依市棉业分公司
186	石河子开发区德威立业工贸有限责任公司基地轧花厂
187	新疆石河子八棉纺织有限公司
188	石河子开发区大有赢得种业有限公司棉花种子加工厂
189	新疆生产建设兵团农一师一团沙井子民族农场
190	新疆生产建设兵团棉麻公司库尔勒轧花厂
191	伊犁农四师六十八团棉业有限公司
192	克拉玛依市乌尔禾区锦宏棉业有限公司
193	新疆生产建设兵团第二师三十一团英库勒种子加工厂
194	新疆前海益农棉业股份有限公司
195	新疆生产建设兵团农二师昆山棉业有限公司
196	新疆生产建设兵团第十三师柳树泉农场绿柳棉花加工厂
197	阜康市阜北农工商联合企业公司
198	新疆生产建设兵团第二师三十团机采棉加工三分厂
山东 237 家	
1	金乡县金昊源农贸有限公司
2	广饶县天鑫棉业有限公司
3	夏津县长顺棉业有限公司
4	武城县恒瑞棉业有限公司
5	山东鑫诚棉业有限公司
6	武城县南洋棉花加工厂
7	广饶县胜源工贸有限责任公司
8	武城县银海棉花加工厂
9	金乡县东方棉业有限公司
10	金乡县泰升棉业有限公司
11	成武县海韵棉业有限公司
12	武城县金亿棉业有限公司
13	巨野县宏兴棉业有限责任公司
14	山东省博兴县华茂棉业有限公司
15	无棣荣达棉业有限公司
16	成武县鑫隆棉业有限公司
17	夏津县宏丰棉业有限公司
18	博兴县昌盛棉业有限公司
19	无棣宏发棉业有限公司
20	滨州鑫源棉花加工有限公司
21	东营市富源棉业有限公司
22	巨野县恒和棉业有限公司
23	博兴县纳利达棉业有限公司
24	金乡县银利农贸有限公司
25	广饶县华能油棉加工有限公司
26	东营市庚泰棉业有限公司
27	武城县海恒棉业有限公司
28	武城县泰兴棉花加工厂
29	武城县龙翔棉业有限公司
30	惠民县国科棉业有限公司
31	金乡县泰鑫棉业有限公司
32	成武县农丰棉业有限公司
33	武城县第九棉花加工厂
34	武城县厚丰棉业有限公司
35	巨野祥和棉业有限公司
36	山东省博兴县远洋棉业有限公司

序号	棉花加工企业名称	序号	棉花加工企业名称
37	无棣利源棉业有限公司	67	利津县犇鑫棉籽油加工有限公司
38	成武县银海棉业有限责任公司	68	青州建为棉业有限公司
39	武城县银山棉花加工厂	69	武城县兴宏棉花加工厂
40	夏津县旺盛皮棉经营有限公司	70	武城华一棉业有限责任公司
41	无棣永昌棉业有限公司	71	滨州市大地棉油有限公司
42	山东省博兴县新盛棉业有限公司	72	利津信通油料加工有限公司
43	东营市华茂棉花收购有限公司	73	嘉祥县椿林棉纺织品有限公司
44	金乡县锦花商贸有限公司	74	曹县瑞星棉业有限公司
45	济宁市众鑫棉纺织品有限公司	75	山东省博兴县三元棉业有限公司
46	山东省博兴县宏润棉业有限公司	76	金乡县霍古商贸有限公司
47	德州市银汇纺织原料有限公司	77	巨野县鑫原棉花加工有限公司
48	惠民县丰源棉业有限公司	78	临清市银鑫棉花加工有限公司
49	金乡县众鑫商贸有限公司	79	鱼台县晨雨农副产品有限公司
50	东营市瑞丰油棉加工有限责任公司	80	武城县天利棉业有限公司
51	高唐县瑞丰棉业有限公司	81	武城县银兴棉花加工厂
52	武城县天宏棉业有限公司	82	山东科腾棉业有限公司
53	东营市润丰棉业有限公司	83	山东五洋棉业有限公司
54	武城县银恒棉业有限公司	84	武城县树国棉业有限公司
55	巨野县鲁玉棉花加工有限公司	85	金乡县程前棉业有限公司
56	高唐县鑫洲棉业有限公司	86	沾化恒盛棉业有限公司
57	金乡县金丝源商贸有限公司	87	武城县银都棉业有限公司
58	金乡县银海商贸有限公司	88	山东高棉集团有限公司
59	金乡县银星农贸有限公司	89	东营市河口中纺银星棉花有限公司
60	金乡县富星棉业有限公司	90	利津县信益棉花加工有限责任公司
61	武城县腾安棉业有限公司	91	东营市河口区美华棉业有限公司
62	广饶县宏硕棉业有限公司	92	宁津县广润棉业有限公司
63	山东沾化丰民棉业有限责任公司	93	利津宏骏油棉加工有限公司
64	滨州市玉海棉业有限公司	94	成武县腾达棉业有限公司
65	武城县宝丰棉业有限公司	95	武城县梁庄棉厂
66	利津县瑞兴油棉加工有限责任公司	96	无棣华胜棉业有限公司

序号	棉花加工企业名称	序号	棉花加工企业名称
97	金乡县顺源棉业有限公司	127	武城县鑫源棉业有限公司
98	嘉祥县金鲁棉业有限公司	128	利津县棉花良种加工服务站
99	利津中正纺织有限公司	129	武城县金鑫棉花加工厂
100	金乡县宏大棉业有限公司	130	临清市鸿利兴棉业有限公司
101	广饶县天宇棉业有限公司	131	成武县大田集供销专业合作社
102	东营市富华棉业有限公司	132	高唐县庆丰棉绒加工有限公司
103	金乡县长城农贸有限公司	133	滨州市滨聚棉花收购有限公司
104	武城县吉兴棉业有限公司	134	高唐县永恒棉业有限公司
105	冠县林国棉业有限公司	135	山东鑫秋农业科技股份有限公司
106	利津县宏鑫纺织有限公司	136	武城县华兴棉花加工厂
107	山东滨州鲁北棉业有限公司	137	成武县振兴棉业有限公司
108	巨野县金秋棉花有限公司	138	临清市凯越棉绒有限公司
109	邹平县东岳棉业有限公司	139	武城县秀利棉业有限公司
110	夏津县新平棉业有限公司	140	金乡县阳光棉业有限公司
111	金乡县裕丰农贸有限公司	141	东营华孚纤维有限责任公司
112	武城县盛鑫棉业有限公司	142	利津恒信油料加工有限公司
113	武城县杨庄供销社棉花加工厂	143	东营市华杰工贸有限公司
114	武城县银泰棉业有限公司	144	高唐县华泰棉业有限公司
115	广饶县广源工贸有限公司	145	山东省惠民县洪贵棉制品有限责任公司
116	山东省博兴县汇鑫源棉业有限公司	146	武城县聚鑫棉花加工厂
117	利津县鲁翔棉油加工有限责任公司	147	高唐恒丰棉业有限公司
118	武城县甲马营第一棉花加工厂	148	无棣县兴业油棉有限公司
119	滨州市滨河棉业有限公司	149	山东省阳信锦华实业发展有限公司
120	鱼台县鑫盛棉花加工有限公司	150	庆云县富民棉花收购加工有限公司
121	乐陵市银海棉业有限公司	151	山东达隆集团利津棉麻有限公司
122	高唐县创鑫棉业有限公司	152	山东金乡天元棉业有限公司
123	临清市宝昌棉业有限公司	153	武城县久隆棉花加工厂
124	利津县津盛源棉业有限公司	154	淄博清河棉业有限公司
125	山东滨州康森农业开发有限公司	155	无棣国泰棉业有限公司
126	利津齐赛纺织有限责任公司	156	夏津县新时棉业有限公司

序号	棉花加工企业名称	序号	棉花加工企业名称
157	临清市润达棉业有限公司	187	山东德利集团有限公司
158	利津县金宇油料加工有限公司	188	高唐华威棉纺织有限公司
159	武城县诚信棉业有限公司	189	东营市瑞华工贸有限公司
160	山东省博兴县金泰良种棉加工有限公司	190	邹平县兴伟油棉有限公司
161	鱼台县海林棉业有限公司	191	东阿县华鑫纺织有限公司
162	临清市鲁丰棉业有限公司	192	山东锦和棉麻有限公司
163	武城县福顺棉花加工厂	193	邹平县三利纺织有限公司
164	山东智德纺织有限公司	194	武城县银江油棉有限公司
165	武城县福杨棉花加工厂	195	金乡县威哥农贸有限公司
166	高唐县兴隆油棉绒有限公司	196	临清市双丰棉花加工有限公司
167	夏津县亨利棉业有限公司	197	冠县冠星纺织有限责任公司
168	成武县汇丰棉业有限公司	198	临清市鑫振棉业有限公司
169	山东省博兴县万达油棉有限公司	199	寿光市新城棉业有限公司
170	沾化广明棉业有限公司	200	广饶县华杰油棉加工有限公司
171	广饶县源丰工贸有限公司	201	夏津县发祥棉业有限公司
172	山东巨野华纬棉业有限公司	202	临清市宏基棉绒有限公司
173	广饶县民丰工贸有限公司	203	高青银海棉花有限公司
174	高唐县泰宇棉业有限公司	204	东营市海辰伟业工贸有限公司
175	巨野县祥达棉业加工有限公司	205	山东惠民通泰棉业有限责任公司
176	愉悦家纺有限公司	206	高唐县恒昌棉业有限公司
177	三阳纺织有限公司	207	单县锦棉棉业有限公司
178	金乡县百泰农贸有限公司	208	鱼台县天源农副产品经营有限责任公司
179	高唐县瑞华棉业有限公司	209	临清市源丰棉业有限公司
180	山东省沾化县第三棉业有限责任公司	210	山东亿溪纺织有限公司
181	山东滨州亚光毛巾有限公司	211	高唐金大地棉业有限公司
182	嘉祥县金燕棉业有限公司	212	山东省滨州市惠滨棉麻产品有限公司
183	山东虎震工贸有限公司	213	临邑县临邑镇油棉厂
184	高唐新昊棉纺织有限公司	214	高唐县欣佳棉业有限公司
185	寿光市宏达棉业有限公司	215	山东农兴种业有限责任公司
186	金乡县恒昌商贸有限公司	216	山东惠民银花棉业有限责任公司

序号	棉花加工企业名称	序号	棉花加工企业名称
217	山东沾化天维棉业有限公司	9	东光县东胜棉业有限公司
218	无棣兴旺棉业有限公司	10	吴桥县梁集镇龙腾棉花加工厂
219	武城县华源棉业有限公司	11	广宗县银海棉花加工厂
220	金乡县益顺农贸有限公司	12	枣强县中泰棉业有限公司
221	利津东辉棉业有限公司	13	河北桦雪棉业有限公司
222	山东圣源棉业有限公司	14	威县裕华棉业有限责任公司
223	利津县天顺纺织品有限责任公司	15	冀州市欧尚棉业有限公司
224	济宁市明源棉业有限公司	16	巨鹿县欣棉棉业有限公司
225	高青昌旭棉业有限公司	17	河北银田种业有限公司第一分公司
226	邹平县佳鸣精棉有限公司	18	东光县于兴棉业有限公司
227	巨野县申花棉花有限公司	19	冀州市三益棉花收购加工厂
228	武城县康桥棉业有限公司	20	威县聚力棉业有限公司
229	茌平县兴国棉纺有限公司	21	河北力科纺织有限责任公司
230	临清市双和棉业有限公司	22	河北南虹棉业有限责任公司
231	临清市忠义棉业有限公司	23	东光县恒利棉业有限责任公司
232	临清市天成棉业有限公司	24	河北九鼎棉业有限公司
233	高唐县高声棉业有限公司	25	广宗县昌泰棉业有限公司
234	高唐县安鑫棉业有限公司	26	威县西环棉业有限公司
235	锦昉棉业科技有限公司	27	南宫市元泰棉花加工有限公司
236	广饶县盛鑫工贸有限公司	28	唐山市丰南区隆昌棉业有限公司
237	泰安雪彤棉业有限公司	29	冀州市鹏鑫棉源有限责任公司
河北 153 家		30	广宗县荆寨棉花加工厂
1	威县永发棉业有限公司	31	唐山市丰南区王兰庄镇兴海棉花收购加工厂
2	威县全财棉业有限公司	32	东光县华兴纺织有限责任公司宏业分公司
3	东光县玉洁棉业有限公司	33	故城县瑞丰棉业有限公司
4	东光县全胜棉业有限公司	34	东光县嘉汇棉业有限公司
5	河北银雪棉业有限公司	35	东光县裕丰棉业有限公司
6	河间市国欣棉花专业合作社	36	邱县和润棉业有限公司
7	威县腾达棉业有限责任公司	37	威县银海棉业有限责任公司
8	威县西街棉业有限公司	38	东光县银瑞棉业有限公司

序号	棉花加工企业名称	序号	棉花加工企业名称
39	唐山市万泰隆棉业有限公司	69	东光县鹏翔棉业有限公司
40	广宗县东兴棉花加工厂	70	中棉集团辛集棉业有限公司
41	故城县联盟棉业有限公司	71	新河县兴华棉花收购加工厂
42	邱县瑞丰棉花加工厂	72	广宗县顺兴棉业有限公司
43	邢台市大曹庄管理区天和棉业有限公司	73	河北宁达棉花加工有限公司
44	威县国龙棉业有限公司	74	临西县恒生棉花加工厂
45	吴桥鸿丰棉业有限公司	75	保定硕丰农产股份有限公司
46	唐山市丰南鸿运棉花收购加工厂	76	吴桥县联兴棉业有限责任公司
47	冀州市顺祥棉业有限公司	77	河间市曙光棉花有限公司
48	吴桥德盛棉业有限公司	78	河北宏祥棉业有限责任公司
49	广宗县良棉厂	79	魏县兴达得天棉业有限公司
50	故城县恒裕棉业有限公司	80	南宫市世潮纺织印染有限公司
51	东光县大河百益棉业有限公司	81	广宗县塘町第一油棉加工厂
52	邱县旦寨乡第六棉花加工厂	82	东光县瑞丹棉纺有限公司
53	吴桥县梁集镇银鑫棉花加工厂	83	肥乡县常氏棉花购销有限公司
54	广宗县宏兴油棉加工厂	84	曲周县宏达棉业有限公司
55	景县兴龙棉业有限公司	85	河北永润棉业有限公司
56	威县四通棉业有限公司	86	河北雪峰棉业有限公司
57	故城县鑫旺棉业有限公司	87	冀州市天华棉业有限公司
58	故城县沙岗棉业有限公司	88	成安县翔宇棉业有限公司
59	威县干集棉业有限公司	89	吴桥县隆源棉业有限公司
60	威县梨固棉业有限公司	90	东光县兴业棉业有限公司
61	吴桥县保泰棉业有限公司	91	献县顺益棉粮有限公司
62	南宫市昌达棉业有限公司	92	河北金田棉业有限公司
63	唐山市丰南区鑫硕棉业有限公司	93	邱县汇力棉业有限公司
64	永清县博源棉花购销有限公司	94	河北华银棉业纺织有限公司
65	邱县永兴棉花加工厂	95	威县冀丰棉业有限责任公司
66	冀州市祥发棉花加工厂	96	肥乡县亚华良棉纺织有限公司
67	唐山市瑞盛棉业有限公司	97	冀州市宏远良棉有限责任公司
68	唐山市丰南区兴盛棉业有限公司	98	河北鑫强棉业有限公司

序号	棉花加工企业名称
99	河北滏澧纺织有限公司
100	阜城县清泉棉花有限公司
101	广宗县侯寨棉花加工厂
102	曲周县建盛棉业有限公司
103	威县华鑫棉毛有限公司
104	廊坊市安次区益民轧花厂
105	玉田县秋实棉业有限公司
106	成安县安泰棉业有限公司
107	广宗县顺达棉业有限公司
108	河北省景县中原油棉有限公司
109	唐山市丰南宁丰棉业有限公司
110	河北强达棉业有限公司
111	河北德宏棉业有限公司
112	威县建国棉业有限公司
113	邱县庆鑫棉业有限公司
114	河间市海玉棉花有限公司
115	东光县德惠棉业有限公司
116	玉田县冀林棉业有限公司
117	肥乡县付海棉纺有限公司
118	献县宏远棉花有限公司
119	中棉集团南宫棉业有限公司
120	肥乡县长源棉花加工有限公司
121	曲周县华隆棉业有限公司
122	邱县圣隆棉业有限公司
123	南皮华宇棉业有限公司
124	沧州市利欣纺织品实业有限公司
125	河北省新合作棉花有限责任公司威县分公司
126	景县晟通棉业有限公司
127	河间市顺发棉花有限公司
128	故城县银花棉业有限公司
129	河北龙兴棉纺织印染有限公司
130	邱县永裕棉花购销有限责任公司
131	蠡县九龙棉业有限公司
132	献县华纶棉业有限责任公司
133	南皮县旺城棉业有限公司
134	曲周县和祥棉业有限公司
135	南宫市金源棉花有限公司
136	景县冀龙油棉有限公司
137	河北常山富达棉业有限公司
138	曲周县华盛棉业有限公司
139	河北丰州棉麻贸易有限公司
140	威县世纪棉业有限公司
141	景县龙腾棉业有限公司
142	辛集市银瑞棉油厂
143	肥乡县腾达棉花有限公司
144	巨鹿县泰峰棉花有限公司
145	馆陶县柴卜棉花专业合作社
146	临西县蔡辛棉花加工厂
147	新河天颐棉业有限公司
148	故城县泰宏棉业有限公司
149	邯郸市昌盛棉业有限公司
150	河间市雪云农作物专业合作社
151	沧州旭升棉业有限公司
152	河北银浪棉业有限公司
153	故城县秦伟棉业有限公司
湖北 108 家	
1	仙桃市银基棉业有限公司
2	荆州市南兴棉业有限公司
3	天门市银田棉麻布业有限公司
4	湖北银海棉业有限责任公司北门分公司

序号	棉花加工企业名称	序号	棉花加工企业名称
5	枝江市白银纺贸有限责任公司江南棉花收购加工厂	35	潜江市巨发棉业有限公司
6	枝江银丰棉业有限公司	36	监利富裕棉业有限公司
7	枝江市龙洲工贸有限责任公司	37	湖北中威棉业有限公司
8	湖北银海棉业有限责任公司总口分公司	38	湖北德永盛纺织有限公司
9	湖北昌丰棉麻有限公司	39	荆门市恒祥棉业有限公司
10	湖北宏丰棉业有限公司	40	荆州市华盛棉业有限公司
11	潜江市金城棉业有限公司	41	应城市银海棉花有限公司
12	汉川市祥杰农贸有限责任公司	42	湖北银海棉业有限责任公司浩口分公司
13	仙桃市昌丰棉业有限公司	43	荆州市鸿棉农贸有限责任公司
14	监利县鑫泰棉花工贸有限公司	44	仙桃市浩盛纺织有限公司
15	宜城市兴华工贸有限公司	45	黄冈市龙感湖银瑞棉业有限公司
16	襄阳泰通棉业有限责任公司	46	湖北富祥棉业有限公司
17	黄梅县高华棉业有限责任公司	47	枝江市白银纺贸有限责任公司江北棉花收购加工厂
18	潜江市恒发棉业有限公司	48	宜昌佳润棉花有限公司
19	沙洋县华纬棉花有限责任公司	49	黄梅县力源棉业有限公司
20	仙桃市永强棉业有限责任公司	50	监利县荒湖银丰棉业有限公司
21	江陵县鑫顺农工贸有限公司	51	荆州市晶发棉业有限公司
22	武汉市湘口棉花有限公司	52	荆州新立基棉制品有限公司
23	湖北恒丰源棉业有限公司	53	荆州市凌辉棉花加工有限公司
24	武汉市盛发棉业有限公司	54	天门市瑞昌棉业有限公司
25	天门市新建棉贸有限责任公司	55	钟祥市迎丰棉花有限公司
26	潜江市兴武棉业有限公司	56	洪湖市龙口棉花有限公司
27	孝感市银棉商贸有限责任公司	57	荆州华丰棉业有限公司
28	钟祥市聚银棉业有限责任公司	58	京山银丰棉业有限公司
29	湖北银海棉业有限责任公司熊口分公司	59	公安县银丰土产有限责任公司
30	江陵县顺通棉业有限公司	60	黄冈银丰棉花有限公司
31	洪湖市盛玉源棉业有限公司	61	天门景天棉业有限公司渔薪分厂
32	潜江市鑫财商贸有限责任公司	62	湖北顺和棉业有限公司
33	枣阳市锦鹏棉业纺织有限公司	63	湖北新舟宏凯棉业有限公司
34	天门市双丰棉贸有限公司	64	随州神农棉业有限责任公司

序号	棉花加工企业名称	序号	棉花加工企业名称
65	汉川市旺盛棉花有限责任公司	95	监利县鸿康棉制品有限责任公司
66	昌丰棉麻有限公司天门小板分公司	96	天门市兴龙棉花有限公司
67	武穴市江隆棉业有限公司	97	玉沙集团监利五岭棉业有限公司
68	黄冈和泰棉业有限公司	98	天门景天棉业有限公司
69	洪湖市三友棉花有限公司	99	随州市长佳棉业有限公司
70	湖北白银西湖棉业有限公司	100	石首市声明纺织原料有限公司
71	钟祥市红星棉花有限责任公司	101	湖北金常欣农贸有限公司
72	湖北省西大垸龙信粮棉油有限公司	102	荆门市银旭棉花有限责任公司新丰棉花收购加工厂
73	湖北琼威棉业有限公司	103	武穴市鸿达棉花有限公司
74	荆门市五三瑞丰棉业有限公司	104	武穴市新矾棉业有限公司
75	湖北欣银信棉业有限公司	105	潜江市源鑫纺织实业有限公司广华分公司
76	松滋市银舟棉业有限公司	106	湖北省枣阳市丰宝棉业有限公司
77	武穴市龙坪棉业有限公司	107	鄂州市丰裕棉麻有限公司
78	钟祥市永鑫工贸有限责任公司	108	武汉银帆顺达棉花有限公司
79	湖北省仙桃银丰棉花有限公司		**甘肃 38 家**
80	枝江八亩良种棉业有限公司	1	瓜州县常捷棉业有限责任公司
81	松滋市银丰棉业有限公司	2	瓜州银地棉业有限公司
82	湖北宏远棉业有限公司	3	敦煌市飞天棉业有限责任公司
83	湖北百盛棉花贸易有限公司	4	瓜州县常鸿棉业有限责任公司
84	湖北富华棉业集团有限公司	5	瓜州县长兴棉业有限责任公司
85	湖北新裕农业发展有限公司	6	瓜州县张氏农业综合开发有限责任公司
86	宜城市万洋棉业有限公司	7	瓜州县伊发棉业有限责任公司
87	汉川银佳棉业有限公司	8	金塔县晟盛棉业有限公司
88	湖北银泰棉业有限责任公司	9	甘肃省金塔县鼎元棉业有限责任公司
89	松滋市银鑫棉花有限公司	10	敦煌双银棉业有限公司
90	天门景天棉业有限公司杨林分厂	11	甘肃省敦煌种业股份有限公司金塔万吨优质棉种加工厂
91	天门市蒋湖龙升棉麻有限公司	12	瓜州县宏祥棉业有限责任公司
92	天门市鸿源棉花有限公司	13	金塔县益盛棉业有限公司
93	公安县楚都棉贸有限公司	14	瓜州县蜀陇棉业有限责任公司
94	黄梅小池银丰棉花有限公司	15	瓜州巨龙新源棉业有限公司

序号	棉花加工企业名称	序号	棉花加工企业名称
16	金塔县龙腾棉业有限责任公司	7	安庆市清怡良种轧花有限责任公司
17	金塔县金举棉业有限公司	8	安徽省无为县鑫洁棉业有限公司
18	瓜州县鼎盛棉业有限责任公司	9	东至县金湖工贸有限责任公司
19	敦煌市莫高棉业有限公司	10	宣城市雄杰棉制品有限公司
20	敦煌联友棉业有限责任公司	11	安徽陵江棉业有限公司
21	瓜州县金兴棉业有限责任公司	12	芜湖市光华棉制品有限公司
22	敦煌富民棉业有限责任公司	13	安徽省金松棉业有限责任公司
23	敦煌（农场）大慧棉业有限公司	14	望江县新丝路棉业有限责任公司
24	金塔县航天棉业有限公司	15	安徽省金纺棉业有限责任公司
25	敦煌市宏石棉花加工厂	16	芜湖市福临棉业有限公司
26	甘肃省国营小宛农场棉花公司	17	安庆市永丰棉业有限责任公司太湖分公司
27	瓜州县金禾实业有限责任公司	18	宿松县松厦棉花有限公司
28	甘肃省敦煌种业股份有限公司瓜州优质棉种繁育加工厂	19	安庆市皖苏棉业有限公司
29	敦煌市银盛棉业有限公司	20	望江县润华纺织有限责任公司
30	金塔县中亚棉业有限公司	21	安徽省砀山鑫隆棉业有限公司
31	玉门市花海银棉有限公司	22	滁州荣昌棉业工贸有限公司
32	敦煌市鸣沙棉业有限公司	23	安徽省无为中兴棉业有限责任公司
33	玉门市豫丰棉业纺织有限公司	24	安徽省枞阳县江洲粮油棉有限责任公司
34	敦煌市棉制品有限责任公司一分公司	25	宿松县泰丰棉花有限公司
35	甘肃省高台县棉花公司	26	安徽省金和棉业有限责任公司
36	民勤县阿里山棉业有限责任公司	27	望江县宇洁纺织有限公司
37	民勤县鑫亮贸易有限公司	28	宣城市众益棉业有限公司
38	临泽县棉花公司	29	安庆市良公农副产品有限公司
安徽 41 家		30	安徽英特工贸有限责任公司
1	无为县华龙棉业有限公司	31	肥西县精棉棉业有限公司
2	巢湖市昌联棉业有限公司	32	池州市秋江棉业有限公司
3	安徽省万友棉业有限公司	33	全椒县新宇棉制品有限公司
4	安徽省无为县星源棉业有限公司	34	安徽省金垅棉业有限公司
5	安徽白云棉业股份有限公司	35	安徽省阜阳市瑞华纺织品有限责任公司
6	宿松县皖农棉业有限责任公司	36	望江县吉丰棉业有限公司

序号	棉花加工企业名称
37	界首市佳美棉业有限公司
38	安徽桐城振兴棉业有限公司
39	宣城市金地棉业专业合作社
40	潜山县宏宇棉业有限公司
41	安徽宇顺银瑞棉业有限公司
湖南 44 家	
1	南县常冠纺织原料有限公司
2	华容县惠农棉业有限责任公司
3	澧县益林棉业有限责任公司
4	安乡云锦棉业有限公司
5	湖南银华润华棉业有限公司鑫林轧花厂
6	岳阳华隆棉业有限责任公司
7	常德天源晟棉业有限公司
8	安乡县亿棉棉业有限公司
9	湖南兆生棉业有限公司
10	澧县继弘棉业有限责任公司
11	澧县中兴棉业有限公司
12	湖南银华湘鄂棉业有限公司
13	湖南天颐棉业有限公司
14	益阳市银源棉麻有限责任公司
15	岳阳瑞华景港纺织原料有限公司
16	湖南富华棉麻油脂有限公司
17	安乡县兴农棉业有限责任公司
18	湖南华湘棉花产业有限公司
19	津市市兴发棉业有限公司
20	安乡县富康工贸有限公司
21	常德百隆棉花油脂有限公司
22	湖南裕兴农贸有限责任公司
23	临澧县永盛棉业有限公司
24	汉寿宏锦棉业有限公司
25	湖南银华顺泰棉业有限公司
26	岳阳市银丰农产品开发有限公司
27	桃源县维吾尔回族国钦棉业有限公司
28	岳阳市江南棉麻土产有限公司
29	桃源县新源棉业有限公司
30	华容东华棉业有限责任公司
31	华容县银海棉麻有限责任公司
32	常德市西湖棉麻有限责任公司
33	湖南华钦棉业有限责任公司
34	安乡县长盛棉业有限责任公司
35	常德市正湘棉业有限公司
36	衡阳安邦农业发展有限公司
37	澧县鸿安棉业有限责任公司
38	湖南娄星棉业有限公司
39	湖南恒盛棉业有限公司
40	临澧县长信棉麻有限责任公司
41	湖南银华润华棉业有限公司
42	华容县新丝路棉业有限公司
43	湖南广益粮油棉有限公司
44	常德市湘农棉业有限公司
江苏 30 家	
1	大丰市同心棉业有限公司
2	海安县浦港棉业有限公司
3	大丰市银利棉业有限公司
4	兴化市众心棉业有限公司
5	启东市通兴棉业有限公司
6	大丰市华达棉业有限公司
7	江苏银都棉麻股份有限公司
8	射阳德翔棉纺有限公司
9	如东县东棉棉业有限公司

序号	棉花加工企业名称
10	江苏华星轧花油脂有限公司
11	南通万盛棉业有限公司
12	兴化市同济棉业有限公司
13	盐城海盟工贸有限公司
14	泰州市方兴棉业有限公司
15	扬州市永益棉业有限公司
16	兴化市宏鑫棉业有限公司
17	江苏拓翔粮油加工有限公司
18	海门市四甲棉业有限公司
19	南通市通州区兴天益棉业有限公司
20	东台市唐洋棉业有限公司
21	南通银丰棉业有限公司
22	如东县新光棉花实业有限责任公司
23	大丰市气流纺厂
24	高邮市宇鑫棉业有限公司
25	丰县金丰棉业有限公司
26	泰州市福祥棉业有限公司
27	江苏银河工贸有限公司
28	东台市后港轧花剥绒厂
29	江苏农垦黄海棉业有限公司
30	江苏双山集团股份有限公司
江西 24 家	
1	彭泽县东升良种棉业有限公司
2	九江县新洲垦殖场棉业有限公司
3	九江市皖江棉业有限公司
4	九江县新洲长发棉花工贸有限公司
5	瑞昌市鸿达棉业有限公司
6	九江宝珑棉业有限公司
7	九江九州棉业有限公司
8	江西省赣锦棉业有限公司
9	彭泽县黄岭棉业有限公司
10	九江银丰棉业有限公司
11	彭泽县杨梓兴发棉业有限公司
12	彭泽县兴达棉业有限公司
13	彭泽县天汇棉花加工贸易有限公司
14	彭泽县太平棉业有限公司
15	彭泽县江北棉业有限责任公司
16	湖口县新盛棉业有限公司
17	永修县锦源棉业有限公司
18	永修县三和棉花收购加工有限责任公司
19	江西彭泽大丰棉业有限公司
20	九江市银鑫棉业有限公司
21	新余市渝水区隆华棉麻有限公司
22	彭泽县粮洲棉业有限公司
23	高安市瑞龙棉业有限责任公司
24	湖口县现代棉业有限公司
天津 27 家	
1	天津市宁河县凤顺棉业有限公司
2	天津旺盛达棉业有限公司
3	天津市宁河县恒利棉业有限公司
4	天津市宁河县福东棉业有限公司
5	天津市宁河县江和棉业有限公司
6	天津瑞纺棉业有限公司
7	天津市宁河县春意棉业有限公司
8	天津市宁河县永兴棉业有限公司
9	天津市宁河县聚源达棉业有限公司
10	天津市宁河县鑫旺棉业有限公司
11	天津市宁河县鹏飞棉花加工有限公司
12	天津市宁河县大田棉业有限公司
13	天津市银兴棉业有限公司

序号	棉花加工企业名称
14	天津市金角轧花有限公司
15	天津腾诺棉花加工有限公司
16	天津市田源棉业有限公司
17	天津市嘉华棉业有限公司
18	天津市宝金棉业有限公司
19	天津市宁河县海发棉花加工有限公司
20	天津市双益棉业有限公司
21	天津市银龙纺织原料有限公司
22	天津市兴丰棉业有限公司
23	天津市宁河县伟业棉业有限公司
24	天津市宁河县余鑫棉业有限公司
25	天津市宁河县宏伟棉业有限公司
26	天津市凯丰棉业有限公司
27	天津市东星棉业有限公司
河南 22 家	
1	唐河县皓晟棉业有限公司
2	虞城县汇鑫棉业有限公司
3	新野县立兴棉业有限责任公司
4	社旗县华兴棉业有限公司
5	河南春花棉业有限公司
6	南阳盛大棉业有限公司
7	南阳大地棉业有限公司
8	开封裕通棉业有限责任公司
9	邓州市银和棉业有限公司
10	扶沟县宏业棉花加工有限公司
11	邓州市花洲棉业有限责任公司
12	扶沟县鑫源棉业有限公司
13	开封市鑫旺棉业有限公司
14	扶沟县金丰针织制品有限公司
15	河南鑫田棉业有限公司
16	唐河县银都棉业有限公司
17	南阳裕麒棉业有限公司
18	南阳市卧龙区新丰轧花厂
19	社旗县银兴棉业有限公司桥头分公司
20	邓州市一帆棉业有限公司
21	社旗县银兴棉业有限公司晋庄分公司
22	河南华商纺织品有限公司
浙江 1 家	
1	杭州临安银花贸易有限公司
山西 9 家	
1	山西恒晟纺织印染有限公司
2	运城市盐湖区天久棉业有限公司
3	运城市舜帝棉业有限公司
4	山西富源棉花加工有限公司永济分公司
5	永济市恒晟棉花加工有限公司
6	永济市琛源棉花加工有限公司
7	运城市国磊棉麻有限公司
8	临猗县鑫源棉业有限公司
9	永济市鑫盛棉花加工有限公司
陕西 3 家	
1	陕西英考棉业有限公司
2	陕西龙宇棉纺实业有限公司
3	大荔殷官棉花加工有限公司

图书在版编目（CIP）数据

中国棉花年鉴. 2014～2015/中储棉花信息中心编. —北京：中译出版社，2016.3

ISBN 978-7-5001-4637-7

Ⅰ. ①中…　Ⅱ. ①中…　Ⅲ. ①棉花－作物经济－中国－2014～2015－年鉴
Ⅳ. ①F326.12-54

中国版本图书馆CIP数据核字（2016）第059326号

出版发行 / 中译出版社
地　　址 / 北京市西城区车公庄大街甲4号物华大厦6层
电　　话 / (010) 68359376　68359827（发行部）　68002494（编辑部）
邮　　编 / 100044
传　　真 / (010) 68357870
电子邮箱 / book@ctph.com.cn
网　　址 / http://www.ctph.com.cn

责任编辑 / 王博佳
封面设计 / 胡小慧

排　　版 / 竹页图文
印　　刷 / 北京易丰印捷科技股份有限公司
经　　销 / 新华书店

规　　格 / 880毫米×1230毫米　1/16
印　　张 / 22.75
版　　次 / 2016年6月第一版
印　　次 / 2016年6月第一次

ISBN 978-7-5001-4637-7　**定价：480.00元**